思想道德修养与法律基础
学生辅助读本

主　编　胡朝飞

西南交通大学出版社
·成　都·

图书在版编目（CIP）数据

思想道德修养与法律基础学生辅助读本 / 胡朝飞主编. —成都：西南交通大学出版社，2020.9
ISBN 978-7-5643-7587-4

Ⅰ. ①思… Ⅱ. ①胡… Ⅲ. ①思想修养－高等学校－教学参考资料②法律－中国－高等学校－教学参考资料 Ⅳ. ①G641.6②D920.4

中国版本图书馆 CIP 数据核字（2020）第 166653 号

Sixiang Daode Xiuyang yu Falü Jichu Xuesheng Fuzhu Duben
思想道德修养与法律基础学生辅助读本
主编　胡朝飞

责任编辑　赵玉婷
封面设计　严春艳

出版发行　西南交通大学出版社
（四川省成都市金牛区二环路北一段 111 号
西南交通大学创新大厦 21 楼）
邮政编码　610031
发行部电话　028-87600564　028-87600533
网址　http://www.xnjdcbs.com
印刷　成都勤德印务有限公司

成品尺寸　185 mm × 260 mm
印张　18
字数　448 千
版次　2020 年 9 月第 1 版
印次　2020 年 9 月第 1 次
定价　43.00 元
书号　ISBN 978-7-5643-7587-4

课件咨询电话：028-81435775
图书如有印装质量问题　本社负责退换

《思想道德修养与法律基础学生辅助读本》
编写委员会

主　编：胡朝飞（玉溪农业职业技术学院）

副主编：普发明（玉溪农业职业技术学院）

杨　睿（玉溪农业职业技术学院）

编　委：张　毅（玉溪农业职业技术学院）

陶跃宏（玉溪农业职业技术学院）

包永明（玉溪农业职业技术学院）

严　萍（玉溪农业职业技术学院）

高艺瑗（玉溪农业职业技术学院）

倪吕雪（玉溪农业职业技术学院）

壮金燕（玉溪农业职业技术学院）

张　叶（玉溪农业职业技术学院）

余　侠（玉溪农业职业技术学院）

前言

思想政治理论课承担着对大学生进行系统的马克思主义理论教育的任务，是巩固马克思主义在高校意识形态领域指导地位、坚持社会主义办学方向的重要阵地，是全面贯彻党的教育方针、落实立德树人根本任务的主干渠道和核心课程，是加强和改进高校思想政治工作、实现高等教育内涵式发展的灵魂课程。“思想道德修养与法律基础”是大学生必修的思想政治理论课，是一门融思想性、政治性、科学性、理论性和实践性于一体的课程。该课程针对大学生成长过程中面临的思想道德和法律问题，以我们处在中国特色社会主义新时代、时代新人要以民族复兴为己任为切入点，有针对性地开展马克思主义世界观、人生观、价值观、道德观和法治观教育，引导学生在学习和思索中探求真理，树立远大理想，陶冶高尚情操，在体验和行动中感悟人生，从而提高自身的思想道德素质和法律素养。

为了有效开展“思想道德修养与法律基础”课的教学工作，玉溪农业职业技术学院教师精心组织编写了《思想道德修养与法律基础学生辅助读本》一书，由倪吕雪老师编写第一章，高艺瑗老师编写第二章，张叶老师编写第三章，普发明老师编写第四章，杨睿老师编写第五章，壮金燕老师编写第六章。本书的编写以全国高校统一使用的马克思主义理论研究和建设工程重点教材《思想道德修养与法律基础》（2018 年版）为依据，在把握教材的基本原理、基本精神和基本框架的基础上，以思维导图为引导，让整个课程框架结构可视化，帮助学生更加清晰地认识学习目标。本书强化知识要点学习，并利用题库对知识要点反复练习，以达到巩固基础知识的目的。

本书的特点体现在：第一，以马克思主义理论研究和建设工程重点教材《思想道德修养与法律基础》（2018 年版）章节为依据，每一章均按照“知识结构图”“学习目标”“学习重点”“学习难点”“思维导图”“知识要点”“知识案例”“知识题库”来编写，为学生提供完整的学习素材，有利于学生全面准确地把握课程内容及重点，快速地达到课程学习的基本要求。第二，以知识结构图和思维导图为引导，让整个课程框架结构可视化，使大学生能在系统中把握知识点，养成联想思维的习惯和寻求事物之间内在联系的习惯，从而发展学生的思维能力，提高学生的信息记忆力、保留力和理解力。第三，归纳知识要点，对《思想道德修养与法律基础》(2018年版)的知识点进行细化、强化，突出重点、难点，突破重点、难点。第四，每个知识点都加入大量题目，通过题库练习强化对这些知识点的掌握和理解，查漏补缺，同时也为各院校无纸化考试提供基础。第五，在每一章后附热点案例及案例分析，培养学生的分析能力、判断能力及解决问题的能力，提高学生理论与实践结合的能力，进而提高学生的综合素质。

编者

2020年6月

目录

绪　论 ……………………………………………………………………………………1

第一章　人生的青春之问

第一节　人生观是对人生的总看法……………………………………………… 16

第二节　正确的人生观 …………………………………………………………… 20

第三节　创造有意义的人生 ……………………………………………………… 23

第二章　坚定理想信念

第一节　理想信念的内涵及重要性……………………………………………… 47

第二节　崇高的理想信念 ………………………………………………………… 50

第三节　在实现中国梦的实践中放飞青春梦想 ………………………………… 53

第三章　弘扬中国精神

第一节　中国精神是兴国强国之魂……………………………………………… 76

第二节　爱国主义及其时代要求………………………………………………… 80

第三节　让改革创新成为青春远航的动力 ……………………………………… 86

第四章　践行社会主义核心价值观

第一节　全体人民共同的价值追求…………………………………………… 115

第二节　坚定价值观自信 ……………………………………………………… 119

第三节　做社会主义核心价值观的积极践行者 ……………………………… 122

第五章　明大德守公德严私德

第一节　道德及其变化发展 …… 147
第二节　吸收借鉴优秀道德成果 …… 153
第三节　遵守公民道德准则 …… 157
第四节　向上向善、知行合一 …… 170

第六章　尊法学法守法用法

第一节　社会主义法律的特征和运行 …… 211
第二节　以宪法为核心的中国特色社会主义法律体系 …… 217
第三节　建设中国特色社会主义法治体系 …… 226
第四节　坚持走中国特色社会主义法治道路 …… 230
第五节　培养法治思维 …… 233
第六节　依法行使权利与履行义务 …… 239

绪 论

思维导图

- 绪论
  - 一、我们处在中国特色社会主义新时代
    - 新时代是我们理解当前所处历史方位的关键词
      - 中国特色社会主义新时代的历史性意义
        - 中国特色社会主义进入新时代，意味着近代以来久经磨难的中华民族迎来了从站起来、富起来到强起来的伟大飞跃，迎来了实现中华民族伟大复兴的光明前景
        - 意味着科学社会主义在21世纪的中国焕发出强大生机活力，在世界上高高举起了中国特色社会主义伟大旗帜
        - 意味着中国特色社会主义道路、理论、制度、文化不断发展，拓展了发展中国家走向现代化的途径，给世界上那些既希望加快发展又希望保持自身独立性的国家和民族提供了全新选择，为解决人类问题贡献了中国智慧和中国方案
      - 新时代的内涵
        - 这个新时代，是承前启后、继往开来、在新的历史条件下继续夺取中国特色社会主义伟大胜利的时代
        - 这个新时代，是决胜全面建成小康社会、进而全面建设社会主义现代化强国的时代
        - 这个新时代，是全国各族人民团结奋斗、不断创造美好生活、逐步实现全体人民共同富裕的时代
        - 这个新时代，是全体中华儿女勠力同心、奋力实现中华民族伟大复兴中国梦的时代
        - 这个新时代，是我国日益走近世界舞台中央、不断为人类作出更大贡献的时代
    - 中国梦
      - 时间维度：中国梦是历史的、现实的，也是未来的
        - 站在新时代的起点，我们比历史上任何时期都更接近中华民族伟大复兴的目标，比历史上任何时期都更有信心、有能力实现这个目标。
      - 空间维度：中国梦是国家的、民族的，也是每一个中国人的
        - 新时代属于每一个人，每一个人都是新时代的见证者、开创者、建设者
  - 二、时代新人要以民族复兴为己任

绪论

- 一、我们处在中国特色社会主义新时代
- 二、时代新人要以民族复兴为己任
  - 大学生应该以有理想、有本领、有担当为根本要求，夯实综合素质基础，着力提升思想道德素质和法治素养，展现新的风貌、新的姿态，成为中国特色社会主义事业的合格建设者和可靠接班人，成为走在时代前列的奋进者、开拓者、奉献者
  - 做有理想有本领有担当的时代新人
    - 要有崇高的理想信念，牢记使命，自信自励
    - 要有高强的本领才干，勤奋学习，全面发展
    - 要有天下兴亡、匹夫有责的担当精神，讲求奉献，实干进取
  - 提升思想道德素质与法治素养
    - 人的本质是一切社会关系的总和
      - 一个人要安身立命、成长成才、贡献社会，需要不断地调整自身与他人的关系，不断实现人的社会化
      - 思想道德和法律都是调节人们思想行为、协调人际关系、维护社会秩序的重要手段
      - 坚持和发展中国特色社会主义，既要发挥思想道德的引领和教化作用，又要发挥法律的规范和强制作用
    - 思想道德与法律的辩证关系
      - 思想道德和法律都是调节人们思想行为、协调人际关系、维护社会秩序的重要手段
      - 思想道德为法律提供思想指引和价值基础
      - 法律为思想道德提供制度保障
    - 思想道德素质和法治素养是人应该具有的基本素质
      - 含义
        - 思想道德素质是人们的思想观念、政治立场、价值取向、道德情操和行为习惯等方面品质和能力的综合体现，反映着一个人的思想境界和道德风貌，是促进个体健康成长、社会发展进步的重要保障
        - 法治素养是指人们通过学习法律知识、理解法律本质、运用法治思维、依法维护权利与依法履行义务的素质、修养和能力，对于保证人们尊崇法治、遵守法律具有重要的意义
      - 作用
        - 良好的思想道德素质和法治素养，是在学习中升华、内省中完善、自律中养成、实践中锤炼的结果，同时也是大学生把握发展机遇、创造人生精彩的基础条件和宝贵资源
    - 学习“思想道德修养与法律基础”的重要意义
      - “思想道德修养与法律基础”课程性质：“思想道德修养与法律基础”，是一门融思想性、政治性、科学性、理论性、实践性于一体的思想政治理论课
      - 学习“思想道德修养与法律基础”课程的作用
        - 有助于大学生领悟人生真谛，坚定理想信念，践行社会主义核心价值观，做新时代的忠诚爱国者和改革创新的生力军
        - 有助于大学生形成正确的道德认知，积极投身道德实践，做到明大德、守公德、严私德
        - 有助于大学生全面把握社会主义法律的本质、运行和体系，理解中国特色社会主义法治体系和法治道路的精髓，增进法治意识，养成法治思维，更好行使法律权利、履行法律义务，做到尊法学法守法用法，从而具备优秀的思想道德素质和法治素养

学习目标

1. 理解新时代内涵；
2. 领悟中国特色社会主义进入新时代意味着什么样的深刻历史变化；
3. 领悟新时代为大学生成长成才、勤学报国所提供的广阔的舞台和无限的机遇；
4. 领悟时代新人要以民族复兴为己任，以有理想有本领有担当为根本要求；
5. 通过提升自身思想道德素质与法治素养成为中国特色社会主义事业的合格建设者和可靠接班人，成为走在时代前列的奋进者、开拓者、奉献者。

学习重点

1. 中国特色社会主义进入新时代；
2. 学会如何做有理想有本领有担当的时代新人；
3. 明确学习“思修道德修养与法律基础”课的重要意义。

学习难点

1. 如何做有理想有本领有担当的时代新人；
2. 正确把握中国特色社会主义新时代的含义和历史机遇；
3. 认识思想道德素质与法治素养对大学生成长成才的重要性。

知识要点

一、我们处在中国特色社会主义新时代

知识点一　我们处在中国特色社会主义新时代

大学阶段，是人生发展的重要时期，是世界观、人生观、价值观形成的关键时期。

1. 新时代是我们理解当前所处历史方位的关键词

（1）中国特色社会主义新时代的历史性意义（三个意味着）。

① 中国特色社会主义进入新时代，意味着近代以来久经磨难的中华民族迎来了从站起来、富起来到强起来的伟大飞跃，迎来了实现中华民族伟大复兴的光明前景；

② 中国特色社会主义进入新时代，意味着科学社会主义在21世纪的中国焕发出强大生机活力，在世界上高高举起了中国特色社会主义伟大旗帜；

③ 中国特色社会主义进入新时代，意味着中国特色社会主义道路、理论、制度、文化不断发展，拓展了发展中国家走向现代化的途径，给世界上那些既希望加快发展又希望保持自身独立性的国家和民族提供了全新选择，为解决人类问题贡献了中国智慧和中国方案。

（2）新时代的内涵。

① 这个新时代，是承前启后、继往开来、在新的历史条件下继续夺取中国特色社会主义伟大胜利的时代；

② 这个新时代，是决胜全面建成小康社会、进而全面建设社会主义现代化强国的时代；

③ 这个新时代，是全国各族人民团结奋斗、不断创造美好生活、逐步实现全体人民共同富裕的时代；

④ 这个新时代，是全体中华儿女勠力同心、奋力实现中华民族伟大复兴中国梦的时代；

⑤ 这个新时代，是我国日益走近世界舞台中央、不断为人类作出更大贡献的时代。

2. 中国梦的时间维度和空间维度

（1）时间维度：中国梦是历史的、现实的，也是未来的。它凝结着无数仁人志士的不懈努力，承载着全体中华儿女的共同向往，昭示着国家富强、民族振兴、人民幸福的美好前景。站在新时代的起点，我们比历史上任何时期都更接近中华民族伟大复兴的目标，比历史上任何时期都更有信心、有能力实现这个目标。

（2）空间维度：中国梦是国家的、民族的，也是每一个中国人的。只有每个人都为美好梦想而奋斗，才能汇聚起实现中国梦的磅礴力量。当代大学生是民族复兴伟大进程的见证者和参与者，也是社会主义事业的生力军。新时代为大学生成长成才、勤学报国提供了广阔的舞台和无限的机遇。新时代属于每一个人，每一个人都是新时代的见证者、开创者、建设者。

二、时代新人要以民族复兴为己任

知识点二　时代新人要以民族复兴为己任

党的十九大提出了“培养担当民族复兴大任的时代新人”的战略要求。大学生应该以有理想、有本领、有担当为根本要求，夯实综合素质基础，着力提升思想道德素质和法治素养，展现新的风貌、新的姿态，成为中国特色社会主义事业的合格建设者和可靠接班人，成为走在时代前列的奋进者、开拓者、奉献者。

1. 做有理想有本领有担当的时代新人

（1）要有崇高的理想信念，牢记使命，自信自励。大学生要保持对理想信念的激情和执着，将实现“两个一百年”奋斗目标、实现中华民族伟大复兴中国梦的历史使命内化为担当的自觉，外化为实际的行动，从容自信、坚定自励。

（2）要有高强的本领才干，勤奋学习，全面发展。大学生应把学习作为首要任务，树立梦想从学习开始、事业靠本领成就的观念，让勤奋学习成为青春远航的动力，让增长本领成为青春搏击的能量。

（3）要有天下兴亡、匹夫有责的担当精神，讲求奉献，实干进取。青春至美是担当，青年的担当是决定人生价值的最大砝码，是影响时代发展进程的重要力量。作为实现中华民族伟大复兴的生力军，大学生的担当精神体现为奉献祖国、奉献人民、尽心尽力、勇于担责，必须讲求奉献，实干进取，自觉树立国家意识、民族意识、责任意识，把个人前途命运与国家、民族的前途命运紧紧地联系在一起，在尽责集体、服务社会、贡献国家中实现人生理想和人生价值；应坚持实践第一、知行合一，求真务实、有为善为，勇于面对实际生活中的各种挫折考验，勤奋刻苦、磨砺意志、脚踏实地；应始终保持昂扬向上的精神状态，富有求新求变的朝气锐气，敢于站在变革前沿，引领潮流之先，以新的实践创造更大成就。

2. 提升思想道德素质与法治素养

思想道德素质和法治素养，是思想政治素质、道德素质和法治素养的有机融合，是新时代大学生必须具备的基本素质。

（1）人的本质是一切社会关系的总和。

① 一个人要安身立命、成长成才、贡献社会，需要不断地调整自身与他人的关系，不断实现人的社会化。

② 思想道德和法律都是调节人们思想行为、协调人际关系、维护社会秩序的重要手段。在我国，中国特色社会主义思想道德建设和中国特色社会主义法治建设紧密联系、相互促进，为中国特色社会主义事业提供坚实的思想基础、精神支撑和法治保障。

③ 坚持和发展中国特色社会主义，既要发挥思想道德的引领和教化作用，又要发挥法律的规范和强制作用。

（2）思想道德与法律的辩证关系。

思想道德和法律都是调节人们思想行为、协调人际关系、维护社会秩序的重要手段。一方面，思想道德为法律提供思想指引和价值基础。另一方面，法律为思想道德提供制度保障。法律通过对思想道德的基本原则予以确认，为思想道德建设提供国家强制力保障。

（3）思想道德素质和法治素养是人应该具有的基本素质。

① 思想道德素质和法治素养的含义。

思想道德素质是人们的思想观念、政治立场、价值取向、道德情操和行为习惯等方面品质和能力的综合体现，反映着一个人的思想境界和道德风貌，是促进个体健康成长、社会发展进步的重要保障。

法治素养是人们通过学习法律知识、理解法律本质、运用法治思维、依法维护权利与依法履行义务的素质、修养和能力，对于保证人们尊崇法治、遵守法律具有重要的意义。

② 思想道德素质和法治素养的作用。

良好的思想道德素质和法治素养，是在学习中升华、内省中完善、自律中养成、实践中锤炼的结果，同时也是大学生把握发展机遇、创造人生精彩的基础条件和宝贵资源。

③ 学习“思想道德修养与法律基础”的重要意义。

“思想道德修养与法律基础”课程性质：“思想道德修养与法律基础”，是一门融思想性、政治性、科学性、理论性、实践性于一体的思想政治理论课。

学习“思想道德修养与法律基础”课程的作用：

第一，学习“思想道德修养与法律基础”有助于大学生领悟人生真谛，坚定理想信念，践行社会主义核心价值观，做新时代的忠诚爱国者和改革创新的生力军；

第二，学习“思想道德修养与法律基础”有助于大学生形成正确的道德认知，积极投身道德实践，做到明大德、守公德、严私德；

第三，学习“思想道德修养与法律基础”有助于大学生全面把握社会主义法律的本质、运行和体系，理解中国特色社会主义法治体系和法治道路的精髓，增进法治意识，养成法治思维，更好行使法律权利、履行法律义务，做到尊法学法守法用法，从而具备优秀的思想道德素质和法治素养。

知识案例

【案例一】 非遗传承人陈静：三十年坚守，青春献给五禽戏

“受父亲的影响，我从小就学习武术，后来渐渐接触到五禽戏，一练就是三十多年。”陈静娓娓道来。

陈静，出生于安徽亳州，国家级非物质文化遗产传承人、华佗五禽戏第58代传人。她多年来如一日，每天早晨五点半起床，先在家中练上半个小时，然后再匆匆赶到晨练广场，指导附近的居民练习五禽戏。

因传统武术结缘五禽戏

谈起与五禽戏结缘，陈静回忆，是在1986年阜阳地区举办的第六届运动会上，在那次比赛中，除了以往的拳术、剑术外，参赛项目中必须要有个传统项目。陈静就选择了当时鲜为人知的五禽戏，从此与五禽戏结下了缘。

“当我选择五禽戏为比赛项目时，很多人都特别不理解。包括我的父亲也不太赞成，觉得其中的动作女孩子做起来并不是非常优美好看。”陈静说。但是，那次比赛她凭借出色的表现，取得了第一名的好成绩，给了她更多的信心。

据陈静介绍，华佗五禽戏是由东汉末年著名医学家华佗根据中医原理，以模仿虎、鹿、熊、猿、鸟五种动物的动作和神态编创的一套导引术，通过“虎练骨，鹿练筋，熊练脾胃，猿练心，鸟练皮毛，气贯周身”的五禽戏戏法的习练，可以强体健魄、保健益寿。

在多年对五禽戏的研究中，陈静意识到现代人与古时人的生活方式、作息习惯不尽相同，人们的身体状况也发生了较大的改变，因此传承不见得要一味照搬传统，而应该在掌握其核心理念的基础上做到因时而变、因人而异。于是，陈静在师父刘时荣的帮助和指引下创编了更适于当代人习练的五禽剑、五禽双扇。2013年，在亳州市体育局的支持下，她又申报创编了适于青少年习练的校园五禽戏。

随着人们对健康的追求越来越高，国家也加大了对五禽戏的推广力度。华佗五禽戏传承至今，已发展出适合不同人群习练的方法，可供不同年龄段的健身人群选择。

从五禽戏的传承、保护到发展、推广，陈静每个环节都积极跟进。作为全国人大代表，在今年的两会上陈静提议把华佗五禽戏纳入全民健身项目。此外，陈静还建议设立中国五禽戏推广机构，从国家层面加大宣传力度，引导群众科学健身，让中国优秀传统养生文化助推健康中国战略的实施。

让五禽戏走进社区，走出国门

多年来，陈静花大量的时间来做推动五禽戏进社区、进学校、进乡村、进企事业单位的工作。“无论是从保护和传承非遗的角度，还是从全民健身的角度，推广普及五禽戏都是一项

意义深远的民生工程。”陈静说，“五禽戏起源于安徽，但其实很多安徽人并不了解，所以在省内推广是我最先开始做的。”

如今，在安徽省的一些学校，五禽戏已经成为课间操的一部分，学生们在锻炼身体的同时也能够传承祖国悠久的传统文化，这让陈静非常欣慰。

“运动装运动鞋是我平时最喜欢的穿着。”陈静说。“因为这样的穿着可以随时随地向感兴趣的人推广和展示五禽戏。”她希望可以有更多人了解和喜爱这样的中国传统健身方式，而且不仅局限在国内的传播，走出去也尤为重要。

近年来，陈静陆续收了很多徒弟，小到 7 岁，大到 70 多岁，只要有意愿学习五禽戏，陈静无不倾囊相授。“对我的两个儿子也是，从他们很小的时候我就带他们学习五禽戏，我希望他们可以了解传统文化、传承传统文化，我想这也是另一种陪伴吧。”

陈静说，如今五禽戏已经成为她生命中的一部分。“我在平时的授课中也很重视对青年人的培养，他们是新鲜的血液。”作为非遗传承人，陈静表示，她希望更多的青年人可以加入传承非遗的队列中来，让非遗走上更多的平台，在新时代更好地发光发热。

（资料来源：中国青年网，2020-06-04，略有删改，
http：//qclz.youth.cn/znl/202006/t20200604_12355608.htm）

思考

1. 请你说说陈静的“个人梦”和“中国梦”的关系。
2. 青少年应该为实现中国梦做好哪些准备？
3. 你觉得陈静是时代新人吗？为什么？

案例解析

1. 请你说说陈静的“个人梦”和“中国梦”的关系。

解析：习近平总书记在十二届全国人大一次会议上的讲话强调“中国梦是民族的梦，也是每个中国人的梦”。其深刻透彻地阐明了个人梦想和国家梦想之间的关系，那就是个人的奋斗离不开国家，离不开国家梦的实现。同时，国家梦的实现，特别是中华民族伟大复兴的实现，又有赖于每一个人最大限度地把自己的聪明才智和创造力发挥出来。中国梦包含个人梦，有国才有家；个人梦包含着中国梦，有家才为国。而在中国梦与个人梦之间，“个人梦”要以“中国梦”为基础，要在投身“中国梦”的伟大实践中实现“个人梦”。

陈静“个人梦——五禽戏”的内在诉求与中国梦高度契合。陈静为实现“个人梦——五禽戏”，立足于国家级非物质文化遗产传承，并付诸努力与实践。

2. 青少年应该为实现中国梦做好哪些准备？

解析：① 树立远大理想和崇高志向；

② 努力学习科学文化知识，提高自身素质；

③ 加强道德修养，提高道德水平，做一个有素质的公民；

④ 培养创新精神和实践能力；

⑤ 发扬艰苦奋斗、勤俭节约的中华民族美德。

3. 你觉得陈静是时代新人吗？为什么？

解析：是。因为陈静具备时代新人的品质：

① 有崇高的理想信念，牢记使命，自信自励；

② 有高强的本领才干，勤奋学习，全面发展；

③ 有天下兴亡、匹夫有责的担当精神，讲求奉献，实干进取。

【案例二】2018 年高铁“霸座”事件

2018 年 8 月 21 日，一段“女乘客在 G334 次列车上遇座霸”视频热传，在济南开往北京的高铁上，一名男子在女乘客上车前，先坐在了属于女乘客的座位上，并拒绝与乘务人员的沟通，称“无法起身，不能归还座位”。事件发酵之后，引发了网友的关注和热议。22 日晚，当事男子孙先生也进行了回应，称自己当时态度不太好，现在对自己的行为很后悔，并向女乘客致歉。8 月 22 日，“霸座”男子孙先生在道歉视频中表示：“对于网上曝光本人乘高铁霸占座位这一事件，我深表悔恨和自责，在此，我向当事人和全国人民表示诚挚歉意，我深刻反思，我的这种行为严重违反了社会公德，对当事人造成了极大伤害，对社会造成了恶劣影响，痛定思痛，我保证在今后不再犯此类错误，一定加强个人修养，提高个人素质，也恳请全国人民给我一次改过自新的机会。”

（资料来源：《齐鲁晚报》，2018-08-23，略有删改，
http：//industry.people.com.cn/n1/2018/0823/c413883-30246379.html）

此事受关注以来，男乘客受到网友的谴责及“人肉”，网友除了深扒当事男乘客的相关信息，还有不少人根据网上曝出的当事人个人信息，给其打电话、发短信，添加其微信号、支付宝账号，并在验证信息中对其进行辱骂，导致其被曝光的手机号一直处于占线状态，微信号也一度因“操作过于频繁”而无法正常添加。此外，还有人通过被曝光的手机号登录其支付宝账号，导致其账号因密码错误需 3 小时后再登录或找回密码。

（资料来源：《北京青年报》，2018-08-24，略有删改，
http：//society.people.com.cn/n1/2018/0824/c1008-30247718.html）

思考

1. 如何从道德素养、法律素养的角度看待“霸座”问题？

2. 如何从道德、法律的角度看待“人肉搜索”问题？

3. 如何有效杜绝“霸座”现象的发生？

案例解析

1. 如何从道德、法律的角度看待“霸座”问题？

社会公德的缺失：对号入座，是乘坐火车的基本规则。“霸座”人蛮横无理，是其缺乏公德心、无视社会规则的表现。

法律意识淡薄：“霸座”行为不仅是道德范畴的问题，更涉嫌违法违规。而“霸座”男子在道歉视频中称“我的这种行为严重违反了社会公德”，并未意识到自己涉嫌违反《中华人民共和国民法典》《中华人民共和国治安管理处罚法》等法律。

2. 如何从道德、法律的角度看待“人肉搜索”问题？

“人肉搜索”行为从正面分析体现了网友对正义的诉求，以及对不道德者的唾弃，反映了我国大部分群众道德素养的提高，以及对于社会道德的向往。同时“人肉搜索”可以发挥正面的舆论监督作用，揭露社会丑闻，还原事实真相，维护社会道德秩序。“人肉搜索”还可以唤起大众的道德良知，并形成道德约束。此外，“人肉搜索”还将成为网民对公众人物、政府官员等特殊群体进行舆论监督的工具。

但是，“人肉搜索”从反面分析也表明了我国群众的道德素养不过关，法律意识不清。大规模的“人肉搜索”容易形成网络暴力，侵犯他人的合法权利，比如侵犯他人隐私权、名誉权等人格权。同时“人肉搜索”权限过分膨胀，将导致网络伦理道德失范。

3. 如何有效杜绝“霸座”现象的发生？

要有效杜绝“霸座”现象，必须着力提升道德素养，完善法律体系，加强法律引导，提高法律素养。

一是提升道德素养。良好稳定的社会秩序需要公众的共同参与和努力，只有每个公民都提高自己的担当和责任感，才能够创造和谐美好的社会，因此提升道德素养势在必行。当然个人道德素养并非在短时间就能提高，社会监督和国家宣传要更好地发挥作用，各种网络媒体或网络平台也要加大正能量的宣传力度。

二是完善法律体系。在治理“霸座”等行为时，法律法规手段也不能缺位，必须用完备的法律规定抵制失德违法行为。

三是加强法律引导。法律和道德都应各自发挥其社会价值，法律对公众也具有引导作用，法律工作者也应该做好普法宣传工作，加强法律的引导，通过法制宣传活动提高全民素质，营造人人主动学法、人人自觉守法用法的良好社会风气，为建立良好的高铁秩序提供法律保障。

四是提高法律素养。公民不仅要懂法和守法，也要学会用法，拿起法律武器来对抗失德违法行为。

【案例三】 人民美好生活的法治保障

2019 年 9 月，河南信阳的孙女士见到郭某骑车时将五岁男童罗某撞倒在地后试图离开，于是上前阻止。两人发生言语争执，郭某情绪十分激动，结果引发心脏骤停，经抢救无效死亡。郭某的配偶和子女认为孙女士应对郭某的死亡承担责任，将孙女士和小区物业公司一起告上法庭，索赔 40 万元。“明明是见义勇为，怎么还要赔钱？”一时间，社会公众的目光聚焦在受理该案的河南省信阳市平桥区人民法院。2019 年 12 月 30 日，法院公开宣判了这起案件，认为根据《中华人民共和国民法总则》，孙女士阻挡郭某离开的目的在于保护儿童利益，不仅不具有违法性，还具有正当性，应当给予肯定与支持，孙女士不存在过错，不应承担侵权责任，原告索赔的请求被依法驳回。

（资料来源：《人民日报》，2020-05-31，01 版，略有删改）

思考

上述案例体现的法与道德之间的关系是什么？

案例解析

“助人为乐、见义勇为”是中华民族的传统美德。可是近年来，一些案例凸显“该不该扶”“该不该救”的道德困境，见义勇为受伤后无人问津甚至反遭索赔的事件时有发生。立良法于天下，则天下治。法律是成文的道德，道德是内心的法律。坚持依法治国和以德治国相结合，将社会主义核心价值观作为鲜明的轴线贯穿法律始终，使社会公德、家庭美德外化于法律规范，内化于人民心中，为人民参与社会活动提供了基本规则和价值遵循，凝聚起同心共筑中国梦的强大精神动力。

知识题库

绪　论

知识点一：我们处在中国特色社会主义新时代

【单选题】

1.（　　）是我们理解当前所处历史方位的关键词。

A. 新时期　　B. 新时代

C. 重要战略机遇期　　D. 关键期

2. 中国特色社会主义进入新时代，意味着中国特色社会主义道路、理论、制度、文化不断发展，拓展了发展中国家走向现代化的途径，给世界上那些既希望加快发展也希望保持自身独立性的国家和民族提供了全新选择，为解决（　　）贡献了中国智慧和中国方案。

A. 社会问题　　B. 环境问题

C. 人类问题　　D. 经济问题

3. 中国梦是历史的、现实的，也是未来的。这具体表现为（　　）。

A. 它凝结着无数仁人志士的不懈努力

B. 它承载着全体中华儿女的共同向往

C. 它昭示着国家富强、民族振兴、人民幸福的美好前景

D. 以上都是

4. 在革命战争时期，青年一代满怀（　　），为争取民族独立、人民解放冲锋陷阵、抛洒热血。

A. 革命希望　　B. 革命理想

C. 革命信念　　D. 革命斗志

5.“00 后”的大学生，到我国全面建成小康社会时，还不到（　　）岁；到我国社会主义现代化基本实现时，还不到（　　）岁；到我国全面建成社会主义现代化强国时，差不多（　　）岁。（　　）

A. 25；35；50　　B. 20；35；50

C. 20；30；50　　D. 20；30；45

6. 当代大学生是民族复兴伟大进程的（　　）和参与者，也是社会主义事业的主力军。

A. 书写者　　B. 建设者

C. 见证者　　D. 成就者

7. 新时代属于每个人的，每个人都是时代的见证者、开创者、（　　）。

A. 书写者　　B. 建设者

C. 创造者　　D. 成就者

【多选题】

8. 大学时代，是大学生形成正确（　　）的关键时期。

A. 世界观　　B. 人生观

C. 价值观　　D. 家庭观

9. 进入大学阶段，大学生要面临许多新的人生课题，比如（　　）。

A. 怎样处理好理想与现实、友谊与爱情、学习与工作的关系

B. 怎样处理好个人与集体、竞争与合作、权利与义务、自由与纪律的关系

C. 做什么样的人，怎样做人

D. 怎样的生活才有意义，怎样的人生追求才有价值

10. 中国特色社会主义进入新时代（　　）。

A. 意味着近代以来久经磨难的中华民族迎来了从站起来、富起来到强起来的伟大飞跃，迎来了实现中华民族伟大复兴的光明前景

B. 意味着科学社会主义在 21 世纪的中国焕发出强大生机活力，在世界上高高举起了中国特色社会主义伟大旗帜

C. 意味着中国特色社会主义道路、理论、制度、文化不断发展，拓展了发展中国家走向现代化的途径，给世界上那些既希望加快发展又希望保持自身独立性的国家和民族提供了全新选择，为解决人类问题贡献了中国智慧和中国方案

D. 意味着这是一个决胜全面建成小康社会、进而全面建设社会主义现代化强国的时代，是全国各族人民团结奋斗、不断创造美好生活、逐步实现全体人民共同富裕的时代

11. 以下关于中国进入新时代的内涵，表达正确的是（　　）。

A. 这个新时代，是承前启后、继往开来、在新的历史条件下继续夺取中国特色社会主义伟大胜利的时代

B. 这个新时代，是决胜全面建成小康社会、进而全面建设社会主义现代化强国的时代

C. 这个新时代，是全国各族人民团结奋斗、不断创造美好生活、逐步实现全体人民共同富裕的时代

D. 这个新时代，是全体中华儿女勠力同心、奋力实现中华民族伟大复兴中国梦的时代

E. 这个新时代，是我国日益走近世界舞台中央、不断为人类作出更大贡献的时代

12. 下列对中国梦理解正确的是（　　）。

A. 中国梦是历史的、现实的，也是未来的

B. 中国梦是国家的、民族的，也是每一个中国人的

C. 中国梦是一代又一代中国人的美好夙愿

D. 知识分子是实现中国梦的主体，是中国梦的唯一创造者

13. 新时代属于每一个人，每一个人都是新时代的（　　）。

A. 参与者　　B. 见证者

C. 开创者　　D. 建设者

【判断题】

14. 习近平指出，中国特色社会主义进入了新时代，这个新时代，是全体中华儿女勠力同心、奋力实现中华民族伟大复兴中国梦的时代。（　　）

15. 当代大学生的历史使命——建设新时代中国特色社会主义、实现中华民族伟大复兴。（　　）

16. 站在新时代的起点，我们比历史上任何时期都更接近中华民族伟大复兴的目标，比历史上任何时期都更有信心、有能力实现这个目标。（　　）

17. 只有每个人都为美好梦想而奋斗，才能汇聚起实现中国梦的磅礴力量。（　　）

18. 当代大学生既是民族复兴伟大进程的见证者、参与者，也是社会主义事业

的生力军。(　　)

知识点二：时代新人要以民族复兴为己任

【单选题】

19.“培养担当民族复兴大任的时代新人”是党的(　　)提出的战略要求。

A. 十八大　　B. 十八届六中全会

C. 十九大　　D. 十九届三中全会

20. 大学生应该以(　　)、有担当为根本要求。

A. 有理想、有本领

B. 有理想、有干劲

C. 有目标、有才华

D. 有目标、有本领

21. 大学生要做(　　)的时代新人。

A. 有理想　　B. 有本领

C. 有担当　　D. 以上都对

22. 新时代大学生要有崇高的理想信念，牢记使命，自信(　　)。

A. 自立　　B. 自励

C. 自砺　　D. 自强

23.“问渠那得清如许，为有源头活水来”体现最为明显的是(　　)的学习理念和态度。

A. 既要惜时如金、孜孜不倦，下一番心无旁骛、静谧自忙的功夫，又要突出主干、择其精要，做到又博又专、越博越专

B. 既打牢扎实基础，又及时更新知识

C. 既刻苦钻研理论知识，又积极掌握实践技能

D. 既向书本学，又向实践学、向群众学

E. 既向传统学，又向现代学

24. 青春至美是(　　)，青年的(　　)是决定人生价值的最大砝码，是影响时代发展进程的重要力量。(　　)

A. 忠诚；担当　　B. 忠诚；干净

C. 忠诚；忠诚　　D. 担当；担当

25. 作为实现中华民族伟大复兴的生力军，大学生要有担当精神，要讲求奉献、实干进取，应坚持(　　)第一、知行合一，求真务实、有为善为。

A. 学知识　　B. 修品德

C. 实践　　D. 学技能

26.“思想道德修养与法律基础”课以(　　)为指导，帮助大学生全面提高思想道德素质和法律素质。

A. 社会主义荣辱观

B. 社会主义核心价值体系

C. 科学发展观

D. 马克思主义

27.(　　)是人们的思想观念、政治立场、价值取向、道德情操和行为习惯等方面品质和能力的综合体现，反映着一个人的思想境界和道德风貌。

A. 思想政治素质　　B. 道德素质

C. 思想道德素质　　D. 法治素质

28.(　　)是指人们通过学习法律知识、理解法律本质、运用法治思维、依法维护权利与依法履行义务的素质、修养和能力，对保证人民遵从法治、遵守法律具有重要意义。

A. 法律修养　　B. 法律方法

C. 法治思维　　D. 法治素养

29.“思想道德修养与法律基础”课程对大学生进行以(　　)为主要内容的教育。

A. 道德观

B. 法治观

C. 人生观、价值观、世界观

D. 以上三点都是

30.“思想道德修养与法律基础”是一门融(　　)于一体的思想政治理论课。

A. 理论性、艺术性、科学性、教育性、灵活性

B. 思想性、科学性、人文性、理论性、

趣味性

C. 思想性、形象性、艺术性、科学性、实践性

D. 思想性、政治性、科学性、理论性、实践性

【多选题】

31. 当代大学生应努力成为中国特色社会主义事业的合格建设者和可靠接班人，成为走在时代前列的（　　）。

A. 奋进者　　B. 开拓者

C. 参与者　　D. 奉献者

32. 时代新人要以民族复兴为己任，当代大学生应该以（　　）为根本要求，夯实综合素质基础，着力提升思想道德素质和法治素养，展现新的风貌、新的姿态。

A. 有理想　　B. 有责任

C. 有本领　　D. 有担当

33. 当代大学生如何做一个有理想有本领有担当的时代新人？（　　）。

A. 要有崇高的理想信念，牢记使命，自信自励

B. 要有高强的本领才干，勤奋学习，全面发展

C. 要有天下兴亡、匹夫有责的担当精神，讲求奉献，实干进取

D. 要理解中国特色社会主义法治体系和法治道路的精髓，增进法治意识，养成法治思维

34. 时代新人要以民族复兴为己任，大学生要成为中国特色社会主义事业的合格建设者和可靠接班人，成为走在时代前列的奋进者、开拓者、奉献者，就要做到（　　）。

A. 专心学习，不问世事

B. 做有理想有本领有担当的时代新人

C. 提升法治素养

D. 提升思想道德素质

35. 以下关于思想道德和法律的关系的表述正确的有（　　）。

A. 法律为思想道德提供制度保障

B. 思想道德为法律提供思想指引和价值基础

C. 思想道德和法律都是调节人们思想行为、协调人际关系、维护社会秩序的重要手段

D. 坚持和发展中国特色社会主义，既要发挥思想道德的引领和教化作用，又要发挥法律的规范和强制作用

E. 思想道德能够促进人们自觉尊法学法守法用法，维护法律权威

36.（　　）是人应该具有的基本素质。

A. 法治思维

B. 法治素养

C. 思想道德素质

D. 自我价值的实现

37. 思想道德素质和法治素质体现了人们协调各种关系、处理各种问题时所表现出来的是非判断能力和正确行为能力，是（　　）的有机融合，是新时代大学生必须具备的基本素质。

A. 身体素质　　B. 思想政治素养

C. 道德素质　　D. 法治素养

38.“思想道德修养与法律基础”是一门融（　　）于一体的课程。

A. 思想性　　B. 政治性

C. 文化性　　D. 实践性

39. 思想道德为法律提供（　　）。

A. 思想指引　　B. 价值基础

C. 制度保障　　D. 底线标准

40. 学好“思想道德修养与法律基础”对于当代大学生具有十分重要的意义，下列叙述正确的是（　　）。

A.“思想道德修养与法律基础”是一门融思想性、政治性、科学性、理论性、实践性于一体的思想政治理论课

B.“思想道德修养与法律基础”有助

于大学生领悟人生真谛，坚定理想信念，践行社会主义核心价值观，做新时代的忠诚爱国者和改革创新的生力军

C.“思想道德修养与法律基础”有助于大学生形成正确的道德认知，积极投身道德实践，做到明大德、守公德、严私德

D.“思想道德修养与法律基础”有助于大学生全面把握社会主义法律的本质、运行和体系，理解中国特色社会主义法治体系和法治道路的精髓，增进法治意识，养成法治思维，更好地行使法律权利、履行法律义务，做到尊法学法守法用法，从而具备优秀的思想道德素质和法治素养

41. 下列关于思想道德与法律的说法正确的是（　　）。

A. 道德与法律都是上层建筑的重要组成部分，相辅相成，缺一不可

B. 社会主义思想道德为社会主义法律提供思想指引和价值基础

C. 社会主义法律为社会主义思想道德建设提供制度保障

D. 社会主义法律与社会主义思想道德在一定程度上可以相互替代

42. 以下关于思想道德素质和法治素养的说法中，正确的有（　　）。

A. 法治素养是指人们通过学习法律知识、理解法律本质、运用法治思维、依法维护权利与依法履行义务的素质、修养和能力

B. 良好的思想道德素质和法治素养是大学生把握发展机遇、创造人生精彩的基础条件和宝贵资源

C. 大学生应当通过理论学习，不断提高自身的思想道德素质和法治素养，因为良好的思想道德素质和法治素养，是在学习中养成的

D. 思想道德素质和法治素养是思想政治素质、道德素质和法治素养的有机融合

【判断题】

43. 一个人要安身立命、成长成才、贡献社会，需要不断地调整自身与他人的关系，不断实现人的社会化。（　　）

44. 大学生的知识水平越高，道德水平也越高。（　　）

45. 当今是知识经济时代，大学生只要掌握最新的科学知识，就能成才。（　　）

46. 遵守思想道德规范是做人的底线。（　　）

47. 坚持和发展中国特色社会主义，只要具备完备的法律就行。（　　）

48.“思想道德修养与法律基础”课是一门融思想性、政治性、知识性、综合性和实践性于一体的课程。（　　）

49. 学习“思想道德修养与法律基础”课对掌握科学技术知识方面没有用，只是浪费时间而已。（　　）

50. 思想道德素质和法律素养是人的基本素质。（　　）

参考答案见二维码

第一章 人生的青春之问

知识结构图

- 第一章 人生的青春之问
  - 第一节 人生观是对人生的总看法
    - 一、人生与人生观
    - 二、个人与社会的辩证关系
  - 第二节 正确的人生观
    - 一、科学高尚的人生追求
    - 二、积极进取的人生态度
    - 三、人生价值的评价与实现
  - 第三节 创造有意义的人生
    - 一、辩证对待人生矛盾
    - 二、反对错误人生观
    - 三、成就出彩人生

学习目标

1. 系统地掌握人生观的基本理论，科学认识“人的本质是什么”“人为什么活着”“人应该怎样生活”“怎样的人生才有意义”等基本问题；
2. 掌握个人与社会的辩证关系；
3. 充分认识人生态度在人生中的重要意义，从而自觉地端正人生态度；
4. 结合个人实际和社会现实，确立科学高尚的人生目的；
5. 自觉抵制各种错误人生观的影响；
6. 树立科学、高尚的为人民服务的人生观；
7. 保持积极进取的人生态度，成就出彩人生。

学习重点

1. 人生观的主要内容；
2. 个人与社会的辩证关系；
3. 确立科学高尚的人生追求；
4. 保持认真、务实、乐观、进取的人生态度；
5. 人生价值的实现条件；
6. 树立正确的幸福观、得失观、苦乐观、顺逆观、生死观和荣辱观；
7. 成就出彩人生的途径。

学习难点

1. 保持认真、务实、乐观、进取的人生态度；
2. 树立正确的幸福观、得失观、苦乐观、顺逆观、生死观和荣辱观；
3. 警惕和抵制错误人生观；
4. 当代大学生成就出彩人生的途径。

第一章整体知识结构图见二维码

第一节　人生观是对人生的总看法

思维导图

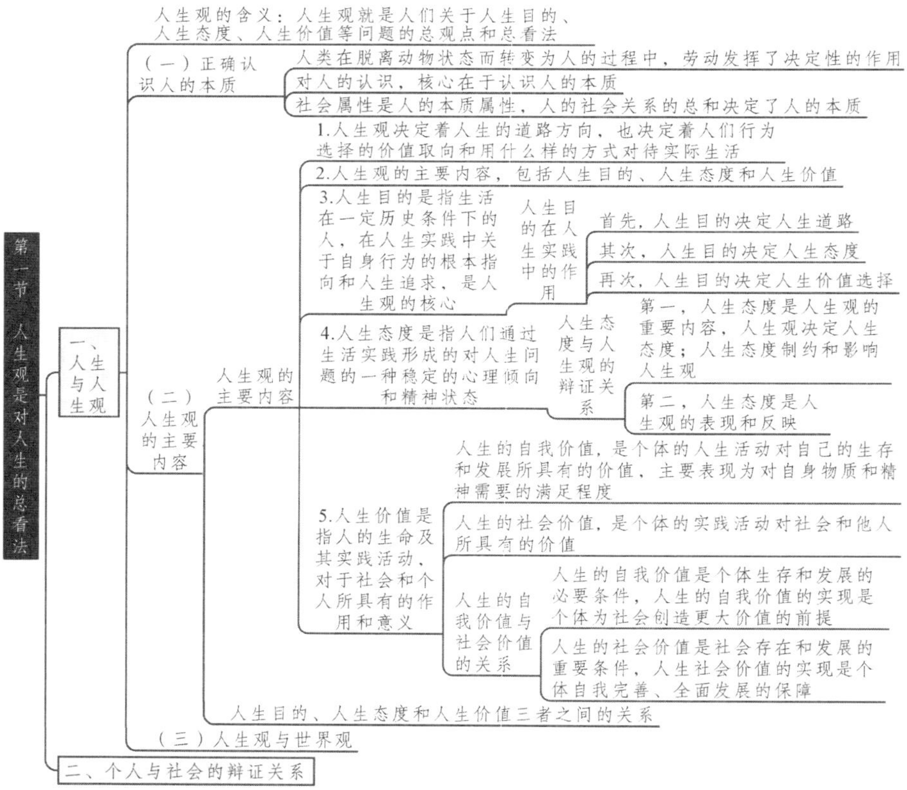

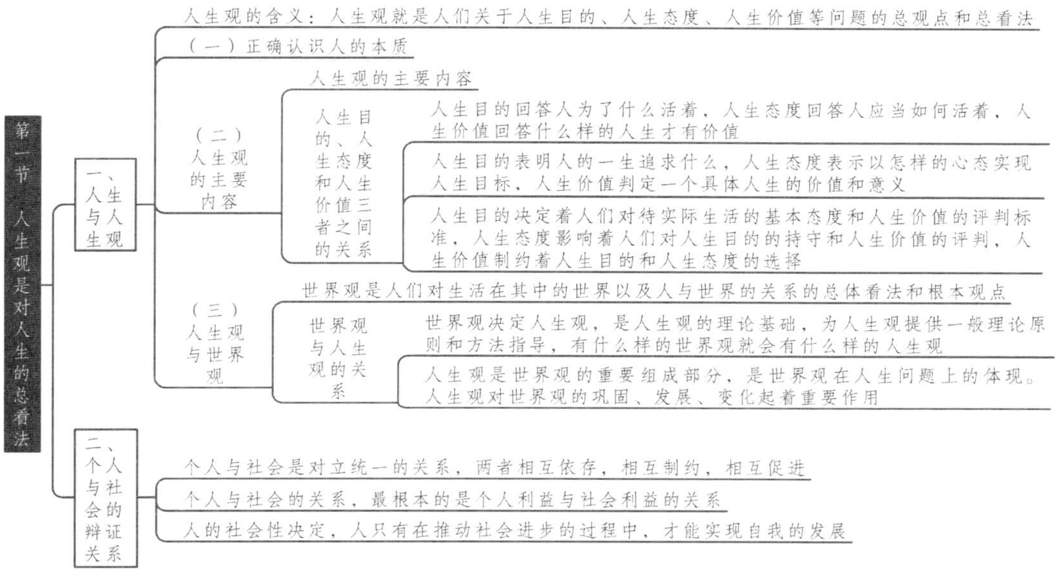

知识要点

一、人生与人生观

（一）正确认识人的本质

知识点一　正确认识人的本质——人是什么？

人类在脱离动物状态而转变为人的过程中，劳动发挥了决定性的作用。

1. 马克思关于人的本质的论断

马克思运用辩证唯物主义和历史唯物主义的立场、观点和方法，揭开了人的本质之谜，为人们认识人生、形成正确的人生观提供了科学的方法论。马克思指出：“人的本质是单个人所固有的抽象物，在其现实性上，它是一切社会关系的总和。”

2. 马克思关于人的本质的论断的理解

① 人具有自然属性和社会属性，但社会属性是人的本质属性；

② 人的本质是一切社会关系的总和；

③ 人的本质是具体的、历史的，是随着历史的发展而发展的，不是一成不变的。

（二）人生观的主要内容

知识点二　人生观的主要内容

1. 人生观的概念

人生观就是人们关于人生目的、人生态度、人生价值等问题的总观点和总看法。

2. 人生观的作用

人生观决定着人生的道路方向，也决定着人们行为选择的价值取向和用什么样的方式对待实际生活。

3. 人生观的主要内容——人生目的、人生态度和人生价值

（1）人生目的——回答了人为什么活着。

① 人生目的的内涵。

人生目的是指生活在一定历史条件下的人在人生实践中关于自身行为的根本指向和人生追求。

② 人生目的与人生观的关系。

人生目的是人生观的核心

③ 人生目的在人生实践中的作用。

首先，人生目的决定人生道路。

其次，人生目的决定人生态度。

再次，人生目的决定人生价值选择。

（2）人生态度——回答了人应当如何活着。

①人生态度的内涵。

人生态度是指人们通过生活实践形成的对人生问题的一种稳定的心理倾向和精神状态。

②人生态度与人生观的辩证关系。

第一，人生态度是人生观的重要内容，人生观决定人生态度；人生态度制约和影响人生观。

第二，人生态度是人生观的表现和反映。

（3）人生价值——回答了什么样的人生才有价值。

① 人生价值的内涵。

人生价值是指人的生命及其实践活动对于社会和个人所具有的作用和意义。人生价值内在地包含了人生的自我价值和社会价值两个方面。

② 人生的自我价值和社会价值。

人生的自我价值的内涵：人生的自我价值是个体的人生活动，对自己的生存和发展所具有的价值，主要表现为对自身物质和精神需要的满足程度。

人生的社会价值的内涵：人生的社会价值是个体的实践活动对社会和他人所具有的价值。

人生的自我价值和社会价值的关系：人生的自我价值和社会价值既相互区别，又密切联系、相互依存，共同构成人生价值的矛盾统一体。一方面，人生的自我价值是个体生存和发展的必要条件，人生的自我价值的实现是个体为社会创造更大价值的前提。另一方面，人生的社会价值是社会存在和发展的重要条件，人生社会价值的实现是个体自我完善、全面发展的保障。没有社会价值，人生的自我价值就无法实现。

（4）人生目的、人生态度和人生价值三者之间的联系。

首先，人生目的回答人为了什么活着，人生态度回答人应当如何活着，人生价值回答什么样的人生才有价值。

其次，人生目的表明人的一生追求什么，人生态度表示以怎样的心态实现人生目标，人生价值判定一个具体人生的价值和意义。

再次，人生目的决定着人们对待实际生活的基本态度和人生价值的评判标准，人生态度影响着人们对人生目的的持守和人生价值的评判，人生价值制约着人生目的和人生态度的选择。

（三）人生观与世界观

知识点三 人生观与世界观

1. 世界观的内涵

世界观就是人们对生活在其中的世界以及人与世界的关系的总体看法和根本观点。

2. 人生观与世界观的关系

第一，世界观决定人生观，是人生观的理论基础，为人生观提供一般理论原则和方法指导，有什么样的世界观就会有什么样的人生观。

第二，人生观是世界观的重要组成部分，是世界观在人生问题上的体现。人生观对世界观的巩固、发展、变化起着重要作用。

二、个人与社会的辩证关系

知识点四 个人与社会的辩证关系

1. 个人与社会的对立统一关系

个人与社会是对立统一的关系，两者相互依存，相互制约，相互促进。社会是由一个个具体的人组成的。离开了人就没有社会，社会是人的存在形式。同时人是社会的人，离开了社会也无法生活。

2. 个人与社会的关系，最根本的是个人利益与社会利益的关系

个人利益与社会利益的关系主要体现在：

第一，社会需要是个人需要的集中体现，是社会全体成员带有根本性、全局性、长远性需要的反映。

第二，个人利益的满足只能是在一定的社会条件下、通过一定的社会方式来实现。

第三，社会利益离不开个人利益，个人利益也离不开社会利益。社会利益不是个人利益的简单相加，而是所有人利益的有机统一。

第四，社会利益体现了作为社会成员的个人的根本利益和长远利益，是个人利益得以实现的前提和基础，同时它也保障个人利益的实现。

3. 人的社会性决定了人只有在推动社会进步的过程中，才能实现自我的发展

第二节　正确的人生观

思维导图

- 第二节　正确的人生观
  - 一、科学高尚的人生追求
    - 什么样的人生追求才是科学高尚的？
      - 服务人民，奉献社会
    - 为何说“服务人民，奉献社会”是科学高尚的人生追求？
      - 人民群众是社会历史的主体，是社会物质财富和精神财富的创造者，是社会变革的决定力量
      - 服务人民、奉献社会的人生追求，以历史唯物主义关于人们群众是历史的创造者的基本观点为理论基础，指明了人在成长和发展过程中应确立的人生目标和方向
    - 确立“服务人民，奉献社会”的人生追求对于当代大学生的意义
      - 能清晰地把握人的生命历程和奋斗目标，理解人为什么而活、应该走什么样的人生之路等道理
      - 能以正确的人生态度对待人生、解决实际生活中的各种问题，实现自己的人生价值
      - 能掌握正确的人生价值标准，塑造完美的自己，做一个高尚的人
  - 二、积极进取的人生态度
    - 人生须认真
      - 以认真的态度对待人生，就是要严肃思考人的生命应有的意义，明确生活目标和肩负的责任，既要清醒地看待生活，又要积极认真地面对生活
    - 人生当务实
      - 要从人生的实际出发，以科学的态度看待人生，以务实的精神创造人生
    - 人生应乐观
      - 要乐观豁达、热爱生活、对人生充满自信，体现了对自己、对生活、对社会的积极态度，这种态度是人们承受困难和挫折的心理基础
    - 人生要进取
      - 适应历史发展的趋势，以开拓进取的态度迎接人生的各种挑战，才能不断领悟美好人生的真谛，体验生活的快乐和幸福
  - 三、人生价值的评价与实现
    - （一）正确评价人生价值
      - 评价人生价值的根本尺度：是看一个人的实践活动是否符合社会发展的客观规律，是否促进了历史的进步
      - 在今天，衡量人生价值的标准：最重要的就是看一个人是否用自己的劳动和聪明才智为国家和社会真诚奉献，为人民群众尽心尽力服务
      - 如何才能正确评价人生价值？
        - 坚持能力有大小与贡献须尽力相统一
        - 坚持完善自身与贡献社会相统一
        - 坚持物质贡献与精神贡献相统一
        - （以上：恰当的评价方法）
    - （二）人生价值的实现条件
      - 实现人生价值，要从社会客观条件出发
      - 实现人生价值，要从个体自身条件出发
      - 不断增强实现人生价值的能力和本领

知识要点

一、科学高尚的人生追求

知识点五　科学高尚的人生追求

1. “服务人民，奉献社会”的人生追求

“服务人民，奉献社会”的思想以其科学而高尚的品质，代表了人类社会迄今为止最先进的人生追求。

人民群众是社会历史的主体，是社会物质财富和精神财富的创造者，是社会变革的决定力量。

服务人民、奉献社会的人生追求，以历史唯物主义关于人民群众是历史的创造者的基本观点为理论基础，指明了人在成长和发展过程中应确立的人生目标和方向。

2. 确立“服务人民，奉献社会”的人生追求对于当代大学生的意义

第一，一个人确立了服务人民、奉献社会的人生追求，才能清晰地把握人的生命历程和奋斗目标，理解人为什么而活、应该走什么样的人生之路等道理。

第二，一个人确立了服务人民、奉献社会的人生追求，才能以正确的人生态度对待人生、解决实际生活中的各种问题，实现自己的人生价值。

第三，一个人确立了服务人民、奉献社会的人生追求，才能掌握正确的人生价值标准，塑造完美的自己，做一个高尚的人。

二、积极进取的人生态度

知识点六　积极进取的人生态度

1. 人生须认真

以认真的态度对待人生，就是要严肃思考人的生命应有的意义，明确生活目标和肩负的责任，既要清醒地看待生活，又要积极认真地面对生活。

2. 人生当务实

要从人生的实际出发，以科学的态度看待人生，以务实的精神创造人生。

3. 人生应乐观

乐观豁达、热爱生活、对人生充满自信，体现了对自己、对生活、对社会的积极态度，这种态度是人们承受困难和挫折的心理基础。

4. 人生要进取

人生实践是一个创造的过程。适应历史发展的趋势，以开拓进取的态度迎接人生的各种

挑战，才能不断领悟美好人生的真谛，体验生活的快乐和幸福。

三、人生价值与评价

（一）正确评价人生价值

知识点七　正确评价人生价值

1. 评价人生价值的根本尺度

人的社会性决定了人生的社会价值。评价人生价值的根本尺度，是看一个人的实践活动是否符合社会发展的客观规律，是否促进了历史的进步。

2. 衡量人生价值的标准

在今天，衡量人生价值的标准，最重要的就是看一个人是否用自己的劳动和聪明才智为国家和社会真诚奉献，为人民群众尽心尽力服务。

3. 人生价值的评价方法

（1）坚持能力有大小与贡献须尽力相统一。

考察一个人的人生价值，要把个人对社会的贡献同他的能力以及与能力相对应的职责联系起来。

（2）坚持物质贡献与精神贡献相统一。

评价人生价值，既要看一个人对社会作出的物质贡献，也要看他对社会作出的精神贡献。

（3）坚持完善自身与贡献社会相统一。

人的自我完善和全面发展、人生自我价值的实现，是社会发展的根本目标；而人生自我价值的实现，又有助于个体为社会创造更大价值。

（二）人生价值的实现条件

知识点八　人生价值的实现条件

1. 实现人生价值要从社会客观条件出发

人生价值是在社会实践中实现的，人的创造力的形成、发展和发挥都要依赖于一定的社会客观条件。大学生要珍惜难得的历史机遇，把自己的人生追求建立在正确把握当今中国社会发展实际的基础上，努力实现自己的人生价值。

2. 实现人生价值要从个体自身条件出发

大学生要针对自己成长成才过程的实际，注重完善知识结构、丰富社会实践，坚持实事求是的原则，努力客观认识自己，准确把握影响人生价值实现的自身条件。

3. 不断增强实现人生价值的能力和本领

大学生可以通过各种方式和途径，全面提高自身的综合素质和能力，努力创造实现人生价值的良好条件。

第三节　创造有意义的人生

思维导图

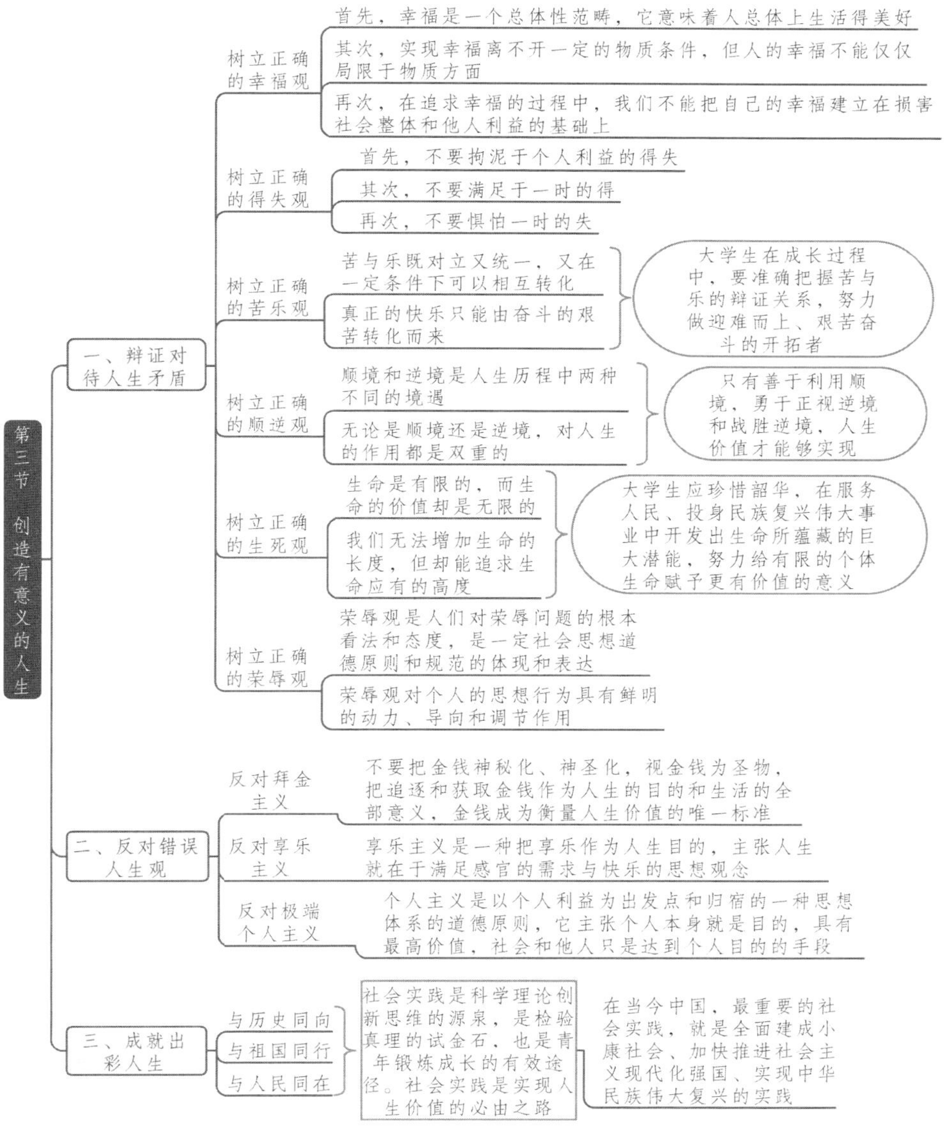

知识要点

一、辩证对待人生矛盾

知识点九 辩证对待人生矛盾

1. 树立正确的幸福观

首先，幸福是一个总体性范畴，它意味着人总体上生活得美好。但幸福总是相对的，不是尽善尽美的，不同的人有不同的幸福标准。

其次，实现幸福离不开一定的物质条件，物质需要的满足、物质生活的富足是幸福的重要方面，但人的幸福不能仅仅局限于物质方面，精神需要的满足、精神生活的充实也是幸福的重要方面。

再次，在追求幸福的过程中，我们不能把自己的幸福建立在损害社会整体和他人利益的基础上。相反，只有在为社会作贡献、为他人服务的过程中，我们才能获得幸福所需要的环境和条件，产生更大的幸福感，实现个人幸福与社会进步的相互促进。

2. 树立正确的得失观

首先，不要拘泥于个人利益的得失。

其次，不要满足于一时的得。

再次，不要惧怕一时的失。

3. 树立正确的苦乐观

苦与乐既对立又统一，在一定条件下可以相互转化。真正的快乐只能由奋斗的艰苦转化而来。大学生在成长过程中，要准确把握苦与乐的辩证关系，努力做迎难而上、艰苦奋斗的开拓者。

4. 树立正确的顺逆观

顺境和逆境是人生历程中两种不同的境遇。在人生旅途中没有永远的顺境，也没有永远的逆境。因此，无论是顺境还是逆境，对人生的作用都是双重的，关键是怎样去认识和对待它们。只有善于利用顺境，勇于正视逆境和战胜逆境，人生价值才能够实现。

5. 树立正确的生死观

大学生要牢固树立生命可贵的意识，倍加爱护自己和他人的生命，理性面对生老病死的自然规律，努力使自己的生命绽放人生应有的光彩。孔子谓“杀身成仁”，孟子曰“舍生取义”，司马迁认为“人固有一死，或重于泰山，或轻于鸿毛”，这些千古名句说明，人的生命是有限的，而生命的价值却是无限的。我们无法增加生命的长度，但却能追求生命应有的高度。大学生应珍惜韶华，在服务人民、投身民族复兴伟大事业中开发出生命所蕴藏的巨大潜能，努力给有限的个体生命赋予更有价值的意义。

6. 树立正确的荣辱观

荣辱观是人们对荣辱问题的根本看法和态度，是一定社会思想道德原则和规范的体现和表达。荣辱观对个人的思想行为具有鲜明的动力、导向和调节作用。

二、反对错误人生观

知识点十 反对错误人生观

1. 反对几种错误的人生观

（1）反对拜金主义。

拜金主义是一种认为金钱可以主宰一切，把追求金钱作为人生至高目的的思想观念。拜金主义将金钱神秘化、神圣化，视金钱为圣物，把追逐和获取金钱作为人生的目的和生活的全部意义，金钱成为衡量人生价值的唯一标准。须知，人应当是金钱的主人，而不是金钱的奴隶；应当依靠自己的劳动创造财富，合理合法获取金钱。同时，金钱不是万能的，生活中还有许多远比金钱更有意义的东西值得我们去追寻。

（2）反对享乐主义。

享乐主义是一种把享乐作为人生目的，主张人生就在于满足感官的需求与快乐的思想观念。一些大学生用父母辛苦劳作挣来的血汗钱追逐名牌和奢侈品，比阔气、讲排场，在消费上超出自己的承受能力，有的甚至因此负债累累。这些错误的观念和行为，不仅危害大学生的健康成长，而且败坏社会风气。

（3）反对极端个人主义。

个人主义是以个人利益为出发点和归宿的一种思想体系和道德原则，它主张个人本身就是目的，具有最高价值，社会和他人只是达到个人目的的手段。应旗帜鲜明地予以反对。

2. 拜金主义、享乐主义、极端个人主义等错误人生观的共同特点

拜金主义、享乐主义、极端个人主义等错误人生观的共同特点是没有正确把握个人与社会的辩证关系，忽视或否认社会性是人的存在和活动的本质属性，对人的需要的理解极端、狭隘和片面，其出发点和落脚点都是一己之私利。

3. 大学生应该如何抵制错误的人生观

大学生应当顺应时代潮流，在科学理论的指导下，认清这些错误思想和腐朽观念的实质，选择并追求高尚的人生目的，在服务人民、奉献社会的人生实践中完善自我、创造人生的美好价值。

三、成就出彩人生

知识点十一 成就出彩人生

当代大学生担当新时代赋予的历史责任，应当与历史同向、与祖国同行、与人民同在，

在服务人民、奉献社会的实践中创造有意义的人生。

1. 与历史同向

当代大学生要正确认识世界和中国发展大势，尊重顺应历史的选择和人民的选择，准确把握中国发展的重要战略机遇期，提升民族自信心，增强时代责任感，与历史同步伐，与时代共命运。

2. 与祖国同行

青年只有自觉将人生目标同国家和民族的前途命运紧紧联系在一起，才能最大程度地实现人生价值。当代中国正处于中华民族伟大复兴的关键时期，建设社会主义现代化强国任重道远。当代大学生要正确认识国家和民族赋予的历史责任和使命，自觉与国家和民族共奋进、同发展。

3. 与人民同在

人民群众是历史的创造者，是国家的主人。大学生要在为人民群众服务、实现人民群众利益的过程中实现人生价值。只有走与人民群众相结合的道路，向人民群众学习，从人民群众中汲取营养，做中国最广大人民根本利益的维护者，才能使自己的人生大有作为。

4. 积极的社会实践

社会实践是科学理论、创新思维的源泉，是检验真理的试金石，也是青年锻炼成长的有效途径。美好的人生目标要靠社会实践才能转化为现实。社会实践是实现人生价值的必由之路，同时，人生价值终究要通过自己所从事的事业展现出来。在当今中国，最重要的社会实践，就是全面建成小康社会、加快推进社会主义现代化强国、实现中华民族伟大复兴的实践。

知识案例

【案例一】

钟扬：做一颗扎根大地的种子

生于湖南，工作在武汉、上海，但钟扬53年人生的关键词却是“西藏”和“种子”。

2001年，钟扬首次报名入藏，是出于一位生物学家的责任感：青藏高原是国际生物多样性热点地区，拥有我国最大的生物“基因库”，在国内外种子库里都缺少收藏，而全球气候变暖和人类活动正在引发生物蔓延性灭绝。他想做一个为世界屋脊盘点生物家底的人，为国家的生态安全和人类未来作出贡献。

“盘点”工程浩大。钟扬计划每年收集600种植物种子。按照国际规范，每个样本都要收集5000颗种子，不同样本种群间的直线距离超过50公里。这意味着，钟扬团队每年要行走3万多公里。

16年间，从藏北高原到藏南谷地，从阿里无人区到雅鲁藏布江，他们的行程超过50万公里，遍及西藏最偏远、最艰苦、最荒芜的地区，多次经历生死一瞬。

为寻找高山雪莲，高原反应严重的钟扬不肯留在珠峰大本营，跟着两名藏族学生拉琼、扎西次仁爬上海拔6000多米处。在珠峰北坡，他们采集到迄今发现的生长在海拔最高处的种子植物鼠曲雪兔子。“那是中国植物学家采样到过的最高点！”拉琼说。

“这类工作学术成果‘显示度’并不高。”与钟扬相识、共事18年的复旦大学生命科学学院党委书记陈浩明感叹，“以他的聪明才智，大可坐在实验室里验证假设、发表论文，无须艰苦跋涉”。

但在钟扬看来，一个人一辈子留下的不在于论文、奖项，而在于做了多少实实在在的事。他动员学生去最艰苦的阿里地区时说：“别人不愿去，我们必须去。只要国家需要、人类需要，再艰苦的科研也要做！”

妻子张晓艳说，从援藏开始，钟扬留给家人的时间很少。援藏工作三年一期，他已连做三期。“每次延期他都有无可辩驳的理由，‘要培养一支高端研究人才队伍’‘总要把学科带到一定高度’……我说你错过了陪伴儿子成长会遗憾，他说‘我知道，但是现在有更重要的工作，我停不下来’……”

学生赵佳媛记得，2015年，钟扬老师突发脑出血，苏醒后担心自己不能再进藏，口述写下他对援藏的思考交给组织，认为“建立高端人才队伍极端重要”。9个月后，他不顾医生告诫，再次走上高原路，还说：“我连酒都戒了，就是戒不了西藏啊！”

“生命的高度绝不只是一种形式。当一个物种要拓展其疆域而必须迎接恶劣环境挑战的时候，总是需要一些先锋者牺牲个体的优势，以换取整个群体乃至物种新的生存空间和发展机遇。共产党员就是这样的先锋者。”钟扬说。

“加班再晚，离开办公室时，都能看到钟老师的灯亮着。现在，他的灯不再亮了，但他点亮了我们每个人心中的灯。”复旦大学研究生院的同事们说。

上有4位八旬老人，下有一对双胞胎儿子，这个教师家庭并不富裕，而张晓艳却准备捐出钟扬的车祸赔偿金，支持西部少数民族地区的人才培养工作。“国家的教育事业是他一生的牵挂。这是我们家人能为钟扬未竟的事业做的一点事，也是他所希望看到的。”

故事已经定格，初心永远跳动。

（资料来源：《人民日报》，2018-01-17，略有删改，
http：//cpc.people.com.cn/n1/2018/0117/c64104-29768973.html）

“五假副部”卢恩光的荒唐往事：默念这句话后才入睡

多年来，卢恩光一直信奉“万般皆下品，唯有当官高”。为了能当官，卢恩光提交了入党申请书，但因从申请到入党需要一到两年的时间，卢恩光嫌太慢于是拿着5000元找人帮忙，希望突击发展他入党。《入党申请书》和《入党志愿书》是1992年同时写的，同时交的，为了看起来更合理，特意把申请书时间往前倒签了两年。可卢恩光怎么也不会想到，他的申请书中有学习邓小平南方谈话精神的表述，这为他的违纪问题浮出水面埋下伏笔。

为了让自己的履历看起来更好，只读完高中的卢恩光先后有了本科、硕士、博士文凭。而这些文凭都是靠买、送、混得来的。

为了让自己在历次干部选拔中有年龄优势，他将自己的出生年份由1958年篡改为1965

年，一下小了7岁。

现实中，卢恩光共有七名子女，为了不影响仕途，他只填报了两名，其他五名子女均通过假手续落户在其他亲戚家。“我即使在家里都不允许他们（孩子）叫爹叫爸爸，不允许，要不叫姨父什么的，我说别出去喊走了嘴。”卢恩光说。

卢恩光甚至还为自己改了名字，“恩光”二字意思是“感恩父母、光宗耀祖”。

有了如此完整的档案，满脑子封建官本位思想的卢恩光开始一步步实现他的“官梦”。

1993年，聊城地区出台“民营企业家挂职科技副乡长”政策，卢恩光觉得机遇来了。他通过一番又跑又送，当上了高庙王乡科技副乡长。终于当上官的卢恩光非常高兴。“那时候就觉得，我已经光宗耀祖了，到我父母坟前，那真是好好地祭拜一番。谁要是再喊卢董事长、卢总，那时候心里就觉得对方不懂事，我都是副乡长了。”卢恩光说。

之后，卢恩光先后向20多名不同层级的党员领导干部行贿，终于从一名私营企业主一步步变身为副部级干部。

多年来，卢恩光每天睡觉前都会默诵“知足常乐，老天厚爱，你已功成名就，睡觉”；早晨醒来再激励自己继续“奋斗”，默诵“不知足常进取，功名就在前边，努力前行”。

为了让自己能得到领导的信任，卢恩光将领导照顾得无微不至，每周都去给领导同志家里送菜、水果、各种肉食、半成品，修补领导家里的书架等。也正因为如此，在组织选拔副部级干部时，卢恩光得到有关领导的多次推荐。

自欺必欺人，欺人必被欺！如今，卢恩光被提起公诉。他的案例也警醒着每一名党员干部要踏踏实实做事，清清白白做人！

（资料来源：央视网，2018-02-27，略有删改，
http：//news.cctv.com/2018/02/27/ARTIiD0lt9MyZmJVKA2Wu1pc180227.shtml）

思考

1. 为何钟杨的人生与卢恩光的人生会出现不同？
2. 从钟杨教授的身上，我们学到了什么？
3. 卢恩光的故事反映了一种什么样的人生观？大学生应该如何抵制错误的人生观？

案例解析

1. 为何钟杨的人生与卢恩光的人生会出现不同？

解析：不同的人有不同的人生，根本区别在于人生观不同。人生观包括人生目的、人生态度、人生价值。

从人生目的上讲，钟杨教授的关键词是“西藏”和“种子”，他想做一个为世界屋脊盘点生物家底的人，为国家的生态安全和人类未来作出贡献。而卢恩光的关键词却是“当官”。

从人生态度上来讲，钟杨教授是“一个为世界屋脊盘点生物家底的人，为国家的生态安全和人类未来作出贡献”的人，他艰苦跋涉、挑灯夜战。而卢恩光却信奉“万般皆下品，唯有当官高”。为了当官，年龄、入党材料、工作经历、学历、家庭情况等全部造假。

从人生价值来讲，钟扬教授以其一生选择了创造社会价值，彰显了生命的高度。而卢恩光却为自己的利益，作假买官终作茧自缚。

2. 从钟杨教授的身上，我们学到了什么？

解析：我们应该确立科学高尚的人生追求，那就是“服务人民，奉献社会”的人生追求。因为只有确立了服务人民、奉献社会的人生追求，才能清晰地把握人的生命历程和奋斗目标，理解人为什么而活、应该走什么样的人生之路等道理；才能以正确的人生态度对待人生、解决实际生活中的各种问题，实现自己的人生价值，也才能掌握正确的人生价值标准，塑造完美的自己，做一个高尚的人。

3. 卢恩光的故事反映了一种什么样的人生观？大学生应该如何抵制错误的人生观？

解析：卢恩光的故事反映了一种极端个人主义的人生观，它主张个人本身就是目的，具有最高价值，社会和他人只是达到个人目的的手段。

大学生应当顺应时代潮流，在科学理论的指导下，认清这些错误思想和腐朽观念的实质，选择并追求高尚的人生目的，在服务人民、奉献社会的人生实践中完善自我、创造人生的美好价值。

【案例二】 河北寒门女孩 707 分考入北大

王心仪出生在枣强县一个普通的农村家庭，妈妈体弱多病，常年在家照顾患有高血压、哮喘病，生活不能自理的姥爷。家中有两个弟弟，大弟弟即将升入高三，小弟弟还没有上小学。一家六口全靠家中的五亩地和爸爸外出做零活补贴家用。

王心仪用幼小的身躯和妈妈一起撑起这个家。从小学开始，王心仪就主动帮爸爸妈妈承担家务，经常会下地做一些力所能及的农活。喂鸡割草，采摘棉花，放羊，春耕时帮妈妈在田间犁地，她在前面拉，妈妈在后面推，深一脚，浅一脚，稚嫩的肩膀过早地帮父母一起扛起家庭的重担。

王心仪的妈妈身体不好，经常感冒，而且一感冒就很长时间好不了，胃不好，经常喝中药。每次妈妈不舒服的时候，王心仪就会在一旁倒水喂药，无微不至地照顾她，并承担起妈妈所有的家务，照顾姥爷和弟弟、做农活等。

2018 年高考，王心仪考了 707 分，已被北大中文系录取。当北大的录取通知书寄到家门口之时，她却只身一人在异地打工。

王心仪的班主任张秀英曾这样评价她：“她，乐观开朗，视野开阔，格局很大，绝对不是传统意义上只知道学习的学生。”的确，她爱好画画、唱歌、演讲，平时经常会关注时事政治、阅读外文书籍。

（资料来源，人民日报客户端，2018-07-29，略有删改，
http：//news.youth.cn/sh/201807/t20180729_11682957.htm）

思考

王心仪的故事说明了什么？

案例解析

王心仪的故事说明了什么？

解析：生活不易，是怨天尤人、自暴自弃，还是积极向上，活出属于自己的精彩，王心

仪用自己的行动作出了回答，无论顺境逆境，都要树立积极进取的人生态度。

人生须认真。人生就是要通过自己的努力去创造，认真严谨是一种为人处世的工作态度，就是对一切事情都有认真、负责的态度，追求一丝不苟、精益求精。把做好每件事情的着力点放在每一个环节、每一个步骤上，不好高骛远，从最简单、最平凡、最普通的事情做起。

人生当务实。务实生活，就是持之以恒去行动。目标有着迷人的魅力和巨大的吸引力，但它的实现不是想出来的，而是做出来的。要填补小目标和大目标之间的鸿沟，唯一的办法是勤勤恳恳、兢兢业业。

人生应乐观。活着就是为了生活得更快乐、更幸福，而幸福的生活是自己努力争取来的。有了想要追求的幸福，人就会产生为之奋斗的欲望，进而努力工作，并让单调乏味的工作充满乐趣，使自己身心健康、平和而安逸。

人生要进取。人生路上风雨不断，成败得失相互循环。正因为时时处处充满竞争和挑战，才得以扬起人生的风帆，乘风破浪勇往直前；正因为有压力存在，才得以产生动力，从而信心百倍全力打造精彩人生；正因为心中有遥远的梦想与永恒的追求，才得以拥有奋斗进取、顽强拼搏的人生历程。

【案例三】 一位医生的千里逆行

在湖北武汉华中科技大学附属协和医院发热门诊，穿着防护服的朱彬正在给病人看病，这些病人基本上以发热症状为主。

每个班次，朱彬和同事们都要穿着二级防护服，一坐至少就要六个小时。在这六个小时中，朱彬不吃不喝。“喝水就得把整套防护服全部撤掉，从污染区到半污染区到清洁区，整个过程大概要二三十分钟，还要反复地洗手消毒，然后再反顺序地把防护服穿上，喝水的代价可能是一个小时。”把这些时间都省下来，就能多看几个病人。

几天前，朱彬从上海返回武汉，也和时间赛跑了一次。

“我的兄弟在战斗，我要回去”

按照原来的工作安排，朱彬此刻本不应该出现在武汉。从去年 12 月开始，朱彬作为武汉协和医院感染科年轻骨干去往上海复旦大学附属华山医院进修，为期三个月。然而随着新冠肺炎疫情迅速蔓延，武汉的形势一天比一天严峻。

朱彬密切关注着武汉协和医院感染科的工作群。随着疫情发展，病房的压力与日俱增，科室同事们的工作压力一天比一天大，倒班的频率增强了，夜班的工作强度也增大了……朱彬却只能在群内旁观，这让他的内心备受煎熬。

“他们是我的老师，我的同事，他们在前线战斗，我不能偏安一隅。”1 月 22 日，朱彬第一次向华中科技大学附属协和医院提出想回去支援，但被婉拒了。复旦大学附属华山医院感染科教授张继明看在眼里，他说，可以看得出来，朱彬的心情非常沉重。当朱彬眼里含泪地说“我的兄弟在战斗，我要回去”时，张继明也强忍泪水。

1 月 23 日下午，朱彬再次申请回武汉。由于武汉协和医院扩充了发热门诊和隔离病区，又派遣人员支援定点医院，医务人员的工作强度空前加大。这一次，感染科主任同意了，她说：“朱彬，你是好样的。”

请求终于得到批准，但如何返回武汉成了一道难题。千里迢迢，朱彬却归心似箭。

朱彬原本想跟随上海支援武汉的医疗队一起返回，但是因为时间来不及，再加上航班座位有限，朱彬只能自己想办法。他抓紧预定了1月23日仅剩的飞往武汉的航班，但关闭离汉通道后的武汉交通充满着变数。仅过了几小时，航班便取消了，火车也同样显示停运。无奈下，他只能选择1月25日的航班。可在大年三十，朱彬的航班再次被取消。

在尝试过各种从上海直接返回武汉的办法失败后，朱彬决定绕道返回武汉。他决定先从上海飞往长沙，再提前在网上租车开回武汉。1月27日中午，在机场租车点取到车后，朱彬马不停蹄地开了四个小时车。佩戴着工作证和胸牌，还有提前让医院开具的证明材料，朱彬顺利进入武汉。

辗转上千公里，朱彬返回了武汉的工作岗位。

“只要能够回来，就值！”

朱彬的爱人朱珍妮也是一名医护工作者，正在一江之隔的妇幼儿童保健院抗击疫情第一线。

在决定回武汉时，朱彬给妻子打了一个电话，妻子早就料到了朱彬会做出这样的决定。她说：“从个人的角度上肯定是希望彼此都安全，但想想，如果每一个医生都这么考虑，大家都不上前线，那疫情肯定会越来越重，就没有结束的一天了。”

到武汉后，朱彬随即投入工作，从1月31号开始负责在发热门诊坐诊，6小时一个班次。上班后，他没有回家，休息的时候就住在医院统一安排的宾馆，既防止交叉感染，也方便有紧急情况时可以及时赶到。

一旦穿上防护服，就是6小时不吃不喝不上厕所的持续工作。他坦言，长时间闷在防护服里面，从生理到心理都是一种煎熬。但是他说：“只要能够回来，就值！”

（资料来源：央视网，2020-02-11，略有删改，
http：//qclz.youth.cn/znl/202002/t20200211_12193131.htm）

思考

像“朱彬”一样的逆行者有很多，他们用自己的行动注释了出彩的人生。作为当代大学生，应该如何成就出彩的人生？

案例解析

像“朱彬”一样的逆行者有很多，他们用自己的行动注释了出彩的人生。作为当代青年，应该如何成就出彩的人生？

解析：青年担负起历史重任，应当与历史同向、与祖国同行、与人民同在，在服务人民、奉献社会的实践中创造有意义的人生。

与历史同向。历史只会眷顾坚定者、奋进者、搏击者，而不会等待犹豫者、懈怠者、畏难者。在这个危难时刻，这些青年们，坚定自己的理想信念，不畏艰险、逆行而上，为战胜疫情奉献着自己。

与祖国同行。青年一代有理想、有本领、有担当，国家就有前途、民族就有希望。面对

突如其来的新冠肺炎疫情，广大青年没有退缩，而毅然选择做“最美逆行者”，选择到祖国和人民最需要的地方去，在抗疫一线用行动彰显了青春的蓬勃力量，向党和人民交出了合格答卷。

与人民同在。人民是历史的创造者。五四运动以来的百年奋斗史，就是一代又一代青年投身人民伟大奋斗的历史。习近平总书记指出：“当代中国青年要有所作为，就必须投身人民的伟大奋斗。”当前，我国正处于脱贫攻坚决胜期、实现全面建成小康社会的关键期，一场突如其来的新冠肺炎疫情对我国人民生命健康安全和经济社会发展造成了影响。夺取疫情防控和实现经济社会发展目标双胜利，迫切需要广大青年投身伟大实践中攻坚克难、顽强斗争。而对于广大青年自身来讲，只有为人民做出了奉献的青春，才会留下充实、温暖、持久、无悔的回忆。广大青年要扎根人民，同人民一起奋斗，同人民一起前进，在为人民利益的不懈奋斗中书写人生华章。

知识题库

第一章　人生的青春之问

知识点一：正确认识人的本质——人是什么？

【单选题】

1.“人的本质不是单个人所固有的抽象物，在其现实性上，它是一切社会关系的总和。”这句话说明（　　）。

A. 自然属性是人的本质属性

B. 社会属性是人的本质属性

C. 自然属性和社会属性都是人的本质属性

D. 自然属性和社会属性都不是人的本质属性

2. 马克思运用辩证唯物主义和历史唯物主义的立场、观点和方法，揭开了人的本质之谜，指出人的本质是（　　）。

A. 单个人所固有的抽象物

B. 一切社会关系的总和

C. 人性本善

D. 人性本恶

3. 人的本质属性是（　　）。

A. 人的自然属性　B. 人的道德素质

C. 人的社会属性　D. 人的文化素质

4. 在人类脱离动物状态而转变为人的过程中，（　　）发挥了决定性的作用。

A. 劳动　　B. 科技

C. 生产力　　D. 生产关系

5. 马克思指出：人的本质不是单个人所固有的抽象物，在其现实性上，它是一切（　　）的总和。

A. 生产关系　　B. 经济关系

C. 社会关系　　D. 政治关系

6. 对人的认识，核心在于认识（　　）。

A. 人的属性　　B. 人的本质

C. 社会关系　　D. 自然属性

7. 领悟人生真谛，树立正确的人生观，首先要对（　　）问题有个科学认识。

A. 人的本质　　B. 自然界

C. 人的思维　　D. 哲学理论

【多选题】

8.“人的本质不是单个人所固有的抽

象物，在其现实性上，它是一切社会关系的总和。”这句话说明（　　）。

A. 人具有自然属性和社会属性

B. 社会属性是人的本质属性

C. 人的本质是一切社会关系的总和

D. 人的本质是具体的、历史的，是随着历史的发展而发展的，不是一成不变的

【判断题】

9. 人的本质是一切社会关系的总和。（　　）

知识点二：人生观的主要内容

【单选题】

10. 人生观是指（　　）。

A. 人们对自然界的本质和发展规律最根本的观点和看法

B. 人们对整个世界的最根本的看法和观点

C. 人生观是人们关于人生目的、人生态度、人生价值等问题的总观点和总看法

D. 人们对社会历史的本质和发展规律的最根本的观点和看法

11. 人生观主要有三方面的内容，其中处于核心地位的是（　　）。

A. 人生目的　　B. 人生态度

C. 人生价值　　D. 人生信仰

12. 人生观主要内容的三个方面相互联系、相辅相成，其中，（　　）是人生观的表现和反映。

A. 人生目的　　B. 人生态度

C. 人生价值　　D. 人生信仰

13. 在人生观三个方面的主要内容中，回答“人为什么活着”这一人生根本问题的是（　　）。

A. 人生目的　　B. 人生境遇

C. 人生价值　　D. 人生态度

14. 人生态度属于人生观的范畴，是指（　　）。

A. 人生实践活动的总目标

B. 人的生活实践对于社会和个人所具有的作用和意义

C. 人们在实践中形成的对于人生目的和意义的根本看法

D. 人们通过生活实践形成的对人生问题的一种稳定的心理倾向和精神状态

15. 人生价值属于人生观的范畴，是指（　　）。

A. 人生实践活动的总目标

B. 人们在实践中形成的对于人生目的和意义的根本看法

C. 人的生活实践对于社会和个人所具有的作用和意义

D. 人们通过生活实践形成的对人生问题的一种稳定的心理倾向和基本意愿

16. 下列选项不属于人生观范畴的是（　　）。

A. 人为什么活着

B. 什么样的人生才有价值

C. 人类社会的发展规律是什么

D. 人应当如何活着

17. 对人生态度正确的理解应该是（　　）。

A. 人生态度就是人生价值观

B. 人生态度就是指人为什么活着

C. 人生态度就是低层次的人生观

D. 人生态度表明人应当怎样活着

18. 对于人生目的在人生实践中的作用，说法不正确的是（　　）。

A. 人生目的决定人生道路

B. 人生目的决定人生态度

C. 人生目的决定人生理想

D. 人生目的决定人生价值标准

19. 人生态度与人生目的、人生价值的关系是（　　）。

A. 人生态度与人生目的、人生价值无关

B. 人生态度既受人生目的、人生价值的决定，又影响人生目的、人生价值的实现

C. 人生态度决定人生价值

D. 人生态度决定人生目的

20.“个人的抱负不可能孤立地实现，只有把它同时代和人民的要求紧密结合起来，用自己的知识和本领为祖国、为人民服务，才能使自身价值得到充分实现。如果脱离时代、脱离人民，必将一事无成。”这段话的意思是（　　）。

A. 不实现个人抱负，就不会创造社会价值

B. 实现自我价值是因，创造社会价值是果

C. 社会价值的创造过程与自我价值的实现过程是不相关的

D. 人生的自我价值必须与社会价值相结合，并通过社会价值表现出来

21. 爱因斯坦说：“人只有献身社会，才能找出那短暂而有风险的生命的意义。”这句名言表明（　　）。

A. 人生价值的实现必须有良好的社会环境

B. 人生价值的实现需要发挥主观能动性

C. 要实现社会价值必须先实现自我价值

D. 人的自我价值和社会价值是统一的

22. 人生价值是自我价值和社会价值的统一。人生的自我价值主要表现为（　　）。

A. 个体的人生活动对社会、他人所具有的价值

B. 个体的人生活动对自己的生存和发展所具有的价值

C. 国家对个人的积极评价

D. 个人通过劳动、创造为社会和人民所作的贡献

【多选题】

23. 人生观的主要内容有（　　）。

A. 人生目的

B. 人生价值

C. 人生态度

D. 人生意义

24. 人生目的决定着一个人（　　）。

A. 走什么样的人生道路

B. 持什么样的人生态度

C. 选择什么样的人生价值标准

D. 用怎样的世界观去观察和对待人生问题

25. 人生观主要是通过（　　）体现出来。

A. 人生目的

B. 人生价值

C. 人生态度

D. 人生意义

26. 人生观是人们对人生目的和人生意义的根本看法和态度。下列选项属于人生观范畴的有（　　）。

A. 人为什么活着

B. 怎样活着才有价值

C. 思维和存在的关系如何

D. 人应当怎样活着

27. 人生目的在人生实践中具有重要的作用，主要体现在（　　）。

A. 人生目的决定走什么样的人生道路

B. 人生目的决定持什么样的人生态度

C. 人生目的决定选择什么样的人生价值标准

D. 人生目的决定人为什么活着

28. 有的人在生活的压力面前，不仅缺乏乐观积极的人生态度，总是玩世不恭地对周围的一切发泄不满，还总认为社会、学校、老师和同学亏待了自己，对自己冷漠，因而当认为自己的利益和尊严受到侵犯时，就会不计后果铤而走险。这说明

(　　)。

A. 人生态度制约着一个人对人生矛盾和问题的认识与把握

B. 人生态度影响着一个人的精神状态和人生走向

C. 在遇到各种各样的矛盾和困难时一定要端正人生态度

D. 消极的人生态度会将人引向歧途

29. 人生价值是自我价值和社会价值的统一。下列选项中对人生的自我价值叙述正确的有(　　)。

A. 个体无法脱离社会而存在和发展

B. 社会对个人的尊重和满足

C. 个体的人生对于社会和他人的意义

D. 作为客体的人满足作为主体的人的需要的关系

30. 人生价值是自我价值和社会价值的统一。下列选项对人生的社会价值叙述正确的有(　　)。

A. 表现为对自身需要的满足程度

B. 社会对个人的尊重和满足

C. 个体的人生活动对社会、他人所具有的价值

D. 个人通过劳动、创造对社会和人民所作的贡献

31. 人生价值内在地包含了人生的(　　)两个基本方面。

A. 外在价值　　B. 内在价值

C. 自我价值　　D. 社会价值

32. 人生社会价值和自我价值的关系为(　　)。

A. 人生的自我价值是实现人生社会价值的基础

B. 两者共同构成人生价值的矛盾统一体

C. 人生的自我价值是个体生存和发展的必要条件

D. 人生的社会价值是实现人生自我价值的基础

33. 下列选项中关于人生目的、人生态度和人生价值三者之间的关系，叙述正确的有(　　)。

A. 人生目的回答人为了什么活着，人生态度回答人应当如何活着，人生价值回答什么样的人生才有价值

B. 人生目的表明人的一生追求什么，人生态度表示以怎样的心态实现人生目标，人生价值判定一个具体人生的价值和意义

C. 人生目的决定着人们对待实际生活的基本态度和人生价值的评判标准，人生态度影响着人们对人生目的的持守和人生价值的评判，人生价值制约着人生目的和人生态度的选择

D. 人生目的、人生态度和人生价值这三个方面互相联系、互相制约，其中居于核心地位的是人生态度

【判断题】

34. 人生观决定着人生目的、人生价值和人生态度。(　　)

35. 人生目的制约着人生价值和人生态度的选择。(　　)

36. 人生目的是人生观的基础，它对人生道路、人生态度、人生价值等具有决定作用。(　　)

37. 人生观决定人生态度；人生态度制约和影响人生观。(　　)

38. 人生的自我价值是实现人生社会价值的基础，没有自我价值，人生的社会价值就无法存在。(　　)

39. 人生的自我价值是个体生存和发展的必要条件，人生的社会价值是实现人生自我价值的基础。(　　)

知识点三：人生观与世界观

【单选题】

40. 关于人生观与世界观的关系，以下说法错误的是（　　）。

A. 人生观是世界观在对待人生问题上的具体体现

B. 正确的人生观是正确世界观的基础

C. 人生观对世界观的巩固、发展和变化起着重要的作用

D. 有什么样的世界观，就会有什么样的人生观

41. 关于世界观和人生观的关系，下列表述正确的是（　　）。

A. 人生观决定世界观

B. 世界观也就是人生观

C. 人生观是世界观的重要组成部分

D. 人生观是世界观的基础

【多选题】

42. 下列关于人生观与世界观关系的观点正确的是（　　）。

A. 世界观包含人生观

B. 世界观决定人生观

C. 人生观决定世界观

D. 拥有正确的世界观，人生观不正确，正确的世界观必然也会丧失

E. 人生观对世界观的巩固、发展和变化起着重要作用

43. 关于人生观与世界观的关系，下列叙述正确的是（　　）。

A. 世界观决定人生观

B. 人生观从属于世界观

C. 人生观对世界观的巩固起着重要作用

D. 人生观对世界观的发展和变化起着重要作用

【判断题】

44. 世界观是人们对生活在其中的世界以及人与世界的关系的总体看法和根本观点。（　　）

45. 人生观决定世界观，有了什么样的人生观，就有了什么样的世界观。（　　）

知识点四：个人与社会的辩证关系

【单选题】

46. 个人与社会的关系实质是（　　）的关系。

A. 个人利益与社会利益

B. 国家利益与民族利益

C. 个人利益与他人利益

D. 集体利益与个人利益

47. 以下是关于“人与社会的关系”的相关叙述，错误的是（　　）。

A. 任何社会都是人的社会，没有人就没有社会

B. 任何人都是社会中的人，离开了社会任何人都不能生存，都不能成为人

C. 个人的行为微不足道，因此不会对社会产生影响

D. 个人或集体的行为又受到社会的制约

48. 个人与社会的关系是人生道路上的基础关系。下列选项中对这一关系表述正确的是（　　）。

A. 个人只能被社会所决定

B. 社会的存在不依赖于个人

C. 个人可以不依赖于社会而存在

D. 特定的社会条件决定个人的生存发展

【多选题】

49. 协调个人与社会的关系，要做到

(　　)。

A. 把握个人在社会中的地位

B. 正确认识个体性与社会性的统一关系

C. 正确认识个人需要和社会需要的统一关系

D. 正确认识个人利益与社会利益的统一关系

E. 正确认识个人与社会的权利义务统一关系

50. "人是社会的人"这句话意味着(　　)。

A. 个人的物质和精神的需要只有在社会中才能得到满足

B. 社会决定着满足个人物质和精神需要的方式和程度

C. 个人的社会价值决定着个人需要能否从社会中得到满足

D. 作为社会的人应该做到人人为我、我为人人

E. 人生的社会价值是人生价值的最基本内容

【判断题】

51. 个人与社会的关系最根本的是个人价值与社会价值的关系。(　　)

52. 在处理个人和社会的关系问题上，有人主张"主观为自己，客观为别人"。(　　)

53. 个人与社会相互关系的运作秩序是：社会为我先，我再为社会，人人为我，我为人人。(　　)

知识点五：科学高尚的人生追求

【单选题】

54. 我们应当确立的科学的、高尚的人生目的是(　　)。

A. 服务人民、奉献社会的人生目的

B. 为构建社会主义和谐社会而奋斗的人生目的

C. 为祖国繁荣富强、人民幸福安康而奋斗的人生目的

D. "主观为自己，客观为他人"的人生目的

55. 科学高尚的人生观的核心内容是(　　)。

A. 集体主义

B. 为人民服务

C. 以国家利益为重

D. 以社会利益为重

56. 值得当代大学生终身遵奉和践行的科学高尚的人生目的是(　　)。

A. 金钱至上的人生目的

B. 服务人民、奉献社会的人生目的

C. 以个人为中心的人生目的

D. 满足个体感官需要和快乐的人生目的

【多选题】

57. (　　)的思想以其科学而高尚的品质，代表了人类社会迄今最先进的人生追求。

A. 大公无私

B. 服务人民

C. 效忠领袖

D. 奉献社会

58. 确立"服务人民，奉献社会"的人生追求对于当代大学生具有重大的意义，下列叙述正确的是(　　)。

A. 一个人确立了服务人民、奉献社会的人生追求，才能清晰地把握人的生命历程和奋斗目标，理解人为什么而活、应该走什么样的人生之路等道理

B. 一个人确立了服务人民、奉献社会

的人生追求，才能以正确的人生态度、解决生活中的难题，实现自己的人生价值

C. 一个人确立了服务人民、奉献社会的人生追求，才能掌握正确的人生价值标准，塑造完美的自己，做一个高尚的人

D. 一个人确立了服务人民、奉献社会的人生追求，就能实现个人利益

【判断题】

59. 科学高尚的人生观是指以为人民服务为核心内容的人生观。(　　)

60. 服务人民、奉献社会的人生追求，以历史唯物主义关于人民群众是历史的创造者的基本观点为理论基础，指明了人在成长和发展过程中应确立的人生目标和方向。(　　)

知识点六：积极进取的人生态度

【单选题】

61. 发扬自强不息、敢为人先、百折不挠、坚忍不拔的精神，始终保持蓬勃朝气、昂扬锐气，充分发挥生命的创造力，体现的人生态度是（　　）。

A. 人生须认真　　B. 人生当务实

C. 人生应乐观　　D. 人生要进取

62. 积极进取的人生态度有助于人生价值的实现。下列选项中，不属于积极进取的人生态度的有（　　）。

A. 自强不息，自制自励

B. 身处逆境而能够百折不挠

C. 用乐观的心态看待周围世界

D. 在顺境当中安于现状，得过且过

63. 人们常说要严肃思考人生命的意义，明确生活目标和肩负的责任，认真生活，所反映出的人生态度是（　　）。

A. 人生须认真

B. 人生应乐观

C. 人生要进取

D. 人生当务实

64. 人们常说不要好高骛远、空谈理想、浅尝辄止等，所反映出的人生态度是（　　）。

A. 人生须认真

B. 人生应乐观

C. 人生要进取

D. 人生当务实

【多选题】

65. “人生要进取”，当代大学生（　　）。

A. 不能贪图安逸、满足现状、因循守旧、故步自封

B. 要发扬自强不息、敢为人先、百折不挠、坚忍不拔的精神

C. 要始终保持蓬勃朝气、昂扬锐气

D. 要充分发挥创造力，在创新创造中不断书写人生的新篇章

66. 下列属于错误的人生态度的是（　　）。

A. 今朝有酒今朝醉

B. 乐观向上、热爱生活，对人生充满自信

C. 看破红尘

D. 对什么事都显得无所谓

67. 积极进取的人生态度包括（　　）。

A. 人生须认真

B. 人生当务实

C. 人生须享受

D. 人生应乐观

E. 人生要进取

68. 积极进取的人生态度有助于人生价值的实现。下列选项中，属于积极进取的人生态度的有（　　）。

A. 自强不息，自制自励

B. 身处逆境而能够百折不挠

C. 用乐观的心态看待周围世界

D. 在顺境当中安于现状，得过且过

69. 人生态度大致可分为积极进取的人生态度和消极无为的人生态度两种。大学生应当树立积极进取的人生态度。这是因为，积极进取的人生态度（　　）。

A. 容易使人好高骛远

B. 有助于实现人生价值

C. 有助于达到人生目的

D. 能够调整人生道路的方向

【判断题】

70. 以认真的态度对待人生，就是要严肃思考人的生命应有的意义，明确生活目标和肩负的责任，既要清醒地看待生活，又要积极认真地面对生活。（　　）

71. 乐观豁达、热爱生活、对人生充满自信，体现了对自己、对生活、对社会的积极态度，这种态度是人们承受困难和挫折的心理基础。（　　）

72. “未知生，焉知死”体现了儒家正视现世、对人生采取的积极态度。（　　）

知识点七：正确评价人生价值

【单选题】

73. 人的社会性决定了人生的（　　）是人生价值的最基本内容。

A. 内在价值

B. 社会价值

C. 外在价值

D. 自我价值

74. 人生价值评价的根本尺度，是看一个人的人生活动（　　）。

A. 是否符合社会发展客观规律，是否通过实践促进历史的进步

B. 是否满足全体社会成员的物质需要

C. 动机是否善

D. 是否最终实现了自我价值

75. 钱学森曾经说过：“我作为一名中国的科技工作者，活着的目的就是为人民服务，如果人民最后对我的一生所做的工作表示满意的话，那才是最高的奖赏。”这说明评价人生价值的根本尺度是（　　）。

A. 个体在社会中的地位

B. 个体在社会中的影响

C. 个体对社会和他人的生存和发展的贡献

D. 个体从社会获得的满足程度

76. 评价人生价值的根本标准是（　　）。

A. 掌握知识的多寡

B. 拥有金钱的多少

C. 官位的高低和权力的大小

D. 是否用自己的劳动和聪明才智为国家和社会真诚奉献，为人民群众尽心尽力服务

77. 毛泽东同志在《纪念白求恩》一文中指出：我们大家要学习他毫无自私自利之心的精神。一个人能力有大小，但只要有这点精神，就是一个高尚的人，一个纯粹的人，一个有道德的人。这说明毛泽东同志要求我们评价一个人的人生价值要（　　）。

A. 坚持物质贡献与精神贡献相统一

B. 坚持完善自身与贡献社会相统一

C. 坚持能力有大小与贡献须尽力相统一

D. 坚持动机与效果相统一

78. “是一棵大树，就做一个栋梁；是一片绿叶，就奉献自己的绿色。”这句话对人生价值的评价（　　）。

A. 坚持动机和效果相统一

B. 坚持物质贡献与精神贡献相统一

C. 坚持能力有大小与贡献须尽力相统一

D. 坚持完善自身与贡献社会相统一

79. 爱因斯坦说："在像居里夫人这样一位崇高人物结束她一生的时候，我们不要仅仅满足于回忆她的工作成果对人类已经作出的贡献。第一流人物对于时代和历史进程的意义，在其道德方面，也许比单纯的才智成就方面还要多。"该段话体现的评价原则是（　　）。

A. 坚持能力有大小与贡献须尽力相统一

B. 坚持物质贡献与精神贡献相统一

C. 坚持完善自身与贡献社会相统一

D. 坚持动机与效果相统一

80. "中国首善"、江苏著名企业家陈光标近十年来累计向社会捐款达到 11.1 亿元，受助人群突破 50 多万人，被评为"全国道德模范"。他的事迹体现了（　　）。

A. 人生的真正价值在于对社会的贡献

B. 物质贡献比精神贡献意义更大

C. 实现人生价值需要发挥主观能动性

D. 正确的价值观要符合客观规律

81. 下列有关人生价值评价的说法中，正确的是（　　）。

A. 个人的能力越强，其人生价值就越大

B. 个人的行为动机越高尚，其人生价值就越大

C. 个人对社会的贡献越多，其人生价值就越大

D. 个人从社会中得到的满足越多，其人生价值就越大

【多选题】

82. 人生价值评价的根本尺度是（　　）。

A. 看一个人的人生活动是否符合社会发展的客观规律

B. 看一个人的人生活动是否通过实践促进了历史进步

C. 看一个人是否坚持完善自身与贡献社会相统一

D. 看一个人是否坚持物质贡献与精神贡献相统一

83. 对人生价值的评价方法，主要有（　　）。

A. 坚持能力有大小与贡献须尽力相统一

B. 坚持物质贡献与精神贡献相统一

C. 坚持完善自身与贡献社会相统一

D. 坚持动机和效果相统一

E. 坚持科学的价值评价标准

84. 爱因斯坦说："我评定一个人的真正价值只有一个标准，即看他在多大程度上摆脱了自我。"对此，正确的理解是（　　）。

A. 个人人生价值的大小主要看社会对他的满足程度

B. 对社会贡献越大，摆脱"自我"程度也就越大，个人的人生价值就越大

C. 评价一个人的人生价值主要考察他对社会的贡献

D. 人生价值的大小取决于"自我"价值实现的程度

85. 下列对人生价值评价标准和原则的说法中，正确的有（　　）。

A. 坚持能力大小与贡献大小相统一

B. 坚持动机和效果相统一

C. 个人能力强的人实现的人生价值一定比个人能力弱的人实现的人生价值大

D. 尽管个人能力有大小，但只要为社会为人民尽职尽责，作出了应有贡献，都是有价值的

【判断题】

86. 能力大，其人生价值就大；能力

小，其人生价值就小。(　　)

87. 人生价值评价的标准主要是看他为社会作出了多少物质贡献。(　　)

88. 人的自我完善和全面发展、人生自我价值的实现，是社会发展的根本目标；而人生自我价值的实现，又有助于个体为社会创造更大的价值。(　　)

知识点八：人生价值的实现条件

【单选题】

89. 人们在实践中努力实现自己的人生价值。但是人们的实践活动从来不是随心所欲的，任何人都只能在一定的条件下去实现自己的人生价值，这些条件不包括(　　)。

A. 实现人生价值要从客观条件出发

B. 实现人生价值要从个体自身条件出发

C. 树立积极进取的人生态度

D. 不断增强实现人生价值的能力和本领

90. 下列不属于人生价值实现的个人条件的是(　　)。

A. 良好的经济、政治、社会环境

B. 不断增强自身能力和本领

C. 立足自身实际，坚守岗位作贡献

D. 自强不息的精神

91. 人生价值的实现要从个体自身条件出发，下列叙述错误的是(　　)。

A. 不断提高自身的能力，增强实现人生价值的本领

B. 立足于现实，坚守岗位作贡献

C. 实现人生价值要有自强不息的精神

D. 坚持物质贡献和精神贡献相统一

92. 李商隐一生怀才不遇，仕途坎坷。他死后，崔珏曾作《笑李商隐》诗："虚负凌云万丈才，一生襟怀未曾开。"这给我们的启示是，实现人生价值(　　)。

A. 需要不断提高自身素质

B. 需要发挥主观能动性

C. 需要一定的客观条件

D. 取决于社会发展程度

【多选题】

93. 人们在实践中努力实现自己的人生价值。如何正确把握人生价值实现的条件？(　　)。

A. 坚持能力有大小与贡献须尽力相统一

B. 实现人生价值要从个体自身条件出发

C. 不断增强实现人生价值的能力和本领

D. 实现人生价值要从社会客观条件出发

E. 坚持完善自身与贡献社会相统一

94. 人生价值的实现是(　　)。

A. 随心所欲的

B. 受社会客观条件限制的

C. 受个体自身条件限制的

D. 与人生价值目标无关

95. 人生价值目标的追求与实现固然离不开一定的社会条件，但仅仅有社会条件是不够的，同时还必须具备个人条件。应具备的个人自身条件主要是(　　)。

A. 实现人生价值要有自强不息的精神

B. 客观地认识自己，从个体自身条件出发

C. 立足于现实，坚守岗位作贡献

D. 不断提高自身的能力，增强实现人生价值的本领

【判断题】

96. 人生价值是在社会实践中实现

的，人的创造力的形成、发展和发挥都要依赖于一定的社会客观条件。(　　)

97. 实现人生价值不必考虑社会客观条件。(　　)

98. 实现人生价值需要不断增强能力和本领。大学生可塑性强，可以通过各种方式和途径，全面提高自身的综合素质和能力，努力创造实现人生价值的良好条件。(　　)

知识点九：辩证对待人生矛盾

【单选题】

99. 关于正确幸福观的理解，下列选项中错误的是 (　　)。

A. 幸福是一个总体性的范畴，意味着人总体上生活得美好

B. 个人的幸福要依靠自己的奋斗，与他人无关

C. 幸福的实现需要一定的物质条件

D. 精神生活的充实是幸福更重要的方面

100. 对于树立正确的得失观，下列叙述错误的是 (　　)。

A. 不要满足一时的得

B. 看重个人利益

C. 不要拘泥于个人利益的得失

D. 不要惧怕一时的失

101. "宝剑锋从磨砺出，梅花香自苦寒来" 所体现的是一种 (　　)。

A. 幸福观　　B. 得失观

C. 苦乐观　　D. 顺逆观

102. 梁启超说："患难困苦，是磨炼人格的最高学校。" 培根说："奇迹多是在厄运中出现的。" 这两句话的意思是 (　　)。

A. 只有厄运才能创造奇迹

B. 逆境对人生是一种磨炼

C. 人生到处都是逆境

D. 顺境也需要磨炼意志

103. 在人生旅途中，有的人旗开得胜，有的人屡屡败北；有的人顺顺当当，有的人一波三折；即便是同一个人，在一生中也往往有顺境和逆境的交替。对于顺境，正确的人生态度是 (　　)。

A. 居安思危，自制自励

B. 大胆正视，积极应对

C. 怨天尤人，自暴自弃

D. 玩世不恭，虚度光阴

【多选题】

104. 正确的幸福观告诉我们 (　　)。

A. 实现幸福离不开一定的物质条件，但物质条件的满足不是幸福的全部

B. 幸福是一个总体性范畴，它意味着人总体上生活得美好，它包括家庭和睦、职业成功、行为正当、人格完善等

C. 幸福就是充足的金钱和物质

D. 个人幸福与社会整体幸福和他人幸福相互联系，个人幸福只有在社会整体幸福不断增长中才会有保障

105. 正确的生死观告诉我们 (　　)。

A. 人生有限，要及时行乐

B. 生命是有限的，而生命的价值却是无限的

C. 生命无常，得过且过

D. 我们无法增加生命的长度，但却能追求生命应有的高度

106. 树立正确的人生观，需要面对人生的各种矛盾，树立正确的 (　　)。

A. 得失观　　B. 幸福观

C. 苦乐观　　C. 生死观

E. 荣辱观

107. 幸福是一个总体范畴，幸福总是相对的，幸福 (　　)。

A. 是尽善尽美的

B. 不是尽善尽美的

C. 是不同的人有不同的幸福标准

D. 都是努力奋斗的结果

E. 不能仅仅局限于物质方面，精神需要的满足、精神生活的充实也是幸福的重要方面

【判断题】

108. 幸福总是相对的，不是尽善尽美的，不同的人有不同的幸福标准。(　　)

109. 物质水平越高，人们越幸福。(　　)

110. “宝剑锋从磨砺出，梅花香自苦寒来”说明了真正的快乐只能由奋斗的艰苦转化而来。(　　)

111. 孔子曰“杀身成仁”，孟子曰“舍生取义”，司马迁说“人固有一死，或重于泰山，或轻于鸿毛”，这些千古名句说明人的生命是有限的，但是生命的价值却是无限的。(　　)

知识点十：反对错误人生观

【单选题】

112. 一些大学生用父母辛苦劳作挣来的钱比阔气、摆排场，其超出承受能力的消费行为是受(　　)人生观影响的结果。

A. 拜金主义

B. 享乐主义

C. 主观为自己、客观为别人

D. 个人主义

113. (　　)人生观是引发钱权交易、行贿受贿、贪赃枉法等丑恶现象的重要思想根源。

A. 享乐主义

B. 拜金主义

C. 个人主义

D. 主观为自己、客观为他人

114. (　　)人生观是一切从个人出发，把个人利益放在集体利益之上的人生观。

A. 享乐主义

B. 拜金主义

C. 个人主义

D. 主观为自己、客观为别人

115. 下列不是享乐主义的表现的是(　　)。

A. 精神懈怠

B. 不思进取

C. 追名逐利

D. 铺张浪费

116. “人生在世，吃喝二字”，这是(　　)人生观。

A. 享乐主义

B. 实用主义

C. 拜金主义

D. 极端个人主义

117. 把追求金钱作为人生的最高目的，认为金钱可以主宰一切的错误人生观是(　　)。

A. 享乐主义人生观

B. 禁欲主义人生观

C. 极端个人主义人生观

D. 拜金主义人生观

118. 下列选项中，(　　)反映的是一种享乐主义人生观。

A. 做人不能那么现实，不能一切都向钱看

B. 穿别人的鞋，走自己的路，鞋破了不心疼

C. 今朝有酒今朝醉，管他明日谁是谁

D. 各人自扫门前雪，莫管他人瓦上霜

【多选题】

119. 树立为人民服务的人生观，应坚决抵制错误的人生观。下列选项中属于错误人生观的是(　　)。

A. 拜金主义人生观

B. 享乐主义人生观

C. 个人主义人生观

D. 集体主义价值观

120. 拜金主义人生观的主要表现是(　　)。

A. 将金钱神秘化、神圣化，视金钱为圣物

B. 以追逐和获取金钱作为人生的目的和生活的全部意义

C. 将金钱作为衡量人生价值的唯一标准

D. 主张人生的唯一目的和全部内容就在于满足感官的需求与快乐

121. 享乐主义人生观的表现主要有(　　)。

A. 主张人生苦短应及时享乐

B. 主张人生在世唯有享乐

C. 用不正当手段获取享乐费用

D. 追求金钱权力以供享乐

122. 关于享乐主义，正确的说法是(　　)。

A. 享乐主义认为，人生的意义在于追求物质享受和感官快乐

B. 享乐主义把握了人的自然属性，忽视了人的社会属性

C. 享乐主义是一种庸俗腐朽的价值观，是败家误国的思想根源

D. 享乐主义危害很多，但对搞活市场、拉动经济具有积极作用

123. 极端个人主义的人生观(　　)。

A. 突出强调以个人为中心

B. 把个人利益放在集体利益之上

C. 主张个人本身就是目的，具有最高价值

D. 认为社会和他人只是达到个人目的的手段

124. 拜金主义、享乐主义、极端个人主义等错误人生观的共同特点是(　　)。

A. 其出发点和落脚点都是一己之私利

B. 忽视或否认社会性是人的存在和活动的本质属性

C. 对人的需要的理解极端、狭隘和片面

D. 没有把握个人与社会的正确关系

125. 在确立科学正确的人生观的过程中，人们往往不可回避的问题是“如何看待金钱”。下列有关人生与金钱的说法正确的是(　　)。

A. 金钱只是人生存和发展的一个条件，不是人生的全部

B. 金钱崇拜使人唯利是图，损人利己

C. 在市场经济时代，追求金钱是人生的最高目的

D. 人要做金钱的主人，不能做金钱的奴隶

【判断题】

126. 享乐主义的主要表现是精神懈怠、不思进取、追名逐利、贪图享受、讲究排场、玩风盛行等。(　　)

127. “人不为己，天诛地灭”是一种极端个人主义的人生观。(　　)

知识点十一：成就出彩人生

【单选题】

128. 当代大学生要正确认识世界和中国发展大势，尊重顺应历史的选择和人民的选择，准确把握中国发展的重要战略机遇期，提升民族自信心，增强时代责任感，与(　　)，与时代共命运。

A. 国家同步伐

B. 历史同步伐

C. 世界共命运

D. 世界同步伐

129. 青年只有自觉将(　　)同国家和民族的前途命运紧紧联系在一起，才能

最大程度地实现人生价值。

A. 人生目标

B. 人生价值

C. 人生态度

D. 人生观

130. 人民群众是历史的创造者，是国家的主人。这种群众史观反映到人生观上必然是（　　）。

A. 为个人谋利

B. 为人民服务

C. 人生短暂，及时行乐

D. 主观为自己，客观为个人

131. 人生价值的实现是一个复杂的社会过程，既要有良好的客观条件，还要有不懈的主观努力。实现人生价值的根本途径是（　　）。

A. 选择正确的人生价值目标

B. 培养为人民服务的意识

C. 进行有益于社会的创造性的实践活动

D. 不断提高自身的工作能力

132. 高尔基曾经说过："人的天赋就像火花，它既可以熄灭，也可以燃烧起来。而逼使它燃烧成熊熊大火的方法只有一个，就是劳动，再劳动。"从人生价值观的角度来看，这样强调劳动的原因是（　　）。

A. 实践决定认识

B. 实践是检验认识真理性的唯一标准

C. 实践是实现人生价值的必由之路

D. 实现人生价值要全面提高自身的素质

【多选题】

133. 当代大学生要成就出彩的人生，应当做到（　　）。

A. 与人民同在　　B. 与历史同向

C. 与祖国同行　　D. 与世界同在

134. 社会实践是实现人生价值的必由之路，大学生要坚持理论联系实际，积极投身社会实践。在当今中国，最重要的社会实践，就是（　　）。

A. 全面建成小康社会

B. 加快推进社会主义现代化强国建设

C. 实现中华民族伟大复兴

D. 实现现代化

135. 在实践中创造有价值的人生，必须走与人民群众相结合的道路，要求（　　）。

A. 向人民群众学习

B. 从人民群众中汲取营养

C. 做中国最广大人民根本利益的维护者

D. 造福人民

【判断题】

136. 社会实践是科学理论、创新思维的源泉，是检验真理的试金石，也是青年锻炼成长的有效途径。（　　）

137. 人生价值终究要通过自己所获得的财富和地位展现出来。（　　）

参考答案见二维码

第二章

坚定理想信念

知识结构图

- 第二章 坚定理想信念
  - 第一节 理想信念的内涵及其重要性
    - 一、什么是理想信念
    - 二、理想信念是精神之“钙”
  - 第二节 崇高的理想信念
    - 一、为什么要信仰马克思主义
    - 二、中国特色社会主义是我们的共同理想
    - 三、胸怀共产主义远大理想
  - 第三节 在实现中国梦的实践中放飞青春梦想
    - 一、正确理解理想与现实的关系
    - 二、个人理想与社会理想的统一
    - 三、为实现中国梦注入青春能量

学习目标

1. 能够正确理解理想信念的内涵和特征，明确理想和信念的关系，正确认识理想信念对大学生成长成才的重要意义；

2. 提高对理想信念问题的理论认知，坚定马克思主义科学信仰，正确认识中国特色社会主义共同理想和共产主义远大理想及其关系；

3. 正确看待理想和现实的矛盾，走出思想认识上的误区，树立科学的奋斗目标，将个人理想与国家的前途、民族的命运相结合，契合到实现中华民族伟大复兴的中国梦中，志存高远、脚踏实地、艰苦奋斗，在民族复兴的伟大实践中成就自己的精彩人生。

学习重点

1. 理想、信念的内涵、特征及重要性；
2. 坚定马克思主义科学信仰；
3. 树立中国特色社会主义共同理想，胸怀共产主义远大理想；
4. 理想与现实的关系以及理想的长期性、艰巨性和曲折性；
5. 个人理想与社会理想的关系；
6. 怎样为实现中国梦注入青春能量。

学习难点

1. 坚定马克思主义科学信仰，树立中国特色社会主义共同理想，胸怀共产主义远大理想；
2. 坚持个人理想与社会理想的统一；
3. 大学生“成才之梦”与中华民族“复兴之梦”的结合。

第二章整体知识结构图见二维码

第一节　理想信念的内涵及重要性

思维导图

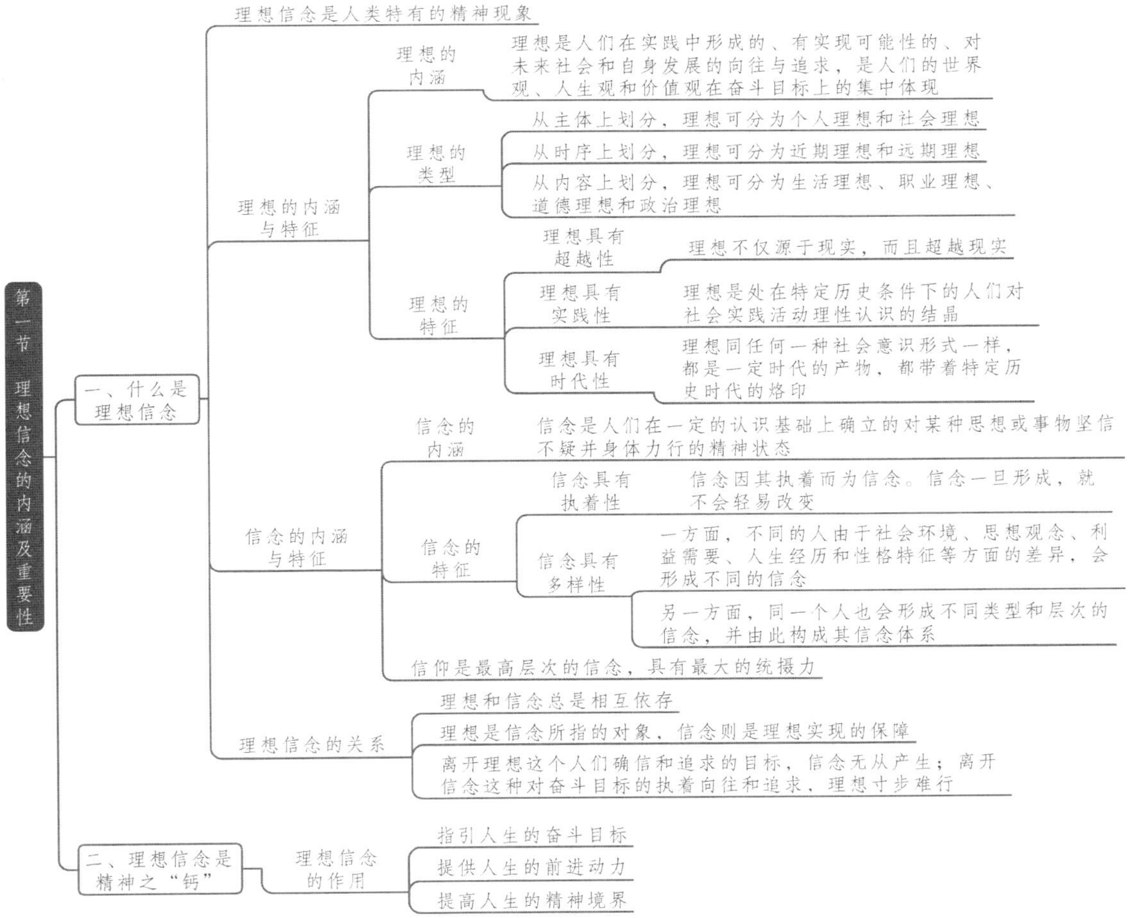

知识要点

一、什么是理想信念

知识点一 什么是理想信念

理想信念是人类特有的精神现象，是人的精神世界的核心，是人精神上的“钙”。没有理想信念，理想信念不坚定，精神上就会“缺钙”，就会得“软骨病”。

（一）理想的内涵与特征

1. 理想的内涵

理想是人们在实践中形成的、有实现可能性的、对未来社会和自身发展目标的向往与追求，是人们的世界观、人生观和价值观在奋斗目标上的集中体现。

2. 理想的类型

（1）从主体上划分，理想可分为个人理想和社会理想。

（2）从时序上划分，理想可分为近期理想和远期理想。

（3）从内容上划分，理想可分为生活理想、职业理想、道德理想和政治理想。

3. 理想的特征

（1）理想具有超越性。

理想不仅源于现实，而且超越现实。理想在现实中产生，但它不是对现状的简单描绘，而是与奋斗目标相联系的未来的现实，是人们对未来美好生活的憧憬和期待。

（2）理想具有实践性。

作为一定的社会实践的产物，理想是处在特定历史条件下的人们对社会实践活动理性认识的结晶。理想在实践中产生，在实践中发展，而且也只有在实践中才能得以实现。

（3）理想具有时代性。

理想同任何一种社会意识形式一样，都是一定时代的产物，都带着特定历史时代的烙印。理想的时代性，不仅体现为它受时代条件的制约，而且体现为它随着时代的发展而发展。

（二）信念的内涵与特征

1. 信念的内涵

信念是人们在一定的认识基础上确立的对某种思想或事物坚信不疑并身体力行的精神状态。信念是认知、情感和意志的有机统一体，为人们矢志不渝、百折不挠地追求理想目标提供了强大的精神动力。

2. 信念的特征

（1）信念具有执着性。

信念因其执着而为信念。信念一旦形成，就不会轻易改变。

（2）信念具有多样性。

一方面，不同的人由于社会环境、思想观念、利益需要、人生经历和性格特征等方面的差异，会形成不同的信念。

另一方面，同一个人也会形成不同类型和层次的信念，并由此构成其信念体系。信仰是最高层次的信念，具有最大的统摄力。

（三）理想信念的关系

第一，理想和信念总是相互依存。

第二，理想是信念所指的对象，信念则是理想实现的保障。

第三，离开理想这个人们确信和追求的目标，信念无从产生；离开信念这种对奋斗目标的执着向往和追求，理想寸步难行。

二、理想信念是精神之“钙”——理想信念的作用

知识点二　理想信念是精神之“钙”——理想信念的作用

理想指引方向，信念决定成败。理想信念是人生发展的内在动力。在大学期间，大学生不仅要提高知识水平，增强实践才干，更要坚定崇高的理想信念。

1. 理想信念昭示奋斗目标

人生是一个在实践中奋斗的过程。要使生命富有意义，就必须在科学的理想信念指引下，沿着正确的人生道路前进。

2. 理想信念提供前进动力

志向高远，便力量无穷。一个人有了崇高坚定的理想信念，才会以惊人的毅力和不懈的努力成就事业。与此相反，一个人如果没有崇高坚定的理想信念，就有可能浑浑噩噩、庸庸碌碌、虚度一生，甚至腐化堕落、走上邪路。

3. 理想信念提高精神境界

（1）理想信念是衡量一个人精神境界高下的重要标尺。

（2）理想信念作为人的精神世界的核心，一方面能使人的精神生活的各个方面统一起来，使人的精神世界成为一个健康有序的系统，避免精神空虚和迷茫；另一方面又能引导人们不断地追求更高的人生目标，并在追求和实现理想目标的过程中提升精神境界、塑造高尚人格。

大学生只有树立崇高的理想信念，才能激发起为民族复兴和人民幸福而发愤学习的强烈责任感与使命感，掌握建设祖国、服务人民的本领。

第二节　崇高的理想信念

思维导图

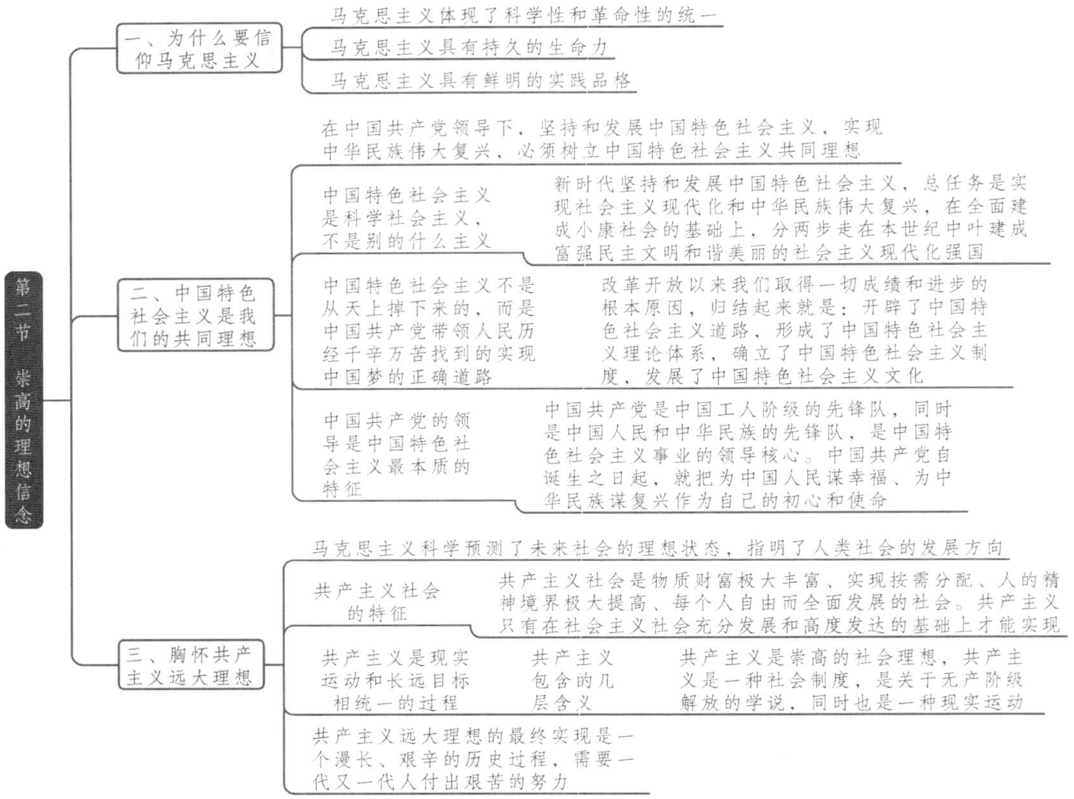

知识要点

加强思想修养、提高精神境界，必须牢牢把握理想信念这个核心。要实现国家的繁荣富强、民族的伟大复兴、人民的美好生活，离不开崇高理想信念的有力支撑。

一、为什么要信仰马克思主义

知识点三　为什么要信仰马克思主义

1. 马克思主义在中国的地位

马克思主义作为我们立党立国的根本指导思想，是近代以来中国历史发展的必然结果，是中国人民长期探索的历史选择，也是由马克思主义严密的科学体系、鲜明的阶级立场和巨大的实践指导作用决定的。

2. 大学生为什么要确立马克思主义的科学信仰

大学生只有确立马克思主义的科学信仰，才能真正确立崇高的理想信念，在错综复杂的社会现象中看清本质、明确方向，为服务人民、奉献社会作出更大的贡献。

3. 为什么要信仰马克思主义

（1）马克思主义体现了科学性和革命性的统一。

马克思主义深刻揭示了自然界、人类社会、人类思维发展的普遍规律，为人类社会发展进步指明了方向；马克思主义坚持实现人民解放、维护人民利益的立场，以实现人的自由而全面的发展和全人类解放为己任，反映了人类对理想社会的美好憧憬；马克思主义揭示了事物的本质、内在联系及发展规律，是“伟大的认识工具”，是人们观察世界、分析问题的有力思想武器。

（2）马克思主义具有鲜明的实践品格。

马克思主义不仅致力于科学解释世界，而且致力于积极改变世界。正是在马克思主义的指导下，社会主义由空想变成科学，由科学理论转变为社会实践。特别是中国特色社会主义的成功实践，无可辩驳地证明马克思主义是认识世界和改造世界的强大思想武器，社会主义具有光明的未来。

（3）马克思主义具有持久生命力。

马克思主义具有与时俱进的理论品格和持久生命力。马克思主义作为一个开放的理论体系，不但不排斥而且最能够吸收、提炼人类创造的一切科学知识和文明成果，并将其运用于推动社会历史的进步。

4. 大学生如何坚定马克思主义信仰

马克思主义是党和人民事业不断发展的参天大树之根本，是党和人民不断奋进的万里长河之泉源。大学生坚定马克思主义信仰，最重要的是学习和掌握马克思主义的立场、观点、方法，确立正确的世界观和历史观，准确把握时代发展潮流，以科学的理想信念指引人生前进的道路和方向。

二、中国特色社会主义是我们的共同理想

知识点四 中国特色社会主义是我们的共同理想

有共同理想，才能有共同步调。在中国共产党领导下，坚持和发展中国特色社会主义，实现中华民族伟大复兴，必须树立中国特色社会主义共同理想。大学生要牢固确立在中国共产党领导下走中国特色社会主义道路、为实现中华民族伟大复兴而奋斗的共同理想和坚定信念。

1. 中国特色社会主义是科学社会主义，不是别的什么主义

新时代坚持和发展中国特色社会主义，总任务是实现社会主义现代化和中华民族伟大复

兴，在全面建成小康社会的基础上，分两步走在本世纪中叶建成富强民主文明和谐美丽的社会主义现代化强国。在当代中国，坚持中国特色社会主义，就是真正坚持科学社会主义。

2. 中国特色社会主义不是从天上掉下来的，而是中国共产党带领人民历经千辛万苦找到的实现中国梦的正确道路

（1）改革开放以来我国取得的成绩。

① 开辟了中国特色社会主义道路；

② 形成了中国特色社会主义理论体系；

③ 确立了中国特色社会主义制度；

④ 发展了中国特色社会主义文化。

（2）改革开放以来我国取得进步的原因。

① 中国特色社会主义道路是实现社会主义现代化、指引中国人民创造自己美好生活的必由之路。

② 中国特色社会主义理论体系是指导党和人民沿着中国特色社会主义道路实现中华民族伟大复兴的正确理论，是立于时代前沿、与时俱进的科学理论。

③ 中国特色社会主义制度是当代中国发展进步的根本制度保障，是具有鲜明中国特色、明显制度优势、强大自我完善能力的先进制度。

④ 中国特色社会主义文化源自中华民族 5000 多年文明历史所孕育的中华优秀传统文化，熔铸于党领导人民在革命、建设、改革中创造的革命文化和社会主义先进文化，植根于中国特色社会主义伟大实践，是中国人民胜利前行的强大精神力量。

3. 中国共产党的领导是中国特色社会主义最本质的特征

中国共产党是中国工人阶级的先锋队，同时是中国人民和中华民族的先锋队，是中国特色社会主义事业的领导核心。中国共产党自诞生之日起，就把为中国人民谋幸福、为中华民族谋复兴作为自己的初心和使命，并团结带领全国各族人民不懈奋斗，战胜各种艰难险阻，不断取得革命、建设、改革的伟大胜利。

三、胸怀共产主义远大理想

知识点五　胸怀共产主义远大理想

马克思主义科学预测了未来社会的理想状态，指明了人类社会的发展方向。

共产主义社会是物质财富极大丰富、实现按需分配、人的精神境界极大提高、每个人自由而全面发展的社会。共产主义只有在社会主义社会充分发展和高度发达的基础上才能实现。

共产主义是现实运动和长远目标相统一的过程。共产主义是崇高的社会理想，是关于无产阶级解放的学说，同时也是一种现实运动。

共产主义远大理想的最终实现是一个漫长、艰辛的历史过程，需要一代又一代人付出艰苦的努力。

作为当代大学生，我们要正确认识共产主义远大理想和中国特色社会主义共同理想之间

的关系。要不断增强中国特色社会主义道路自信、理论自信、制度自信、文化自信，自觉做共产主义远大理想和中国特色社会主义共同理想的坚定信仰者、忠实实践者，为崇高理想信念而矢志奋斗。

第三节　在实现中国梦的实践中放飞青春梦想

思维导图

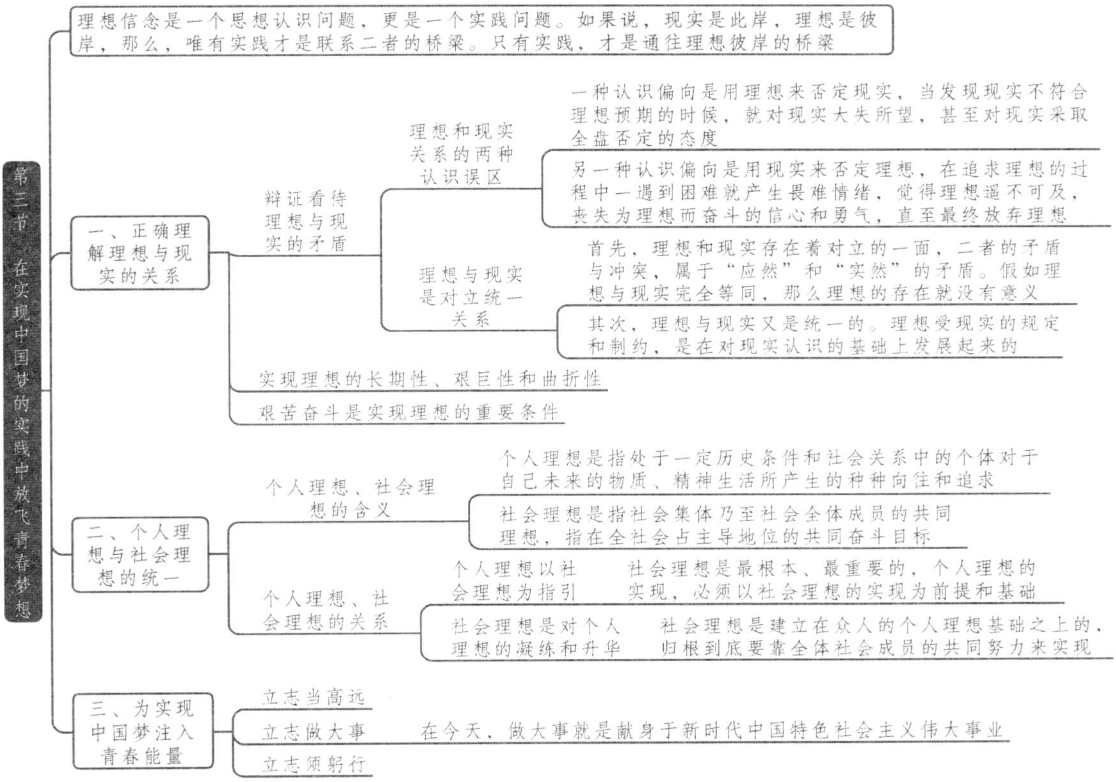

知识要点

理想信念是一个思想认识问题，更是一个实践问题。如果说，现实是此岸，理想是彼岸，那么，唯有实践才是联系二者的桥梁。只有实践，才是通往理想彼岸的桥梁。

一、理想与现实的关系

知识点六　理想与现实的关系

思想活跃的青年大学生容易对理想与现实的矛盾产生困惑，这就需要正确认识理想与现实的关系。

1. 辩证看待理想与现实的矛盾

（1）两种认识误区。

一种认识偏向是用理想来否定现实，当发现现实不符合理想预期的时候，就对现实大失所望，甚至对现实采取全盘否定的态度。

另一种认识偏向是用现实来否定理想，在追求理想的过程中一遇到困难就产生畏难情绪，觉得理想遥不可及，丧失为理想而奋斗的信心和勇气，直至最终放弃理想。

（2）理想与现实是对立统一关系。

首先，理想和现实存在着对立的一面，二者的矛盾与冲突，属于“应然”和“实然”的矛盾。假如理想与现实完全等同，那么理想的存在就没有意义。

其次，理想与现实又是统一的。理想受现实的规定和制约，是在对现实认识的基础上发展起来的。一方面，现实中包含着理想的因素，孕育着理想的发展；另一方面，理想中也包含着现实，既包含着现实中必然发展的因素，又包含着由理想转化为现实的条件，在一定的条件下，理想就可以转化为未来的现实。脱离现实而谈理想，理想就会成为空想。

2. 实现理想的长期性、艰巨性和曲折性

理想的实现是一个过程。一般来说，理想越是远大，它的实现过程就越复杂，需要的时间也就越漫长。纵观人类社会发展史，任何一种理想的实现都不是轻而易举的，必然会遇到各种各样的困难和波折，充满着艰险和坎坷。

3. 艰苦奋斗是实现理想的重要条件

人类的美好理想，都不可能唾手可得，都离不开筚路蓝缕、手胼足胝的艰苦奋斗。艰苦奋斗绝不是一时的权宜之计。那种认为“艰苦奋斗是老一辈的事，当代青年不需要艰苦奋斗”的观点，在理论上是错误的，在实践中是有害的。

一方面，物质生活条件的改善，社会观念的变化，只是赋予艰苦奋斗以新的时代内涵和实践要求，但艰苦奋斗的精神是永远不会过时的。

另一方面，讲艰苦奋斗，也并不是不讲物质利益，而是为了实现既定的理想，不怕吃大苦、耐大劳，不惜献出自己的一切。大学生要把敢于吃苦、勇于奋斗的精神落实到日常的学习、生活和工作中。

二、个人理想与社会理想的统一

知识点七 个人理想与社会理想的统一

坚持个人奋斗目标与国家、民族的奋斗目标相统一，把个人理想融入社会理想之中，在为实现社会理想而奋斗的过程中实现个人理想，这是大学生成长成才的必由之路。

1. 个人理想、社会理想的含义

个人理想是指处于一定历史条件和社会关系中的个体对于自己未来的物质生活、精神生活所产生的种种向往和追求。

社会理想是指社会集体乃至社会全体成员的共同理想，即在全社会占主导地位的共同奋斗目标。

2. 个人理想、社会理想的关系

（1）个人理想以社会理想为指引。

在整个理想体系中，社会理想是最根本、最重要的，而个人理想则从属于社会理想。换句话说，个人理想的确立要以社会理想为引导，个人理想的实现依赖于社会理想的实现。个人理想只有同国家的前途、民族的命运相结合，个人的向往和追求只有同社会的需要和人民的利益相一致，才可能变为现实。

（2）社会理想是对个人理想的凝练和升华。

社会理想不是凭空产生的，也不是由外在力量强加的，而是建立在众人的个人理想基础之上的。社会理想归根到底要靠全体社会成员的共同努力来实现，并具体体现在每个社会成员为实现个人理想而进行的活生生的实践中。当社会理想同个人理想有矛盾冲突的时候，有志气、有抱负的人可以作出最大的自我牺牲，使个人的理想服从于全社会的共同理想。

三、为实现中国梦注入青春能量

知识点八　为实现中国梦注入青春能量

大学生肩负实现中华民族伟大复兴中国梦的历史重任，只有把实现理想的道路建立在脚踏实地的奋斗上，才能放飞青春梦想，实现人生理想。

1. 立志当高远

志向高远，就是要放开眼界，不满足于现状，也不屈服于一时一地的困难与挫折，更不要斤斤计较个人私利的多少与得失。

2. 立志做大事

中国民主革命的先行者孙中山曾激励广大青年：要立志做大事，不要立志做大官。其中的道理就是希望青年以国家民族的命运为己任，而不要以个人的荣华富贵为人生的理想。在今天，做大事就是献身于新时代中国特色社会主义伟大事业。新时代的大学生应该把个人的命运与国家和人民的命运联系在一起，立为国奉献之志，立为民服务之志，为祖国和人民的利益而奋斗，在为实现社会理想而奋斗的过程中实现个人理想。

3. 立志须躬行

漫漫长征途需要一步一步地走，崇高理想的实现需要一点一滴地奋斗。通往理想的路是遥远的，但起点就在脚下，就在一切平凡的岗位上，就在扎扎实实的学习和工作中。大学生要牢记“空谈误国、实干兴邦”，志存高远、脚踏实地、埋头苦干，充分展现自己的抱负和激情，用勤劳的双手成就属于自己的人生精彩。

知识案例

【案例一】 奉献36年凿通“生命渠”（最美奋斗者）

贵州遵义草王坝村（现播州区团结村），一个被层峦叠嶂的大山遮得严实的村庄，缺水是草王坝的穷根。千百年来，这里的人祖祖辈辈吟唱着一首民谣：“山高石头多，出门就爬坡，一年四季包沙饭，过年才有米汤喝……”

村里有一位老人叫黄大发，他不甘心、不信命，偏和大山较劲，他用36年的时间干了一件事——修水渠。

黄大发，1935年出生于草王坝村，23岁光荣入党，这一年，他被全村推选为大队长。意气风发的黄大发撂下了“狠话”：修水渠。于是，在黔北的莽莽深山里，黄大发带领草王坝村民修渠，这是一条遵义的“红旗渠”。

可现实无比残酷。他们不懂技术，测量仅靠竖起竹竿，两边人用眼睛瞄；缺少水泥，沟壁上直接糊上黄泥巴作数；没有导洪沟，沟渠不盖板，洪水一来，脆弱的沟渠被冲得稀巴烂……

壮志未酬誓不休。为此，黄大发四处求教，自学水利技术。一听说哪里有在建的水库沟渠工程，就立刻背着干粮匆匆上路，前去“取经”。

1992年的春天，黄大发带领村民一头扎进深山开工凿渠。日复一日不停歇，黄大发每天带着200多人的队伍进山，施工队在前面凿壁打槽，村民们在后面挑土砌堡。

苦心人，终不负。1995年，这条主渠长7200米，支渠长2200米，地跨3个村10余个村民组，绕三重大山、过三道绝壁、穿三道险崖的“生命渠”通水了！

通水那天，山崖上、水沟边，人山人海，鞭炮声、鼓掌声，不绝于耳，杀猪摆席、搭台庆功，好不热闹！这是草王坝村民们最高兴的一天，千百余年的梦终于实现了！大伙簇拥着黄大发上台讲话，站在台上的他沉默良久，欲言又止，一个字都说不出口，眼泪顺着黝黑、皱褶的脸庞直往下流。

深圳市乡镇企业协会副会长李帅特地拜访了黄大发老人，向他请教学习新时代劳动模范精神和楷模精神，希望能在未来更好地承担社会责任，更好地造福国家和人民。黄大发老人谦虚地对李帅说：“我这人只是坚持、奋斗、不怕困难、不放弃。”说这句话时，他的语气坚定而有力量，就如36年间绝壁上清脆的“铛铛”声一样，震颤人心。

“不怕山高石头多，苦干就能把贫脱，打岩引水造梯田，穷村变成金银窝。”如今的草王坝，村民的荷包渐渐鼓了起来，幸福的生活一天比一天好。

（资料来源：人民网-人民日报，2019-10-09，略有删改，
http：//pic.people.com.cn/n1/2019/1009/c1016-31389629.html）

思考

1. 黄大发完成心愿靠的是什么？
2. 理想信念对于青年来说具有什么样的意义？

案例解析

1. 黄大发完成心愿靠的是什么？

解析：理想信念。

理想是人们在实践中形成的、有实现可能性的、对未来社会和自身发展目标的向往与追求，是人们的世界观、人生观和价值观在奋斗目标上的集中体现。黄大发欲带领全村人民脱贫致富，而脱贫致富必须先解决缺水问题，黄大发意气风发地撂下了修水渠的“狠话”。黄大发的理想就是修水渠、脱贫致富。

信念是人们在一定的认识基础上确立的对某种思想或事物坚信不疑并身体力行的精神状态。黄大发并没有修水渠的技术，但是其有壮志未酬誓不休的信念，前往各处去“取经”。苦心人，终不负，在理想信念的支持下，黄大发终于带领全村人民修建了水渠，实现了脱贫致富。

2. 理想信念对于青年来说具有什么样的意义？

解析：第一，理想信念昭示奋斗目标。理想信念对人生历程起着导向作用，是人的思想和行为的定向器，要使生命富有意义，就必须在科学的理想信念指引下，沿着正确的人生道路前进。材料中的黄大发在青年时期即树立了正确的理想信念。

第二，理想信念提供前进动力。志向高远，便力量无穷。一个人有了崇高坚定的理想信念，才会以惊人的毅力和不懈的努力成就事业、创造奇迹。材料中黄大发正是在正确的理想信念的指引下，对社会做出了突出贡献。

第三，理想信念提高精神境界。一方面能使人的精神生活的各个方面统一起来，使人的精神世界成为一个健康有序的系统，避免精神空虚和迷茫。另一方面又能引导人们不断地追求更高的人生目标，并在追求和实现理想目标的过程中提升精神境界、塑造高尚人格。材料中黄大发的成功离不开个人高尚的人格。

【案例二】

努尔·白克力受贿案

国家发展和改革委员会原副主任努尔·白克力被“双开”

2019 年 3 月，经中共中央批准，中央纪委国家监委对国家发展和改革委员会原党组成员、副主任，国家能源局原党组书记、局长努尔·白克力严重违纪违法问题进行了立案审查调查。

经查，努尔·白克力对抗组织审查，在组织谈话时不如实说明问题；贪婪腐化，大搞家族式腐败，利用职务上的便利或职权、地位形成的便利条件，为他人在职务提拔、工作调动、企业经营、矿产资源开发等方面提供帮助，直接或通过其亲属非法收受他人巨额财物；违反中央八项规定精神，长期要求他人无偿为其家人提供高级轿车、专用司机等服务，顶风违纪，多次违规接受高档宴请，收受巨额礼品、礼金；生活奢靡，贪图享乐，道德败坏，搞权色交易。

努尔·白克力理想信念丧失，毫无“四个意识”，严重违反党的政治纪律、组织纪律、廉洁纪律、生活纪律，构成职务违法并涉嫌受贿犯罪，且在党的十八大后不收敛、不收手，毫无顾忌、不知敬畏，性质极其恶劣，后果特别严重，应予严肃处理。依据《中国共产党纪律处分条例》《中华人民共和国监察法》等有关规定，经中央纪委常委会会议研究并报中共中央批准，决定给予努尔·白克力开除党籍处分；国家监委给予其开除公职处分；收缴其违纪违法所得；将其涉嫌犯罪问题移送检察机关依法审查起诉，所涉财物随案移送。

（资料来源：人民网，2019-03-18，略有删改，
http：//fanfu.people.com.cn/n1/2019/0318/c64371-30980397.html）

努尔·白克力受贿案一审宣判 无期徒刑

2019 年 12 月 2 日，辽宁省沈阳市中级人民法院公开宣判国家发展和改革委员会原副主任、国家能源局原局长努尔·白克力受贿案，对被告人努尔·白克力以受贿罪判处无期徒刑，剥夺政治权利终身，并处没收个人全部财产；对努尔·白克力受贿犯罪所得赃款及其孳息予以追缴，上缴国库。努尔·白克力当庭表示服从判决，不上诉。

经审理查明：1998 年至 2018 年，被告人努尔·白克力利用担任中共新疆维吾尔自治区乌鲁木齐市委副书记、市长，中共新疆维吾尔自治区党委常委、副书记，新疆维吾尔自治区人民政府代主席、主席，国家发展和改革委员会副主任、国家能源局局长等职务上的便利或职权、地位形成的便利条件，为相关单位和个人在承揽工程、推广产品、享受优惠政策等事项上提供帮助，直接或通过他人非法收受上述单位和个人给予的财物，折合人民币共计 7910 万余元。

沈阳市中级人民法院认为，被告人努尔·白克力的行为构成受贿罪，数额特别巨大，应依法惩处。鉴于努尔·白克力到案后能主动交代监察机关尚未掌握的大部分犯罪事实，如实供述自己的罪行，认罪、悔罪，积极退赃且涉案赃款赃物已大部分追缴，具有法定、酌定从轻处罚情节，依法可从轻处罚。法庭遂作出上述判决。

（资料来源：人民网，2019-12-03，略有删改，
http：//yuqing.people.com.cn/n1/2019/1203/c209043-31486311.html）

黄旭华：隐“功”埋名三十载，终生报国不言悔

“深潜”报国三十年

“从一开始参与研制核潜艇，我就知道这将是一辈子的事业。”黄旭华说。

1926 年，黄旭华出生在广东汕尾。上小学时，正值抗战时期，家乡饱受日本飞机的轰炸。海边少年就此立下报国之愿。

高中毕业后，黄旭华同时收到中央大学航空系和上海交通大学造船系录取通知。在海边长大的黄旭华选择了造船。

中华人民共和国成立初期，掌握核垄断地位的超级大国不断施加核威慑。

20 世纪 50 年代后期，中央决定组织力量自主研制核潜艇。黄旭华有幸成为这一研制团队人员之一。

执行任务前，黄旭华于 1957 年元旦回到阔别许久的老家。63 岁的母亲再三嘱咐道：“工作稳定了，要常回家看看。”

但是，此后 30 年时间，他的家人都不知道他在做什么，父亲直到去世也未能再见他一面。

1986 年底，两鬓斑白的黄旭华再次回到广东老家，见到 93 岁的老母。他眼含泪花说：“人们常说忠孝不能双全，我说对国家的忠，就是对父母最大的孝。”

直到 1987 年，母亲收到他寄来的一本《文汇月刊》，看到报告文学《赫赫而无名的人生》里有“他的爱人李世英”等字眼，黄旭华的 9 个兄弟姊妹及家人才了解他的工作性质。

与对家人隐姓埋名相比，黄旭华的爱人李世英承担了更大压力。忙时，黄旭华一年中有10个月不在家。结婚8年后结束两地分居，李世英才知道丈夫是做什么的。

“他生活简单随性，出去理发都嫌麻烦。后来，我买了理发工具学会理发，给他剪了几十年。”李世英说。

攻坚克难铸重器

核潜艇，是集海底核电站、海底导弹发射场和海底城市于一体的尖端工程。

“当时，我们只搞过几年苏式仿制潜艇，核潜艇和潜艇有着根本区别，核潜艇什么模样，大家都没见过，对内部结构更是一无所知。”黄旭华回忆说。

在开始探索核潜艇艇体线型方案时，黄旭华碰到的第一个难题就是艇型。最终他选择了最先进，也是难度最大的水滴线型艇体。

美国为建造同类型核潜艇，先是建了一艘常规动力水滴型潜艇，后把核动力装到水滴型潜艇上。

黄旭华通过大量的水池拖曳和风洞试验，取得了丰富的试验数据，为论证艇体方案的可行性奠定了坚实基础。“计算数据，当时还没有手摇计算机，我们初期只能依靠算盘。每一组数字由两组人计算，答案相同才能通过。常常为了一个数据会日夜不停地计算。”黄旭华回忆说。

核潜艇技术复杂，配套系统和设备成千上万。为了在艇内合理布置数以万计的设备、仪表、附件，黄旭华不断调整、修改、完善，让艇内100多公里长的电缆、管道各就其位，为缩短建造工期打下坚实基础。

用最“土”的办法来解决最尖端的技术问题，是黄旭华和他的团队克难攻坚的法宝。

除了用算盘计算数据，他们还采取用秤称重的方法：要求所有上艇设备都要过秤，安装中的边角余料也要一一过秤。几年的建造过程，天天如此，使核潜艇下水后的数值和设计值几乎吻合……

正是这种精神，激励黄旭华团队一步到位，将核动力和水滴艇体相结合，研制出我国水滴型核动力潜艇。

终生奉献不言悔

核潜艇战斗力的关键在于极限深潜。然而，极限深潜试验的风险性非常高。美国曾有一艘核潜艇在深潜试验中沉没，这场灾难悲剧被写进了人类历史。

在核潜艇极限深潜试验中，黄旭华亲自上艇参与试验，成为当时世界上核潜艇总设计师亲自下水做深潜试验的第一人。

“所有的设备材料没有一个是进口的，都是我们自己造的。开展极限深潜试验，并没有绝对的安全保证。我总担心还有哪些疏忽的地方。为了稳定大家情绪，我决定和大家一起深潜。”黄旭华说。

核潜艇载着黄旭华和100多名参试人员，一米一米地下潜。

“在极限深度，一块扑克牌大小的钢板承受的压力是一吨多，100多米的艇体，任何一块钢板不合格、一条焊缝有问题、一个阀门封闭不足，都可能导致艇毁人亡。”巨大的海水压力压迫艇体发出“咔嗒”的声音，惊心动魄。

黄旭华镇定自若，了解数据后，指挥继续下潜，直至突破此前纪录。在此深度，核潜艇的耐压性和系统安全可靠，全艇设备运转正常。

新纪录诞生，全艇沸腾了！黄旭华抑制不住内心的欣喜和激动，即兴赋诗一首：“花甲痴翁，志探龙宫。惊涛骇浪，乐在其中！”

正是凭着这样的奉献精神，黄旭华和团队于1970年研制出我国第一艘核潜艇，各项性能均超过美国1954年的第一艘核潜艇。建造周期之短，在世界核潜艇发展史上是罕见的。

1970年12月26日，当凝结了成千上万研制人员心血的庞然大物顺利下水，黄旭华禁不住热泪长流。核潜艇一万年也要搞出来的伟大誓言，新中国用了不到一代人的时间就实现了……

几十年来，黄旭华言传身教，培养和选拔出了一批又一批技术人才。他常用“三面镜子”来勉励年轻人：一是放大镜——跟踪追寻有效线索；二是显微镜——看清内容和实质性；三是照妖镜——去伪存真，为我所用。

作为中船重工第七一九研究所名誉所长，直到今天，93岁的黄旭华仍然会准时出现在办公室，为年轻一代答疑解惑、助威鼓劲……

（资料来源：新华网，2019-09-23，略有删改，
http://www.xinhuanet.com/2019-09/23/c_1125029789.htm）

思考

1. 一个身居要职却被“双开”，被人民所唾弃；一个却“深潜”报国，被人民所铭记，究其根本在于是否确立崇高的理想信念。作为当代大学生，应该确立什么样的理想信念？

2. 大学生如何在实现中国梦的伟大实践中放飞青春梦想？

案例解析

1. 一个身居要职却被“双开”，被人民所唾弃；一个却“深潜”报国，被人民所铭记，究其根本在于是否确立崇高的理想信念。作为当代大学生，应该确立什么样的理想信念？

解析：大学生应该确立马克思主义的科学信仰，树立共产主义远大理想和中国特色社会主义共同理想。

2. 大学生如何在实现中国梦的伟大实践中放飞青春梦想？

解析：大学生肩负实现中华民族伟大复兴中国梦的历史重任，只有把实现理想的道路建立在脚踏实地的奋斗上，才能放飞青春梦想，实现人生理想。

第一，立志高远。志向高远，就是要放开眼界，不满足现状也不屈服于一时一地的困难与挫折，更不斤斤计较个人私利的多少与得失。要向黄旭华这些榜样学习，学习他们坚定信仰、不忘初心。

第二，立志做大事。青年学生应该把个人的命运与国家和人民的命运联系在一起，在为实现社会理想而奋斗的过程中实现个人理想。要学习黄旭华这样的人终生报国、无私奉献的精神。

第三，立志须躬行。崇高理想的实现需要一点一滴地奋斗。通往理想的路是遥远的，但起点就在脚下，在一切平凡的岗位上，在扎扎实实地学习和工作中。要学习黄旭华这些榜样甘于奉献、艰苦奋斗的崇高境界。

第四，伟大出自平凡。祖国的富强、民族的繁荣、人民的幸福，需要每一个社会成员尽其才、奋其志。要学习黄旭华这些榜样恪尽职守、担当作为的敬业精神。

知识题库

第二章　坚定理想信念

知识点一：什么是理想信念

【单选题】

1.（　　）是人的精神世界的核心，是人精神上的“钙”。

A. 思想道德

B. 道德素质

C. 理想信念

D. 人生价值

2. 理想信念是人类特有的（　　）。

A. 精神寄托

B. 物质现象

C. 精神现象

D. 精神支柱

3. 理想，是人们在实践中形成的，具有（　　）的对美好未来的追求和向往，是人们的政治立场和世界观在人生奋斗目标上的体现。

A. 实现必然性　　B. 不可实现性

C. 超越客观性　　D. 实现可能性

4. 理想是多方面、多类型的。从内容上分，理想可分为（　　）。

A. 个人理想、社会理想

B. 科学理想、非科学理想

C. 长远理想、近期理想

D. 政治理想、道德理想、生活理想和职业理想

5. 当教师，要当一个模范教师；当科学家，要当一个对国家有突出贡献的科学家；当解放军战士，要当一个最英勇的解放军战士；当工人，要当一个新时代的劳动模范；当农民，要当一个对改变农村面貌有贡献的农民。这些都是人生理想中（　　）。

A. 生活理想的表现

B. 社会理想的表现

C. 道德理想的表现

D. 职业理想的表现

6. 对吃穿住用的构想以及对爱情婚姻家庭方面的追求目标，是人们的（　　）。

A. 生活理想

B. 职业理想

C. 道德理想

D. 社会理想

7. 理想具有自己的特征，以下不是理想的特征的是（　　）。

A. 超越性

B. 实际性

C. 时代性

D. 实践性

8. 理想的超越性表现为（　　）。

A. 同一定社会的历史条件相联系

B. 同一定时代的生产力发展水平相联系

C. 能为社会大多数人谋利益

D. 来源于社会现实又高于社会现实

9. 理想作为一种社会意识形态，不是从天而降，而是（　　）。

A. 社会存在的反映，是从社会实践中产生的

B. 人们头脑中构造出来的

C. 能为社会大多数人谋利益的构想

D. 人们的政治立场和世界观在人生奋斗目标上的体现

10. 下列关于理想具有时代性的论述，不正确的是（　　）。

A. 饥贫的年代，理想就是温饱

B. 离乱的年代，理想就是和平

C. 安定的年代，理想就是繁荣

D. 受奴役的阶层，理想就是翻身

11. 不同时代的生产力发展水平不同，社会历史条件和政治经济关系不同，人们对社会现实状况、社会实践活动及其发展规律认识的深度和广度不同，形成的理想也就会有所不同，这体现的是理想的（　　）。

A. 时代性

B. 实践性

C. 社会性

D. 独立性

12.《白毛女》中黄世仁和杨白劳的理想不同，这表明理想具有（　　）。

A. 实践性

B. 超前性

C. 时代性

D. 阶级性

13. 人们在一定的认识基础上确立的对某种思想或事物坚信不疑并身体力行的精神状态是（　　）。

A. 理想

B. 信念

C. 人生观

D. 价值观

14. 追求崇高的理想，需要坚定的信念，信念是（　　）。

A. 一种单纯的知识或想法

B. 对事物发展规律的正确反映

C. 把理想变为现实的桥梁和中介

D. 认识、情感和意志的融合和统一

15. 信念作为人的意识的一部分，是人类特有的一种精神状态。信念对人生的重要作用体现在，信念是人们（　　）。

A. 对真理的追求

B. 追求理想的强大动力

C. 评判事物的标准

D. 对客观事物的本质和发展规律的正确反映

16. 人们的信念一旦形成，就不会轻易改变，体现了信念的（　　）。

A. 多样性

B. 层次性

C. 执着性

D. 对立性

17. 不同的人由于社会环境、思想观念、利益需要、人生经历和性格等方面的差异，会形成不同的信念，这体现的是信念的（　　）。

A. 执着性

B. 多样性

C. 差异性

D. 多化性

18. 同一个人也会形成不同类型和层次的信念。这体现了信念具有（　　）。

A. 多样性

B. 执着性

C. 时代性

D. 主观性

19. 信念的最集中、最高的表现形式是（　　）。

A. 信仰　　B. 理想

C. 志向　　D. 意志

20. 关于信仰，以下说法错误的是（　　）。

A. 信仰有盲目和科学之分

B. 科学的信仰来自人们对自然界和人类社会发展规律的正确认识

C. 盲目的信仰就是对虚幻的世界、不切实际的观念、荒谬的理论等的迷信和狂热崇拜

D. 信念是最高层次的信仰

21. 信念是理想实现的（　　）。

A. 基础　　B. 根据

C. 保障　　D. 条件

22. 在人的生命历程中，理想和信念如影随形、相互依存，表现在（　　）。

A. 理想是实现信念的重要保障

B. 信念是理想的根据和前提

C. 理想是信念的根据和前提，信念是实现理想的重要保障

D. 信念产生理想，理想包含在信念中

【多选题】

23. 理想是人们在实践中形成的、有实现可能性的、对未来社会和自身发展目标的向往与追求，是人们的（　　）在奋斗目标上的集中体现。

A. 人生观

B. 世界观

C. 道德观

D. 价值观

24. 以下选项中，对理想的含义和特征描述正确的是（　　）。

A. 理想是一种精神现象

B. 理想是人们在实践中形成的、有实现可能性的、对未来社会和自身发展目标的向往和追求

C. 理想是人们的世界观、人生观和价值观在奋斗目标上的集中体现

D. 理想源于现实，又超越现实

E. 理想与阶级阶层无关

25. 从理想的内容上划分，理想可以分成（　　）。

A. 道德理想

B. 职业理想

C. 人生理想

D. 生活理想

E. 政治理想

26. 高尔基曾说："理想，能给天下不幸者以快乐。"理想是多方面和多类型的，从主体上可划分为（　　）。

A. 个人理想

B. 道德理想

C. 生活理想

D. 社会理想

27. 对于理想的理解不正确的是（　　）。

A. 为社会的少数人谋利益

B. 不可能实现的向往

C. 纯粹主观的

D. 经过奋斗能够实现的想象和目标

28. 下列内容中，属于理想特征的是（　　）。

A. 时代性　　B. 实践性

C. 政治性　　D. 超越性

E. 执着性

29. 信念是（　　）的有机统一体，为人们矢志不渝、百折不挠地追求理想目标提供了强大的精神动力。

A. 认知　　B. 情感

C. 意志　　D. 行为

30. 以下关于信念的表述正确的是（　　）。

A. 对美好未来的向往和追求

B. 对客观事物的本质和发展规律的正确反映

C. 认知、情感和意志的有机统一体

D. 人们在一定的认识基础上确立的对某种思想或事物坚信不疑并身体力行的心理态度和精神状态

E. 离开信念这种对奋斗目标的执着向往和追求，理想寸步难行

31. 下列内容中，属于信念特征的是（　　）。

A. 多样性　　B. 实践性

C. 政治性　　D. 超越性

E. 执着性

32. 信念和信仰的关系是（　　）。

A. 信念是信仰的最高表现形式

B. 信仰是信念的最高表现形式

C. 信念和信仰都是人的精神支柱

D. 非科学信念不属于信仰，科学信念属于信仰

E. 信仰属于信念，是信念的一部分

33. 一个人的不同信念之间常常具有内在联系，并形成有机构成的信念体系。对此，下列关于信念层次性的表述中，正确的是（　　）。

A. 高层次的信念决定着低层次的信念

B. 低层次的信念服从于高层次的信念

C. 高层次的信念代表了一个人的基本信仰

D. 信仰是信念最集中、最高的表现形式

34. 在理想与信念的关系上，以下说法正确的是（　　）。

A. 理想是信念的根据和前提

B. 信念是实现理想的重要保障

C. 理想与信念总是相互依存的

D. 很多情况下，理想亦是信念，信念亦是理想

【判断题】

35. 理想信念主要是思想问题，而不是实践问题。（　　）

36. 离开实践，理想同样能产生。（　　）

37. 理想同任何一种社会意识形式一样，都是一定的时代产物，都带着特定历史时代的烙印。（　　）

38. 理想是人们头脑中形成的，有可能实现的、对未来社会和自身发展的向往和追求，是人们的世界观、人生观和价值观在奋斗目标上的集中体现。（　　）

39. 坚定的信念是实现理想的根本途径。（　　）

40. 信仰都是科学的。（　　）

41. 信念是理想所指的对象，理想则是信念实现的保障。（　　）

42. 信仰是最高层次的信念，具有最大的统摄力。（　　）

43. 信念有着绝对的稳定性。（　　）

知识点二：理想信念是精神之“钙”——理想信念的作用

【单选题】

44. 一个人如果没有崇高理想或者缺乏理想，就会像一艘没有舵的船，随波逐流，难以顺利到达彼岸。这主要说明了理想是（　　）。

A. 人生的指路明灯

B. 人们的主观意志和想当然

C. 人们对未来缺乏客观根据的想象

D. 人们对某种思想理论所抱的坚定不移的观念和真诚信服的态度

45.（　　）是人生发展的内在动力。

A. 理想信念

B. 人生态度

C. 人生目的

D. 人生观

46. 邓小平曾经指出：“为什么我们过去能在非常困难的情况下奋斗出来，战胜千难万险使革命胜利呢？就是因为我们有理想，有马克思主义信念，有共产主义信念。”由此可见，理想信念是（　　）。

A. 人们的主观意志

B. 人们的丰富想象

C. 人生的现实境遇

D. 人生的精神支柱

47.“人生是一个在实践中奋斗的过程。要使生命富有意义，就必须在科学的理想信念指引下，沿着正确的人生道路前进。”这句话体现了理想信念（　　）。

A. 昭示奋斗目标

B. 提供前进动力

C. 帮助解决人生实际困难

D. 提高精神境界

48. 面对一系列人生重大课题的解决，如人生观的确立、价值观的选择等，每个人都需要有一个总的原则和目标，而

导引这一切的明亮灯塔正是人生的(　　)。

A. 理想与信念

B. 修养与境界

C. 友谊与爱情

D. 基本行为准则

49. 理想信念对大学生成才的作用不包括(　　)。

A. 指引人生的奋斗目标

B. 提供人生的前进动力

C. 提高人生的精神境界

D. 提高思想境界

50.(　　)是衡量一个人精神境界的重要标尺。

A. 世界观

B. 人生观

C. 理想信念

D. 道德观

51. 我们只有树立崇高的(　　)，才能激发起为民族复兴和人民幸福而发愤学习的强烈责任感与使命感，掌握建设祖国、服务人民的本领。

A. 理想

B. 理想信念

C. 信念

D. 目标

【多选题】

52. 俄国著名作家尼古拉·车尔尼雪夫斯基曾说："人的活动如果没有理想的鼓舞，就会变得空虚渺小。"这句名言告诉我们(　　)。

A. 理想指引人生的奋斗目标

B. 理想提供人生的前进动力

C. 理想提升人生的精神境界

D. 理想只是人们的主观意志

53. 理想信念对大学生成长成才的意义有(　　)。

A. 引导大学生做什么人

B. 指引大学生走什么路

C. 告诉大学生吃什么饭

D. 激励大学生为什么学

54. 原河北省政府办公厅秘书、河北省国税局局长李真因受贿、贪污罪于2003年10月9日被河北省高级人民法院终审判处死刑。当法官宣布了上述判决后，李真的双腿抖了一抖。他反思自己走向毁灭的根源时说："人可以没有金钱，但不能没有信念，丧失信念，就要毁灭一生。"李真的经历，说明理想信念对人生具有以下重要作用(　　)。

A. 指引人生的奋斗目标

B. 提供人生前进的动力

C. 提高人生的精神境界

D. 满足人生的全部愿望

55. 邓小平在总结中国历史经验时曾深刻地指出："我们过去几十年艰苦奋斗，就是靠用坚定的信念把人民团结起来，为人民自己的利益而奋斗。没有这样的信念，就没有凝聚力。"这表明(　　)。

A. 信念是强大的精神力量

B. 凡坚定的信念都是科学的信念

C. 有了坚定的信念，理想就能自动变为现实

D. 信念是人们追求理想目标的强大动力

56. 理想信念作为人的精神世界的核心，能提高人的精神境界。关于理想信念对人的精神的作用，表述正确的是(　　)。

A. 能使人的精神生活的各个方面统一起来，使人的精神世界成为一个健康有序的系统，避免精神空虚和迷茫

B. 一个人有了崇高坚定的理想信念，才会以惊人的毅力和不懈的努力成就事业

C. 引导人们不断地追求更高的人生目标，并在追求和实现理想目标的过程中提升精神境界、塑造高尚人格

D. 要使生命富有意义，就必须在科学的理想信念指引下，沿着正确的人生道路前进

【判断题】

57. 要使生命富有意义，就必须在科学的理想信念指引下，沿着正确的人生道路前进。(　　)

58. 一个人有了崇高坚定的理想信念，就能成就事业。(　　)

59. 只要是理想就可以给人们提供不竭的精神动力。(　　)

60. 一个人如果没有崇高坚定的理想信念，就有可能浑浑噩噩、庸庸碌碌、虚度一生，甚至腐化堕落、走上邪路。(　　)

61. 衡量一个人精神境界高下的重要标尺是信念。(　　)

知识点三：为什么要信仰马克思主义

【单选题】

62. 加强思想修养、提高精神境界，必须牢牢把握（　　）这个核心。

A. 理想信念

B. 爱国主义

C. 为人民服务

D. 社会主义核心价值观

63. （　　）是我们党和国家的根本指导思想，这是近代以来中国历史发展的必然结果，是中国人民长期探索的历史选择。

A. 毛泽东思想

B. “三个代表”重要思想

C. 邓小平理论

D. 马克思主义

64. “哲学家们只是用不同的方式解释世界，而问题在于改变世界。”马克思的这句名言突出了马克思主义的特点是（　　）。

A. 马克思主义是科学的

B. 马克思主义是崇高的

C. 马克思主义具有持久的生命力

D. 马克思主义重视实践

65. 邓小平指出：“我坚信，世界上赞成马克思主义的人会多起来的，因为马克思主义是科学。它运用历史唯物主义揭示了人类社会发展的规律。”这指出马克思主义具有（　　）。

A. 持久生命力

B. 鲜明的实践品格

C. 科学性与思想性的统一

D. 超越性

66. 马克思主义具有持久生命力的原因在于（　　）。

A. 它的开放性　B. 它的暴力性

C. 它的宿命性　D. 它的乌托邦特性

【多选题】

67. 我们之所以要确立马克思主义的科学信仰，是因为（　　）。

A. 马克思主义体现了科学性和革命性的统一

B. 马克思主义具有鲜明的实践品格

C. 马克思主义具有持久生命力

D. 马克思主义穷尽了世间一切真理

E. 马克思是个名人

68. 当代大学生应该自觉确立马克思主义的科学信仰。下列选项中，属于对于马克思主义的科学认识的是（　　）。

A. 马克思主义深刻揭示了自然界、人类社会、人类思维发展的普遍规律，为人类社会发展进步指明了方向

B. 马克思主义坚持实现人民解放、维护人民利益的立场，以实现人的自由而全面的发展和全人类解放为己任，反映了人类对理想社会的美好憧憬

C. 马克思主义揭示了事物的本质、内

在联系及发展规律，是伟大的认识工具，是人们观察世界、分析问题的有力思想武器

D. 马克思主义不仅致力于科学解释世界，而且致力于积极改变世界

E. 作为一个开放的理论体系，马克思主义不但不排斥而且最能够吸收、提炼人类创造的一切科学知识和文明成果，并将其运用于推动社会历史的进步

69. 大学生坚定马克思主义信仰，最重要的是学习和掌握马克思主义的（　　），确立正确的世界观和历史观，准确把握时代发展潮流，以科学的理想信念指引人生前进的道路和方向。

A. 理论　　B. 立场

C. 观点　　D. 方法

【判断题】

70. 马克思主义体现了科学性和革命性的统一。（　　）

71. 大学生只有确立马克思主义的科学信仰，才能真正确立崇高的理想信念，在错综复杂的社会现象中看清本质、明确方向，为服务人民、奉献社会作出更大的贡献。（　　）

72. 马克思主义是中国共产党和中国人民事业不断发展的参天大树之根本，是中国共产党和中国人民不断奋进的万里长河之泉源。（　　）

知识点四：中国特色社会主义是我们的共同理想

【单选题】

73. 有共同理想，才能有共同步调。在中国共产党领导下，坚持和发展中国特色社会主义，实现中华民族伟大复兴，必须树立（　　）。

A. 共产主义共同理想

B. 全面建成小康社会共同理想

C. 中国特色社会主义共同理想

D. 实现现代化的共同理想

74. 大学生要牢固确立在中国共产党领导下走中国特色社会主义道路、为实现（　　）而奋斗的共同理想和坚定信念。

A. 大同世界

B. 小康社会

C. 和谐社会

D. 中华民族伟大复兴

75. 中国特色社会主义是（　　），不是别的什么主义。

A. 民主社会主义　B. 科学社会主义

C. 历史虚无主义　D. 新自由主义

76. （　　）是我们党带领人民历经千辛万苦找到的实现中国梦的正确道路，也是广大青年应该牢固树立的人生信念。

A. 中国道路

B. 中国制度

C. 中国特色社会主义

D. 中国文化

77. （　　）是实现社会主义现代化、创造人民美好生活的必由之路。

A. 中国特色社会主义道路

B. 中国特色社会主义理论体系

C. 中国特色社会主义制度

D. 中国特色社会主义文化

78. （　　）是指导党和人民沿着中国特色社会主义道路实现中华民族伟大复兴的正确理论，是立于时代前沿、与时俱进的科学理论。

A. 中国特色社会主义道路

B. 中国特色社会主义理论体系

C. 中国特色社会主义制度

D. 中国特色社会主义文化

79. （　　）是当代中国发展进步的根本制度保障，是具有鲜明中国特色、明显

制度优势、强大自我完善能力的先进制度。

A. 中国特色社会主义道路

B. 中国特色社会主义理论体系

C. 中国特色社会主义制度

D. 中国特色社会主义文化

80.（　　）是中国人民胜利前行的强大精神力量。

A. 中国特色社会主义道路

B. 中国特色社会主义理论体系

C. 中国特色社会主义制度

D. 中国特色社会主义文化

81.（　　）是中国特色社会主义最本质的特征。

A. 中国共产党领导

B. 党的政治建设

C. 以经济建设为中心

D. 改革开放

【多选题】

82. 改革开放以来我们取得一切成绩和进步的根本原因，归结起来就是(　　)。

A. 开辟了中国特色社会主义道路

B. 形成了中国特色社会主义理论体系

C. 确立了中国特色社会主义制度

D. 发展了中国特色社会主义文化

83. 新时代坚持和发展中国特色社会主义，总任务是实现（　　）和（　　），在全面建成小康社会的基础上，分两步走在本世纪中叶建成富强民主文明和谐美丽的社会主义现代化强国。

A. 社会主义现代化

B. 社会主义民主政治

C. 中华民族伟大复兴

D. 构建社会主义和谐社会

84. 中国共产党的领导是中国特色社会主义最本质的特征。关于中国共产党，下列说法正确的是（　　）。

A. 中国共产党是中国工人阶级的先锋队

B. 中国共产党是中国人民和中华民族的先锋队

C. 中国共产党是中国特色社会主义事业的领导核心

D. 中国共产党自诞生之日起，就把为中国人民谋幸福、为中华民族谋复兴作为自己的初心和使命

85. 现阶段我国各族人民的共同理想是（　　）。

A. 构建社会主义和谐社会

B. 实现中华民族伟大复兴

C. 实现共产主义社会

D. 建设和发展中国特色社会主义

【判断题】

86. 在当代中国，坚持中国特色社会主义，就是真正坚持科学社会主义。(　　)

87. 中国特色社会主义不是从天上掉下来的，而是中国共产党带领人民历经千辛万苦找到的实现中国梦的正确道路。(　　)

88. 中国特色社会主义共同理想，就是在中国共产党的领导下，走中国特色社会主义道路，实现中华民族的伟大复兴。(　　)

89. 我国各族人民的共同理想是全面建设小康社会。(　　)

知识点五：胸怀共产主义远大理想

【单选题】

90. 马克思主义科学（　　）了未来社会的理想状态，指明了人类社会的发展方向。

A. 指明　　B. 确定

C. 预测　　　　　　　D. 说明

91. 大学生中的共产党员和先进分子应该树立的远大理想是（　　）。

A. 建设中国特色社会主义社会

B. 提高中国的国际地位

C. 共产主义的远大理想

D. 实现中华民族的伟大复兴

92. 无产阶级革命家、共产主义战士陈毅元帅曾经指出："我们是世界上最大的理想主义者，我们是世界上最大的行动主义者，我们是世界上最大的理想与行动的综合者。"下面各选项中，对陈毅元帅的话理解错误的是（　　）。

A. 共产主义既是一种社会理想，也是一种社会的现实运动

B. 共产主义是一种可望而不可即的良好愿望，不可能成为人们行动的现实动力

C. 共产主义理想和共产主义实践并存

D. 共产党人选择的共产主义理想，是人类历史上最远大、最进步、最美好的理想

93. 邓小平指出："为什么我们过去能在非常困难的情况下奋斗出来，战胜千难万险使革命胜利呢？就是因为（　　）。"

A. 我们有理想，有马克思主义信念，有共产主义信念

B. 我们非常幸运，也非常努力

C. 亿万军民有着建立新中国，变为统治者的理想

D. 我们有卓越的领导人、先进的武器和数不尽的士兵

94. 中国特色社会主义共同理想与共产主义远大理想有着内在的联系，它们之间是（　　）。

A. 个人理想和社会理想的关系

B. 职业理想和道德理想的关系

C. 阶段性理想和最终理想的关系

D. 有实现可能性的理想和根本不可能实现的空想的关系

【多选题】

95. 共产主义社会有哪些特征？（　　）。

A. 物质财富极大丰富

B. 实现按需分配

C. 人民精神境界极大提高

D. 每个人自由全面发展

96. 共产主义具有以下哪几层含义？（　　）。

A. 共产主义是一种理论学说

B. 共产主义是一种现实运动

C. 共产主义是一种社会制度

D. 共产主义是一种社会理想

97. 走好新时代的长征路，大学生要不断增强中国特色社会主义（　　），自觉做共产主义远大理想和中国特色社会主义共同理想的坚定信仰者、忠实实践者，为崇高理想信念而矢志奋斗。

A. 道路自信

B. 理论自信

C. 制度自信

D. 文化自信

【判断题】

98. 共产主义，只有在社会主义社会充分发展和高度发达的基础上才能实现。（　　）

99. 共产主义理想离现实太遥远，是无法实现的。（　　）

100. 共产主义远大理想的最终实现是一个漫长、艰辛的历史过程，需要一代又一代人付出艰苦的努力。（　　）

知识点六：理想与现实的关系

【单选题】

101. 理想信念是一个思想认识问题，

更是一个实践问题。如果说，现实是此岸，理想是彼岸，那么，联系两者的桥梁是(　　)。

A. 智慧　　B. 实践

C. 能力　　D. 勤奋

102.“樱桃好吃树难栽，不下工夫花不开。”理想是美好的、令人向往的，但理想不能自动实现。把理想变为现实的根本途径是(　　)。

A. 积极投身社会实践

B. 认真学习科学理论

C. 逐步确立坚定信念

D. 大胆畅想美好未来

103. 用理想的标准来衡量和要求现实，当发现现实并不符合理想的时候，就对现实大失所望，甚至极为不满。这里陷入的片面性误区是(　　)。

A. 把理想等同于现实

B. 把现实等同于理想

C. 以理想来否定现实

D. 以现实来否定理想

104. 当发现理想与现实的矛盾时，觉得实现理想很困难，很渺茫，认为还是“实际”一点好，不要做“理想主义者”，从而对现实中一些消极乃至丑恶的现象不愤怒、不斗争，甚至与之同流合污。这里陷入的片面性误区是(　　)。

A. 把理想等同于现实

B. 把现实等同于理想

C. 以理想来否定现实

D. 以现实来否定理想

105. 理想和现实的统一性表现在哪个方面？(　　)。

A. 理想就是现实

B. 有了坚定的信念，理想就能变为现实

C. 现实是理想的基础，理想是现实的未来

D. 理想总是美好的，而现实中既有美好的一面，也有丑陋的一面

106.“理想变为现实不是一蹴而就、一帆风顺的，往往会遭遇波澜和坎坷。”这句话表明了(　　)。

A. 理想是难以实现的

B. 理想是一定可以实现的

C. 理想的实现是长期的、艰巨的、曲折的

D. 理想在顺境中容易实现，在逆境中不易实现

107. 实现理想的过程是个长期、艰巨的过程，因此(　　)。

A. 当理想一再遭遇挫折时，要反思理想的科学性，必要时改变理想，以保全自身

B. 如果实践证明理想在现世实现不了，就应该放弃，否则就是徒劳

C. 理想的实现需要各种条件，聪明人要审时度势，适时调整理想的内容，以确保成功

D. 理想的实现途径是艰难曲折的，但是，建立在科学理论基础上的理想，经过艰难曲折的锤炼，必定会发出更加耀眼的真理之光

108. 下列哪项是实现理想的重要条件(　　)。

A. 正确认识理想与现实的关系

B. 坚定实现理想的信念

C. 争取实现理想的广泛支持

D. 艰苦奋斗

【多选题】

109. 青年大学生思想活跃，但也容易对理想与现实的矛盾产生困惑，这就需要正确认识理想与现实的关系，要认识到(　　)。

A. 理想与现实是对立统一的

B. 实现理想的长期性、艰巨性和曲折性

C. 艰苦奋斗是实现理想的重要条件

D. 立志当高远

110. 对于理想和现实的关系，正确的理解有（　　）。

A. 理想不等同于现实，不是立即可以实现的

B. 在任何条件下，理想都能够转化为现实

C. 现实是理想的基础，理想是由对现实的认识发展而来的

D. 现实是不完善和有缺陷的，理想的生命力表现为对现实的否定

E. 理想可以转化为现实，但这个转化是有条件的，是个艰苦奋斗的过程

111. 理想与现实本来就是一对矛盾，它们是对立统一的关系。二者的对立性体现在（　　）。

A. 理想是“应然”的，现实是“实然”的

B. 理想是主观的，现实是客观的

C. 理想是完美的，现实是有缺陷的

D. 理想来源于现实，在将来又会变成新的现实

112. 把理想与现实对立起来，容易陷入的误区是（　　）。

A. 把理想等同于现实

B. 把现实等同于理想

C. 以现实来否定理想

D. 以理想来否定现实

113. 实现理想不是一蹴而就、一帆风顺的事情，即理想的实现是一个过程，这是因为理想具有（　　）。

A. 长期性　　B. 停滞性

C. 艰巨性　　D. 曲折性

114. 实现理想要有艰苦奋斗的精神。在社会主义条件下，艰苦奋斗的精神表现在（　　）。

A. 鄙视物欲，禁绝享受，倡导苦行僧式的生活

B. 自力更生，奋发图强，不怕困难、不避艰险地去完成各项任务

C. 艰苦朴素，勤劳节俭，抵制和反对剥削阶级腐朽生活作风的侵蚀

D. 刻苦钻研，勇于探索，孜孜不倦地学习马克思主义理论和专业知识

115. 以下关于艰苦奋斗的表述正确的有（　　）。

A. 艰苦奋斗是老一辈的事，当代青年不需要艰苦奋斗

B. 一个没有艰苦奋斗精神作支撑的国家，是难以发展进步的

C. 一个没有艰苦奋斗精神作支撑的民族，是难以自立自强的

D. 一个没有艰苦奋斗精神作支撑的政党，它的事业是难以兴旺发达的

E. 艰苦奋斗是实现理想的重要条件

116. 从1848年《共产党宣言》问世到1917年建立第一个社会主义国家经历了70年。多少艰难的尝试，多少惨痛的失败，但社会主义和共产主义的理想与实践不但没有被扼杀掉，相反焕发出更强大的生命力。到20世纪80年代末90年代初，东欧剧变、苏联解体，世界社会主义运动遭受重大挫折，然而，社会主义并未如西方有些人预言的那样走进历史的博物馆。中国人民坚定不移地走自己的路，中国特色社会主义的成功实践使社会主义运动展现了光明的前景。由此能得出的结论是（　　）。

A. 理想实现的路途是艰难曲折的

B. 共产主义是一种渺茫的幻想，可望而不可及

C. 远大理想的实现需要一代一代人的不懈努力

D. 社会主义必然代替资本主义是不依人的主观意志为转移的客观规律

【判断题】

117. 理想与现实只有对立面，没有统一面。（　　）

118. 理想的实现具有长期性、艰巨性和曲折性。(　　)

119. 在一定的条件下，理想可以转化为未来的现实。(　　)

120. 理想之所以美好就在于它脱离现实。(　　)

121. 共产主义远大理想的最终实现是一个漫长、艰辛的历史过程，需要一代又一代人付出艰苦的努力。(　　)

122. 艰苦奋斗是老一辈的事，当代青年不需要艰苦奋斗。(　　)

知识点七：个人理想与社会理想的统一

【单选题】

123. 下列有关人们对未来的向往和追求的叙述中，属于社会理想的是(　　)。

A.“三十亩地一头牛，老婆孩子热　炕头”

B. “富贵不能淫，贫贱不能移，威武不能屈”

C. 谋一个适合自己的职位，干一番益于人民的事业

D. 把我国建设成为富强、民主、文明的社会主义现代化国家

124. (　　)是指社会集体乃至社会全体成员的共同理想，即在全社会占主导地位的共同奋斗目标。

A. 社会理想

B. 个人理想

C. 国家理想

D. 集体理想

125. (　　)是指处于一定历史条件和社会关系中的个体对于自己未来的物质生活、精神生活所产生的种种向往和追求。

A. 个人理想

B. 社会理想

C. 国家理想

D. 生活理想

126. 当个人理想与社会理想发生矛盾时，我们应该(　　)。

A. 在社会理想中实现个人理想

B. 用个人理想改造社会理想

C. 在个人理想中实现社会理想

D. 使个人理想服从社会理想

【多选题】

127. 在个人理想与社会理想的关系上，下列论述正确的是(　　)。

A. 个人理想以社会理想为指引

B. 个人理想的实现，必须以社会理想的实现为前提和基础

C. 在整个理想体系中，社会理想是最根本、最重要的，而个人理想从属于社会理想

D. 社会理想是个人理想的凝练与升华

E. 在整个理想体系中，个人理想是最根本、最重要的，而社会理想则从属于个人理想

128. 有人问吴孟超，你拿了那么多第一，拥有那么多头衔，获得那么多荣誉，你这一生值了。老人家回答说：“是啊，就我的人生来讲，这些东西确实够多了。但是要说‘值’，它究竟值在哪里？我想最重要的是，它凝聚着祖国和人民的需要。作为一个知识分子，只有把个人发展和祖国与人民的需要紧紧联系在一起，我们的知识价值、人生价值才会有很好的体现。”吴孟超的话对我们正确理解个人理想和社会理想之间关系的教益是(　　)。

A. 个人理想和社会理想是统一的

B. 个人理想是在为实现社会理想的过程中逐步实现的

C. 社会理想的实现体现在全体社会成员实现个人理想的实践中

D. 个人理想只有同国家前途、民族命运结合才是有意义的

【判断题】

129. 坚持个人奋斗目标与国家、民族的奋斗目标相统一，把个人理想融入社会理想之中，在为实现社会理想而奋斗的过程中实现个人理想，这是大学生成长成才的必由之路。(　　)

130. 个人理想体现着社会理想，社会理想是对个人理想的凝练和升华。(　　)

知识点八：为实现中国梦注入青春能量

【单选题】

131. 志向是青春的火焰，是生命的动力。周恩来中学时期就立下了“为中华之崛起而读书”的志向；李四光、钱学森等老一辈知识分子，青年时期就立志用自己的聪明才智报效祖国。他们给我们的启示是(　　)。

A. 立志须躬行

B. 立志须明确

C. 立志当高远

D. 立志当务实

132. 孙中山曾激励广大青年：“要立志做大事，不要立志做大官。”就是希望青年人要(　　)。

A. 个人奋斗

B. 不做大官

C. 做对自己一生发展有影响的大事

D. 以国家民族的命运为己任，不以个人的荣华富贵为人生理想

133. 中国民主革命的先行者孙中山曾激励广大青年：“要立志做大事，不要立志做大官。”在今天，做大事就是(　　)。

A. 致力于实现共产主义社会

B. 献身于新时代中国特色社会主义伟大事业

C. 献身于祖国和平统一大业

D. 致力于打击美国霸权主义和强权政治

134. “合抱之木，生于毫末；九层之台，起于垒土；千里之行，始于足下。”这句话表达的是(　　)。

A. 实现崇高的理想，要从我做起，从现在做起，从平凡的工作做起

B. 只有把人生理想融入国家和民族的事业中，才能最终成就一番事业

C. 再好的理想如果不付诸行动，就没有实际意义

D. 理想变为现实不是一蹴而就、一帆风顺的

135. 古语有云：“合抱之木，生于毫末；九层之台，起于垒土；千里之行，始于足下。”这句话对我们的启示是(　　)。

A. 立志当高远　　B. 立志做大事

C. 立志须躬行　　D. 立志当务实

136. 新时代大学生应为实现中国梦注入青春能量，立志当高远，立志做大事，立志须躬行。具体来说就是要(　　)。

A. 放开眼界，不满足于现状，也不屈服于一时一地的困难与挫折，更不要斤斤计较个人私利的多少与得失

B. 献身于新时代中国特色社会主义伟大事业，将个人命运与国家和人民的命运联系在一起

C. 牢记“空谈误国、实干兴邦”，志存高远、脚踏实地、埋头苦干，充分展现自己的抱负和激情，用勤劳的双手成就属于自己的人生精彩

D. 其他选项都对

【多选题】

137. 在心理学中，有一个著名的摘苹

果理论，意思是说，一个渴望成功的人，应该永远努力去采摘那些需要奋力跳起来才能够得着的“苹果”。事实上，这样的人后来的成功，往往超过那些总是采摘伸手可及的苹果的人。我们从中得到的启示有(　　)。

A. 立志当高远　　B. 立志应及时

C. 立志须躬行　　D. 立志做大事

138. 志向高远，就是要(　　)。

A. 放开眼界

B. 不满足于现状

C. 不屈服一时一地的困难与挫折

D. 不斤斤计较于个人私利的多少与得失

【判断题】

139. 立志做大事，是为了实现个人的荣华富贵。(　　)

140. 实现崇高的理想要从平凡的工作做起。(　　)

141. 中国梦让生活在这个时代的大学生与祖国人民一起共同享有人生出彩的机会，共同享有梦想成真的机会，共同享有同祖国和时代一起成长与进步的机会。(　　)

参考答案见二维码

第三章

弘扬中国精神

知识结构图

- 第三章 弘扬中国精神
  - 第一节 中国精神是兴国强国之魂
    - 一、重精神是中华民族的优秀传统
    - 二、中国精神是民族精神和时代精神的统一
    - 三、实现中国梦必须弘扬中国精神
  - 第二节 爱国主义及其时代要求
    - 一、爱国主义的基本内涵
    - 二、新时代的爱国主义
    - 三、做忠诚爱国者
  - 第三节 改革创新成为青春远航的动力
    - 一、创新创造是中华民族最深沉的民族禀赋
    - 二、改革创新是时代要求
    - 三、做改革创新生力军

学习目标

1. 把握中国精神的科学内涵和现实意义，深刻理解中国精神是民族精神和时代精神的统一，以及实现中国梦必须弘扬中国精神的必要性；

2. 理解爱国主义的基本内涵和要求，掌握新时代的爱国主义的基本要求，做忠诚的爱国者；

3. 理解改革创新的时代要求，主动树立改革创新的意识，培养改革创新的责任感，提升改革创新的实践能力，做改革创新的生力军。

学习重点

1. 重精神是中华民族的优秀传统；
2. 中国精神的内容构成及其内在辩证关系；
3. 爱国主义的基本内涵及新时代的爱国主义的基本要求；
4. 改革创新是时代要求；
5. 当代大学生做忠诚的爱国者的途径；
6. 当代大学生做改革创新生力军的途径。

学习难点

1. 实现中国梦必须弘扬中国精神；
2. 新时代的爱国主义、改革创新的基本要求；
3. 做到“知行合一”，做一名忠诚而理智的爱国者；
4. 树立改革创新意识，增强改革创新的能力，做改革创新的生力军。

第三章整体知识结构图见二维码

第一节　中国精神是兴国强国之魂

思维导图

- **第一节　中国精神是兴国强国之魂**
  - 中国精神作为兴国强国之魂，是实现中华民族伟大复兴不可或缺的精神支撑和精神动力
  - 一、重精神是中华民族的优秀传统
    - 中华民族崇尚精神的优秀传统，首先表现在对物质生活与精神生活相互关系的独到理解上
    - 中华民族崇尚精神的优秀传统，也表现在中国古人对理想的不懈追求上
    - 中华民族崇尚精神的优秀传统，亦表现在对道德修养和道德教化的重视上
    - 中华民族崇尚精神的优秀传统，还表现为对理想人格的推崇
    - 中国共产党是中华民族重精神优秀传统的忠实继承者和坚定弘扬者
  - 二、中国精神是民族精神和时代精神的统一
    - （一）以爱国主义为核心的民族精神
      - 民族精神的内涵
        - 民族精神是一个民族在长期共同生活和社会实践中形成的，为本民族大多数成员所认同的价值取向、思维方式、道德规范、精神气质的总和，是一个民族赖以生存和发展的精神支柱
      - 中国人民在长期奋斗中培育、继承、发展起来的伟大民族精神包括
        - 伟大创造精神
        - 伟大奋斗精神
        - 伟大团结精神
        - 伟大梦想精神
    - （二）以改革创新为核心的时代精神
      - 时代精神的内涵
        - 时代精神是一个国家和民族在新的历史条件下形成和发展的，是体现民族特质并顺应时代潮流的思想观念、价值取向、精神风貌和社会风尚的总和，是一种对社会发展具有积极影响和推动作用的集体意识
      - 改革开放以来，党带领人民在继承和弘扬伟大民族精神的基础上，立足新的时代条件，赋予中华民族精神以新的时代内涵，形成了以改革创新为核心的时代精神
      - 以改革创新为核心的时代精神，是当代中国人民精神风貌的集中写照，是激发社会创造活力的强大力量
    - （三）民族精神与时代精神的辩证统一
      - 民族精神与时代精神紧密关联，都是一个民族赖以生存和发展的精神支撑
        - 一切民族精神都曾经是一定历史阶段中带动潮流、引领风尚、推动社会发展的时代精神
        - 一切时代精神都将随着历史的变迁逐步融入民族精神的长河之中，不断丰富和发展民族精神的时代内涵
      - 民族精神和时代精神共同构成了我们当今时代的中国精神
        - 民族精神赋予中国精神以民族特征，是中华民族的精神独立性得以保持的重要保证
        - 时代精神赋予中国精神以时代内涵，是中国精神引领时代前行、拥有鲜明时代性和强大生命力的重要根源
  - 三、实现中国梦必须弘扬中国精神
    - 中国精神是兴国强国之魂
      - 凝聚中国力量的精神纽带
        - 推进民族复兴的时代伟业，我们必须有万众一心、众志成城的强大精神凝聚力
      - 激发创新创造的精神动力
        - 创新始终是一个国家、一个民族发展的重要力量，也始终是推动人类社会进步的重要力量
      - 推进复兴伟业的精神定力
        - 只有自觉弘扬中国精神，增强民族自尊心和自信心，坚定不移走自己的路，才能使全体人民在实现复兴伟业的征途中拥有坚如磐石的精神和信仰力量，不为困难吓倒，不为诱惑所动，不为干扰迷惑，坚定不移把我们的事业不断推向前进，直至光辉的彼岸

知识要点

中国精神作为兴国强国之魂，是实现中华民族伟大复兴不可或缺的精神支撑和精神动力。

一、重精神是中华民族的优秀传统

知识点一 重精神是中华民族的优秀传统——重精神的体现

（1）中华民族崇尚精神的优秀传统，首先表现在对物质生活与精神生活相互关系的独到理解上。

（2）中华民族崇尚精神的优秀传统，也表现在中国古人对理想的不懈追求上。

（3）中华民族崇尚精神的优秀传统，亦表现在对道德修养和道德教化的重视上。

（4）中华民族崇尚精神的优秀传统，还表现为对理想人格的推崇。

（5）中国共产党是中华民族重精神优秀传统的忠实继承者和坚定弘扬者。

习近平强调，民族复兴不仅表现为经济腾飞，更要有中国精神的振奋和彰显；只有物质文明建设和精神文明建设都搞好，国家物质力量和精神力量都增强，全国各族人民物质生活和精神生活都改善，中国特色社会主义事业才能顺利向前推进。

二、中国精神是民族精神和时代精神的统一

（一）以爱国主义为核心的民族精神

知识点二 以爱国主义为核心的民族精神

1. 民族精神的内涵

民族精神是一个民族在长期共同生活和社会实践中形成的，为本民族大多数成员所认同的价值取向、思维方式、道德规范、精神气质的总和，是一个民族赖以生存和发展的精神支柱。爱国主义是千百年来人们在社会实践中形成的对自己的祖国极其忠诚和热爱的深厚情感。

在漫长的历史发展过程中，中华民族形成了追求进步、维护民族尊严和国家主权的光荣传统，形成了对外来侵略者无比痛恨、对卖国求荣的民族败类无比鄙视、对爱国志士无比崇敬的宝贵民族性格。爱国主义成为动员和鼓舞人们为祖国的生存发展前赴后继、奋斗不息的伟大精神旗帜。

2. 中国人民的伟大民族精神

中国人民在长期奋斗中培育、继承、发展起来的伟大民族精神，为中国发展和人类文明进步提供了强大精神动力。这些精神包括：

（1）伟大创造精神。

今天，中国人民的创造精神正在前所未有地迸发出来，推动我国日新月异向前发展，大踏步走在世界前列。只要13亿多中国人民始终发扬这种伟大创造精神，就一定能够创造出一

个又一个人间奇迹！

（2）伟大奋斗精神。

今天，中国人民拥有的一切，凝聚着中国人的聪明才智，浸透着中国人的辛勤汗水，蕴涵着中国人的巨大牺牲。只要13亿多中国人民始终发扬这种伟大奋斗精神，就一定能够达到创造人民更加美好生活的宏伟目标！

（3）伟大团结精神。

在几千年历史长河中，中国人民始终团结一心、同舟共济，建立了统一的多民族国家，发展了56个民族多元一体、交织交融的融洽民族关系，形成了守望相助的中华民族大家庭。只要13亿多中国人民始终发扬这种伟大团结精神，就一定能够形成勇往直前、无坚不摧的强大力量！

（4）伟大梦想精神。

今天，中国人民比历史上任何时期都更接近、更有信心和能力实现中华民族伟大复兴。只要13亿多中国人民始终发扬这种伟大梦想精神，就一定能够实现中华民族伟大复兴！

勤劳勇敢的中国人民培育、继承、发展起来的以爱国主义为核心的伟大民族精神，是坚定中国特色社会主义道路自信、理论自信、制度自信、文化自信的底气，是中华民族风雨无阻、高歌行进的根本力量。

（二）以改革创新为核心的时代精神

知识点三　以改革创新为核心的时代精神

1. 时代精神的内涵

时代精神是一个国家和民族在新的历史条件下形成和发展的，是体现民族特质并顺应时代潮流的思想观念、价值取向、精神风貌和社会风尚的总和，是一种对社会发展具有积极影响和推动作用的集体意识。

时代精神反映社会进步的发展方向，引领时代的进步潮流，是社会的主旋律和时代的最强音。

2. 改革创新的地位

改革开放以来，党带领人民在继承和弘扬伟大民族精神的基础上，立足新的时代条件，赋予中华民族精神以新的时代内涵，形成了以改革创新为核心的时代精神。

（1）改革创新精神是时代精神的核心，贯穿于改革开放的全部实践，体现在时代精神的各个方面。

（2）改革是破除社会发展障碍、激发社会发展活力的引擎，创新则是民族进步的灵魂、国家兴旺发达的动力。

（3）改革创新精神既是对中华民族革故鼎新优良传统的继承弘扬，也是当代中国改革开放伟大实践中体现出来的精神品格和精神特征。

（4）以改革创新为核心的时代精神，是当代中国人民精神风貌的集中写照，是激发社会创造活力的强大力量。中国特色社会主义事业是一项前无古人的创造性事业，只有坚持弘扬以改革创新为核心的时代精神，才能使全体人民始终保持昂扬向上的精神状态，不断推进中国特色社会主义伟大事业。

（三）民族精神与时代精神的辩证统一

知识点四 民族精神与时代精神的辩证统一

1. 民族精神与时代精神紧密关联，都是一个民族赖以生存和发展的精神支撑

一切民族精神都曾经是一定历史阶段中带动潮流、引领风尚、推动社会发展的时代精神。同时，一切时代精神都将随着历史的变迁逐步融入民族精神的长河之中，不断丰富和发展民族精神的时代内涵。

2. 民族精神和时代精神共同构成了我们当今时代的中国精神

民族精神和时代精神的关系：

（1）民族精神赋予中国精神以民族特征，是中华民族的精神独立性得以保持的重要保证；

（2）时代精神赋予中国精神以时代内涵，是中国精神引领时代前行、拥有鲜明时代性和强大生命力的重要根源。

（3）民族精神和时代精神的交融汇通，使得中国精神既具有鲜明的民族性，又洋溢着强烈的时代性，成为中华民族共有的精神家园、奋力实现复兴的强大精神力量。

三、实现中国梦必须弘扬中国精神

知识点五 实现中国梦必须弘扬中国精神

中国精神是兴国强国之魂。实现中国梦，必须弘扬中国精神，以高扬的精神旗帜为指引，以强大的精神支柱为支撑，团结凝聚全体人民的智慧和力量，为实现中国梦而努力奋斗。

1. 凝聚中国力量的精神纽带

推进民族复兴的时代伟业，我们必须有万众一心、众志成城的强大精神凝聚力。人民群众是历史发展和社会进步的主体力量。坚持和发展中国特色社会主义、实现中华民族的伟大复兴，最根本的力量在人民，最强大的力量在团结凝聚起来的人民。在当代中国，必须用中国精神引领各族人民心往一处想、劲往一处使，用13亿多人的智慧和力量汇集起不可战胜的磅礴力量，为实现中华民族伟大复兴的中国梦而努力奋斗。

2. 激发创新创造的精神动力

创新始终是一个国家、一个民族发展的重要力量，也始终是推动人类社会进步的重要力量。推进新时代的伟大事业，必须有创新创造、向上向前的强大精神奋发力，勇于变革、勇于创新，永不僵化、永不停滞，使全体人民始终保持昂扬向上的精神状态，为实现中国梦注入强大的精神力量。

3. 推进复兴伟业的精神定力

只有自觉弘扬中国精神，增强民族自尊心和自信心，坚定不移走自己的路，才能使全体人民在实现复兴伟业的征途中拥有坚如磐石的精神和信仰力量，不为困难吓倒，不为诱惑所

动，不为干扰迷惑，坚定不移把我们的事业不断推向前进，直至光辉的彼岸。

大学生是民族的希望和祖国的未来，要努力弘扬以爱国主义为核心的民族精神和以改革创新为核心的时代精神，将中国精神转化为青春行动，勇做弘扬和践行中国精神的时代先锋，为国家富强、民族振兴、人民幸福贡献自己的智慧和力量。

第二节　爱国主义及其时代要求

思维导图

- 第二节　爱国主义及其时代要求
  - 实现中华民族伟大复兴的中国梦，是当代中国爱国主义的鲜明主题
  - 一、爱国主义的基本内涵
    - 含义
      - 爱国主义是人们对自己家园以及民族和文化的归属感、认同感、尊严感与荣誉感的统一。它是调节个人与祖国之间关系的道德要求、政治原则和法律规范，也是中华民族精神的核心
    - 爱国主义的基本内涵
      - 爱祖国的大好河山
        - 祖国的河山在人们的心中占据着至高无上的地位
        - 祖国的大好河山，不只是自然风光，还是主权、财富、民族发展和进步的基本载体
      - 爱自己的骨肉同胞
        - 对骨肉同胞的爱，反映的是对整个民族利益共同体的自觉认同
        - 爱自己的骨肉同胞，最主要的是培养对人民群众的深厚感情，坚持以人民为中心的立场，始终紧紧地同人民群众站在一起
      - 爱祖国的灿烂文化
        - 文化是一个国家、一个民族的灵魂
        - 爱祖国的灿烂文化，就是要认真学习和真正了解祖国的历史，在充分理解和尊重的基础上，积极推动祖国优良历史文化传统的传承和发展
      - 爱自己的国家
        - 爱自己的国家，拥护国家的基本制度，遵守国家的宪法法律，维护国家安全和统一，捍卫国家的利益，为国家繁荣发展贡献自己的力量，是爱国主义的基本要求
  - 二、新时代的爱国主义
    - 新时代的爱国主义，既承接了中华民族的爱国主义优良传统，又体现了鲜明的时代特征，内涵更加丰富
    - 弘扬新时代的爱国主义，必须团结：全体社会主义劳动者、社会主义事业的建设者、拥护社会主义的爱国者、拥护祖国统一和致力于中华民族伟大复兴的爱国者，汇集起实现中国梦的磅礴力量
    - 基本要求
      - （一）坚持爱国主义和社会主义相统一
        - 在当代中国，爱国主义首先体现在对社会主义中国的热爱上
        - 爱国主义与爱社会主义的统一是中国历史发展的必然结果
      - （二）维护祖国统一和民族团结
        - 在新的时代条件下，弘扬爱国主义精神，必须把维护祖国统一和民族团结作为重要着力点和落脚点
        - 维护和推进祖国统一，是中华民族走向伟大复兴的题中之义。而和平统一最符合包括台湾同胞在内的中华民族的根本利益
        - 多民族是我国的一大特色，也是我国发展的一大有利因素
      - （三）尊重和传承中华民族历史和文化
        - 对祖国悠久历史、深厚文化的理解和接受，是人们爱国主义情感培育和发展的重要条件
      - （四）坚持立足民族又面向世界
        - 中国的命运与世界的命运紧密相关。坚持新时代的爱国主义，要求我们正确处理好立足民族与面向世界的辩证统一关系
        - 弘扬新时代的爱国主义，必须坚持立足民族，维护国家发展主体性
        - 弘扬新时代的爱国主义，必须面向世界，构建人类命运共同体
  - 三、做忠诚爱国者

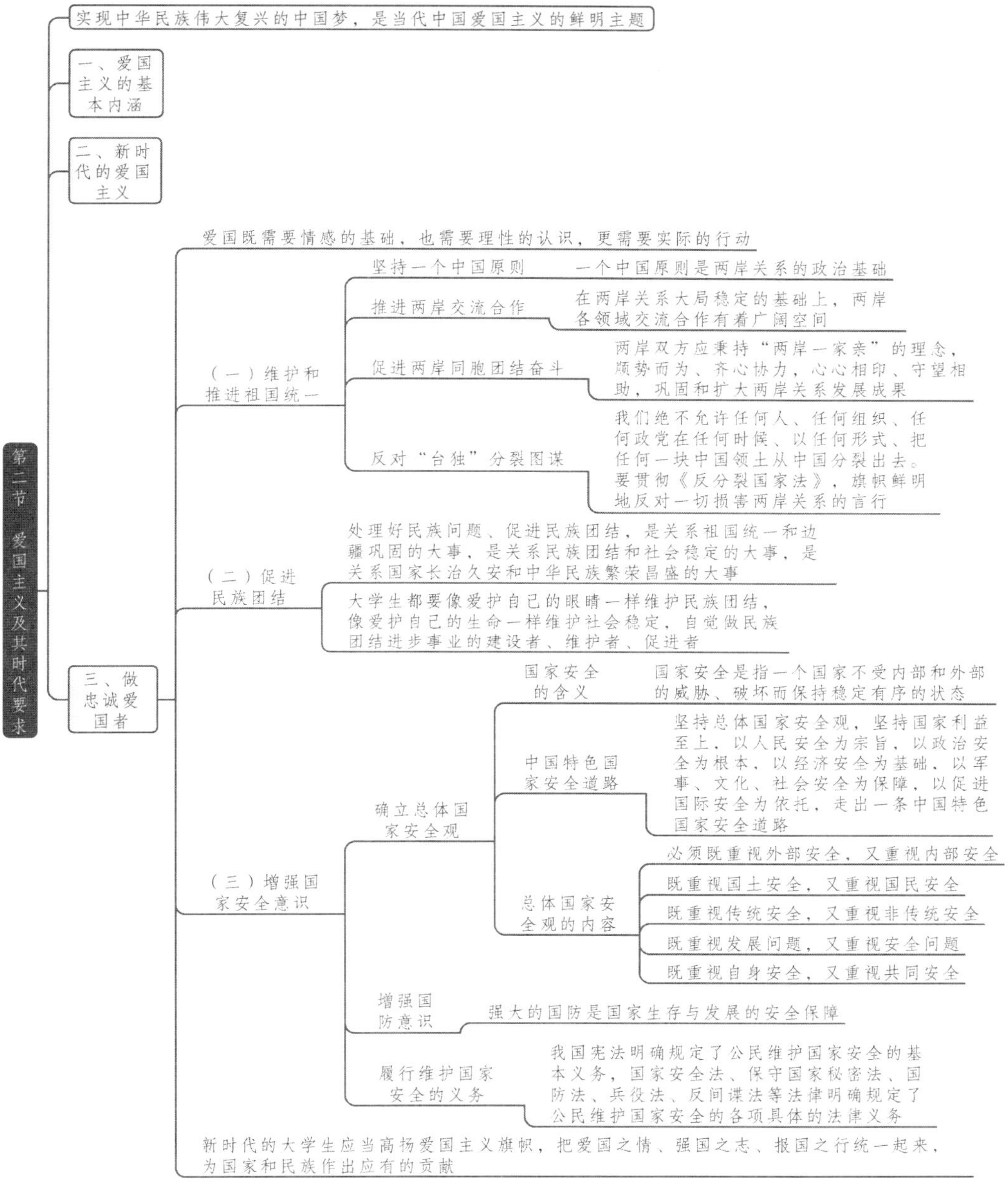

知识要点

在中华民族5000多年绵延发展的历史长河中，爱国主义始终是激昂的主旋律，始终是激励我国各族人民自强不息的强大力量。实现中华民族伟大复兴的中国梦，是当代中国爱国主义的鲜明主题。

一、爱国主义的基本内涵

知识点六 爱国主义的基本内涵

1. 爱国主义的含义

爱国主义体现了人们对自己祖国的深厚感情，揭示了个人对祖国的依存关系，是人们对自己家园以及民族和文化的归属感、认同感、尊严感与荣誉感的统一。它是调节个人与祖国之间关系的道德要求、政治原则和法律规范，也是中华民族精神的核心。爱国是每个人都应当自觉履行的责任和义务，是对祖国的报答。

2. 爱国主义的基本内涵

（1）爱祖国的大好河山。

祖国的河山在人们的心中占据着至高无上的地位。祖国的山山水水滋养哺育着她的子子孙孙。祖国的大好河山，不只是自然风光，还是主权、财富、民族发展和进步的基本载体。因此，领土完整涉及国家的重大核心利益，每一个爱国者都会把"保我国土""爱我家乡"、维护祖国领土的完整和统一，作为自己的神圣使命和义不容辞的责任。

（2）爱自己的骨肉同胞。

对骨肉同胞的爱，反映的是对整个民族利益共同体的自觉认同。爱自己的骨肉同胞，最主要的是培养对人民群众的深厚感情，坚持以人民为中心的立场，始终紧紧地同人民群众站在一起。

（3）爱祖国的灿烂文化。

文化是一个国家、一个民族的灵魂。爱祖国的灿烂文化，就是要认真学习和真正了解祖国的历史，在充分理解和尊重的基础上，积极推动祖国优良历史文化传统的传承和发展。

（4）爱自己的国家。

爱自己的国家，拥护国家的基本制度，遵守国家的宪法法律，维护国家安全和统一，捍卫国家的利益，为国家繁荣发展贡献自己的力量，是爱国主义的基本要求。

爱国主义是历史的、具体的，在不同的历史条件和文化背景下所形成的爱国主义，总是具有不同的内涵和特点。在现阶段，爱国主义主要表现为献身于建设新时代中国特色社会主义伟大事业，献身于实现中华民族伟大复兴中国梦的实践，献身于促进祖国统一大业。

二、新时代的爱国主义

知识点七 新时代的爱国主义

新时代的爱国主义，既承接了中华民族的爱国主义优良传统，又体现了鲜明的时代特征，内涵更加丰富。

新时代的爱国主义基本要求是：坚持爱国主义和社会主义相统一、维护祖国统一和民族团结、尊重和传承中华民族历史和文化、坚持立足民族又面向世界。

新时代如何弘扬爱国主义：弘扬新时代的爱国主义，必须团结全体社会主义劳动者、社会主义事业的建设者、拥护社会主义的爱国者、拥护祖国统一和致力于中华民族伟大复兴的爱国者，汇集起实现中国梦的磅礴力量。

1. 坚持爱国主义和社会主义相统一

我国爱国主义始终围绕着实现民族富强、人民幸福而发展，最终汇流于中国特色社会主义。祖国的命运和党的命运、社会主义的命运是密不可分的。只有坚持爱国和爱党、爱社会主义相统一，爱国主义才是鲜活的、真实的，这是当代中国爱国主义精神最重要的体现。在当代中国，爱国主义首先体现在对社会主义中国的热爱上。爱国主义与爱社会主义的统一是中国历史发展的必然结果。

爱国主义与爱社会主义的一致性在于：

① 社会主义制度的建立，为中国的繁荣发展提供了可靠的保障。

② 社会主义在中国集中代表着、体现着、实现着国家、民族和人民的根本利益。

③ 中国的历史和现实都充分证明了，只有社会主义才能救中国，只有社会主义才能发展中国。

④ 中国的历史和现实充分证明，中国共产党是高举爱国主义旗帜并躬身实践的光辉典范，是中国特色社会主义事业的坚强领导核心。

⑤ 坚定拥护中国共产党的领导，是中华民族走向复兴、中国特色社会主义事业走向成功的必然要求，也是新时代爱国主义的必然要求。

2. 维护祖国统一和民族团结

（1）在新的时代条件下，弘扬爱国主义精神，必须把维护祖国统一和民族团结作为重要着力点和落脚点。

（2）维护和推进祖国统一，是中华民族走向伟大复兴的题中之义。而和平统一最符合包括台湾同胞在内的中华民族的根本利益。

（3）多民族是我国的一大特色，也是我国发展的一大有利因素。弘扬新时代的爱国主义精神，就要自觉维护全国各族人民大团结的政治局面，不断增强对伟大祖国、中华民族、中华文化、中国共产党、中国特色社会主义的认同，坚决维护国家主权、安全、发展利益，筑牢国家统一、民族团结、社会稳定的铜墙铁壁。

3. 尊重和传承中华民族历史和文化

（1）对祖国悠久历史、深厚文化的理解和接受，是人们爱国主义情感培育和发展的重要条件。

（2）中华优秀传统文化是中华民族的精神命脉，其中蕴涵着中华民族世世代代形成和积累的思想营养和实践智慧，是中华民族得以延续的文化基因，也是我们在世界文化激荡中站稳脚跟的根基。因此，我们必须尊重和传承中华民族历史和文化，以时代精神激活中华优秀传统文化的生命力，延续文化基因，萃取思想精华，推进中华优秀传统文化创造性转化和创新性发展，在传承与创新中树立和坚持正确的历史观、民族观、国家观、文化观，增强做中国人的骨气和底气。

4. 必须坚持立足民族又面向世界

中国的命运与世界的命运紧密相关。坚持新时代的爱国主义，要求我们正确处理好立足民族与面向世界的辩证统一关系

（1）弘扬新时代的爱国主义，必须坚持立足民族，维护国家发展主体性。

经济全球化是世界经济发展的必然趋势，但不等于全球政治、文化一体化。在经济全球化的条件下，国家仍然是民族存在的最高组织形式，是国际社会活动中的独立主体。只要国家继续存在，爱国主义就有坚实的基础。在参与经济全球化的过程中，我们一定要保持清醒的认识，既充分利用经济全球化所提供的机遇发展自己，又坚决维护国家的主权和尊严，按照本国国情坚持、发展自己的政治制度和民族文化。

（2）弘扬新时代的爱国主义，必须面向世界，构建人类命运共同体。

坚持推动构建人类命运共同体，是新时代坚持和发展中国特色社会主义基本方略的重要内容。新时代弘扬面向世界的爱国主义精神，意味着我们要有更加宽广的世界胸怀和全球视野，为维护人类共同利益、推动人类文明发展进步提供中国智慧，始终做世界和平的建设者、全球发展的贡献者、国际秩序的维护者。

三、做忠诚爱国者

知识点八 做忠诚爱国者

爱国既需要情感的基础，也需要理性的认识，更需要实际的行动。爱国不是简单的情感表达，而是一种理性的行为，要讲原则、守法律，以合理合法的方式来进行。只有把国家的安全、荣誉和利益放在高于一切的地位，始终做到爱国的深厚情感、理性认识和实际行动相一致，与祖国同呼吸、共命运，才是真正的爱国者。

（一）维护和推进祖国统一

1. 维护和推进祖国统一的意义

（1）保持香港、澳门长期繁荣稳定，实现祖国完全统一，是实现中华民族伟大复兴的必然要求，是不可阻挡的历史进程，也是全体中华儿女的共同心愿。

（2）和平统一最符合包括台湾同胞在内的中华民族的根本利益。

要从中华民族整体利益的高度把握两岸关系大局，在认清历史发展趋势中把握两岸前途，坚持增进互信、良性互动、求同存异、务实进取，促进两岸关系发展取得更多积极成果，努力增进两岸人民福祉，增进对两岸命运共同体的认知，不断拓宽两岸关系和平发展的道路。

2. 如何维护和推进祖国统一

（1）坚持一个中国原则。

一个中国原则是两岸关系的政治基础。体现一个中国原则的“九二共识”明确界定了两岸关系的根本性质，是确保两岸关系和平发展的关键。两岸双方应始终坚持“九二共识”的共同立场，在巩固和维护一个中国框架这一原则问题上形成更为清晰的共同认知，并在此基础上求同存异。

（2）推进两岸交流合作。

在两岸关系大局稳定的基础上，两岸各领域交流合作有着广阔空间。两岸双方应该为深化经济、科技、文化、教育等领域合作采取更多积极举措，提供更多政策支持，创造更加便利的条件，以拓宽合作领域，提高合作水平，产生更大效益，开创两岸关系和平发展新前景。

（3）促进两岸同胞团结奋斗。

两岸双方应秉持“两岸一家亲”的理念，顺势而为、齐心协力，心心相印、守望相助，巩固和扩大两岸关系发展成果。

（4）反对“台独”分裂图谋。

我们绝不允许任何人、任何组织、任何政党在任何时候、以任何形式、把任何一块中国领土从中国分裂出去。要贯彻《反分裂国家法》，旗帜鲜明地反对一切损害两岸关系的言行。

（二）促进民族团结

1. 促进民族团结的意义

处理好民族问题、促进民族团结，是关系祖国统一和边疆巩固的大事，是关系民族团结和社会稳定的大事，是关系国家长治久安和中华民族繁荣昌盛的大事。

2. 大学生如何促进民族团结

（1）大学生都要像爱护自己的眼睛一样维护民族团结，像爱护自己的生命一样维护社会稳定，自觉做民族团结进步事业的建设者、维护者、促进者。

（2）深化对党的民族理论和民族政策的认识，认真学习国家关于民族事务的法律法规，认清“藏独”和“疆独”等各种分裂主义势力的险恶用心和反动本质。

（三）增强国家安全意识

国家安全问题事关国家安危和民族存亡。在国家安全形势越来越复杂的今天，大学生要增强国家安全意识，对境内外敌对势力的渗透、颠覆、破坏活动保持高度警惕，切实履行维护国家安全的义务。

1. 确立总体国家安全观

（1）国家安全的含义。

国家安全是指一个国家不受内部和外部的威胁、破坏而保持稳定有序的状态。

（2）中国特色国家安全道路。

坚持总体国家安全观，坚持国家利益至上，以人民安全为宗旨，以政治安全为根本，以经济安全为基础，以军事、文化、社会安全为保障，以促进国际安全为依托，走出一条中国特色国家安全道路。

（3）总体国家安全观的内容。

① 确立总体国家安全观，必须既重视外部安全，又重视内部安全；

② 既重视国土安全，又重视国民安全；

③ 既重视传统安全，又重视非传统安全；

④ 既重视发展问题，又重视安全问题；

⑤ 既重视自身安全，又重视共同安全。

2. 增强国防意识

强大的国防是国家生存与发展的安全保障。我国的国防是全民的国防。我国宪法明确规定，保卫祖国、抵抗侵略是中华人民共和国每一个公民的神圣职责。

3. 履行维护国家安全的义务

我国宪法明确规定了公民维护国家安全的基本义务，国家安全法、保守国家秘密法、国防法、兵役法、反间谍法等法律明确规定了公民维护国家安全的各项具体的法律义务。

新时代的大学生应当高扬爱国主义旗帜，把爱国之情、强国之志、报国之行统一起来，为国家和民族作出应有的贡献。

第三节 让改革创新成为青春远航的动力

思维导图

- 第三节 让改革创新成为青春远航的动力
  - 改革创新是当代中国最突出、最鲜明的特点
  - 一、创新创造是中华民族最深沉的民族禀赋
    - 中华民族是富有创新精神的民族。在历史的漫漫长河中，变通求新、因革损益、革故鼎新、与时俱进、与日偕新等思想观念逐渐积淀为中华民族最深沉的民族禀赋
    - 勇于创新创造的民族禀赋成就了辉煌灿烂的中华文明
    - 中华人民共和国的成立，让古老的中国焕发新生，勤劳勇敢的中国人民在建设自己美好家园的伟大实践中迸发出创新创造的生机活力，在中国共产党的领导下开启了全力追赶时代、勇于引领时代的改革创新大潮
  - 二、改革创新是时代要求
    - 创新始终是推动人类社会发展的第一动力
      - 每一次科技和产业革命都深刻改变了世界发展面貌和力量格局
    - 创新能力是当今国际竞争新优势的集中体现
      - 当前，全球新一轮科技革命和产业变革正在孕育兴起，谁在创新上先行一步，谁就能拥有引领发展的主动权
    - 改革创新是我国赢得未来的必然条件
      - 抓创新就是抓发展，谋创新就是谋未来
      - 必须把创新作为引领发展的第一动力，把人才作为支撑发展的第一资源，把创新摆在国家发展全局的核心位置，把创新驱动发展战略作为国家重大战略，不断推进理论创新、制度创新、科技创新、文化创新等各方面创新，让创新贯穿党和国家一切工作，让创新在全社会蔚然成风
      - 实施创新驱动发展战略，最根本的是要增强自主创新能力，最紧迫的是要破除体制机制障碍
  - 三、做改革创新生力军
    - 树立改革创新的自觉意识
      - 增强改革创新的责任感
        - 大学生要不断增强以改革创新推动社会进步，在改革创新中奉献服务社会、实现人生价值的崇高责任感和使命感，以时不我待、只争朝夕的紧迫感投身改革创新的实践中
      - 树立敢于突破陈规的意识
        - 敢于大胆突破陈规甚至常规，敢于大胆探索尝试，善于观察发现、思考批判，不唯书、不唯上，只唯实，这是大学生在学习与实践中创新创造的重要前提
      - 树立大胆探索未知领域的信心
        - 青年应是常为新、敢创造的，理当锐意创新创造，不等待、不观望、不懈怠，勇做改革创新的生力军
    - 增强改革创新的能力本领
      - 夯实创新基础
        - 大学生作为改革创新的生力军，应从扎实系统的专业知识学习起步和入手，而不能好高骛远，空谈改革，坐论创新
      - 培养创新思维
        - 大学生在专业学习与社会实践中应自觉培养创新型思维，勤于思考，善于发现，勇于创新
      - 投身创新实践
        - 实践出真知，实践长才干

知识要点

改革创新是当代中国最突出、最鲜明的特点。大学生富有想象力和创造力，是改革创新的生力军，要在改革创新的实践中奉献祖国、服务人民、实现价值，让改革创新成为青春远航的强大动力。

一、创新创造是中华民族最深沉的民族禀赋

知识点九　创新创造是中华民族最深沉的民族禀赋

1. 中华民族是富有创新精神的民族

我们的先民很早就提出了“苟日新，又日新，日日新”“穷则变，变则通，通则久”等与创新创造有关的思想观念。在历史的漫漫长河中，变通求新、因革损益、革故鼎新、与时俱进、与日偕新等思想观念逐渐积淀为中华民族最深沉的民族禀赋。

2. 勇于创新创造的民族禀赋成就了辉煌灿烂的中华文明

我国古代在天文历法、数学、农学、医学、地理学等众多领域取得举世瞩目的成就。

3. 创新创造让古老的中国焕发新生并引领时代

近代以来，我国逐渐由领先变为落后，一个重要原因就是错失了多次科技和产业革命带来的巨大发展机遇，在世界工业革命大潮中被时代远远甩下。中华人民共和国的成立，让古老的中国焕发新生，勤劳勇敢的中国人民在建设自己美好家园的伟大实践中迸发出创新创造的生机活力，在中国共产党的领导下开启了全力追赶时代、勇于引领时代的改革创新大潮。

二、改革创新是时代要求

知识点十　改革创新是时代要求

在当代中国，社会发展离不开改革创新，改革创新是社会发展的重要动力，坚持改革创新是新时代的迫切要求。

1. 创新始终是推动人类社会发展的第一动力

每一次科技和产业革命都深刻改变了世界发展面貌和力量格局。从某种意义上说，创新决定着世界政治经济力量对比的变化，也决定着各国各民族的前途命运。

2. 创新能力是当今国际竞争新优势的集中体现

“在激烈的国际竞争中，惟创新者进，惟创新者强，惟创新者胜。”今天，国际竞争的新优势越来越集中体现在创新能力上。当前，全球新一轮科技革命和产业变革正在孕育兴起，谁在创新上先行一步，谁就能拥有引领发展的主动权。

3. 改革创新是我国赢得未来的必然要求

（1）抓创新就是抓发展，谋创新就是谋未来。

（2）在新一轮科技革命和产业变革中，我国能否在未来发展中后来居上、弯道超车，主要就看能否在创新驱动发展上迈出实实在在的步伐。

（3）必须把创新作为引领发展的第一动力，把人才作为支撑发展的第一资源，把创新摆在国家发展全局的核心位置，把创新驱动发展战略作为国家重大战略，不断推进理论创新、制度创新、科技创新、文化创新等各方面创新，让创新贯穿党和国家一切工作，让创新在全社会蔚然成风。

实施创新驱动发展战略，最根本的是要增强自主创新能力，最紧迫的是要破除体制机制障碍。

“聪者听于无声，明者见于未形。”改革创新永无止境。大学生要自觉树立敢为天下先的志向和信心，敢于担当、勇于超越，在攻坚克难中追求卓越，在改革创新中引领世界潮流。

三、做改革创新生力军

知识点十一　做改革创新生力军

青年时期是创新创造的宝贵时期。新时代的大学生置身于实现中华民族伟大复兴的时代洪流之中，应当以时代使命为己任，把握时代脉搏，迎接时代挑战，增强创新创造的能力和本领，勇做改革创新的实践者，将弘扬改革创新精神贯穿于实践中、体现在行动上。

（一）树立改革创新的自觉意识

改革创新，首先要求人们自觉增强改革创新的责任感，树立敢于突破陈规、大胆探索未知、勇于创新创造的思想观念，在实践中有直面困难的勇气，有突破难关的精神，锐意进取，奋力前行。

1. 增强改革创新的责任感

改革创新表现为一种不甘落后、奋勇争先、追求进步的责任感和使命感。大学生要不断增强以改革创新推动社会进步，在改革创新中奉献服务社会、实现人生价值的崇高责任感和使命感，以时不我待、只争朝夕的紧迫感投身改革创新的实践中。

2. 树立敢于突破陈规的意识

陈规最易束缚人的思维和手脚，创新创造的过程往往充满艰辛。敢于大胆突破陈规甚至常规，敢于大胆探索尝试，善于观察发现、思考批判，不唯书、不唯上，只唯实，这是大学生在学习与实践中创新创造的重要前提。

3. 树立大胆探索未知领域的信心

青年应是常为新、敢创造的，理当锐意创新创造，不等待、不观望、不懈怠，勇做改革创新的生力军。

（二）增强改革创新的能力本领

1. 夯实创新基础

推行任何一项改革，作出任何一项创新，都是站在前人积累的专业知识基础之上的。大学生作为改革创新的生力军，应从扎实系统的专业知识学习起步和入手，而不能好高骛远，空谈改革，坐论创新。

2. 培养创新思维

大学生在专业学习与社会实践中应自觉培养创新型思维，勤于思考，善于发现，勇于创新。

3. 投身创新实践

实践出真知，实践长才干。当代大学生既置身于全球新一轮科技革命和产业变革兴起的历史机遇期，又置身于我国迈向现代化强国的历史新征程，应当在全面深化改革的伟大实践中深深体悟改革创新精神，增强改革创新的意识，锤炼改革创新的意志，增强改革创新的能力本领，勇做改革创新的实践者和生力军。

大学生应当珍惜人生中最具创新创造活力的宝贵时期，有敢为人先、开拓进取的锐气，有逢山开路、遇河架桥的意志，在创新创造中不断积累经验、取得成果、演绎精彩。

知识案例

【案例一】《抗击新冠肺炎疫情的中国行动》白皮书（节选）

新冠肺炎疫情是新中国成立以来发生的传播速度最快、感染范围最广、防控难度最大的一次重大突发公共卫生事件，对中国是一次危机，也是一次大考。中国共产党和中国政府高度重视、迅速行动，习近平总书记亲自指挥、亲自部署，统揽全局、果断决策，为中国人民抗击疫情坚定了信心、凝聚了力量、指明了方向。在中国共产党领导下，全国上下贯彻“坚定信心、同舟共济、科学防治、精准施策”总要求，打响抗击疫情的人民战争、总体战、阻击战。经过艰苦卓绝的努力，中国付出巨大代价和牺牲，有力扭转了疫情局势，用一个多月的时间初步遏制了疫情蔓延势头，用两个月左右的时间将本土每日新增病例控制在个位数以内，用 3 个月左右的时间取得了武汉保卫战、湖北保卫战的决定性成果，疫情防控阻击战取得重大战略成果，维护了人民生命安全和身体健康，为维护地区和世界公共卫生安全作出了重要贡献。

面对未知病毒突然袭击，中国坚持人民至上、生命至上，举全国之力，快速有效调动全国资源和力量，不惜一切代价维护人民生命安全和身体健康。中国共产党以人民为中心的执政理念，中国集中力量办大事的制度特点，改革开放 40 多年来特别是中共十八大以来积累的雄厚综合国力和国家治理现代化建设的显著成效，中华民族同舟共济、守望相助的文化底色，中国人民深厚的家国情怀、天下情怀，汇聚成抗击疫情的强大合力。

人的生命高于一切

在新冠肺炎疫情突袭，人民生命安全和身体健康受到严重威胁的重大时刻，中国共产党和中国政府始终以对人民负责、对生命负责的鲜明态度，准确分析和把握形势，既多方考量、慎之又慎，又及时出手、坚决果敢，以非常之举应对非常之事，全力保障人民生命权、健康权。

举全国之力抗击疫情

一方有难，八方支援。疫情发生后，全国上下紧急行动，依托强大综合国力，开展全方位的人力组织战、物资保障战、科技突击战、资源运动战，全力支援湖北省和武汉市抗击疫情，在最短时间集中最大力量阻断疫情传播。“中方行动速度之快、规模之大，世所罕见，展现出中国速度、中国规模、中国效率”。

平衡疫情防控与经济社会民生

在毫不放松加强疫情防控的同时，稳妥有序放开经济和社会活动，做好“六稳”工作，落实“六保”任务，形成同疫情防控相适应的经济社会运行秩序，努力将疫情对经济社会发展的冲击和影响降到最低，为抗击疫情提供有力的物资保障和社会保障。

14亿中国人民坚韧奉献守望相助

国家兴亡，匹夫有责。14亿中国人民，不分男女老幼，不论岗位分工，都自觉投入抗击疫情的人民战争，坚韧团结、和衷共济，凝聚起抗击疫情的磅礴力量。14亿中国人民都是抗击疫情的伟大战士。医务工作者白衣执甲、逆行出征。从年逾古稀的院士专家，到90后、00后的年轻医护人员，面对疫情义无反顾、坚定前行。武汉人民和湖北人民顾全大局、顽强不屈，为阻击病毒作出巨大牺牲。社区工作者、公安民警、海关关员、基层干部、下沉干部不辞辛苦、日夜值守，为保护人民生命安全牺牲奉献。快递小哥、环卫工人、道路运输从业人员、新闻工作者、志愿者等各行各业工作者不惧风雨、敬业坚守。

中华民族历经磨难，但从未被压垮过，而是愈挫愈勇，不断在磨难中成长、从磨难中奋起。面对疫情，中国人民万众一心、众志成城，取得了抗击疫情重大战略成果。

（资料来源：新华社，2020-06-07，略有删改，
http：//www.xinhuanet.com/politics/2020-06/07/c_1126083364.htm）

思考

突如其来的新冠肺炎疫情，既是对我国治理体系和治理能力的一次大考，也是呼唤、锤炼和发扬中华民族精神的战场。这次抗击疫情，展现了哪些伟大的民族精神？

案例解析

突如其来的新冠肺炎疫情，既是对我国治理体系和治理能力的一次大考，也是呼唤、锤炼和发扬中华民族精神的战场。这次抗击疫情体现了哪些伟大的民族精神？

解析：第一，抗击疫情体现了独辟蹊径、敢于探索、勇于创造的伟大创造精神。面对来势汹汹的新冠肺炎疫情，我们之所以能够在较短时间内取得疫情防控阻击战的胜利，把疫情

对生产生活的影响降到最低，离不开14亿中国人民的伟大创造精神，也正是14亿中国人民始终发扬伟大创造精神，才创造出了人间奇迹。

第二，抗击疫情体现了壮丽逆行、攻坚克难的伟大奋斗精神。回望这场新冠肺炎疫情发生以来的一个多月，新增确诊数例从几十、几百、几千甚至上万递增到现如今持续下降为两位数的递减数字，递减数字的反转变化背后，是在以习近平同志为核心的党中央领导下，各级党组织和广大党员干部冲锋在前、顽强拼搏；广大医务工作者不计生死、壮丽逆行；人民解放军战士们闻令而动、敢打硬仗；广大公安民警、社区工作人员坚守岗位、日夜值守；广大新闻工作者不畏风险、深入一线；广大人民群众团结一心、众志成城；广大志愿者不辞辛苦、无私奉献，等等。还有各类物资加工厂迅速召集返工、日夜加工，火神山、雷神山医院工地争分夺秒、十天建成，联防联控机制充分发挥、有效落实，既展现出强劲“中国速度”“中国效率”，又凝聚着中国人民的奋斗精神。

第三，抗击疫情体现了同舟共济、众志成城的伟大团结精神。面对来势汹汹的新冠肺炎疫情，“要全力以赴救治感染患者，坚决遏制疫情蔓延势头”，党中央的要求字字铿锵。以习近平同志为核心的党中央集中统一领导的制度优势，使人民群众能够紧紧团结在中国共产党周围，同心同德、同心同向，汇聚成万众一心的磅礴力量，才能顺利扭转疫情防控形势，赢得当前所取得的大好成绩。

第四，抗击疫情体现了坚定信心、执着奋进的伟大梦想精神。疫情发生后，打赢这场疫情防控阻击战成为我们每一名中国人的共同心声和集体愿望。面对疫情，中国人民始终葆有追求和实现梦想的执着精神，以前所未有的昂扬意志坚毅持守、慷慨趋赴，与病魔较量，与时间赛跑，与死神抗争，付出大量努力和无数牺牲，争分夺秒地让疫情得到有效防控。疫情只是暂时的，疫情对中国经济的冲击也是短期的，中国经济长期向好的基本面没有改变。我们中国人民在这样一个关键时刻，持之以恒、保持战略定力，全力做细做实疫情防控工作，持续推动复工复产、抓好落实决胜全面建成小康社会、决战脱贫攻坚的重点任务，继续朝着我们的长远目标坚定迈进!

【案例二】 “中国天眼”之父南仁东　用20余年打造大国重器

2017年9月，原“中国天眼”首席科学家兼总工程师南仁东因罹患肺癌去世。走前，他实现了奋斗一生的梦想——建一台世界最大最强的射电望远镜。中华人民共和国成立70周年前夕，南仁东被授予“人民科学家”国家荣誉称号。

南仁东的名字与“中国天眼”紧紧连在一起。

1993年，包括中国在内的10个国家的天文学家，提出建造新一代射电“大望远镜”的倡议，渴望回溯原初宇宙，解答天文学难题。当时，怀着回报民族的赤诚和描绘宇宙的初心，活跃在国际天文界的南仁东毅然回国，力主中国独立建造射电“大望远镜”。

1995年底，南仁东等人提出利用贵州喀斯特洼地建造球反射面，即“阿雷西博型天线阵”的喀斯特工程概念。

当中科院支持项目启动预研究后，国外传来了评说该项目过时的声音。这期间，美国阿雷西博望远镜也不再对外开放。南仁东坚信，一台比刚斩获诺贝尔奖的阿雷西博更强的望远镜，怎么会过时呢?

2007年7月，国家发改委批复500米口径球面射电望远镜工程正式立项。

2010年8月，工程开工前夕，南仁东得知前期做的所有索网实验都失败了。他万分焦虑，绞尽脑汁，叮嘱大家："我们没有退路，必须再做！"南仁东组织攻关，经过近百次的失败，终于研制出强度为500兆帕、抗200万次拉伸的钢索，把材料工艺提高到国标的2.5倍。

"中国天眼"的自主创新，几乎样样离不开南仁东。"我不是一个战略大师，我是一个战术型的老工人。"国家天文台研究员朱文白对南仁东这句话记忆犹新。

朱文白说，就是这样一个自信的科学家，可以放下身段成了"老工人"，遇到难题和大家一起想办法，在施工一线与工人交流探讨……

"中国天眼"工程涉及众多专业。"中国天眼"调试组结构组组长李辉表示，为国家服务的崇高目标、南仁东的才华和人格魅力，把大家聚在了一起。

有人说，天文学是贵族科学，南仁东不以为然。在"中国天眼"预研究阶段，他经常带着学生坐绿皮火车往返于北京和贵州，单程要几十个小时。

南仁东平时热爱绘画和建筑艺术。但令他魂牵梦萦的，是"中国天眼"。在贵州省平塘县天文小镇的南仁东先进事迹馆内，保存着他手绘的"天眼"馈源支撑塔图样和计算方程、英文说明。

"往古来今谓之宙，四方上下谓之宇。"几千年前，中国人最早提出了"宇宙"既是空间概念也是时间概念。

在南仁东看来，"中国天眼"既是中国的，也是世界的。在建设阶段，他的德国朋友帮助完成了工程仿真，澳大利亚朋友帮助完成了19波束接收机……他心中的目标，就是为下一代科学家建一台好用的望远镜。

天文学关于宇宙研究的每一点突破，都与科技进步和人类未来的共同命运密不可分。南仁东相信，"中国天眼"如果有机会发现一些前所未见的天文现象，比如说一个脉冲星和一个黑洞结对，就可能产生突破性的理论。同时，他积极推进脉冲星自主导航研究，提出"中国天眼"脉冲星计时阵的应用目标。

人们永远忘不了，2016年9月25日，"中国天眼"落成启用的那一天，一直带病工作的南仁东重返贵州大窝凼，见证"天眼"的"开眼"，指导"天眼"的调试……

2017年9月15日，72岁的南仁东永远闭上了眼睛。2018年10月15日，中科院国家天文台宣布，将一颗国际永久编号的小行星正式命名为"南仁东星"。

（资料来源：《人民日报》，2019-10-31，略有删改，
http：//agzy.youth.cn/qsnag/zxbd/201910/t20191031_12107599.htm）

思考

1."天眼之父"南仁东用一生诠释了什么样的精神？

2. 新时代坚持和发展中国特色社会主义，总的任务是实现社会主义现代化和中华民族伟大复兴。要实现这个总任务，为什么必须弘扬中国精神？

案例解析

1."天眼之父"南仁东用一生诠释了什么样的精神？

解析：南仁东倾其一生，在"中国天眼"的技术攻关战中矢志不渝、团结战斗、自主研制，他和研究团队为祖国天文学界创下奇迹，深刻地诠释了中国精神。中国精神是以爱国主

义为核心的民族精神和以改革创新为核心的时代精神的统一。以爱国主义为核心的民族精神和以改革创新为核心的时代精神紧密关联，都是一个民族赖以生存和发展的精神支撑；以爱国主义为核心的民族精神和以改革创新为核心的时代精神交融汇通，使得中国精神既具有鲜明的民族性，又洋溢着强烈的时代性，成为中华民族共有的精神家园、奋力实现复兴的强大精神力量。

2. 新时代坚持和发展中国特色社会主义，总的任务是实现社会主义现代化和中华民族伟大复兴。要实现这个总任务，为什么必须弘扬中国精神？

解析：第一，中国精神是凝聚中国力量的精神纽带。习近平总书记在党的十九大报告中指出："人民是历史的创造者，是决定党和国家前途命运的根本力量。"在当代中国，坚持和发展中国特色社会主义，实现社会主义现代化和中华民族伟大复兴，最根本的力量在人民，最强大的力量在团结凝聚起来的人民，因此必须用万众一心、众志成城的中国精神凝聚力，引领各族人民心往一处想、劲往一处使。

第二，激发创新创造的精神动力。创新始终是一个国家、一个民族发展的重要力量，也始终是推动人类社会进步的重要力量。坚持和发展中国特色社会主义，实现社会主义现代化和中华民族伟大复兴，必须有创新创造、向上向前的强大精神奋发力，勇于变革、勇于创新，永不僵化、永不停滞，中国精神使全体人民始终保持昂扬向上的精神状态，为实现中国梦注入强大的精神力量。

第三，推进复兴伟业的精神定力。只有自觉弘扬中国精神，增强民族自尊心和自信心，坚定不移走自己的路，才能使全体人民在实现复兴伟业的征途中拥有坚如磐石的精神和信仰力量，不为困难吓倒，不为诱惑所动，不为干扰迷惑，坚定不移把我们的事业不断推向前进，直至光辉的彼岸。

【案例三】

"洁洁良"们的双面人生：精致利己主义者的丑陋

2018 年 4 月 19 日，上海迪士尼乐园举办了《复仇者联盟》演员粉丝见面会活动，场面异常火爆，许多粉丝彻夜排队。

但是活动结束后，现场遗留下了很多尿不湿、餐盒、水瓶等垃圾，这个事情被网友曝光在新浪微博上，瞬间引发大量网友热议。

其中，有一个名为@洁洁良的账号（下文简称洁洁良，目前用户已注销账号）公开发布辱华言论：恶臭你支！

网友们对"洁洁良"的身份进行深挖，却发现网络上咄咄逼人的"洁洁良"在生活中却是个成绩优异、保送博士、曾获 12 项荣誉称号的学生党员。

被推到舆论风口浪尖的"洁洁良"却并没有意识到自己的错误，反而变本加厉，继续散播辱华言论。

作为一名有着中共党员、三好学生、院学生会副主席等诸多荣誉称号的高材生，入党申请书上满满正能量，现实中却是个价值观偏差的双面人精，实在令人深思。

（资料来源：新浪教育，2018-04-25，略有删改，
http://edu.sina.com.cn/l/2018-04-25/doc-ifzqvvsc0837279.shtml）

王继才：岛就是家 岛就是国

江苏省灌云县开山岛民兵哨所所长王继才与妻子以海岛为家，与孤独相伴，在没水没电、植物都难以存活的孤岛上，默默守岛卫国32年，把青春年华全部献给了祖国的海防事业。

守岛32年，这对夫妻的每一天都是从升旗仪式开始，然后再开始巡岛。巡岛结束后，夫妻俩会一笔一画写下守岛日记。32年来，夫妇俩自掏腰包，买了200多面国旗，攒下了一麻袋的值班簿。

开山岛位于我国黄海前哨，面积只有两个足球场大。1985年部队撤编后，设立民兵哨所，但因条件艰苦，先后上岛的10多位民兵都不愿长期值守。1986年，26岁的王继才毅然接受了守岛任务。

因为思念丈夫，一个多月后，妻子王仕花辞掉小学教师的工作，上岛和王继才一起守岛。

一盏煤油灯，一个煤炭炉，一台收音机，就是夫妻俩的全部家当。淡水、粮食、蔬菜，都要托人从外面买。1987年，岛上遭遇台风，通航中断，当时怀孕9个多月的王仕花在黑暗中生下了儿子王志国。

王志国3岁的时候，妹妹王帆出生了，岛上多了两口人，吃饭就成了问题。那时候，王继才夫妇每年的工资是3700元，一家人的吃穿用度都得靠这笔钱。

然而再苦再难，王继才两口子也咬牙坚持下来了。32年间，他们请过往的渔民从陆地上带泥土上岛，在光秃秃的土地上栽下一棵棵树苗。

这些年来，有人觉得王继才傻，也有人劝他们回去，但王继才说，这里是中国的国土，总要有人值守。

2018年7月27日，王继才在执勤时突发疾病，抢救无效去世，年仅58岁。在王继才走后十多天，王仕花向组织递交了继续守岛的申请。

（资料来源：央视网，2018-08-14，略有删改，
http：//news.cctv.com/2018/08/14/ARTINQtkni3ySGDZghczYvpV180814.shtml）

思考

通过上述案例，谈谈作为新时代中国人，如何做一个忠诚的爱国者。

案例解析

通过上述案例，谈谈作为新时代中国人，如何做一个忠诚的爱国者。

解析：爱国既需要情感的基础，也需要理性的认识，更需要实际的行动。爱国不是简单的情感表达，而是一种理性的行为，要讲原则、守法律，以合理合法的方式来进行。只有把国家的安全、荣誉和利益放在高于一切的地位，始终做到爱国的深厚情感、理性认识和实际行动相一致，与祖国同呼吸、共命运，才是真正的爱国者。

第一，维护和推进祖国统一。坚持一个中国原则，推进两岸交流合作，促进两岸同胞团结奋斗，反对“台独”分裂图谋。

第二，促进民族团结。大学生都要像爱护自己的眼睛一样维护民族团结，像爱护自己的生命一样维护社会稳定，自觉做民族团结进步事业的建设者、维护者、促进者。深化对党的民族理论和民族政策的认识，认真学习国家关于民族事务的法律法规，认清“藏独”和“疆独”等各种分裂主义势力的险恶用心和反动本质。

第三，增强国家安全意识。国家安全问题事关国家安危和民族存亡。在国家安全形势越来越复杂的今天，大学生要增强国家安全意识，对境内外敌对势力的渗透、颠覆、破坏活动保持高度警惕，切实履行维护国家安全的义务。

【案例四】 舒畅：潜心科技创新 梦在浩瀚星辰

2018年5月17日7时33分31秒，我国首枚民营自研商用亚轨道火箭、零壹空间OS-X火箭“重庆两江之星”在我国西北某基地成功点火升空。此次发射的OS-X火箭进行了国内首次“减阻杆”“低成本能源”“箭上无线通信”等创新技术的研究，为简化火箭系统设计、降低研制成本打下了坚实基础。

那天，工作人员欢呼鼓掌，不少人紧紧相拥，在控制室压阵的舒畅哭得稀里哗啦。舒畅说：“民营企业发射火箭，很多人认为九成是不可能的，而我就是要在那一成的可能性里蹚出一条路来，证明中国也能有民营火箭。”这位“85后”CEO（首席执行官）和他平均年龄仅30岁的团队，五年间分别送OS-X火箭、OS-X1火箭和OS-M1火箭升空，还建设了国内首个民营商业火箭智能总装制造基地。

追梦航天，从零到“零壹”

大学，是他梦想开始的地方。如同所有对自己所学专业抱有远大志向的学子一样，毕业于北京航空航天大学飞行器设计专业的舒畅，一直有一个创业梦：“如果有一天某个火箭飞上去，我不仅是工程师，这公司还是我创立的，我会非常骄傲。”所以从大学开始，他便有了在航空航天领域创业的想法。

2014年11月，国务院发布《关于创新重点领域投融资机制鼓励社会投资的指导意见》指出，鼓励民间资本研制、发射和运营商业遥感卫星，提供市场化、专业化服务。中国商业航天迎来了快速发展契机，舒畅也迎来了人生的转折点。

2015年8月，舒畅在中关村创业大街的一个孵化器里成立了零壹空间。此时，寻找人才、组建团队，是舒畅面临的首要难题。

“太难了！”舒畅坦言，早期寻找技术合伙人是最难的，因为这是一条充满荆棘又前途未卜的路，所以很多人都会拒绝。

被拒绝了四五十次后，舒畅曾想过放弃，但大学辅导员马超的态度给了他信心，舒畅回忆：“我们都认为商业航天是航天产业发展的必然趋势，他相信我能做成，所以我认定他就是我要找的合伙人。”

为了争取马超入伙，接下来的四五个月，舒畅每天都会等马超下班，一碟花生米、两杯牛奶，聊到凌晨。夏去冬来，马超终于下定决心辞职加入舒畅的团队。迎来了第一个合伙人之后，舒畅的团队也逐渐形成。如今，这个团队已有近200人。

潜心科研，掌握核心科技

何以决心进行自主研发？舒畅表示，火箭的关键部件是买不到的，能买到的价格也非常高，所以自主研发势在必行。2017年，零壹空间自主研发了作为火箭“大脑”的一体化综控机，联合高校研发了作为火箭“心脏”的发动机。

2017年12月22日下午4时，联合了发动机和一体化综控机的X系列火箭发动机整机试车在江西取得成功。“这次动力系统试车成功，是确保OS-X火箭发射成功的关键环节，也标志着我们成为国内首家掌握固体火箭发动机核心技术的民营企业。”舒畅介绍。

舒畅说：“我们不会止步于造火箭，我们的目标是掌握与火箭相关的关键技术，不断向航天领域的最前沿迈进。”2020 年，舒畅和团队计划在火箭和总体设计、智能控制、无线通信、数据采集及试验测试系统、保障装备、固体动力六大领域，进行全方位布局，并且加大研发投入。

在许多人看来，舒畅团队的自主研发之路走得很顺利，其实不然。他坦言，“每天会出现各种问题，只是我们做好了随时失败的准备，跌倒了就立刻爬起来，继续战斗，快到别人发现不了。”在家人和同事眼中，舒畅是个专注、坚韧的人，“如果我认定一件事情，就会全身心地投入，不到最后一刻，绝不轻言放弃”。他告诉记者，他想成为一个能用几十年时间专注于科学技术，且能为国家和行业做出贡献的人。他是幸运的，遇到了一群志同道合的人，在追梦的路上携手前行。

近日，舒畅被评为 2020 年“全国向上向善好青年”。对于荣誉，他表示，荣誉越多，责任越大，他要把荣誉转化为工作的动力，继续为我国的商业航天事业添砖加瓦。

最后，舒畅还勉励青年朋友们：梦想，是无论遭受多少质疑，遭遇多少挑战，都甘愿为之前行的远方。坚持下去，远方就在脚下。

（资料来源：中国青年网，2020-05-08，略有删改，
http：//qclz.youth.cn/znl/202005/t20200508_12319156.htm）

思考

在当代中国，社会发展离不开改革创新，改革创新是社会发展的重要动力，坚持改革创新是新时代的迫切要求。作为新时代的大学生，如何向舒畅学习，做改革创新的生力军？

案例解析

在当代中国，社会发展离不开改革创新，改革创新是社会发展的重要动力，坚持改革创新是新时代的迫切要求。作为新时代的大学生，如何向舒畅学习，做改革创新的生力军？

解析：新时代的大学生置身于实现中华民族伟大复兴的时代洪流之中，应当以时代使命为己任，把握时代脉搏，迎接时代挑战，增强创新创造的能力和本领，勇做改革创新的实践者，将弘扬改革创新精神贯穿于实践中、体现在行动上。

第一，树立改革创新的自觉意识。

改革创新，首先要求人们自觉增强改革创新的责任感，树立敢于突破陈规、大胆探索未知、勇于创新创造的思想观念，在实践中有直面困难的勇气，有突破难关的精神，锐意进取，奋力前行。

第二，增强改革创新的能力本领。

一是夯实创新基础。推行任何一项改革，作出任何一项创新，都是站在前人积累的专业知识基础之上的。大学生作为改革创新的生力军，应从扎实系统的专业知识学习起步和入手，而不能好高骛远，空谈改革，坐论创新。

二是培养创新思维。大学生在专业学习与社会实践中应自觉培养创新型思维，勤于思考，善于发现，勇于创新。

三是投身创新实践。实践出真知，实践长才干。当代大学生既置身于全球新一轮科技革

命和产业变革兴起的历史机遇期，又置身于我国迈向现代化强国的历史新征程，应当在全面深化改革的伟大实践中深深体悟改革创新精神，增强改革创新的意识，锤炼改革创新的意志，增强改革创新的能力本领，勇做改革创新的实践者和生力军。

大学生应当珍惜人生中最具创新创造活力的宝贵时期，有敢为人先、开拓进取的锐气，有逢山开路、遇河架桥的意志，在创新创造中不断积累经验、取得成果、演绎精彩。

知识题库

第三章　弘扬中国精神

知识点一：重精神是中华民族的优秀传统

【单选题】

1. 实现中华民族伟大复兴不可或缺的精神支持和精神动力是（　　）。

A. 民族精神

B. 国家精神

C. 中国精神

D. 华夏精神

2. 中华民族的优秀传统是（　　）。

A. 重教育　　B. 重精神

C. 重文化　　D. 重团结

3. 中华民族崇尚精神的优良传统，首先表现在对物质生活与精神生活相互关系的独到理解上。下列名言警句，体现这一点的是（　　）。

A. 为天地立心，为生民立命，为往圣继绝学，为万世开太平

B. 自天子以至于庶人，壹是皆以修身为本

C. 见贤思齐焉，见不贤而内自省也

D. 一箪食，一瓢饮，在陋巷，人不堪其忧，回也不改其乐

4. 儒家把仁爱和谐视为最高的道德理想，为实现“仁”的理想即使献出生命也在所不惜，即“志士仁人，无求生以害仁，有杀身以成仁”，这体现的是（　　）。

A. 中国古人对理想的不懈追求

B. 中国古人对理想人格的推崇

C. 中国古人不但注重物质生活，还注重精神生活

D. 中国古人对道德修养和道德教化的重视

5. 孔子讲“知之者不如好之者，好之者不如乐之者”；孟子谓“可欲之谓善，有诸己之谓信。充实之谓美，充实而有光辉之谓大，大而化之之谓圣，圣而不可知之之谓神”。这些都反映着对人生境界的看法，这体现了（　　）。

A. 中国古人对理想的不懈追求

B. 中国古人对理想人格的推崇

C. 中国古人不但注重物质生活，还注重精神生活

D. 中国古人对道德修养和道德教化的重视

6. 习近平强调，民族复兴不仅表现为经济腾飞，更要振奋和彰显（　　）。

A. 民族精神

B. 国家精神

C. 中国精神

D. 华夏精神

【多选题】

7. 中华民族在五千多年的历史进程中，不仅创造出光辉灿烂、享誉世界的中

华文明，也塑造出中华民族独特的精神气质和精神品格，形成了崇尚精神的优秀传统。中华民族崇尚精神的优秀传统表现在（　　）。

A. 对物质生活与精神生活相互关系的独到理解上

B. 中国古人对理想的不懈追求上

C. 对道德修养和道德教化的重视上

D. 重视人生境界和理想人格

【判断题】

8. 中国精神作为兴国强国之魂，是实现中华民族伟大复兴不可或缺的精神支撑和精神动力。（　　）

9. 中国传统文化十分强调道德修养和道德教化，将“立德”置于“三不朽”之首，重视人的精神品格的养成。（　　）

知识点二：以爱国主义为核心的民族精神

【单选题】

10. 民族精神的核心是（　　）。

A. 爱国主义　　B. 集体主义

C. 创新精神　　D. 改革创新

11. 一个民族赖以生存和发展的精神支柱是（　　）。

A. 爱国主义　　B. 集体主义

C. 创新精神　　D. 民族精神

12. 一个民族在长期共同生活和社会实践中形成的，为本民族大多数成员所认同的价值取向、思维方式、道德规范、精神气质的综合称为（　　）。

A. 民族精神　　B. 国家精神

C. 时代精神　　D. 中国精神

13. 千百年来人们在社会实践中形成的对自己的祖国极其忠诚和热爱的深厚情感是（　　）。

A. 爱国主义

B. 集体主义

C. 民族主义

D. 民族精神

14. 动员和鼓舞人们为祖国的生存发展前赴后继、奋斗不息的伟大精神旗帜是（　　）。

A. 爱国主义

B. 民族主义

C. 集体主义

D. 三民主义

15. 党的十八大以来，中国人民的创造精神前所未有地（　　）出来，推动我国（　　）向前发展，大踏步走在世界前列。（　　）

A. 迸发；日新月异

B. 激发；气象万千

C. 涌现；千变万化

D. 呈现；一日千里

16. 中国人民是具有伟大团结精神的人民。在几千年历史长河中，中国人民始终团结一心、同舟共济，建立了统一的多民族国家，发展了（　　）的融洽民族关系，形成了守望相助的中华民族大家庭。

A. 平等、团结、互助、和谐

B. 56 个民族多元一体、交织交融

C. 汉族为主，少数民族为辅

D. 少数民族与汉族交错杂居

17. 勤劳勇敢的中国人民培育、继承、发展起来的（　　），是坚定中国特色社会主义道路自信、理论自信、制度自信、文化自信的底气，是中华民族风雨无阻、高歌行进的根本力量。

A. 以改革创新为核心的伟大斗争精神

B. 以爱国主义为核心的梦想精神

C. 以爱国主义为核心的伟大民族精神

D. 以改革创新为核心的时代精神

【多选题】

18. 中国人民在长期奋斗中培育、继承、发展起来的伟大民族精神，为中国发展和人类文明进步提供了强大精神动力。民族精神的主要内容包括（　　）。

A. 伟大奋斗精神

B. 伟大团结精神

C. 伟大创造精神

D. 伟大梦想精神

19. 民族精神是一个民族在长期共同生活和社会实践中形成的，为本民族大多数成员所认同的（　　）的总和。

A. 价值取向

B. 思维方式

C. 道德规范

D. 精神气质

20. 在漫长的历史发展过程中，中华民族形成了（　　）的光荣传统，形成了对外来侵略者无比痛恨、对卖国求荣的民族败类无比鄙视、对爱国志士无比崇敬的宝贵民族性格。

A. 追求进步

B. 维护民族尊严

C. 维护国家主权

D. 全面发展

【判断题】

21. 党的十九大报告指出，今天，我们比历史上任何时期都更接近、更有信心和能力实现中华民族伟大复兴的目标。（　　）

22. 今天，中国人民拥有的一切，凝聚着中国人的聪明才智，浸透着中国人的辛勤汗水，蕴涵着中国人的巨大牺牲。只要十多亿中国人民始终发扬这种伟大奋斗精神，就一定能够达到创造人民更加美好生活的宏伟目标！（　　）

知识点三：以改革创新为核心的时代精神

【单选题】

23. 时代精神的核心是（　　）。

A. 改革　　B. 创新

C. 奋斗　　D. 改革创新

24. （　　）是一个国家和民族在新的历史条件下形成和发展的，是体现民族特质并顺应时代潮流的思想观念、价值取向、精神风貌和社会风尚的总和，是一种对社会发展具有积极影响作用和推动作用的集体意识。

A. 民族精神　　B. 国家精神

C. 时代精神　　D. 中国精神

25. 反映社会进步的发展方向，引领时代的进步潮流，是社会的主旋律，是时代的最强音的是（　　）。

A. 民族精神　　B. 集体主义

C. 时代精神　　D. 时代特征

26. “雕刻火药的大国工匠”徐立平，在悬崖绝壁上书写精彩传奇的“当代愚公”黄大发，用生命叩响“地球之门”、让中国进入“深地时代”的战略科学家黄大年，勇担民族复兴大任的“天眼巨匠”南仁东，对党忠诚、心系群众、忘我工作、无私奉献的优秀县委书记廖俊波。这些人生动地展示着当代中国的（　　）。

A. 民族精神　　B. 时代精神

C. 国家精神　　D. 中国精神

27. 改革创新精神是时代精神的核心，贯穿于（　　）的全部实践，体现在时代精神的各个方面。

A. 改革开放

B. 全面建设小康社会

C. 全面建成小康社会

D. 实现中国特色社会主义社会

28. 破除社会发展障碍、激发社会发

展活力的引擎是（　　）。

A. 竞争　　B. 团结

C. 改革　　D. 创新

29. （　　）是民族进步的灵魂、国家兴旺发达的动力。

A. 竞争　　B. 团结

C. 努力　　D. 创新

30. （　　）是当代中国人民精神风貌的集中写照，是激发社会创造活力的强大力量。

A. 以爱国主义为核心的民族精神

B. 以改革创新为核心的时代精神

C. 奋斗精神

D. 进取精神

【多选题】

31. 时代精神体现了社会在一定历史时期的（　　）。

A. 思想观念　　B. 价值取向

C. 精神风貌　　D. 社会风尚

32. 改革创新精神既是对中华民族革故鼎新优良传统的继承弘扬，也是当代中国改革开放伟大实践中体现出来的（　　）和（　　）。

A. 精神品格　　B. 精神特征

C. 精神力量　　D. 精神实质

【判断题】

33. 改革开放以来，党带领人民在继承和弘扬伟大民族精神的基础上，立足新的时代条件，形成了以改革创新为核心的时代精神。所以，在现阶段，改革创新就是爱国主义的表现。（　　）

34. 中国特色社会主义事业是一项前无古人的创造性事业，只有坚持弘扬以改革创新为核心的时代精神，才能使全体人民始终保持昂扬向上的精神状态，不断推进中国特色社会主义伟大事业。（　　）

知识点四：民族精神与时代精神的辩证统一

【单选题】

35. 时代精神是民族精神的（　　）体现。

A. 前瞻性　　B. 时代性

C. 代表性　　D. 经典性

36. 赋予中国精神以民族特征，是中华民族的精神独立性得以保持的重要保证的是（　　）。

A. 民族精神　　B. 国家精神

C. 时代精神　　D. 中国精神

37. 赋予中国精神以时代内涵，是中国精神引领时代前行、拥有鲜明时代性和强大生命力的重要根源的是（　　）。

A. 民族精神　　B. 国家精神

C. 时代精神　　D. 中国精神

38. 民族精神和时代精神的交融汇通，使得中国精神既具有鲜明的（　　），又洋溢着强烈的（　　），成为中华民族共有的精神家园、奋力实现复兴的强大精神力量。（　　）

A. 阶级性；时代性

B. 民族性；政治性

C. 民族性；时代性

D. 政治性；时代性

【多选题】

39. （　　）和（　　）共同构成了我们当今时代的中国精神。

A. 民族精神　　B. 时代精神

C. 奋斗精神　　D. 梦想精神

40. 作为中国精神基本内容的民族精神和时代精神紧密相连、相辅相成。对民族精神与时代精神的关系理解正确的是（　　）。

A. 时代精神独立于民族精神

B. 时代精神与民族精神都是一个民族赖以生存发展的精神支撑

C. 一切民族精神都曾经是一定历史阶段中带动潮流、引领风尚、推动社会发展的时代精神

D. 一切时代精神都将随着历史的变迁逐步融入民族精神的长河之中，不断丰富和发展民族精神的时代内涵

【判断题】

41. 时代精神与民族精神都是一个民族赖以生存发展的精神支撑。(　　)

42. 民族精神是时代精神的时代性表达。(　　)

43. 时代精神是民族精神的时代体现，民族精神是时代精神的发展。(　　)

知识点五：实现中国梦必须弘扬中国精神

【单选题】

44. (　　)是兴国强国之魂。

A. 民族精神　　B. 国家精神

C. 华夏精神　　D. 中国精神

45. 实现中国梦，必须弘扬(　　)，以高扬的精神旗帜为指引，以强大的精神支柱为支撑，团结凝聚全体人民的智慧和力量，为实现中国梦而努力奋斗。

A. 民族精神　　B. 国家精神

C. 中国精神　　D. 华夏精神

46. 坚持和发展社会主义、实现中华民族的伟大复兴，最根本的力量在于(　　)。

A. 公民　　B. 群众

C. 大众　　D. 人民

47. 历史发展和社会进步的主体力量是(　　)。

A. 中国人民　　B. 中华民族

C. 中国大众　　D. 人民群众

48. (　　)始终是一个国家、一个民族发展的重要力量，也始终是推动人类社会进步的重要力量。

A. 竞争　　B. 创新

C. 改革　　D. 团结

【多选题】

49. 鲁迅曾说："惟有民魂是值得宝贵的，惟有他发扬起来，中国才有真进步。"实现中国梦必须弘扬中国精神，因为中国精神是(　　)。

A. 推进复兴伟业的精神定力

B. 政治文明建设的重要内容

C. 凝聚中国力量的精神纽带

D. 激发创新创造的精神动力

50. 推进新时代的伟大事业，必须有创新创造、向上向前的强大精神奋发力，(　　)，使全体人民始终保持昂扬向上的精神状态，为实现中国梦注入强大的精神力量。

A. 勇于变革、勇于创新

B. 永不僵化、永不停滞

C. 永不懈怠、奋勇向前

D. 登高望远、居安思危

51. 鲁迅曾说："惟有民魂是值得宝贵的，惟有他发扬起来，中国才有真进步。"大学生作为民族的希望和祖国的未来，怎样弘扬中国精神？(　　)。

A. 要努力弘扬以爱国主义为核心的民族精神和以改革创新为核心的时代精神

B. 将中国精神转化为青春行动

C. 勇做弘扬和践行中国精神的时代先锋

D. 为国家富强、民族振兴、人民幸福贡献自己的智慧和力量

【判断题】

52. 实现中国梦必须弘扬中国精神，中国精神是凝聚中国力量的精神纽带。(　　)

53. 在当代中国，必须用中国精神引领各族人民心往一处想、劲往一处使，用十多亿人的智慧和力量汇集起不可战胜的磅礴力量，为实现中华民族伟大复兴的中国梦而努力奋斗。(　　)

知识点六：爱国主义的基本内涵及基本要求

【单选题】

54. 在中华民族5000多年绵延发展的历史长河中，始终是主旋律的是(　　)。

A. 民族主义
B. 集体主义
C. 爱国主义
D. 三民主义

55. 当代中国爱国主义的鲜明主题是(　　)。

A. 全面建成小康社会
B. 实现中华民族伟大复兴的中国梦
C. 实现共产主义社会
D. 和平与发展

56. 爱国主义体现了人们对自己祖国的深厚感情，揭示了个人对祖国的依存关系，是人们对自己家园以及民族和文化的(　　)、认同感、尊严感与荣誉感的统一。

A. 归属感　　B. 自豪感
C. 责任感　　D. 荣辱感

57. 爱国主义是调节个人和祖国之间关系的道德要求、政治原则和(　　)。

A. 内心信念　　B. 法律规范
C. 自觉行为　　D. 传统美德

58. 每个人都应当自觉履行的责任和义务，以及对祖国最好的报答是(　　)。

A. 学习　　B. 团结
C. 修德　　D. 爱国

59. “一方水土养一方人”“禾苗离土即死，国家无土难存”。每一个爱国者都会把“保我国土”“爱我家乡”、维护祖国领土的完整和统一，作为自己的神圣使命和义不容辞的责任。这体现出爱国主义的基本要求为(　　)。

A. 爱祖国的大好河山
B. 爱自己的骨肉同胞
C. 爱祖国的灿烂文化
D. 爱自己的国家

60. (　　)，反映的是对整个民族利益共同体的自觉认同。

A. 对祖国大好河山的爱
B. 对骨肉同胞的爱
C. 对祖国的爱
D. 对文化的爱

61. 对人民群众具有深厚感情，坚持以人民为中心的立场，始终紧紧地同人民群众站在一起。这体现的爱国主义的基本内涵是(　　)。

A. 爱祖国的大好河山
B. 爱自己的骨肉同胞
C. 爱祖国的灿烂文化
D. 爱自己的国家

62. 一个国家、一个民族的灵魂是(　　)。

A. 美德　　B. 思想
C. 精神　　D. 文化

63. 认真学习和真正了解祖国的历史，在充分理解和尊重的基础上，积极推动祖国优良历史文化传统的传承和发展，是(　　)的具体体现。

A. 爱祖国的灿烂文化
B. 爱祖国的大好河山
C. 爱骨肉同胞
D. 爱祖国

【多选题】

64. 爱国主义是调节个人与祖国之间关系的（　　）。

A. 政治原则　　B. 道德要求

C. 法律规范　　D. 指导思想

65. 爱国主义体现了人民群众对自己祖国的深厚感情，反映了个人对祖国的依存关系，是人们对自己故土家园、民族和文化的归属感、认同感、尊严感与荣誉感的统一。爱国主义的基本要求是（　　）。

A. 爱祖国的大好河山

B. 爱自己的骨肉同胞

C. 爱祖国的灿烂文化

D. 爱自己的国家

66. 2012 年 9 月 10 日，日本政府宣布“购买”钓鱼岛及其附属岛屿。此后几天，我国不少地方的群众尤其是青年人自发走上街头、抗议日本政府非法“购岛”行径，表达了中国人民的正义立场和爱国精神，形成了维护主权捍卫领土的强大声势。爱祖国的大好河山是爱国主义的基本要求之一。这是因为（　　）。

A. 祖国的河山在人们的心中占据着至高无上的地位

B. 祖国的山山水水滋养哺育着她的子子孙孙

C. 祖国的大好河山是培养民族心理、民族个性、民族精神的“摇篮”

D. 祖国的大好河山是自然风光，更是主权、财富、民族发展和进步的基本载体

67. “家是最小国，国是千万家”“没有国哪有家，没有家哪有我”，因此，我们必须爱自己的国家，（　　）是爱国主义的基本要求。

A. 拥护国家的基本制度

B. 遵守国家的宪法法律

C. 维护国家安全和统一

D. 捍卫国家的利益

E. 为国家繁荣发展贡献自己的力量

68. 下面关于爱国主义的论述正确的是（　　）。

A. 爱国主义是历史的、具体的，在阶级社会中，具有阶级性

B. 不同历史时期产生的爱国主义有不同的内涵

C. 在共产主义社会，爱国主义会失去存在的条件和意义

D. 爱国主义是亘古不变的情感

69. 在现阶段，爱国主义主要表现为（　　）。

A. 建设社会主义现代化事业

B. 保卫社会主义现代化事业

C. 促进祖国统一大业

D. 为实现民族伟大复兴而努力

【判断题】

70. 实现中华民族伟大复兴的中国梦是当代中国爱国主义的鲜明主题。（　　）

71. 爱国是每个人都应当自觉履行的责任和义务。（　　）

72. 爱祖国的大好河山就是要求热爱祖国的一山一水，自然风光。（　　）

73. 爱祖国的骨肉同胞，意味着对整个民族利益共同体的自觉认同。（　　）

74. 爱国主义是人类对自己的国家亘古不变的情感。（　　）

75. 只要世界还存在“国家”这一概念，爱国主义就是不变的主题，我国的爱国主义在历史发展的各个阶段都有着相同的内涵。（　　）

知识点七：新时代的爱国主义

【单选题】

76. 我国爱国主义始终围绕着实现

(　　)而发展，最终汇流于(　　)。

A. 民族富强、人民幸福；中国特色社会主义

B. 小康社会、中国梦；中国特色社会主义

C. 全面建成小康社会、全面依法治国；共产主义

D. 民族富强、人民幸福；共产主义

77. 只有坚持(　　)相统一，爱国主义才是鲜活的、真实的，这是当代中国爱国主义精神最重要的体现。

A. 富国和强军

B. 改革、发展、稳定

C. 党的领导、人民当家作主、依法治国

D. 爱国和爱党、爱社会主义

78. 在当代中国，爱国主义首先体现在热爱(　　)。

A. 社会主义中国

B. 中华民族

C. 大好河山

D. 灿烂文化

79. (　　)的统一是中国历史发展的必然结果。

A. 爱国主义与爱中国共产党

B. 爱国主义与坚持人民民主专政

C. 爱国主义与爱社会主义

D. 爱国主义与马克思主义

80. 在新的时代条件下，弘扬爱国主义精神，必须把(　　)作为重要着力点和落脚点。

A. 社会稳定和经济发展

B. 祖国统一和社会稳定

C. 社会稳定和民族团结

D. 维护祖国统一和民族团结

81. 中华民族走向伟大复兴的题中之义是(　　)。

A. 实现中国梦

B. 维护和平

C. 维护和推进祖国统一

D. 创新

82. 邓小平曾经指出："港澳、台湾、海外的爱国同胞，不能要求他们都拥护社会主义，但是至少也不能反对社会主义的新中国，否则怎么叫爱祖国呢？"这说明，在当代中国(　　)。

A. 爱国主义与爱社会主义是一致的

B. 爱国主义与拥护祖国统一是一致的

C. 爱国主义与爱中国共产党是一致的

D. 爱国主义与爱马克思主义是一致的

83. 我国的一大特色，也是我国发展的一大有利因素是(　　)。

A. 多民族　　B. 多文化

C. 历史悠久　　D. 疆域辽阔

84. 中华民族的精神命脉是(　　)。

A. 中国精神

B. 中国历史

C. 中华优秀传统文化

D. 华夏文明

85. 蕴涵着中华民族世世代代形成和积累的思想营养和实践智慧，是中华民族得以延续的文化基因，也是我们在世界文化激荡中站稳脚跟的根基的是(　　)。

A. 中华民族的传统美德

B. 中国精神

C. 中华优秀传统文化

D. 爱国主义

86. 世界经济发展的必然趋势是(　　)，但不等于全球政治、文化一体化。

A. 经济多极化

B. 经济多元化

C. 经济市场化

D. 经济全球化

87. 在经济全球化的条件下，民族存在的最高组织形式仍然是(　　)。

A. 国家　　B. 商会

C. 集体　　D. 财团

【多选题】

88. 新时代的爱国主义基本要求是(　　)。

A. 尊重和传承中华民族历史和文化

B. 坚持爱国主义和社会主义相统一

C. 维护祖国统一和民族团结

D. 坚持立足民族又面向世界

89. 弘扬新时代的爱国主义，必须团结(　　)，汇集起实现中国梦的磅礴力量。

A. 全体社会主义劳动者

B. 社会主义事业的建设者

C. 拥护社会主义的爱国者

D. 拥护祖国统一和致力于中华民族伟大复兴的爱国者

90. 我国爱国主义始终围绕着实现民族富强、人民幸福而发展，最终汇流于中国特色社会主义，(　　)是密不可分的。

A. 党的命运

B. 个人的命运

C. 祖国的命运

D. 社会主义的命运

91. 爱国主义与爱社会主义的一致性在于(　　)。

A. 社会主义制度的建立，为祖国的繁荣发展提供了可靠的保障

B. 社会主义在中国，集中代表着、体现着、实现着国家、民族和人民的根本利益

C. 中国的历史和现实都充分证明了，只有社会主义才能救中国，只有社会主义才能发展中国

D. 中国共产党是高举爱国主义旗帜并躬身实践的光辉典范

92. 弘扬新时代的爱国主义精神，就要自觉维护全国各族人民大团结的政治局面，不断增强对(　　)的认同，坚决维护国家主权、安全、发展利益，筑牢国家统一、民族团结、社会稳定的铜墙铁壁。

A. 伟大祖国

B. 中华民族

C. 中华文化

D. 中国共产党

E. 中国特色社会主义

93. 弘扬新时代的爱国主义精神，就要自觉维护全国各族人民大团结的政治局面，坚决维护国家(　　)，筑牢国家统一、民族团结、社会稳定的铜墙铁壁。

A. 主权　　B. 安全

C. 发展利益　　D. 形象

94. 要以时代精神激活中华优秀传统文化的生命力，推进中华优秀传统文化创造性转化和创新性发展，把传承和弘扬中华优秀传统文化同培育和践行社会主义核心价值观统一起来，引导人民树立和坚持正确的(　　)。

A. 历史观

B. 民族观

C. 国家观

D. 文化观

95. 新时代弘扬面向世界的爱国主义精神，意味着我们要有更加宽广的世界胸怀和全球视野，为维护人类共同利益、推动人类文明发展进步提供中国智慧，始终做(　　)。

A. 世界和平的建设者

B. 全球发展的贡献者

C. 国际秩序的维护者

D. 国际秩序的遵循者

【判断题】

96. 新时代的爱国主义，既承接了中华民族的爱国主义优良传统，又体现了鲜明的时代特征，内涵更加丰富。(　　)

97. 爱国主义与爱社会主义的统一是中国历史发展的必然结果。(　　)

98. 坚定拥护中国共产党的领导，是

中华民族走向复兴、中国特色社会主义事业走向成功的必然要求，也是新时代爱国主义的必然要求。(　　)

99. 和平统一最符合包括台湾同胞在内的中华民族的根本利益。(　　)

100. 爱国主义与拥护祖国统一的一致性，不仅是对生活在中国大陆的中国公民的要求，而且是对全体中华儿女包括港澳台同胞以及海外侨胞的基本要求。(　　)

101. 科学没有国家，但是科学家有国界。(　　)

102. 经济全球化等于政治、文化一体化。(　　)

知识点八：做忠诚的爱国者

【单选题】

103. 保持香港、澳门长期繁荣稳定，实现祖国完全统一，是实现中华民族伟大复兴的(　　)。

A. 根本要求

B. 必然要求

C. 基本要求

D. 关键要求

104. (　　)是两岸关系的政治基础。体现一个中国原则的(　　)明确界定了两岸关系的根本性质，是确保两岸关系和平发展的关键。(　　)

A. 和平发展原则；“九二共识”

B. “一国两制”原则；“九二共识”

C. 一个中国原则；“九二共识”

D. 和平统一；“九二共识”

105. 两岸双方应该为深化经济、科技、文化、教育等领域合作采取(　　)，提供(　　)，创造更加便利的条件，以拓宽合作领域，提高合作水平，产生更大效益，开创两岸关系和平发展新前景。(　　)

A. 更多积极举措；更多政策支持

B. 更高水平；更多渠道

C. 更多积极举措；更多渠道

D. 更高水平；更多政策支持

106. 两岸双方应秉持(　　)的理念，顺势而为、齐心协力，心心相印、守望相助，巩固和扩大两岸关系发展成果。

A. 两岸各表

B. 两岸各自坚持各自价值观

C. 两岸不存在统一的价值观

D. 两岸一家亲

107. 我们绝不允许任何人、任何组织、任何政党(　　)从中国分裂出去。要贯彻《反分裂国家法》，旗帜鲜明地反对一切损害两岸关系的言行。

A. 在任何时间，以任何方式，把任何一块领土

B. 在任何时候，以任何方式，把任何一寸领土

C. 在任何时候，以任何形式，把任何一块领土

D. 在任何时候，以任何形式，把任何一块中国领土

108. 事关国家安危和民族存亡的问题是(　　)。

A. 国家政治

B. 国家经济

C. 国家文化

D. 国家安全

109. 在国家安全形势越来越复杂的今天，大学生要增强(　　)，对境内外敌对势力的渗透、颠覆、破坏活动保持高度警惕，切实履行维护国家安全的义务。

A. 体质　　B. 才干

C. 本领　　D. 国家安全意识

110. 一个国家不受内部和外部的威胁、破坏而保持稳定有序的状态的是(　　)。

A. 国家政治　　B. 国家经济

C. 国家文化　　D. 国家安全

111. 中国特色国家安全道路必须以（　　）为宗旨。

A. 人民安全

B. 政治安全

C. 经济安全

D. 军事、文化、社会

E. 促进国际安全

112. 中国特色国家安全道路必须以（　　）为根本。

A. 人民安全

B. 政治安全

C. 经济安全

D. 军事、文化、社会

E. 促进国际安全

113. 中国特色国家安全道路必须以（　　）为基础。

A. 人民安全

B. 政治安全

C. 经济安全

D. 军事、文化、社会

E. 促进国际安全

114. 中国特色国家安全道路必须以（　　）为保障。

A. 人民安全

B. 政治安全

C. 经济安全

D. 军事、文化、社会

E. 促进国际安全

115. 中国特色国家安全道路必须以（　　）为依托。

A. 人民安全

B. 政治安全

C. 经济安全

D. 军事、文化、社会

E. 促进国际安全

116. （　　）是国家生存与发展的安全保障。

A. 高度文明的政治

B. 高质量发展的经济

C. 雄厚的文化底蕴

D. 强大的国防

117. 保卫祖国、抵抗侵略是中华人民共和国每一个公民的神圣职责，这是由我国哪部法律规定的？（　　）。

A.《中华人民共和国民法总则》

B.《中华人民共和国刑法》

C.《中华人民共和国宪法》

D.《中华人民共和国行政法》

【多选题】

118. 做忠诚的爱国者，就应该（　　）。

A. 自觉维护国家利益

B. 增强国防观念

C. 增强国家安全意识

D. 促进民族团结和维护祖国统一

119. 台湾是我国不可分割的一部分，作为新时代的爱国者，要维护和推进祖国统一，就要做到（　　）。

A. 反对“台独”分裂图谋

B. 推进两岸交流合作

C. 坚持一个中国原则

D. 促进两岸同胞团结奋斗

120. 关于两岸关系，下列说法正确的是（　　）。

A. 和平统一最符合包括台湾同胞在内的中华民族的根本利益

B. 要从中华民族整体利益的高度把握两岸关系大局，在认清历史发展趋势中把握两岸前途，坚持增进互信、良性互动、求同存异、务实进取，促进两岸关系发展取得更多积极成果

C. 努力增进两岸人民福祉，增进对两岸命运共同体的认知，不断拓宽两岸关系和平发展的道路

D.“一中一台”

121. 大学生都要像爱护自己的眼睛一样维护民族团结，像爱护自己的生命一样维护社会稳定，自觉做民族团结进步事业的（　　）。

A. 建设者　　B. 维护者

C. 发展者　　D. 促进者

122. 在当今中国，大学生如何促进民族团结？（　　）。

A. 像爱护自己的眼睛一样爱护民族团结，像珍视自己的生命一样珍视民族团结

B. 深化对党的民族理论和民族政策的认识，认真学习国家关于民族事务的法律法规

C. 认清"藏独"和"疆独"等各种分裂主义势力的险恶用心和反动本质

D. 增强国防观念

123. 贯彻总体国家安全观的内容要求是（　　）。

A. 既重视外部安全又重视内部安全

B. 既重视国土安全又重视国民安全

C. 既重视传统安全又重视非传统安全

D. 既重视发展问题又重视安全问题

E. 既重视自身安全又重视共同安全

124. 国家安全工作应当坚持总体国家安全观，（　　），以促进国际安全为依托，维护各领域国家安全，构建国家安全体系，走中国特色国家安全道路。

A. 以人民安全为宗旨

B. 以政治安全为根本

C. 以经济安全为基础

D. 以军事、文化、社会安全为保障

125. 大学生应增强国防观念，具体来说应做到（　　）。

A. 学习国防知识，提高国防意识和素质

B. 参加军事训练，学习国防知识和军事技能

C. 参与国防教育活动，增进对国防的感性认识

D. 关注国家的安全与发展，强化忧患意识

126. 我国宪法明确规定了公民维护国家安全的基本义务，而明确规定了公民维护国家安全的各项具体的法律义务的法律主要有（　　）《中华人民共和国反间谍法》等法律。

A.《中华人民共和国国家安全法》

B.《中华人民共和国兵役法》

C.《中华人民共和国国防法》

D.《中华人民共和国保守国家秘密法》

127. 公民和组织应当履行的维护国家安全的义务包括（　　）。

A. 及时报告危害国家安全活动的线索

B. 如实提供所知悉的涉及危害国家安全活动的证据

C. 为国家安全工作提供便利条件或者其他协助

D. 保守所知悉的国家秘密

128. 新时代的大学生应当高扬爱国主义旗帜，把（　　）统一起来，为国家和民族作出应有的贡献。

A. 爱国之情

B. 效国之意

C. 强国之志

D. 报国之行

【判断题】

129. 爱国既需要情感的基础，也需要理性的认识，更需要实际的行动。（　　）

130. 爱国就是要将内心的炽烈情感表达出来，即使有一些过激的言行也是情有可原的。（　　）

131. 只有把国家的安全、荣誉和利益放在高于一切的地位，始终做到爱国的深厚情感、理性认识和实际行动相一致，与祖国同呼吸、共命运，才是真正的爱国者。（　　）

132. 台湾是中国领土不可分割的组

成部分。(　　)

133. “九二共识”的核心是坚持一个中国，精髓是求同存异。(　　)

134. 处理好民族问题、促进民族团结，是关系祖国统一和边疆巩固的大事，是关系民族团结和社会稳定的大事，是关系国家长治久安和中华民族繁荣昌盛的大事。(　　)

135. 保卫祖国、抵抗侵略是中华人民共和国每一个公民的神圣职责。(　　)

136. 维护国家安全是人民军队的事情，与大学生无关。(　　)

137. 在当今和平时期，“天下虽安，忘战必危”是杞人忧天的思想。(　　)

138. 我国宪法明确规定了公民维护国家安全的基本义务，《中华人民共和国国家安全法》《中华人民共和国保守国家秘密法》《中华人民共和国国防法》《中华人民共和国兵役法》《中华人民共和国反间谍法》等法律明确规定了公民维护国家安全的各项具体的法律义务。(　　)

知识点九：创新创造是中华民族最深沉的民族禀赋

【单选题】

139. (　　)是当代中国最突出、最鲜明的特点。

A. 良性竞争

B. 改革创新

C. 艰苦奋斗

D. 脚踏实地

140. “苟日新，又日新，日日新”“穷则变，变则通，通则久”展现的是(　　)精神。

A. 良性竞争

B. 改革创新

C. 艰苦奋斗

D. 脚踏实地

141. (　　)的民族禀赋成就了辉煌灿烂的中华文明。

A. 勤于奋斗

B. 勇于创新创造

C. 敢于吃苦

D. 脚踏实地

142. 近代以来，我国逐渐由领先变为落后，中华人民共和国的成立，让古老的中国焕发新生，勤劳勇敢的中国人民在建设自己美好家园的伟大实践中迸发出创新创造的生机活力，在中国共产党的领导下开启了全力(　　)、勇于(　　)的改革创新大潮。(　　)

A. 追赶时代；引领时代

B. 追赶时代；紧跟时代

C. 成就新时代；引领时代

D. 成就新时代；紧跟时代

【多选题】

143. 在历史的漫漫长河中，(　　)、与日偕新等思想观念逐渐积淀为中华民族最深沉的民族禀赋。

A. 变通求新

B. 因革损益

C. 革故鼎新

D. 与时俱进

【判断题】

144. 大学生富有想象力和创造力，是改革创新的生力军，要否定历史，发挥自己的优势进行创新创造。(　　)

145. 近代以来，我国逐渐由领先变为落后，一个重要原因就是错失了多次科技和产业革命带来的巨大发展机遇，在世界工业革命大潮中被时代远远甩下。(　　)

知识点十：改革创新是时代要求

【单选题】

146. 当代中国，社会发展离不开改革创新，改革创新是社会发展的（　　），坚持改革创新是新时代的（　　）。（　　）

A. 重要动力；迫切要求

B. 驱动力；根本要求

C. 重要动力；必然要求

D. 重要动力；基本要求

147. 推动人类社会发展的第一动力始终是（　　）。

A. 竞争　　B. 团结

C. 努力　　D. 创新

148. 当前国际竞争新优势集中体现在（　　）。

A. 综合国力

B. 经济实力

C. 创新能力

D. 文化软实力

149. “惟创新者进，惟创新者强，惟创新者胜。”这句话说明（　　）。

A. 创新是当今国际竞争新优势的集中体现

B. 创新是中华民族的民族禀赋

C. 创新是推动人类社会发展的第一动力

D. 创新是我国赢得未来的必然要求

150. 当前，全球新一轮科技革命和产业变革正在孕育兴起，谁在创新上先行一步，谁就能拥有引领发展的（　　）。

A. 先机　　B. 话语权

C. 自主权　　D. 主动权

151. 我国赢得未来的必然要求是（　　）。

A. 改革创新

B. 经济发展

C. 艰苦奋斗

D. 脚踏实地

152. 在新一轮科技革命和产业革命中，我国能否在未来发展中后来居上、弯道超车，主要就看能否在（　　）发展上迈出实实在在的步伐。

A. 艰苦奋斗

B. 创新驱动

C. 踏实肯干

D. 爱岗敬业

153. 当前，必须把创新作为引领发展的第一动力，把（　　）作为支撑发展的第一资源。

A. 劳动力　　B. 人才

C. 知识　　D. 精神

154. 实施创新驱动发展战略，最根本的是要增强（　　）。

A. 艰苦奋斗精神

B. 自主创新能力

C. 踏实肯干的态度

D. 爱岗敬业的品质

155. 实施创新驱动发展战略最紧迫的是要（　　）。

A. 增强自主创新能力

B. 破除体制机制障碍

C. 解放和发展生产力

D. 营造良好发展氛围

【多选题】

156. 改革创新是时代要求，当今中国社会发展离不开改革创新。以下理解正确的是（　　）。

A. 创新始终是推动人类社会发展的第一动力

B. 创新能力是当今国际竞争新优势的集中体现

C. 改革创新是我国赢得未来的必然要求

D. 改革创新是进一步解放和发展生

产力的决定因素

157.“聪者听于无声，明者见于未形。”改革创新永无止境。大学生应该（　　）。

A. 自觉树立敢为天下先的志向和信心

B. 敢于担当、勇于超越

C. 在攻坚克难中追求卓越

D. 在改革创新中引领世界潮流

158. 下列关于创新，叙述正确的是（　　）。

A. 必须把创新作为引领发展的第一动力，把人才作为支撑发展的第一资源

B. 把创新摆在国家发展全局的核心位置，把创新驱动发展战略作为国家重大战略

C. 不断推进理论创新、制度创新、科技创新、文化创新等各方面创新

D. 让创新贯穿党和国家一切工作，让创新在全社会蔚然成风

159. 改革创新包括（　　）。

A. 理论创新

B. 制度创新

C. 科技创新

D. 文化创新

【判断题】

160. 每一次科技和产业革命都深刻地改变了世界发展面貌和力量格局。（　　）

161. 从某种意义上说，创新决定着世界政治经济力量对比的变化，也决定着各国各民族的前途命运。（　　）

162. 今天，国际竞争的新优势越来越集中体现在军事力量上。（　　）

163. 抓创新就是抓发展，谋创新就是谋未来。（　　）

164. 目前，我国经济总量跃居世界第二，改革创新不是非常迫切。（　　）

知识点十一：做改革创新生力军

【单选题】

165. 创新创造的宝贵时期是（　　）。

A. 幼儿期

B. 少年期

C. 青年期

D. 中年期

166. 李大钊曾写下“铁肩担道义，妙手著文章”的警句。这句话表明，若想树立改革创新的自觉意识，我们应该（　　）。

A. 树立突破陈规陋习的自觉意识

B. 树立大胆探索未知领域的信心和勇气

C. 树立以创新创造为目标的走向

D. 增强改革创新的责任感

167. 王安石《游褒禅山记》中所言：“而世之奇伟、瑰怪、非常之观，常在于险远，而人之所罕至焉，故非有志者不能至也。”这句话表明，若想要树立改革创新的自觉意识，我们应该（　　）。

A. 树立突破陈规陋习的自觉意识

B. 树立大胆探索未知领域的信心和勇气

C. 树立以创新创造为目标的走向

D. 增强改革创新的责任感

168. 改革创新精神表现为一种突破陈规、大胆探索、勇于创造的思想观念，表现为一种（　　）的责任感和使命感，表现为一种坚忍不拔、自强不息、锐意进取的精神状态。

A. 奋勇争先、积极创新、不甘落后

B. 追求进步、不甘落后、积极创新

C. 不甘落后、奋勇争先、追求进步

D. 不甘落后、奋勇争先、积极创新

169. 大学生要不断增强以改革创新推动社会进步，在改革创新中（　　）的崇高责任感和使命感，以时不我待、只争

朝夕的紧迫感投身改革创新的实践中。

A. 奉献服务社会、实现人生价值

B. 实现自我价值、创造社会价值

C. 奉献服务社会、创造社会价值

D. 奉献服务社会、实现自我价值

170. 敢于大胆突破陈规甚至常规，敢于大胆探索尝试，善于观察发现、思考批判，(　　)，这是大学生在学习与实践中创新创造的重要前提。

A. 不唯书、不唯上、只唯实

B. 不盲从、不迷信、不唯上

C. 不唯书、不唯上、不盲从

D. 不唯书、不唯上、不迷信

171. 大学生应当珍惜人生中最具创新创造力的宝贵时期，有敢为人先、开拓进取的(　　)，有逢山开路、遇河架桥的(　　)，在创新创造中不断积累经验取得成果、演绎精彩。(　　)

A. 意志；锐气

B. 意识；精神

C. 锐气；意志

D. 精神；勇气

【多选题】

172. 树立改革创新的自觉意识必须(　　)。

A. 增强改革创新的责任感

B. 树立敢于突破陈规的意识

C. 树立大胆探索未知领域的信心

D. 摒弃成本意识

173. 以改革创新为核心的时代精神体现为一种(　　)。

A. 天下兴亡，匹夫有责的宽广情怀

B. 突破陈规、大胆探索、勇于创造的思想观念

C. 不甘落后、奋勇争先、追求进步的责任感和使命感

D. 坚韧不拔、自强不息、锐意进取的精神状态

174. 改革创新，首先要求人们必须树立(　　)的思想观念。

A. 坚韧不拔

B. 突破陈规

C. 大胆探索

D. 勇于创造

175. 青年应是常为新、敢创造的，理当锐意创新创造，(　　)，勇做改革创新的生力军。

A. 不等待

B. 不观望

C. 不懈怠

D. 不动摇

176. 作为改革创新的生力军，要增强改革创新的能力本领，就需要(　　)。

A. 夯实创新基础

B. 培养创新思维

C. 惟书惟上，因循守旧

D. 投身创新实践

177. 大学生在专业学习与社会实践中应自觉培养创新型思维，做到(　　)。

A. 因循守旧

B. 勤于思考

C. 善于发现

D. 勇于创新

178. 当代大学生应当在全面深化改革的伟大实践中深深体悟改革创新精神，(　　)，勇做改革创新的实践者和生力军。

A. 增强改革创新的意识

B. 锤炼改革创新的意志

C. 增强改革创新的能力本领

D. 在改革创新中引领世界潮流

【判断题】

179. 新时代的大学生置身于实现中华民族伟大复兴的时代洪流之中，应当以时代使命为己任，把握时代脉搏，迎接时

代挑战，增强创新创造的能力和本领，勇做改革创新的实践者，将弘扬改革创新精神贯穿于实践中、体现在行动上。(　　)

180. 陈规最易束缚人的思维和手脚，创新创造的过程往往充满艰辛。(　　)

181. 改革创新，首先要求人们自觉增强改革创新的责任感，树立敢于突破陈规、大胆探索未知、勇于创新创造的思想观念，在实践中有直面困难的勇气，有突破难关的精神，锐意进取，奋力前行。(　　)

182. 推行任何一项改革，作出任何一项创新，都是站在前人积累的专业知识基础之上的。(　　)

183. 夯实创新基础就是要蛮干、坐论创新。(　　)

参考答案见二维码

第四章

践行社会主义核心价值观

知识结构图

- 第四章 践行社会主义核心价值观
  - 第一节 全体人民共同的价值追求
    - 一、社会主义核心价值观的基本内容
    - 二、当代中国发展进步的精神指引（——培育和践行社会主义核心价值观的重要意义）
  - 第二节 坚定价值观自信
    - 一、社会主义核心价值观的历史底蕴
    - 二、社会主义核心价值观的现实基础
    - 三、社会主义核心价值观的道义力量
    - 坚定社会主义核心价值观自信的要求
  - 第三节 做社会主义核心价值观的积极践行者
    - 一、扣好人生的扣子
    - 二、勤学修德明辨笃实

学习目标

1. 深刻领会社会主义核心价值观的基本内容和重要意义；

2. 深刻领会社会主义核心价值观的历史底蕴、现实基础和道义力量，坚定价值观自信；

3. 能够明确正确的价值取向，自觉培育和践行社会主义核心价值观，从一开始就扣好人生的扣子，切实做到勤学、修德、明辨、笃实，成为社会主义核心价值观的坚定信仰者、积极传播者、模范践行者。

学习重点

1. 理解社会主义核心价值观的基本内容和重要意义；

2. 坚定价值观自信；

3. 做社会主义核心价值观的积极践行者。

学习难点

1. 深刻领会培育和践行社会主义核心价值观的重大意义；

2. 坚定核心价值观自信的原因；

3. 把社会主义核心价值观内化于心外化于行，做社会主义核心价值观的积极践行者。

第四章整体知识结构图见二维码

第一节　全体人民共同的价值追求

思维导图

- 第一节　全体人民共同的价值追求
  - 一、社会主义核心价值观的基本内容
    - 1.核心价值观的含义及意义
      - 核心价值观的含义
        - 核心价值观是一定社会形态社会性质的集中体现，在一个社会的思想观念体系中处于主导地位，体现着社会制度、社会运行的基本原则和社会发展的基本方向
      - 核心价值观的意义
        - 人类社会发展的历史表明，对一个民族、一个国家来说，最持久、最深层的力量是全社会共同认可的核心价值观
        - 核心价值观，承载着一个民族、一个国家的精神追求，体现着一个社会评判是非曲直的价值标准
    - 2.社会主义核心价值观的提出
      - 党的十八大提出社会主义核心价值观，三个倡导、二十四个字
        - 社会主义核心价值观的提出，鲜明确立了当代中国的核心价值理念，生动展现了中国共产党和中华民族高度的价值自信与价值自觉
    - 3.社会主义核心价值观和社会主义核心价值体系的关系
      - 社会主义核心价值体系的内容
        - 社会主义核心价值体系主要包括马克思主义指导思想、中国特色社会主义共同理想、以爱国主义为核心的民族精神和以改革创新为核心的时代精神、社会主义荣辱观
      - 社会主义核心价值观和社会主义核心价值体系的关系
        - 紧密联系、互为依存、相辅相成
        - 社会主义核心价值观是社会主义核心价值体系的精神内核
        - 社会主义核心价值观体现了社会主义核心价值体系的根本性质和基本特征
        - 社会主义核心价值观反映了社会主义核心价值体系的丰富内涵和实践要求
        - 社会主义核心价值观是社会主义核心价值体系的高度凝练和集中表达
        - 社会主义核心价值观与社会主义核心价值体系具有内在的一致性
          - 都体现了社会主义意识形态的本质要求
          - 都体现了社会主义制度在思想和精神层面的质的规定性
          - 都是建设中国特色社会主义现代化强国、实现中华民族伟大复兴中国梦的价值引领
    - 4.社会主义核心价值观的基本内容
      - 国家层面:富强、民主、文明、和谐——回答了我们要建设什么样的国家（从国家层面标注了社会主义核心价值观的时代刻度）
      - 社会层面：自由、平等、公正、法治——回答了我们要建设什么样的社会（揭示了社会主义发展的价值取向）
      - 公民层面：爱国、敬业、诚信、友善——回答了我们要培育什么样的公民（是每一个公民都应当遵守的道德规范）
  - 二、当代中国发展进步的精神指引（——培育和践行社会主义核心价值观的重要意义）
    - 2018年3月，十三届全国人大一次会议通过宪法修正案，把国家倡导社会主义核心价值观正式写入宪法
    - 1.坚持和发展中国特色社会主义的价值遵循
      - 在全社会大力弘扬社会主义核心价值观，为社会的有序运行、良性发展提供明确价值准则，保证中国特色社会主义事业始终沿着正确方向前进，是中国特色社会主义的铸魂工程
    - 2.提高国家文化软实力的迫切要求
      - 核心价值观是文化软实力的灵魂、文化软实力建设的重点。这是决定文化性质和方向的最深层次要素
      - 培育和践行社会主义核心价值观，用最简洁的语言介绍和说明中国
        - 有利于增进国际社会对中国的理解，扩大中华文化影响力，展示社会主义中国的良好形象
        - 有利于增强社会主义意识形态的竞争力，维护国家文化利益和意识形态安全，不断提高我们国家的文化软实力
    - 3.增进社会团结和谐的最大公约数
      - 培育和践行社会主义核心价值观，能够在具体利益矛盾、各种思想差异之上最广泛地形成价值共识，有效引领整合纷繁复杂的社会思想意识，有效避免利益格局调整可能带来的思想对立和混乱，形成团结奋斗的强大精神力量

知识要点

一、社会主义核心价值观的基本内容

知识点一 社会主义核心价值观的基本内容

1. 核心价值观的含义及意义

（1）核心价值观的含义。

核心价值观是一定社会形态社会性质的集中体现，在一个社会的思想观念体系中处于主导地位，体现着社会制度、社会运行的基本原则和社会发展的基本方向。

（2）核心价值观的意义。

人类社会发展的历史表明，对一个民族、一个国家来说，最持久、最深层的力量是全社会共同认可的核心价值观。核心价值观，承载着一个民族、一个国家的精神追求，体现着一个社会评判是非曲直的价值标准。

2. 社会主义核心价值观的提出

党的十八大提出，要倡导富强、民主、文明、和谐，倡导自由、平等、公正、法治，倡导爱国、敬业、诚信、友善，积极培育和践行社会主义核心价值观。社会主义核心价值观的提出，鲜明确立了当代中国的核心价值理念，生动展现了中国共产党和中华民族高度的价值自信与价值自觉。

3. 社会主义核心价值观和社会主义核心价值体系的关系

（1）社会主义核心价值体系的内容。

社会主义核心价值体系主要包括马克思主义指导思想、中国特色社会主义共同理想、以爱国主义为核心的民族精神和以改革创新为核心的时代精神、社会主义荣辱观。

（2）社会主义核心价值观和社会主义核心价值体系的关系。

社会主义核心价值观和社会主义核心价值体系，两者是紧密联系、互为依存、相辅相成的。

第一，社会主义核心价值观是社会主义核心价值体系的精神内核。

社会主义核心价值观体现了社会主义核心价值体系的根本性质和基本特征，反映了社会主义核心价值体系的丰富内涵和实践要求，是社会主义核心价值体系的高度凝练和集中表达。

第二，社会主义核心价值观与社会主义核心价值体系具有内在的一致性。

社会主义核心价值观与社会主义核心价值体系都体现了社会主义意识形态的本质要求，体现了社会主义制度在思想和精神层面的质的规定性，是建设中国特色社会主义现代化强国、实现中华民族伟大复兴中国梦的价值引领。

（3）如何推进社会主义核心价值观与社会主义核心价值体系建设？

推进社会主义核心价值观与社会主义核心价值体系建设，就是要弘扬共同理想、凝聚精神力量、引领道德风尚，形成全民族奋发向上、团结和睦的精神纽带，使我们的国家、民族、人民在思想上和精神上强起来，更好地坚持中国道路、弘扬中国精神、凝聚中国力量。

4. 社会主义核心价值观的基本内容

社会主义核心价值观把涉及国家、社会、公民的价值要求融为一体，体现了社会主义本质要求，继承了中华优秀传统文化，吸收了世界文明有益成果，体现了时代精神，是对我们要建设什么样的国家、建设什么样的社会、培育什么样的公民等重大问题的深刻解答。

（1）国家层面。

富强、民主、文明、和谐。这一价值追求回答了我们要建设什么样的国家的重大问题，揭示了当代中国在经济发展、政治文明、文化繁荣、社会进步等方面的价值目标，从国家层面标注了社会主义核心价值观的时代刻度。

（2）社会层面。

自由、平等、公正、法治。这一价值追求回答了我们要建设什么样的社会的重大问题，与实现国家治理体系和治理能力现代化的要求相契合，揭示了社会主义社会发展的价值取向。

（3）公民层面。

爱国、敬业、诚信、友善。这一价值追求回答了我们要培育什么样的公民的重大问题，涵盖了社会公德、职业道德、家庭美德、个人品德等各个方面，是每一个公民都应当遵守的道德规范。

二、当代中国发展进步的精神指引

知识点二 当代中国发展进步的精神指引

社会主义核心价值观是当代中国精神的集中体现，凝结着全体人民共同的价值追求。

1. 培育和践行社会主义核心价值观的意义

培育和践行社会主义核心价值观，是有效整合我国社会意识、凝聚社会价值共识、解决和化解社会矛盾、聚合磅礴之力的重大举措，是保证我国经济社会沿着正确的方向发展、实现中华民族伟大复兴的价值支撑，意义重大而深远。

2. 社会主义核心价值观入宪

2018 年 3 月，十三届全国人大一次会议通过宪法修正案，把国家倡导社会主义核心价值观正式写入宪法，进一步凸显了社会主义核心价值观的重大意义。

3. 社会主义核心价值观是当代中国发展进步的精神指引

（1）坚持和发展中国特色社会主义的价值遵循。

在全社会大力弘扬社会主义核心价值观，明确中国特色社会主义事业到底追求什么、反对什么，要朝着什么方向走、不能朝什么方向走，坚守我们的价值观立场，坚定中国特色社会主义的道路自信、理论自信、制度自信和文化自信，为社会的有序运行、良性发展提供明确价值准则，保证中国特色社会主义事业始终沿着正确方向前进，是中国特色社会主义的铸魂工程。

（2）提高国家文化软实力的迫切要求。

① 核心价值观对文化软实力的作用。

核心价值观是文化软实力的灵魂、文化软实力建设的重点。这是决定文化性质和方向的最深层次要素。

② 文化软实力的重要性。

当今世界，文化越来越成为综合国力竞争的重要因素，成为经济社会发展的重要支撑，文化软实力越来越成为争夺发展制高点、道义制高点的关键所在。文化的力量，归根到底来自于凝结其中的核心价值观的影响力和感召力；文化软实力的竞争，本质上是不同文化所代表的核心价值观的竞争。现在，越来越多的国家把提升文化软实力确立为国家战略，价值观之争日趋激烈。

③ 培育和践行社会主义核心价值观对文化软实力的作用。

一是培育和践行社会主义核心价值观，用最简洁的语言介绍和说明中国，有利于增进国际社会对中国的理解，扩大中华文化影响力，展示社会主义中国的良好形象；

二是培育和践行社会主义核心价值观，用最简洁的语言介绍和说明中国，有利于增强社会主义意识形态的竞争力，掌握话语权，赢得主动权，逐步打破西方的话语垄断、舆论垄断，维护国家文化利益和意识形态安全，不断提高我们国家的文化软实力。

（3）增进社会团结和谐的最大公约数。

历史和现实一再表明，只有建立共同的价值目标，一个国家和民族才会有赖以维系的精神纽带，才会有统一的意志和行动，才会有强大的凝聚力、向心力。

培育和践行社会主义核心价值观，能够在具体利益矛盾、各种思想差异之上最广泛地形成价值共识，有效引领整合纷繁复杂的社会思想意识，有效避免利益格局调整可能带来的思想对立和混乱，形成团结奋斗的强大精神力量。

第二节　坚定价值观自信

思维导图

- 第二节 坚定价值观自信
  - 坚定的核心价值观自信，是中国特色社会主义道路自信、理论自信、制度自信和文化自信的价值内核
  - 一、社会主义核心价值观的历史底蕴
    - 1.中华优秀传统文化是涵养社会主义核心价值观的重要源泉，是中华民族的精神命脉
      - “深入挖掘和阐发中华优秀传统文化讲仁爱、重民本、守诚信、崇正义、尚和合、求大同的时代价值，使中华优秀传统文化成为涵养社会主义核心价值观的重要源泉。”
    - 2.培育和弘扬社会主义核心价值观，必须立足中华优秀传统文化
      - 中国人民的理想、价值观和精神世界是始终扎根于中华优秀传统文化的沃土之中的，同时又是随着历史和时代前进而不断与时俱进的
      - 社会主义核心价值观，是对中华优秀传统文化的继承和升华
  - 二、社会主义核心价值观的现实基础
    - 1.中国特色社会主义建设是社会主义核心价值观的实践根据
      - 社会主义核心价值观生成于中国特色社会主义建设实践，同当今中国最鲜明的时代主题相适应，是当代中国精神的集中体现，是中国特色社会主义本质规定的价值表达
    - 2.中国特色社会主义建设也以无可辩驳的事实生动展示社会主义核心价值观的生机活力
      - 中国特色社会主义建设的成功经验，是对社会主义核心价值观正确性、可信性的检验
      - 中国特色社会主义建设的新推进，也不断为社会主义核心价值观注入丰富而鲜活的时代内涵，提出弘扬和践行社会主义核心价值观的新任务新要求，并为社会主义核心价值观的弘扬和践行创造提供了广阔空间及有力的物质基础、制度保障和相应条件
  - 三、社会主义核心价值观的道义力量
    - 1.先进性
      - 体现在它是社会主义制度所坚持和追求的核心价值理念
    - 2.人民性
      - 体现在它所代表的最广大人民的根本利益，反映的最广大人民的价值诉求，引导着最广大人民为实现美好社会理想而奋斗
    - 3.真实性
      - 人民当家作主的社会主义制度，则为社会主义核心价值观的真正实现奠定了根本的制度前提和制度保障，使得自由、民主、公正等价值观“不是装饰品，不是用来做摆设的，而是要用来解决人民要解决的问题的”，成为真切、具体、广泛的现实
  - 坚定社会主义核心价值观自信的要求
    - 要求我们充分认识社会主义核心价值观的优越性及其在中华民族实现自己梦想的奋斗中所具有的重大意义，自觉以社会主义核心价值观来引领我们的接力前行
    - 要求我们自觉以社会主义核心价值观引领多样化的社会思潮，运用马克思主义客观辩证地分析各种错误价值观的实质，增强抵御错误价值观侵蚀的能力，不断增强社会凝聚力和价值共识
    - 要求我们在发展的进程中虚心学习借鉴人类社会创造的一切文明成果，但不能数典忘祖，不能照抄照搬别国的发展模式，也绝不会接受任何外国颐指气使的说教

知识要点

坚定的核心价值观自信，是中国特色社会主义道路自信、理论自信、制度自信和文化自信的价值内核。社会主义核心价值观丰厚的历史底蕴、坚实的现实基础、强大的道义力量为我们坚定核心价值观自信提供了充分的理由。

一、社会主义核心价值观的历史底蕴

知识点三 坚定价值观自信—— 社会主义核心价值观的历史底蕴

任何一种价值观都不可能凭空产生，总是有其特定的历史底色和精神脉络。牢固的核心价值观，都有其固有的根本。抛弃传统、丢掉根本，就等于割断了自己的精神命脉。社会主义核心价值观不是无源之水、无本之木。深深地根植于中华优秀传统文化，是社会主义核心价值观历史底蕴的集中体现。

1. 中华优秀传统文化是涵养社会主义核心价值观的重要源泉，是中华民族的精神命脉

在世界几大古代文明中，中华文明之所以能够没有中断并延续发展至今，一个重要原因就是中华民族有一脉相承的精神追求、精神特质、精神脉络。中华民族传统文化源远流长、博大精深，积淀着中华民族最深层次的精神追求，包含着中华民族最根本的精神基因，重和谐、重伦理、重民本、重爱国、重自强等思想和理念是凝练社会主义核心价值观珍贵的思想资源。这样的思想和理念，不论过去还是现在，都有其鲜明的民族特色，都有其永不褪色的时代价值。正如习近平所说的，要“深入挖掘和阐发中华优秀传统文化讲仁爱、重民本、守诚信、崇正义、尚和合、求大同的时代价值，使中华优秀传统文化成为涵养社会主义核心价值观的重要源泉”。

2. 培育和弘扬社会主义核心价值观，必须立足中华优秀传统文化

中国人民的理想、价值观和精神世界是始终扎根于中华优秀传统文化的沃土之中的，同时又是随着历史和时代前进而不断与时俱进的。社会主义核心价值观，是对中华优秀传统文化的继承和升华。

培育和弘扬社会主义核心价值观，如何立足中华优秀传统文化?

第一，培育和弘扬社会主义核心价值观，必须从中华优秀传统文化中汲取丰富营养，深入中华民族历久弥新的精神世界，把长期以来我们民族形成的积极向上向善的思想文化充分继承和弘扬起来，坚持历史唯物主义立场，坚持古为今用、推陈出新，有鉴别地加以对待，有扬弃地予以继承；

第二，推动中华优秀传统文化创造性转化和创新性发展，激活其生命力，增强其影响力和感召力，把跨越时空、超越国度、富有永恒魅力、具有当代价值的文化精神弘扬起来，把继承优秀传统文化又弘扬时代精神、立足本国又面向世界的当代中国文化创新成果传播出去。

二、社会主义核心价值观的现实基础

知识点四 坚定价值观自信——社会主义核心价值观的现实基础

当今时代的中华民族所进行的人类历史上最为宏伟而独特的中国特色社会主义建设实践，就是社会主义核心价值观坚实的现实基础。

1. 中国特色社会主义建设是社会主义核心价值观的实践根据

（1）价值观是人类在认识、改造自然和社会的过程中产生与发挥作用的。不同民族、不

同国家由于其自然条件和发展历程不同，产生和形成的核心价值观也各有特点。

（2）社会主义核心价值观生成于中国特色社会主义建设实践，同当今中国最鲜明的时代主题相适应，是当代中国精神的集中体现，是中国特色社会主义本质规定的价值表达。它从价值观的层面，清晰地展现了我们所推进的中国特色社会主义建设的基本特征和根本追求，引领着中国特色社会主义建设铿锵前行。

2. 中国特色社会主义建设也以无可辩驳的事实生动展示着社会主义核心价值观的生机活力

（1）中国特色社会主义不是从天上掉下来的，也不是什么复制品、舶来品，而是有其自身的独特品质，中国特色的价值理念就是其中的内核。

（2）中国特色社会主义建设的成功经验，是对社会主义核心价值观正确性、可信性的检验。

（3）中国特色社会主义建设的新推进，也不断为社会主义核心价值观注入丰富而鲜活的时代内涵，提出弘扬和践行社会主义核心价值观的新任务新要求，并为社会主义核心价值观的弘扬和践行创造提供了广阔空间及有力的物质基础、制度保障和相应条件。

（4）社会主义核心价值观之所以彰显出强大的生命力、吸引力和感召力，正因其深深地扎根于中国特色社会主义建设的生动实践之中。

三、社会主义核心价值观的道义力量

知识点五　坚定价值观自信——社会主义核心价值观的道义力量

社会主义核心价值观以其先进性、人民性和真实性而居于人类社会的价值制高点，具有强大的道义力量。

（1）社会主义核心价值观的先进性，体现在它是社会主义制度所坚持和追求的核心价值理念。

社会主义核心价值观反映着我国社会主义基本制度的本质要求，渗透于经济、政治、文化、社会、生态建设的各个方面，是我国社会主义制度的内在精神之魂。作为人类社会最为先进社会制度的本质规定在价值层面的集中反映，社会主义核心价值观代表着当今时代人类社会的价值制高点。

（2）社会主义核心价值观的人民性体现在它所代表的最广大人民的根本利益，反映的最广大人民的价值诉求，引导着最广大人民为实现美好社会理想而奋斗。

马克思主义最根本的政治立场，就是始终站在广大劳动人民的立场上，以广大劳动人民的解放为旨归，竭尽全力为人民求福利、谋利益。与此相应，人民性也是以马克思主义为理论基础、以社会主义运动为实践根据的社会主义核心价值观的根本特性。鲜明的人民性，使得社会主义核心价值观具有强大的道义感召力。

（3）社会主义核心价值观的道义力量还源于它的真实性。

人民当家作主的社会主义制度，则为社会主义核心价值观的真正实现奠定了根本的制度前提和制度保障，使得自由、民主、公正等价值观“不是装饰品，不是用来做摆设的，而是要用来解决人民要解决的问题的”，成为真切、具体、广泛的现实。

如何坚定社会主义核心价值观自信？

第一，坚定社会主义核心价值观自信，要求我们充分认识社会主义核心价值观的优越性及其在中华民族实现自己梦想的奋斗中所具有的重大意义，自觉以社会主义核心价值观来引领我们的接力前行；

第二，坚定社会主义核心价值观自信，要求我们自觉以社会主义核心价值观引领多样化的社会思潮，运用马克思主义客观辩证地分析各种错误价值观的实质，增强抵御错误价值观侵蚀的能力，不断增强社会凝聚力和价值共识；

第三，坚定社会主义核心价值观自信，要求我们在发展的进程中虚心学习借鉴人类社会创造的一切文明成果，但不能数典忘祖，不能照抄照搬别国的发展模式，也绝不会接受任何外国颐指气使的说教。

第三节　做社会主义核心价值观的积极践行者

思维导图

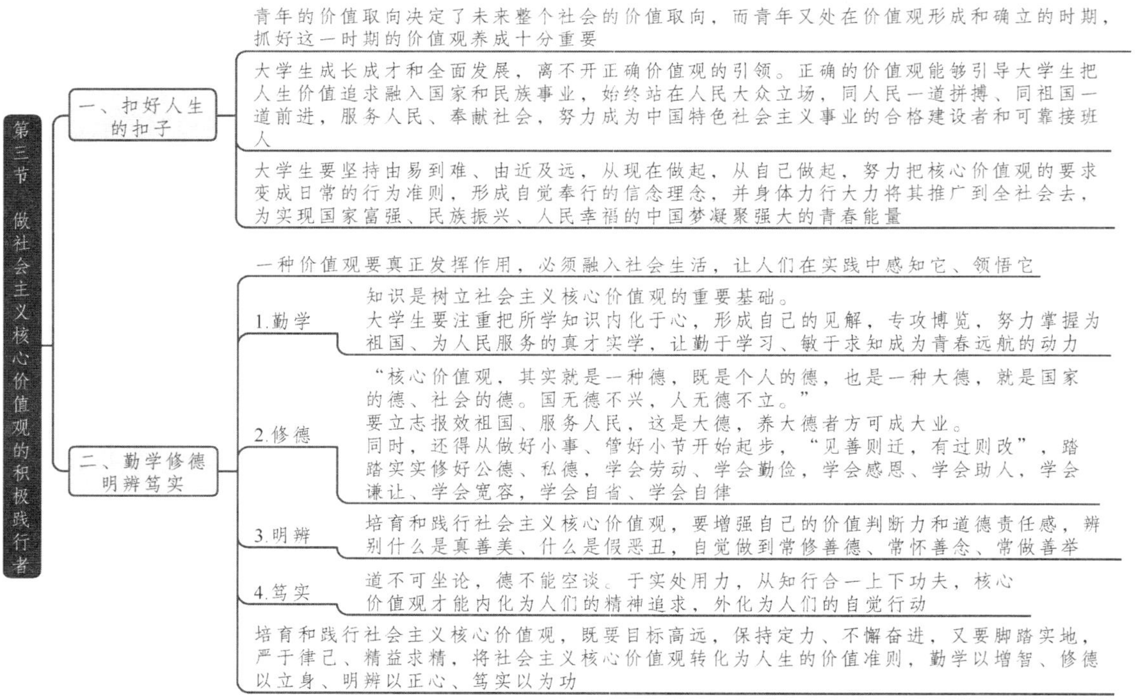

知识要点

青年的价值取向，既关系着自己的健康成长成才，又决定着未来整个社会的价值取向。在全社会培育和弘扬社会主义核心价值观，需要大学生始终走在时代前列，成为社会主义核心价值观的坚定信仰者、积极传播者、模范践行者。大学生要自觉践行社会主义核心价值观，努力成为培育和弘扬社会主义核心价值观最积极、最活跃、最充分的青年先进代表。

一、扣好人生的扣子

知识点六 扣好人生的扣子

1. 青年价值观的重要性

青年的价值取向决定了未来整个社会的价值取向，而青年又处在价值观形成和确立的时期，抓好这一时期的价值观养成十分重要。正如习近平指出："这就像穿衣服扣扣子一样，如果第一粒扣子扣错了，剩余的扣子都会扣错。人生的扣子从一开始就要扣好。"

2. 正确价值观对大学生的重要性

大学生成长成才和全面发展，离不开正确价值观的引领。面对世界范围内各种思想文化交流交融交锋的新形势，面对整个社会思想价值观念呈现多元多样、复杂多变的新特点，大学生健康成长成才更加需要正确价值观的引领。正确的价值观能够引导大学生把人生价值追求融入国家和民族事业，始终站在人民大众立场，同人民一道拼搏、同祖国一道前进，服务人民、奉献社会，努力成为中国特色社会主义事业的合格建设者和可靠接班人。

3. 大学生如何扣好人生的扣子

大学生要坚持由易到难、由近及远，从现在做起，从自己做起，努力把核心价值观的要求变成日常的行为准则，形成自觉奉行的信念理念，并身体力行大力将其推广到全社会去，为实现国家富强、民族振兴、人民幸福的中国梦凝聚强大的青春能量。

二、勤学修德明辨笃实

知识点七 勤学修德明辨笃实

"一种价值观要真正发挥作用，必须融入社会生活，让人们在实践中感知它、领悟它。"对于大学生而言，就是要切实做到勤学、修德、明辨、笃实，使社会主义核心价值观成为一言一行的基本遵循。

1. 勤　学

大学生如何勤学：

① 知识是树立社会主义核心价值观的重要基础。大学生正处于学习科学知识的黄金时期，

要下得苦功夫，求得真学问，把学习作为一种精神追求、一种生活方式，以韦编三绝、悬梁刺股的毅力，以凿壁借光、囊萤映雪的劲头，努力扩大知识半径，既读有字之书，也读无字之书，砥砺道德品质，掌握真才实学，练就过硬本领。

② 大学生要努力掌握马克思主义理论，形成正确的世界观和科学的方法论，深化对社会主义核心价值观的认知认同。

③ 大学生要注重把所学知识内化于心，形成自己的见解，专攻博览，努力掌握为祖国、为人民服务的真才实学，让勤于学习、敏于求知成为青春远航的动力。

2. 修　德

“核心价值观，其实就是一种德，既是个人的德，也是一种大德，就是国家的德、社会的德。国无德不兴，人无德不立。”一个人只有明大德、守公德、严私德，其才方能用得其所。

大学生如何修德：

① 修德，既要立意高远，又要立足平实。

② 要立志报效祖国、服务人民，这是大德，养大德者方可成大业。

③ 从做好小事、管好小节开始起步，“见善则迁，有过则改”，踏踏实实修好公德、私德，学会劳动、学会勤俭，学会感恩、学会助人，学会谦让、学会宽容，学会自省、学会自律。

3. 明　辨

大学生如何明辨：

① 要增强自己的价值判断力和道德责任感，辨别什么是真善美、什么是假恶丑，自觉做到常修善德、常怀善念、常做善举。

② 要正视价值观选择和道德责任感，强化判断，善于明辨是非，善于决断选择，旗帜鲜明地弘扬真善美、贬斥假恶丑，树立正确导向，澄清模糊认识，匡正失范行为，形成激浊扬清、抑恶扬善的思想道德舆论，自觉做良好道德风尚的建设者、社会文明进步的推动者。

4. 笃　实

大学生如何笃实：

① 道不可坐论，德不能空谈。于实处用力，从知行合一上下功夫，核心价值观才能内化为人们的精神追求，外化为人们的自觉行动。

② 青年要把艰苦环境作为磨炼自己的机遇，把小事当作大事干，一步一个脚印往前走。滴水可以穿石。只要坚韧不拔、百折不挠，成功就一定在前方等你。

③ 培育和践行社会主义核心价值观，既要目标高远，保持定力、不懈奋进，又要脚踏实地，严于律己、精益求精，将社会主义核心价值观转化为人生的价值准则，勤学以增智、修德以立身、明辨以正心、笃实以为功。

知识案例

【案例一】 大头娃娃事件背后的特医奶粉江湖

湖南永兴县市场监管局对固体饮料冒充特医奶粉现象启动调查，特医奶粉行业乱象彻底曝光于公众。2020 年 5 月 13 日，《北京商报》记者走访发现，北京地区的母婴店比较规范，但由白云山医药科技为总经销的一款名为阿里王子御敏善的固体饮料仍在线上冒充特配粉销售。

在我国已经有《特殊医学用途配方食品注册管理办法》对生产许可及宣传内容作出要求，特医食品应当经国务院食品安全监督管理部门注册。严格的注册管理下部分企业无法获得相关资质，而不断扩大的特医奶粉市场规模则让企业铤而走险、以假乱真，固体饮料冒充特医奶粉乱象不止。

进度：已对涉事企业进行调查

2020 年 5 月 13 日晚，针对湖南省郴州市永兴县爱婴坊母婴店将一款固体饮料冒充特医食品销售给牛奶过敏儿童，虚假宣传特殊功能，涉嫌消费欺诈一事，国家市场监督管理总局发布通告称，责成湖南省市场监管部门对涉事商家进行彻查，依法从严从重处罚，及时向社会公布调查结果。

国家市场监督管理总局表示，固体饮料是普通食品，不是婴幼儿配方乳粉，更不是特殊医学用途配方食品，其蛋白质和营养素含量远低于婴幼儿配方乳粉和特殊医学用途配方食品。

同日，针对湖南省郴州市永兴县“大头娃娃”假特医奶粉事件，永兴县市场监管局相关负责人向《北京商报》记者表示，调查小组目前在进行多方面的工作，包括尽力安抚患儿家长情绪，同时已联系涉事企业，调查具体情况。据该负责人介绍，调查小组已在 5 月 13 日接触一名患儿家长，会继续与其他家长见面，安排患儿全面体检，体检费用将由市监局协调。

据报道，湖南郴州永兴县多名患者家长近日发现自己孩子身体出现湿疹，体重严重下降，头骨畸形酷似“大头娃娃”等异常情况。经媒体调查发现，这些患儿被医院确诊为“佝偻病”，且都食用了一款名为“倍氨敏”的“特医奶粉”。不过，这款“奶粉”实际为一种固体饮料，并不具有特医奶粉资质。

《北京商报》记者在网图“倍氨敏”产品外包装上看到，该产品的委托方为湖南唯乐可健康产业有限公司，被委托方为天津市德恒科技有限公司。天眼查数据显示，湖南唯乐可健康产业有限公司成立于 2015 年，其实控人肖诗弧同时为美优高乳业（湖南）有限公司、湖南牛更牛生物科技有限公司的控股股东。

值得关注的是，湖南唯乐可健康产业有限公司、天津市德恒科技有限公司均不具备特医奶粉和婴幼儿配方奶粉的生产资质。国家市场监督管理总局信息显示，湖南唯乐可健康产业有限公司的许可范围为食品、食品添加剂以及其他固体饮料。天津市德恒科技有限公司的许可范围为食品、食品添加剂、蛋白固体饮料以及其他固体饮料。

针对公司产品被当作奶粉出售，公司是否知情等情况，《北京商报》记者分别致电湖南唯乐可健康产业有限公司、天津市德恒科技有限公司。湖南唯乐可健康产业有限公司电话未有人接听，天津市德恒科技有限公司相关负责人表示，领导回来后会回电，但截至发稿未收到回复。

调查：仍有企业顶风作案

固体饮料冒充特医奶粉已经不是第一次。2019 年 8 月，因旗下固体饮料冒充特医奶粉销售，金大洋乳业有限公司被青岛市黄岛区市场监督管理局罚款 238.82 万元，同时没收违法所得和非法财物约 2.15 万元。

金大洋被罚没有让乱象消失。5 月 13 日，《北京商报》记者走访发现，北京地区的母婴店比较规范，首都儿科研究所院外的"尤拉便利店"已经不再销售婴儿奶粉产品，院外其他母婴店货架上摆放的均为雀巢生产的特医奶粉。

不过，线上仍有固体饮料冒充特配粉的现象。淘宝一家"小豆母婴坊"店铺中一款名为阿里王子御敏善的固体饮料冒充特医奶粉进行销售。客服人员告诉《北京商报》记者，该产品为深度水解奶粉，3~6 个月的宝宝可以服用，宝宝吃后不会过敏。根据产品外包装信息，该款产品由广州白云山医药科技发展有限公司（以下简称"白云山医药科技"）总经销，制造商为广州迪斯尼营养品有限公司。

白云山医药科技和广州迪斯尼营养品有限公司并不陌生。早在 2019 年 11 月，《北京商报》记者曾报道过由白云山医药科技总经销、广州迪斯尼营养品有限公司生产的"纽康源"牌固体饮料宣称有特医食品功效。目前，纽康源官方微信公众号更名为"儿童过敏管理馆"，微信商城也已关闭，线上已搜索不到"纽康源"相关产品。但由广州迪斯尼营养品有限公司制造、白云山医药科技背书的阿里王子御敏善、润复宝以及全氨膳固体饮料仍活跃在市场，宣称适用于乳糖不耐受、黄疸宝宝，冒充特医奶粉。

国家市场监督管理总局信息显示，广州迪斯尼营养品有限公司的许可明细为食品、食品添加剂、植物固体饮料、营养素固体饮料等。

在奶业专家、中国奶业协会原常务理事王丁棉看来，蛋白固体饮料仅是种普通食品，不能视同或作为特配奶粉使用，用固体饮料来充当特配奶粉销售是一种违法行为。

乳业分析师宋亮也表示，品牌授予方也需了解合作企业的产品质量以及销售方式等，并承担一定的责任。针对上述产品的具体情况，《北京商报》记者联系广药集团相关负责人，致电广州迪斯尼营养品有限公司，但截至发稿未收到任何回复。

原因：利益驱动下的铤而走险

中国食品产业分析师朱丹蓬认为，特医食品注册较为严格，在市场规模不断扩大的情况下，一些企业不惜铤而走险，以固体饮料冒充特医奶粉，钻空子获取利益。

根据《特殊医学用途配方食品注册管理办法》，特殊医学用途配方食品是指为满足进食受限等或者特定疾病状态人群对营养素或者膳食的特殊需要，专门加工配制而成的配方食品。依照我国食品安全法等相关规定，国家对特医食品实行严格监管，特医食品应当经国务院食品安全监督管理部门注册，生产企业应当取得相应的特医食品生产许可，且非特医食品不得明示或者暗示满足进食受限、消化吸收障碍、代谢紊乱或特定疾病人群对营养素或膳食的特殊需要。

相关数据显示，我国 0~2 岁婴幼儿曾发生或正在发生过敏性疾病症状的比例高达 40.9%。湿疹、腹泻、便秘、吐奶和哭闹等多种日常问题均可能与过敏有关。业内人士指出，特殊医学用途婴儿配方奶粉市场需求不断扩大，预计未来市场规模可达 100 亿元。

不断扩大的市场份额吸引众多企业布局，但由于注册严格，并非所有企业都能够获得相关资质。2020 年 3 月 25 日，国家药品监督管理局公布一批特殊医学用途配方食品注册决定待领信息，其中两款产品未被批准，涉及宁波特壹食品和上海奥医生物医药两家企业。目前，我国已注册批准的特殊医学用途配方奶粉共有 32 款，包括圣元、雅培、贝因美、惠氏、雀巢以及达能等企业。

宋亮表示，国家相关部门和法律机构应该对以固体饮料冒充奶粉的企业和品牌给予严惩，对于企业和相关责任人应该给予最严标准的处罚。

金大洋事件后，国家市场监督管理总局曾发文表示，将继续督促相关省份市场监管局进一步调查核实，针对企业名称中含有“生物”“医药”等字，获得饮料、糖果制品、代用茶、其他食品等生产许可的，产品易误导消费者与特殊医学用途配方食品、婴幼儿配方食品等混淆的普通食品生产企业，要加强监督管理，督促企业落实主体责任等。

（资料来源：《北京商报》，2020-05-14，略有删改，
http：//epaper.bbtnews.com.cn/site1/bjsb/html/2020-05/14/content_448692.htm？div=-1）

思考

1. 一些企业在利益驱动下铤而走险、顶风作案，一次次用固体饮料冒充特医奶粉，究其根本是社会主义核心价值观的缺失。请简要概述社会主义核心价值观的内容。

2. 根据案例，谈谈为什么要培育和践行社会主义核心价值观。

案例解析

1. 一些企业在利益驱动下的铤而走险、顶风作案，一次次用固体饮料冒充特医奶粉，究其根本是社会主义核心价值观的缺失。请简要概述社会主义核心价值观的内容。

解析：社会主义核心价值是对我们要建设什么样的国家、建设什么样的社会、培育什么样的公民等重大问题的深刻解答。

一是国家层面，富强、民主、文明、和谐。这一价值追求回答了我们要建设什么样的国家的重大问题，揭示了当代中国在经济发展、政治文明、文化繁荣、社会进步等方面的价值目标，从国家层面标注了社会主义核心价值观的时代刻度。

二是社会层面，自由、平等、公正、法治。这一价值追求回答了我们要建设什么样的社会的重大问题，与实现国家治理体系和治理能力现代化的要求相契合，揭示了社会主义社会发展的价值取向。

三是公民层面，爱国、敬业、诚信、友善。这一价值追求回答了我们要培育什么样的公民的重大问题，涵盖了社会公德、职业道德、家庭美德、个人品德等各个方面，是每一个公民都应当遵守的道德规范。

2. 根据案例，谈谈为什么要培育和践行社会主义核心价值观。

解析：培育和践行社会主义核心价值观，是有效整合我国社会意识、凝聚社会价值共识、解决和化解社会矛盾、聚合磅礴之力的重大举措，是保证我国经济社会沿着正确的方向发展、实现中华民族伟大复兴的价值支撑，意义重大而深远。

培育和践行社会主义核心价值观，是坚持和发展中国特色社会主义的价值遵循，是提高国家文化软实力的迫切要求，是增进社会团结和谐的最大公约数。

培育和践行社会主义核心价值观，能够在具体利益矛盾、各种思想差异之上最广泛地形

成价值共识，有效引领整合纷繁复杂的社会思想意识，有效避免利益格局调整可能带来的思想对立和混乱，形成团结奋斗的强大精神力量。

【案例二】 感动中国2019候选人物——杜岚 尤端阳

1949年10月1日清晨，澳门濠江中学校长杜岚顶着重重压力，带领师生，将一面自己缝制的五星红旗在校园内高高升起，这是在澳门升起的第一面五星红旗，这面五星红旗一升就是70年。2019年12月20日，是澳门回归20周年，濠江中学组织学生们举行升旗仪式庆祝回归，并齐唱《歌唱祖国》。

2019年12月20日上午8点，升旗仪式正式开始，27名护旗手和3名升旗手昂首挺胸齐步入场。在全校师生注视下，五星红旗冉冉升起。仪式结束后，护旗手洪志聪告诉长江日报-长江网记者，每周一学校都会举行升旗仪式，为当好升旗手，他每天早上7点半来到学校练习。当天是澳门回归20周年，他们7点就开始训练，“前几天每天也会练习1小时，今天升旗仪式上，我作为升旗手感到非常自豪，希望澳门越来越好，希望祖国越来越好。”

现任濠江中学校长尤端阳是杜岚校长的女婿，他给长江日报-长江网记者讲述了两代人守护国旗70年的故事。“1949年，杜校长连夜买红布和黄布，自己缝制国旗。当天，她早早就把收音机带到学校来，10月1日下午3点，听见收音机里传来国歌声，她就升起了这面五星红旗。”他介绍，当时不允许升国旗。“杜校长理直气壮地说，‘我是中国人，新中国成立了，我升五星红旗有什么不对？’”尤端阳回忆，当时阻挠的人无言以对。

2000年，濠江中学现任校长尤端阳接下了“国旗的传承”。他带着“爱国爱澳有教无类”的校训，在往后的岁月里，每逢周一、校庆以及国庆日，尤端阳都会带着濠江中学全体师生举行升旗仪式。70年来，两位校长用接力的形式，持续给学生们进行爱国主义教育。

（资料来源：长江网，2019-12-20，略有删改，http：//news.cjn.cn/gnxw/201912/t3516051.htm）

思考

你觉得杜岚和尤端阳身上体现了社会主义核心价值观的哪方面？

案例解析

你觉得杜岚和尤端阳身上体现了社会主义核心价值观的哪方面？

解析：杜岚和尤端阳身上体现了社会主义核心价值观公民层面的爱国要求。爱国，是对公民行为提出的一个基本的道德准则，也是中华儿女的一种自然而朴素的精神追求。爱国，就是热爱祖国。一个人，是社会的人、是国家的公民、祖国大家庭的成员，他（她）必须处理与国家、与社会的关系，履行自己对祖国、对社会的义务和责任。中国人民历来把国家利益放在至高无上的地位，亿万群众和无数英雄豪杰为祖国和民族的生存发展前仆后继、奋斗不息。中国人民有自己的民族自尊心和自豪感，以热爱祖国、贡献全部力量建设社会主义祖国为最大光荣，以损害社会主义祖国利益、尊严和荣誉为最大耻辱。杜岚和尤端阳用自己的行动诠释了爱国情怀。

【案例三】 感动中国2019候选人物——四川森林消防员

2019年3月30日18时许，四川大凉山深处——凉山州木里县雅砻江镇立尔村发生森林火灾。数百名民兵、消防人员、当地打火队队员等扑向火海，与火魔展开殊死搏斗。着火点位于海拔3800米左右，火场平均海拔达4000米，多个火点位于悬崖峭壁上。2019年3月31日下午，扑火人员在转场途中，受瞬间风力风向突变影响，突遇山火爆燃，30名扑火人员壮烈牺牲。

危急 近700人扑向火海

2019年3月30日18时许，一场突发的森林大火自凉山州木里县雅砻江镇立尔村燃起，火借风势，迅速蔓延，吞噬森林。

一夜之后，相距火场30公里外的木里县卡拉乡田镇村、麻撒村村民都能看到熊熊的火光和滚滚浓烟，席卷着一个又一个山头。

“场面非常可怕。”田镇村一名60多岁的老大爷说，几十年没见过这样大的火情。

木里县在四川森林面积、森林蓄积位居第一，森林是木里的灵魂。

危急时刻，一场与大火的搏斗迅速展开。

由于火场距离场镇相对较远，且交通不便，村民向上级报告火情后，第一时间由村干部带领，投入到救火行动中。相邻的立波村村委会也迅速组织88人的救援队伍，于3月31日早上出发前往火场进行扑救。

与此同时，专业救援力量从四面八方源源不断涌向火场。

3月31日，凉山军分区闻令而动，司令员潘波、副司令员刘波第一时间奔赴现场参与协调指挥，迅即组织310名民兵参与灭火作业，分区机关和应急民兵做好随时出动的准备。

4月1日11时55分，第77集团军某陆航旅接上级命令，出动两架直升机，紧急飞赴现场执行山火救援任务。

同一时间，西部战区总医院接到西部战区联指命令后，迅即抽调烧伤、重症、呼吸等科室的骨干力量15人组成应急医疗队，由医院副院长呼永河带队，携带相关医疗物资，于12时20分乘直升机从成都凤凰山机场出发，前往救援。医院本部做好收治烧伤伤员相关准备以及后续救援力量出动准备。

省应急管理厅相关负责人表示，此次火灾最开始省上接报的过火面积为2公顷，最初定性为较大火灾，属于属地指挥。当地派出凉山森林消防支队西昌大队、当地打火队、民兵等参与救援。

2019年4月1日，前线已设立现场搜救、医疗抢救、现场扑打、后勤保障、安全保卫等工作小组，全力展开工作。共投入森林消防扑火队、乡镇半专业扑火队、村民等扑火力量689人，3架扑火飞机累计飞行11小时，侦察和搜寻失联人员3架次，实施吊灭1架次，洒水4桶8.8吨。

痛心 30名扑火人员没有归来

山火救援中，一组救援队突遇大火，有30人在火海中失联。

起初，人们期待着失联队员平安归来。然而，直到4月1日傍晚，当30名扑火人员的遗体被一一找到的消息传来，人们掩饰不住悲恸，无不为之扼腕！

遇难的27名森林消防指战员中1名“80后”，24名“90后”，2名“00后”；遇难的3名地方扑火人员为“70后”。这30名不幸遇难者包括凉山州木里县林业局局长杨达瓦、川林五处职工邹平。3月30日下午，杨达瓦带人前往火灾现场指导扑救工作，再也没有回来。

杨达瓦生前的同事杨群英接受记者采访时说，杨达瓦对林业工作非常有感情，每次发生森林火灾，都亲自带队上山灭火。“他永远都冲在第一线。前不久，他曾和我提到，最近是森林防火期，工作压力很大，马虎不得。”

“他们比谁都更知道危险，但是他们依然冲向了火海。”“他们是真正的英雄！”……在微博和朋友圈，无数网友表达着对英雄的敬意。

4月2日凌晨，在西昌市区往殡仪馆的路上，群众手持菊花守候在街道两旁，路面上也铺着菊花，写着挽言：“灭火英雄一路走好。”

（资料来源：《四川日报》，2019-04-02，略有删改，http：//scnews.newssc.org/system/20190402/000954850.html）

思考

1. 你觉得这些森林消防人员身上体现了社会主义核心价值观的哪方面？

2. 不幸遇难的这些消防人员，都是建设社会主义的中坚力量。我们作为新时代的青少年，应该怎样践行社会主义核心价值观？

案例解析

1. 你觉得这些森林消防人员身上体现了社会主义核心价值观的哪方面？

解析：这些森林消防人员身上体现了社会主义核心价值观公民层面的爱国、敬业的要求。

爱国，是对公民行为提出的一个基本的道德准则，也是中华儿女的一种自然而朴素的精神追求。敬业是针对公民职业道德方面的核心要求。敬业，就是要求我们每个人敬重自己的职业，培育强烈的责任心与使命感，要求我们每个人都爱岗、尽责、专注、钻研和奉献。用最简单的话来说，就是眼光要长远，工作要勤奋，勤奋要持续。这些森林消防人员用自己的行动诠释了对祖国大好河山的热爱和对自己职业的尊重。

2. 不幸遇难的这些消防人员，都是建设社会主义的中坚力量。我们作为新时代的青少年，应该怎样践行社会主义核心价值观？

解析：青年的价值取向，既关系着自己的健康成长成才，又决定着未来整个社会的价值取向。在全社会培育和弘扬社会主义核心价值观，需要青年始终走在时代前列，成为社会主义核心价值观的坚定信仰者、积极传播者、模范践行者。

一是要扣好人生的扣子。青年的成长成才和全面发展，离不开正确价值观的引领。青年要坚持由易到难、由近及远，从现在做起，从自己做起，努力把核心价值观的要求变成日常的行为准则，形成自觉奉行的信念理念，并身体力行大力将其推广到全社会去，为实现国家富强、民族振兴、人民幸福的中国梦凝聚强大的青春能量。

二是要勤学修德明辨笃实。“一种价值观要真正发挥作用，必须融入社会生活，让人们在实践中感知它、领悟它。”对于青少年而言，就是要切实做到勤学、修德、明辨、笃实，使社会主义核心价值观成为一言一行的基本遵循。

【案例四】 台州路桥老街里的“诚信小卖部”玩得溜

一个玻璃的“方盒子”，里面放满了商品却没有收银员，消费者扫码进门、结账出门。这正是目前最火热的无人经济议题。自去年以来，全国各地涌现了多家连锁的无人值守超市，越来越多的商家开始探索无人领域，试水新零售新体验。

2017 年 4 月，在路桥的十里长街，也开了一家无人超市。与众不同的是，这家无人超市既没有琳琅满目的生活用品，也没有安装看店监视器、自助收银机等现代超市必备“神器”，只有一个黄皮纸盒做的“投币箱”、一本“诚信”记录本、两张“扫一扫”二维码，仅此而已。

古老的十里长街之于路桥，是历史与商贸经济的缩影，随着城市的发展，集市已经取消，很多店铺也已消失。但作为商都的发源地，老街的积淀却愈发厚重。

在“新零售”时代，这家无人超市开得何尝不是“心灵售”。来到老街无人超市，首先映入眼帘的是一副牌匾上的红字“对联”。上联是“愿你用诚实的舵掌航人生”，下联是“愿我用守信的心奠基未来”，横批即店名——“诚信”。

孺牛鲜奶糖、健力宝、泡泡糖、辣条、冬瓜茶、狗牙儿……在售卖平铺的 30 个格子里整齐排列的 50 多种“80”“90”后的小学时期，校门口小卖部里的代表零食。这些零食在这里，如今的价格也跟当初那样“亲民”，可见老街的无人超市并不注重商业利润。

小卖部业主“王掌柜”感慨地说,:“我开这家店的时候，很多顾客在我的‘诚信’记录本上说我的店唤醒了他们的童年记忆。”

2017 年下半年以来，上海、四川、哈尔滨等多地无人超市因亏损而倒闭的事件屡见报端。但“王掌柜”的话却像一注“定心剂”，给许多路桥人以安慰。“小卖部一年过去了，我获得了 1090 元的收益，但我觉得我赚取的不是金钱，是喜欢来老街走走停停的市民，他们所拥有的最可贵的诚信品质。这一年我用实践向朋友证明了，自己体会到的路桥品质。”

“王掌柜”每天从家里骑着共享单车到老街，包括“无人超市”，老街里还有他的甜品店、设计工作室等。“‘诚信’小卖部开在这里，是因为 2016 年 10 月，我在这棵傍水临桥的百年老朴树边开了家甜品店，因为有甜品店的场地资源，‘诚信’小卖部在开张之初就有了一席之地。”

“为了小卖部可以顺利经营下去，我还去工商局报批增加了预包装食品的销售范围，所以我的小卖部是合法合规的。”“王掌柜”自信地说道。

对于老街“接地气”的“无人超市”，年轻的“王掌柜”还有期待。“我希望老街发展起来，在图书馆、老街等这些有文化底蕴的地方，多一些无人、无监视器的货柜，这样更能体现一个文明城市里诚信的价值。”

（资料来源：中国青年网，2018-07-09，略有删改，
http：//news.youth.cn/jsxw/201807/t20180709_11664656.htm）

思考

“小卖部”体现了社会主义核心价值观的哪方面?

案例解析

“小卖部”体现了社会主义核心价值观的哪方面?

解析：“小卖部”体现了社会主义核心价值观公民层面的诚信要求。

诚信即诚实守信，是人类社会千百年传承下来的道德传统，也是社会主义道德建设的重点内容。孔子云：“民无信不立。”诚信是个人的立身之本，也是处理人际关系的德行。诚信，是社会主义核心价值观的重要组成部分。诚信，就是要以诚待人、以信取人，说老实话、办老实事、做老实人。诚信是一切道德的基础和根本，是人之为人的最重要品德，是社会赖以生存和发展的基石。只有讲诚信，才能建立起正常的政法秩序，维护安定团结的政治局面；只有讲诚信，才能建立正常的经济秩序；只有讲诚信，才能建立正常的生活秩序。台州路桥老街“小卖部”能持续营业，正是因为人们讲诚信。

知识题库

第四章　践行社会主义核心价值观

知识点一：社会主义核心价值观的基本内容

【单选题】

1. 对一个民族、一个国家来说，最持久、最深层的力量是全社会共同认可的(　　)。

A. 核心价值观

B. 公共道德准则

C. 文化传统

D. 国际惯例

2. 承载着一个民族、一个国家的精神追求，体现着一个社会评判是非曲直价值标准的是(　　)。

A. 人生观

B. 价值观

C. 核心价值观

D. 核心价值体系

3. (　　)是一定社会形态社会性质的集中体现，在一个社会的思想观念体系中处于主导地位，体现着社会制度、社会运行的基本原则和社会发展的基本方向。

A. 人生观

B. 法治素质

C. 核心价值观

D. 思想道德素质

4. 努力建设中华民族的共有精神家园，积极培育和践行社会主义核心价值观，是实现中国梦的价值观建设基础工程。党的(　　)提出的24字社会主义核心价值观，是我们党凝聚全党全社会价值共识做出的重要论断。

A. 十六届六中全会

B. 十七大

C. 十七届六中全会

D. 十八大

5. 回答我们要建设什么样的国家的重大问题，揭示当代中国在经济发展、政治文明、文化繁荣、社会进步等方面的价值目标，从国家层面标注社会主义核心价值观的时代刻度，这一价值追求是(　　)。

A. 富强、民主、文明、和谐

B. 自由、平等、公正、法治

C. 爱国、敬业、诚信、友善

D. 价值、奉献、为公、利民

6. 回答我们要建设什么样的社会的重大问题，与实现国家治理体系和治理能力现代化的要求相契合，揭示社会主义社会发展的价值取向，这一价值追求是（　　）。

A. 富强、民主、文明、和谐

B. 自由、平等、公正、法治

C. 爱国、敬业、诚信、友善

D. 价值、奉献、为公、利民

7. 回答我们要培育什么样的公民的重大问题，涵盖社会公德、职业道德、家庭美德、个人品德等各个方面，是每一个公民都应当遵守的道德规范，这一价值追求是（　　）。

A. 富强、民主、文明、和谐

B. 自由、平等、公正、法治

C. 爱国、敬业、诚信、友善

D. 价值、奉献、为公、利民

8. 党的十八大从国家、社会、公民三个层面，提出了以“三个倡导”为主要内容的社会主义核心价值观。其中国家层面的表述是（　　）。

A. 富强、民主、文明、和谐

B. 自由、平等、公正、法治

C. 爱国、敬业、诚信、友善

D. 民主、平等、公平、正义

9. 党的十八大从国家、社会、公民三个层面，提出了以“三个倡导”为主要内容的社会主义核心价值观。其中社会层面的表述是（　　）。

A. 富强、民主、文明、和谐

B. 自由、平等、公正、法治

C. 爱国、敬业、诚信、友善

D. 民主、平等、公平、正义

10. 党的十八大从国家、社会、公民三个层面，提出了以“三个倡导”为主要内容的社会主义核心价值观。其中公民层面的表述是（　　）。

A. 富强、民主、文明、和谐

B. 自由、平等、公正、法治

C. 爱国、敬业、诚信、友善

D. 民主、平等、公平、正义

11. 社会主义核心价值观国家层面中属于经济价值目标的是（　　）。

A. 富强　　B. 民主

C. 文明　　D. 和谐

12. 社会主义核心价值观国家层面中属于政治价值目标的是（　　）。

A. 富强　　B. 民主

C. 文明　　D. 和谐

13. 社会主义核心价值观国家层面中属于文化价值目标的是（　　）。

A. 富强　　B. 民主

C. 文明　　D. 和谐

14. 社会主义核心价值观国家层面中属于社会价值目标的是（　　）。

A. 富强　　B. 民主

C. 文明　　D. 和谐

15. 坚持和发展中国特色社会主义，实现中华民族伟大复兴的中国梦，凝结着中华民族和中国人民对（　　）的价值追求。

A. 富强、民主、文明、和谐

B. 自由、平等、公正、法治

C. 爱国、敬业、诚信、友善

D. 富强、和谐、自由、敬业

16. （　　）反映了人们对美好社会的期望和憧憬，是衡量现代社会是否充满活力又和谐有序的重要标志。

A. 富强、民主、文明、和谐

B. 自由、平等、公正、法治

C. 爱国、敬业、诚信、友善

D. 富强、和谐、自由、敬业

17. （　　）是社会主义国家制度的首要价值。

A. 公平正义

B. 自由民主

C. 和谐幸福

D. 诚实守信

【多选题】

18. 党的十八大提出的社会主义核心价值观的主要内容包括（　　）。

A. 倡导富强、民主、文明、和谐

B. 倡导自由、平等、公正、法治

C. 倡导爱国、敬业、诚信、友善

D. 倡导价值、奉献、为公、利民

19. 社会主义核心价值体系主要包括（　　）。

A. 马克思主义指导思想

B. 中国特色社会主义共同理想

C. 以爱国主义为核心的民族精神和以改革创新为核心的时代精神

D. 社会主义荣辱观

20. 社会主义核心价值观和社会主义核心价值体系的内在一致性体现在（　　）。

A. 都体现了社会主义制度在思想和精神层面的质的规定性

B. 都体现了社会主义意识形态的本质要求

C. 都包含国家、社会、公民三个层面的价值目标和取向

D. 都是实现中华民族伟大复兴中国梦的价值引领

21. 社会主义核心价值观与社会主义核心价值体系的关系是：（　　）。

A. 社会主义核心价值观是社会主义核心价值体系的内核

B. 社会主义核心价值观体现社会主义核心价值体系的基本特征

C. 社会主义核心价值观是对社会主义核心价值体系的高度凝练

D. 社会主义核心价值观体现社会主义核心价值体系的根本性质

22. 推进社会主义核心价值观与社会主义核心价值体系建设，就是要弘扬共同理想、凝聚精神力量、引领道德风尚，形成全民族（　　）的精神纽带，使我们的国家、民族、人民在思想上和精神上强起来，更好地坚持中国道路、弘扬中国精神、凝聚中国力量。

A. 奋发向上　　B. 团结和睦

C. 团结向上　　D. 和睦融洽

23. 社会主义核心价值观体现了社会主义的本质要求，是对我们要（　　）等重大问题的深刻解答。

A. 建设什么样的国家

B. 建设什么样的社会

C. 培养什么样的公民

D. 坚持什么样的道路

24. 社会主义核心价值观把涉及（　　）的价值要求融为一体，体现了社会主义的本质要求。

A. 国家　　B. 社会

C. 公民　　D. 社会组织

E. 家庭

25. 社会主义核心价值观涉及（　　）三个层面。

A. 国家　　B. 社会

C. 集体　　D. 公民

26. 社会主义核心价值观对国家的价值要求是（　　）。

A. 富强　　B. 民主

C. 文明　　D. 和谐

27. 社会主义核心价值观对社会的价值要求是（　　）。

A. 自由　　B. 平等

C. 公正　　D. 法治

28. 社会主义核心价值观对公民的价值要求是（　　）。

A. 爱国　　B. 敬业

C. 诚信　　D. 友善

【判断题】

29. 社会主义核心价值观与社会主义核心价值体系具有内在的一致性，都体现

了社会主义意识形态的本质要求，体现了社会主义制度在思想和精神层面的质的规定性，是建设中国特色社会主义现代化强国、实现中华民族伟大复兴中国梦的价值引领。(　　)

30. 党的十七大上提出社会主义核心价值观。(　　)

31. 社会主义核心价值观的提出，鲜明确立了当代中国的核心价值理念，生动展现了中国共产党和中华民族高度的价值自信与价值自觉。(　　)

32. 社会主义核心价值体系是社会主义核心价值观的内核。(　　)

33. 社会主义核心价值观是社会主义核心价值体系的高度凝练和集中表达。(　　)

34. 社会主义核心价值观涉及国家、社会、集体三个层面。(　　)

35. 核心价值观就是核心价值体系，二者是同一个问题的不同说法。(　　)

36. 社会主义核心价值观继承了中华优秀传统文化，吸收了世界文明有益成果，体现了时代精神。(　　)

知识点二：当代中国发展进步的精神指引——培育和践行社会主义核心价值观的重要意义

【单选题】

37. 培育和践行(　　)，是有效整合我国社会意识、凝聚社会价值共识、解决和化解社会矛盾、聚合磅礴之力的重大举措。

A. 法律意识

B. 道德观念

C. 文化素养

D. 社会主义核心价值观

38. 培育和践行社会主义核心价值观，是保证我国经济社会沿着正确的方向发展、(　　)的价值支撑。

A. 全面依法治国

B. 实现中华民族伟大复兴

C. 全面建成小康社会

D. 实现共产主义社会

39. 把国家倡导社会主义核心价值观正式写入宪法的是(　　)。

A. 十二届全国人大一次会议

B. 十二届全国人大二次会议

C. 十三届全国人大一次会议

D. 十三届全国人大二次会议

40. 培育和践行社会主义核心价值观是(　　)的共同责任。

A. 全社会

B. 全党

C. 各级政府

D. 各民族

41. (　　)是文化软实力的灵魂、文化软实力建设的重点，是决定文化性质和方向的最深层次要素。

A. 核心价值观

B. 民族精神

C. 开拓创新

D. 先进文化

42. 当今世界，(　　)越来越成为综合国力竞争的重要因素，成为经济社会发展的重要支撑。

A. 政治

B. 文化

C. 经济

D. 军事

43. 下列属于国家软实力的是(　　)。

A. 土地面积

B. 国家的凝聚力

C. 人口资源

D. 军事力量

44. 文化的力量，归根到底来自凝结

其中的（　　）的影响力和感召力。

A. 经济

B. 政治

C. 文化

D. 核心价值观

45. 文化软实力的竞争，表面上看是不同文化的竞争，本质上是不同文化所代表的（　　）的竞争。

A. 文化传承

B. 核心价值观

C. 文化体系

D. 文化底蕴

46. 现在，越来越多的国家把提升（　　）确立为国家战略，价值观之争日趋激烈。

A. 坚定信仰

B. 文化软实力

C. 综合国力

D. 军事实力

47. 历史和现实一再表明，只有建立共同的（　　），一个国家和民族才会有赖以维系的精神纽带，才会有统一的意识和行动，才会有强大的凝聚力和向心力。

A. 道德认同

B. 价值目标

C. 精神追求

D. 军事实力

48. 习近平说："我国是一个有着 13 亿多人口、56 个民族的大国，确立反映全国各族人民共同认同的价值观'最大公约数'，使全体人民同心同德、团结奋进，关乎国家前途命运，关乎人民幸福安康。"其中的"最大公约数"是指（　　）。

A. 理论认同

B. 精神追求

C. 价值共识

D. 观念共识

49. 培育和践行社会主义核心价值观，能够在具体利益矛盾、各种思想差异之上最广泛地形成（　　），有效引领整合纷繁复杂的社会思想意识，有效避免利益格局调整可能带来的思想对立和混乱，形成团结奋斗的强大精神力量。

A. 共同理想

B. 中国梦

C. 共产主义理想

D. 价值共识

50. 培养社会主义核心价值观用最（　　）的语言介绍和说明中国，有利于增进国际社会对中国的理解，扩大中华文化影响力，展示社会主义中国的良好形象。

A. 凝练　　B. 简洁

C. 华美　　D. 精准

【多选题】

51. 培育和践行社会主义核心价值观的重要意义表现在（　　）。

A. 坚持和发展中国特色社会主义的价值遵循

B. 提高国家文化软实力的迫切需要

C. 增进社会团结和谐的最大公约数

D. 保证社会稳定

52. 培育和践行社会主义核心价值观，是有效（　　）的重大举措。

A. 整合我国社会意识

B. 凝聚社会价值共识

C. 解决和化解社会矛盾

D. 聚合磅礴之力

53. 在全社会大力弘扬社会主义核心价值观，明确中国特色社会主义事业到底追求什么、反对什么，要朝着什么方向走、不能朝什么方向走，坚守我们的价值观立场，坚定中国特色社会主义的（　　），为社会的有序运行、良性发展提供明确价值准则，保证中国特色社会主义事业始终沿着正确方向前进，是中国特色社会主义的铸魂工程。

A. 道路自信　　B. 理论自信
C. 制度自信　　D. 文化自信
E. 体制自信

54. 当今世界，文化越来越成为综合国力竞争的重要因素，成为经济社会发展的重要支撑，文化软实力越来越成为争夺（　　）的关键所在。

A. 整治制高点
B. 发展制高点
C. 道义制高点
D. 经济制高点

55. 培育和践行社会主义核心价值观是提高国家文化软实力的迫切要求，下列叙述正确的是（　　）。

A. 培育和践行社会主义核心价值观，用最简洁的语言介绍和说明中国，有利于增进国际社会对中国的理解，扩大中华文化影响力，展示社会主义中国的良好形象

B. 培育和践行社会主义核心价值观，有利于增强社会主义意识形态的竞争力，掌握话语权，赢得主动权，逐步打破西方的话语垄断、舆论垄断，维护国家文化利益和意识形态安全，不断提高我们国家的文化软实力

C. 培育和践行社会主义核心价值观，能够在具体利益矛盾、各种思想差异之上最广泛地形成价值共识，有效引领整合纷繁复杂的社会思想意识，有效避免利益格局调整可能带来的思想对立和混乱，形成团结奋斗的强大精神力量

D. 培育和践行社会主义核心价值观，保证中国特色社会主义事业始终沿着正确方向前进

56. 历史和现实一再表明，只有建立共同的价值目标，一个国家和民族才会有赖以维系的精神纽带，才会有统一的意识和行动，才会有强大的（　　）。

A. 凝聚力　　B. 向心力
C. 精神追求　　D. 军事实力

【判断题】

57. 社会主义核心价值观是当代中国精神的集中体现，凝结着全体人民共同的价值追求。（　　）

58. 2018 年 3 月，十二届全国人大一次会议通过宪法修正案，把国家倡导社会主义核心价值观正式写入宪法，进一步凸显了社会主义核心价值观的重大意义。（　　）

59. 核心价值观是文化软实力的灵魂。（　　）

60. 培育和践行社会主义核心价值观，能够有效解决和化解我国的社会矛盾。（　　）

61. 建设中国特色社会主义，要突出重点项目来发展，提高国家文化软实力是当前的重中之重。（　　）

62. 培育和践行社会主义核心价值观是维护人民幸福的迫切需要。（　　）

知识点三：坚定价值观自信——社会主义核心价值观的历史底蕴

【单选题】

63. 坚定的核心价值观自信是中国特色社会主义道路自信、理论自信、制度自信和文化自信的（　　）。

A. 基础
B. 追求
C. 底蕴
D. 价值内核

64. 深深地根植于（　　），是社会主义核心价值观历史底蕴的集中体现。

A. 中华传统文化
B. 中华优秀传统文化
C. 人类社会一切文明成果
D. 中华文化

65. 牢固的（　　），都有其固有的根本。抛弃传统、丢掉根本，就等于割断了自己的精神命脉。

A. 国家荣誉

B. 信仰

C. 核心价值观

D. 文化底蕴

66. “天行健，君子以自强不息”“大道之行也，天下为公”“天下兴亡，匹夫有责”“民惟邦本”等思想观点，体现了中华优秀传统文化成为涵养（　　）的重要源泉。

A. 社会主义核心价值观

B. 中华文化道德规范

C. 儒家思想

D. 道家思想

67. （　　）是涵养社会主义核心价值观的重要源泉，是中华民族的精神命脉。

A. 生产力

B. 生产关系

C. 中华优秀传统文化

D. 生产资料

68. 培育和弘扬社会主义核心价值观，必须立足（　　）。

A. 本国国情

B. 经济实力

C. 军事实力

D. 中华优秀传统文化

69. 社会主义核心价值观，是对中华优秀传统文化的（　　）。

A. 继承和升华

B. 吸收和发展

C. 继承和传承

D. 传承与发展

【多选题】

70. 社会主义核心价值观（　　）为我们坚定核心价值观自信提供了充分的理由。

A. 多样的理论来源

B. 丰厚的历史底蕴

C. 坚实的现实基础

D. 强大的道义力量

71. 在世界几大古代文明中，中华文明之所以能够没有中断并延续发展至今，一个重要原因就是中华民族有一脉相承的（　　）。

A. 精神追求

B. 精神特质

C. 精神脉络

D. 精神力量

72. 要认真汲取中华优秀传统文化的思想精华，深入挖掘和阐发其（　　）的时代价值。

A. 讲仁爱、重民本

B. 守诚信、崇正义

C. 尚和合、求大同

D. 发展脉络、基本走向

73. 中华民族传统文化源远流长、博大精深，积淀着中华民族最深层次的精神追求，包含着中华民族最根本的精神基因，是凝练社会主义核心价值观珍贵的思想资源。这包括以下理念（　　）。

A. 重和谐

B. 重伦理

C. 重民本

D. 重爱国

E. 重自强

74. 今天，培育和弘扬社会主义核心价值观，必须（　　）。

A. 从中华优秀传统文化中汲取丰富营养，深入中华民族历久弥新的精神世界，把长期以来我们民族形成的积极向上向善的思想文化充分继承和弘扬起来

B. 对于中华传统文化，坚持历史唯物主义立场，坚持古为今用、推陈出新，有鉴别地加以对待，有扬弃地加以继承

C. 推动中华优秀传统文化创造性转

化和创新性发展

D. 对中国传统文化全部继承

【判断题】

75. 任何一种价值观都不可能凭空产生，总是有其特定的历史底色和精神脉络。(　　)

76. 社会主义核心价值观要以中华优秀文化价值观为基础。(　　)

77. 中国优秀传统文化是社会主义核心价值观产生与存在的土壤和社会基础。(　　)

78. 培育和弘扬社会主义核心价值观，我们必须立足中华民族传统文化，同时又要随着时代前进的步伐不断与时俱进。(　　)

79. “民惟邦本”“天人合一”“和而不同”“天行健，君子以自强不息”“大道之行也，天下为公”等思想和理念，是古人智慧的体现，与社会主义核心价值观没有关联。(　　)

知识点四：坚定价值观自信——社会主义核心价值观的现实基础

【单选题】

80. 社会主义核心价值观的实践根据是（　　）。

A. 中国特色社会主义政治

B. 中国特色社会主义建设

C. 中国特色社会主义文化

D. 中国特色社会主义经济

81. 社会主义核心价值观生成于(　　)，同当今中国最鲜明的时代主题相适应，是当代中国精神的集中体现，是中国特色社会主义本质规定的价值表达。

A. 共产主义社会建设实践

B. 革命实践

C. 中国特色社会主义建设实践

D. 建设实践

82. 社会主义核心价值观从价值观的层面，清晰地展现了我们所推进的中国特色社会主义建设的(　　)，引领着中国特色社会主义建设铿锵前行。

A. 基本特征和根本追求

B. 追求目标和服务特征

C. 基本理念和理想追求

D. 主要特征和最终追求

83. 社会主义核心价值观之所以彰显出强大的生命力、吸引力和感召力，正因其深深地扎根于(　　)的生动实践之中。

A. 中国特色社会主义建设

B. 中华优秀传统文化

C. 中国革命文化

D. 中国特色社会主义思想

【多选题】

84. 中国特色社会主义建设的成功经验，是对社会主义核心价值观（　　）的检验。

A. 发展性

B. 前沿性

C. 正确性

D. 可信性

85. 中国特色社会主义建设的新推进，也不断为社会主义核心价值观注入丰富而鲜活的时代内涵，提出弘扬和践行社会主义核心价值观的新任务新要求，并为社会主义核心价值观的弘扬和践行创造提供了广阔空间及有力的（　　）和相应条件。

A. 政治前提

B. 物质基础

C. 制度保障

D. 制度基础

86. 社会主义核心价值观之所以彰显出强大的（　　）正因其深深地扎根于中国特色社会主义建设的生动实践之中。

A. 生命力

B. 传承力

C. 吸引力

D. 感召力

【判断题】

87. 价值观是人类在认识、改造自然和社会的过程中产生并发挥作用的。（　　）

88. 不同国家、不同民族由于其自然条件和发展历程不同，产生和形成的核心价值观可以相同。（　　）

89. 中国特色社会主义不是从天上掉下来的，也不是什么复制品、舶来品，而是有其自身独特品质，中国特色的价值理念就是其中的内核。（　　）

90. 中国特色社会主义经济是社会主义核心价值观的实践根据。（　　）

知识点五：坚定价值观自信——社会主义核心价值观的道义力量

【单选题】

91. （　　）以其先进性、人民性和真实性而居于人类社会的价值制高点，具有强大的道义力量。

A. 中国特色社会主义建设

B. 社会主义核心价值观

C. 中国特色社会主义法制体系

D. 中国特色社会主义思想

92. 社会主义核心价值观以其先进性、人民性和真实性而居于人类社会的价值制高点，具有强大的（　　）。

A. 精神力量

B. 舆论力量

C. 道义力量

D. 真理力量

93. 社会主义核心价值观的（　　），体现在它是社会主义制度所坚持和追求的核心价值理念。

A. 人民性

B. 真实性

C. 先进性

D. 纯洁性

94. 社会主义核心价值观反映着我国（　　）的本质要求，渗透于经济、政治、文化、社会、生态建设的各个方面，是我国社会主义制度的内在精神之魂。

A. 社会主义道路

B. 社会主义具体制度

C. 社会主义根本制度

D. 社会主义基本制度

95. 作为人类社会最为先进社会制度的本质规定在价值层面的集中反映，代表着当今时代人类社会的价值制高点的是（　　）。

A. 社会主义核心价值观

B. 社会主义核心价值体系

C. 共产主义核心价值观

D. 共产主义核心价值体系

96. 社会主义核心价值观的（　　），体现在它所代表的最广大人民的根本利益，反映的最广大人民的价值诉求，引导着最广大人民为实现美好社会理想而奋斗。

A. 人民性

B. 真实性

C. 先进性

D. 纯洁性

97. 党的十九大报告指出，中国共产党人的初心和使命，就是为中国人民谋幸福，为中华民族谋复兴。这体现了社会主义核心价值观的（　　）特征。

A. 先进性

B. 纯洁性

C. 人民性

D. 真实性

98. 人民当家作主的社会主义制度，使得自由、民主、公正等价值观“不是装饰品，不是用来摆设的，而是用来解决人民要解决的问题的”，成为真切、具体、广泛的现实。这一段话，体现了社会主义核心价值观的（　　）。

A. 先进性

B. 人民性

C. 真实性

D. 实践性

99. 马克思主义最根本的政治立场，就是始终站在（　　）的立场上，以广大劳动人民的解放为旨归，竭尽全力为人民求福利、谋利益。

A. 全体国民

B. 广大劳动人民

C. 世界人民

D. 各政党

100.（　　）为社会主义核心价值观的真正实现奠定了根本的制度前提和制度保障，使得自由、民主、公正等价值观“不是装饰品，不是用来做摆设的，而是要用来解决人民要解决的问题的”，成为真切、具体、广泛的现实。

A. 中国特色社会主义经济制度

B. 中国特色社会主义政治制度

C. 人民当家作主的社会主义制度

D. 中国特色社会主义文化制度

101. 坚定社会主义核心价值观自信，要求我们自觉以（　　）来引领多样化的社会思潮，增强抵御错误价值观侵蚀的能力。

A. 中国传统文化

B. 科学文化知识

C. 思想道德修养

D. 社会主义核心价值观

【多选题】

102. 社会主义核心价值观的道义力量体现在它的（　　）。

A. 先进性

B. 纯洁性

C. 人民性

D. 真实性

103. 社会主义核心价值观的人民性体现在它（　　）。

A. 所代表的最广大人民的根本利益

B. 反映的最广大人民的价值诉求

C. 实现着最广大人民对美好生活的期待

D. 引导着最广大人民为实现美好社会理想而奋斗

104. 坚定社会主义核心价值观自信，要求我们（　　）。

A. 充分认识社会主义核心价值观的优越性及其在中华民族实现自己梦想的奋斗中所具有的重大意义，自觉以社会主义核心价值观来引领我们的接力前行

B. 自觉以社会主义核心价值观引领多样化的社会思潮，运用马克思主义客观辩证地分析各种错误价值观的实质，增强抵御错误价值观侵蚀的能力，不断增强社会凝聚力和价值共识

C. 尽快以武力推进祖国统一进程，奠定中国特色社会主义现代化强国的基础，早日实现中华民族伟大复兴的中国梦

D. 在发展的进程中虚心学习借鉴人类社会创造的一切文明成果，但不能数典忘祖，不能照抄照搬别国的发展模式，也

绝不会接受任何外国颐指气使的说教

【判断题】

105. 社会主义核心价值观的道义力量源于它的人民性。(　　)

106. 真实性是以马克思主义为理论基础、以社会主义运动为实践根据的社会主义核心价值观的根本特性。(　　)

107. 鲜明的实践性，使得社会主义核心价值观具有强大的道义感召力。(　　)

108. 社会主义核心价值观的道义力量体现在它的先进性、现实性和前沿性。(　　)

109. 鲜明的人民性，使得社会主义核心价值观具有强大的道义感召力。(　　)

110. 社会主义核心价值观的先进性，体现在它是社会主义制度所坚持和追求的核心价值理念。(　　)

知识点六：扣好人生的扣子

【单选题】

111. “青年兴则国家兴，青年强则国家强”说明，(　　)既关系着自己的健康成长成才，又决定着未来整个社会的价值取向。

A. 工人的价值取向

B. 农民的价值取向

C. 青年的价值取向

D. 老年的价值取向

112. 习近平指出：“这就像穿衣服扣扣子一样，如果第一粒扣子扣错了，剩余的扣子都会扣错。人生的扣子从一开始就要扣好。”这段话讲的是（　　）。

A. 儿童价值观养成问题

B. 少年价值观养成问题

C. 青年价值观养成问题

D. 中年价值观养成问题

113. “人生的扣子从一开始就要扣好。”大学生成长成才和全面发展，离不开正确的（　　）的引领。

A. 爱情观　　B. 家庭观

C. 价值观　　D. 道德观

114. 面对社会思想价值观念呈现多元多样、复杂多变的新特点，大学生健康成长成才更需要（　　）的引领。

A. 理想信念　　B. 高尚情操

C. 科学用法　　D. 正确价值观

115. 正确的（　　）能够引导大学生把人生价值追求融入国家和民族事业，努力成为中国特色社会主义事业的合格建设者和可靠接班人。

A. 择业观　　B. 金钱观

C. 价值观　　D. 以上都对

116. 大学生要把核心价值观的要求变成日常的(　　)，形成自觉奉行的信念理念，并身体力行大力将其推广到全社会去，为实现国家富强、民族振兴、人民幸福的中国梦凝聚强大的青春能量。

A. 行为准则　　B. 工作准则

C. 生活准则　　D. 行为习惯

【多选题】

117. 在全社会培育和弘扬社会主义核心价值观，需要大学生始终走在时代前列，成为社会主义核心价值观的（　　）。

A. 锐意创造者

B. 坚定信仰者

C. 积极传播者

D. 模范践行者

118. 正确的价值观能够引导大学生把人生价值追求融入国家和民族事业，始终站在人民大众立场，(　　)，努力成为中国特色社会主义事业的合格建设者和可靠接班人。

A. 同人民一道拼搏

B. 同祖国一道前进

C. 服务人民

D. 奉献社会

119. 大学生要按照（　　）原则，努力把核心价值观的要求变成日常的行为准则。

A. 从自己做起

B. 从现在做起

C. 由易到难

D. 由近及远

【判断题】

120. 自觉践行社会主义核心价值观，努力成为培育和弘扬社会主义核心价值观最积极、最活跃、最充分的先进代表。（　　）

121. 青年正处于价值观形成和确立的关键时期，自觉践行社会主义核心价值观十分重要。（　　）

122. 大学生的成长成才，离不开正确价值观的引领。（　　）

123. 少年的价值取向决定未来整个社会的价值取向。（　　）

124. 核心价值观的养成绝非一日之功。大学生要坚持由难到易、由远及近，从大事做起。（　　）

125. 核心价值观的养成可以通过突击来实现。（　　）

知识点七：勤学修德明辨笃实

【单选题】

126. 一种价值观要真正发挥作用，必须融入社会生活，让人们在（　　）中感知它、领悟它。

A. 实践　　B. 想象

C. 理解　　D. 相信

127.（　　）是树立社会主义核心价值观的重要基础。

A. 认知　　B. 知识

C. 情感　　D. 道德

128. 韦编三绝、悬梁刺股、凿壁借光、囊萤映雪等故事讲的是（　　）。

A. 勤学　　B. 修德

C. 明辨　　D. 笃实

129. 在社会主义核心价值观践行中，增智是通过（　　）实现的。

A. 勤学　　B. 修德

C. 明辨　　D. 笃实

130. 践行社会主义核心价值观，立身是通过（　　）实现的。

A. 笃实　　B. 勤学

C. 修德　　D. 明辨

131. 践行社会主义核心价值观，正心是通过（　　）实现的。

A. 明辨　　B. 勤学

C. 笃实　　D. 修德

132. 践行社会主义核心价值观，为功是通过（　　）实现的。

A. 明辨　　B. 勤学

C. 笃实　　D. 修德

133. 报效祖国、服务人民，“见善则迁，有过则改”，讲的都是（　　）。

A. 勤学　　B. 修德

C. 明辨　　D. 笃实

134. 践行社会主义核心价值观，努力做到“慎独”是让我们（　　）。

A. 勤学　　B. 笃实

C. 明辨　　D. 修德

135. “若无德，则虽体魄智力发达，适足助其为恶。”这说明（　　）的重要。

A. 勤学　　B. 修德

C. 明辨　　D. 笃实

136. 一个人只有明大德、守公德、严私德，其才方能用得其所。这强调的是（　　）的重要。

A. 修德　　B. 勤学

C. 明辨　　D. 笃实

137. 在社会主义核心价值观践行中，正心是通过（　　）实现的。

A. 勤学　　B. 修德

C. 明辨　　D. 笃实

138. “空谈误国，实干兴邦”和“天下难事，必作于易；天下大事，必作于细”都体现了（　　）的重要性。

A. 笃实　　B. 修德

C. 明辨　　D. 勤学

139.“道不可坐论，德不能空谈。于实处用力，从知行合一上下功夫，核心价值观才能内化为人们的精神追求，外化为人们的自觉行动。”这句话对青年学生践行社会主义核心价值观的启示是（　　）。

A. 勤学　　B. 修德

C. 明辨　　D. 笃实

140. 践行和培育社会主义核心价值观，于实处用力，从知行合一上下功夫，这是要我们做到（　　）。

A. 勤学　　B. 修德

C. 明辨　　D. 笃实

【多选题】

141. “一种价值观要真正发挥作用，必须融入社会生活，让人们在实践中感知它、领悟它。”大学生要切实做到（　　），使社会主义核心价值观成为一言一行的基本遵循。

A. 勤学　　B. 修德

C. 明辨　　D. 笃实

142. 大学生树立社会主义核心价值观必须以知识为基础，而大学生正处于学习科学知识的黄金时期，要（　　），把学习作为（　　），以韦编三绝、悬梁刺股的毅力，以凿壁借光、囊萤映雪的劲头，努力扩大知识半径，既读有字之书，也读无字之书，砥砺道德品质，掌握真才实学，练就过硬本领。

A. 下得苦功夫，求得真学问

B. 下真功夫，求得大学问

C. 一种政治追求、一种生活方式

D. 一种精神追求、一种生活方式

143. 大学生树立社会主义核心价值观要努力掌握马克思主义理论，形成（　　）和（　　），深化对社会主义核心价值观的认知认同。

A. 崇高的社会理想

B. 正确的世界观

C. 与时俱进的理论品质

D. 科学的方法论

144. “核心价值观，其实就是一种德，既是个人的德，也是一种大德，就是国家的德、社会的德。国无德不兴，人无德不立。”树立社会主义核心价值观必须要修德。对于当代大学生怎么修德，下列叙述正确的是（　　）。

A. 修德，既要立意高远，又要立足平实

B. 要立志报效祖国、服务人民，这是大德，养大德者方可成大业

C. 得从做好小事、管好小节开始起步，“见善则迁，有过则改”

D. 踏踏实实修好公德、私德，学会劳动、学会勤俭，学会感恩、学会助人，学会谦让、学会宽容，学会自省、学会自律

145. 培育和践行社会主义核心价值观，要增强自己的（　　）和（　　），辨别什么是真善美、什么是美与丑，自觉做到常修善德、常怀善念、常做善举。

A. 价值判断　　B. 事实判断

C. 道德责任感　　D. 社会责任感

146. 培育和践行社会主义核心价值

观，大学生一定要旗帜鲜明地弘扬真善美、贬斥假恶丑，树立正确导向，澄清模糊认识，匡正失范行为，形成激浊扬清、抑恶扬善的思想道德舆论，自觉做（　　）。

A. 国家改革发展的推动者

B. 良好道德风尚的建设者

C. 社会文明进步的推动者

D. 社会主义事业的建设者

147. 培育和践行社会主义核心价值观，既要（　　），又要脚踏实地，严于律己、精益求精，将社会主义核心价值观转化为人生的价值准则。

A. 目标高远

B. 保持定力

C. 不懈奋进

D. 明辨是非

【判断题】

148. 一种价值观要真正发挥作用，必须融入社会生活，让人们在实践中感知它、领悟它。（　　）

149. 大学生树立社会主义核心价值观必须以知识为基础，要注重把所学知识内化于心，形成自己的见解，专攻博览，努力掌握为祖国、为人民服务的真才实学，让勤于学习、敏于求知成为青春远航的动力。（　　）

150. 核心价值观，其实就是一种德，既是个人的德，也是一种大德，就是国家的德、社会的德。国无德不兴，人无德不立。（　　）

151. 一个人只有明大德、守公德、严私德，其才方能用得其所。（　　）

152. 从知上下功夫，核心价值观才能内化为人们的精神追求，外化为人们的自觉行动。（　　）

153. 践行社会主义核心价值观，主要是通过修德实现的。（　　）

参考答案见二维码

第五章

明大德守公德严私德

知识结构图

- 第五章 明大德守公德严私德
  - 第一节 道德及其变化发展
    - 一、什么是道德
    - 二、道德的功能与作用
    - 三、道德的变化发展
  - 第二节 吸收借鉴优秀道德成果
    - 一、传承中华传统美德
    - 二、发扬中国革命道德（中国革命道德是对中华传统美德的延续和发展）
    - 三、借鉴人类文明优秀道德成果
  - 第三节 遵守公民道德准则
    - 一、社会主义道德的核心和原则
    - 二、社会公德
    - 三、职业道德
    - 四、家庭美德
    - 五、个人品德
  - 第四节 向上行善，知行合一
    - 一、向道德模范学习
    - 二、参与志愿服务活动
    - 三、引领社会风尚

学习目标

1. 了解道德的起源和历史发展，掌握道德的本质，理解道德的功能与作用；

2. 掌握中华传统美德的基本精神和中国革命道德的主要内容，自觉传承中华传统美德和中国革命道德，秉承正确的态度和科学的方法吸收借鉴人类优秀道德成果；

3. 理解社会主义道德的核心和原则，掌握社会公德、职业道德、家庭美德、个人品德等基本道德规范；

4. 自觉树立社会主义道德观，形成善良的道德意愿、道德情感，培育正确的道德判断和道德责任，提高道德实践能力尤其是自觉践行能力；

5. 向善向上、知行合一，在投身崇德向善的实践中不断提高道德品质，传递道德的正能量，成为社会所需要的人才。

学习重点

1. 道德的起源、本质、功能与作用；
2. 中华传统美德的基本精神和中国革命道德的主要内容；
3. 社会主义道德建设的核心和原则；
4. 社会公德、职业道德、家庭美德、个人品德等基本道德规范；
5. 向善向上、知行合一，积极投身崇德向善的道德实践。

学习难点

1. 传承中华传统美德和中国革命道德；

2. 社会主义道德建设的核心和原则。

3. 向善向上、知行合一，积极投身崇德向善的道德实践，并在投身崇德向善的实践中不断提高道德品质。

第五章整体知识结构图见二维码

第一节　道德及其变化发展

思维导图

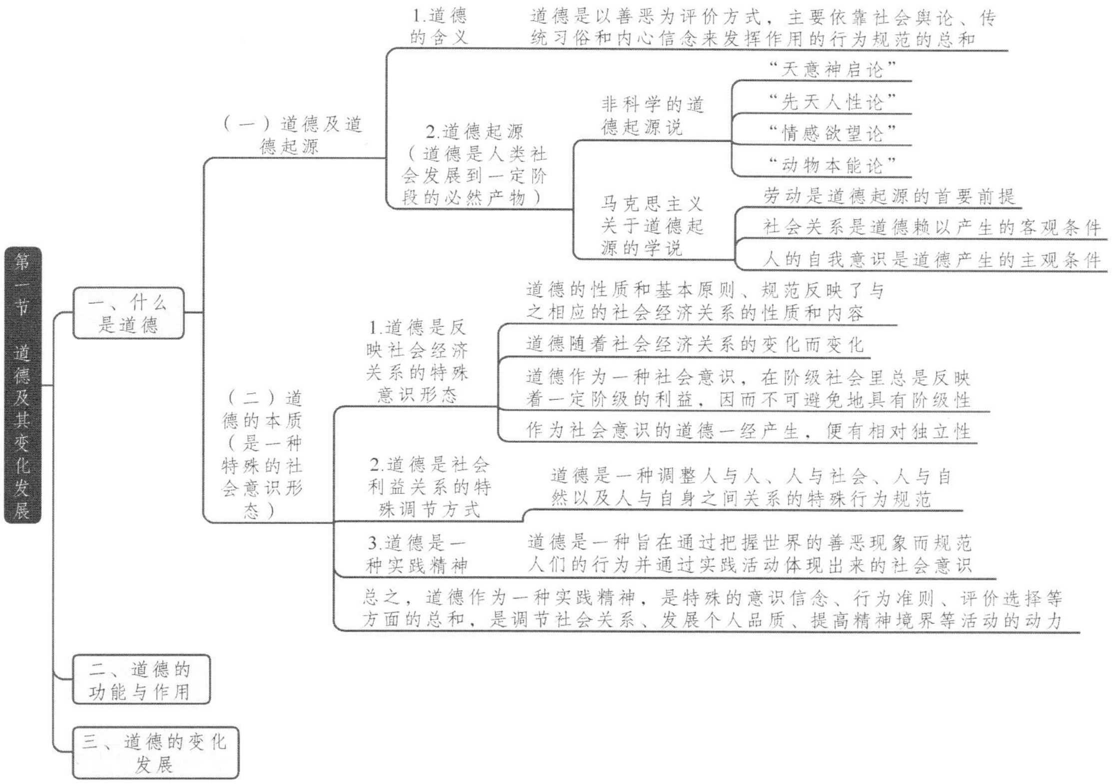

第一节 道德及其变化发展

- 一、什么是道德
- 二、道德的功能与作用
  - 1.道德的功能
    - 道德的功能的含义：道德的功能一般是指道德作为社会意识的特殊形式对于社会发展所具有的功效与能力。道德的功能是多元的，同时也是多层次的
    - 道德的功能
      - 道德的认识功能：道德的认识功能是指道德反映社会关系特别是反映社会经济关系的功效与能力
      - 道德的规范功能：道德的规范功能是指在正确善恶观的指引下，规范社会成员在社会公共领域、职业领域、家庭领域的行为，并规范个人品德的养成，引导并促进人们崇德向善
      - 道德的调节功能（道德评价是道德调节的主要形式）：道德的调节功能是指道德通过评价等方式，指导和纠正人们的行为和实践活动，协调社会关系和人际关系的功效与能力
      - 认识功能、规范功能、调节功能是最基本的功能，此外还有导向功能、激励功能等
  - 2.道德的作用
    - 道德的作用的含义：是指道德的认识、规范、调节、激励、导向、教育等功能的发挥和实现所产生的社会影响及实际效果
    - 道德的作用
      - 道德为经济基础的形成、巩固和发展服务，是一种重要的精神力量
      - 道德对其他社会意识形态的存在有着重大的影响
      - 道德通过调整人们之间的关系维护社会秩序和稳定
      - 道德是提高人的精神境界、促进人的自我完善、推动人的全面发展的内在动力
      - 在阶级社会中，道德是调节阶级矛盾和对立阶级之间开展阶级斗争的重要工具
  - 3.反对“道德万能论”和“道德无用论”
    - “道德万能论”
      - “道德万能论”片面夸大道德的作用，认为道德决定一切、高于一切、支配一切，只要道德水平高，一切社会问题都可以迎刃而解
      - 这种观点的根本错误在于，颠倒了社会存在和社会意识、经济基础同上层建筑之间的决定与被决定的关系，否定了物质资料的生产方式在社会发展中的决定作用
    - “道德无用论”
      - “道德无用论”根本否认道德的作用，或者通过强调非道德因素的作用来否定道德的积极作用，或者通过强调道德的消极因素来否定道德的积极作用
      - 这种观点的根本错误在于，忽视了道德作为上层建筑的重要组成部分，一方面由经济基础所决定，另一方面对经济基础和生产力发展有一定的反作用
  - 4.正确认识道德的作用
    - 在看到道德具有重大作用的同时，也必须看到道德发挥作用的性质并不都是一样的
    - 道德发挥作用的性质与社会发展的不同历史阶段相联系，由道德所反映的经济基础、代表的阶级利益所决定
    - 只有反映先进生产力发展要求和进步阶级利益的道德，才会对社会的发展和人的素质的提高产生积极的推动作用，否则，就不利于甚至阻碍社会的发展和人的素质的提高
- 三、道德的变化发展
  - 1.已出现的道德类型
    - 原始社会的道德
    - 奴隶社会的道德
    - 封建社会的道德
    - 资本主义社会的道德
    - 社会主义社会的道德
  - 2.道德的历史发展规律
    - 人类道德的发展是一个曲折上升的历史过程
    - 人类道德发展的历史过程与社会生产方式的发展进程大体一致，这是道德发展的基本规律
    - 每一个社会都有与其经济基础相适应的占统治地位的道德；在同一社会形态中，不同的阶级或人群还会有不同的道德
    - 在阶级社会中，占社会统治地位的道德是统治阶级的道德，而同时存在着的其他阶级的道德则处于从属地位
  - 3.道德进步的主要表现
    - 道德在社会生活中所起的作用越来越重要，对于促进社会和谐与人的全面自由发展的作用越来越突出
    - 道德调控的范围不断扩大，调控的手段或方式不断丰富，更加科学合理
    - 道德的发展和进步也成为衡量社会文明程度的重要尺度
  - 4.社会主义和共产主义道德：社会主义和共产主义道德，是人类道德合乎规律发展的必然产物，是人类道德发展史上的一种崭新类型的道德，是对人类道德传统的批判与继承，并必然随着社会的进步和实践的发展而与时俱进

知识要点

一、什么是道德

（一）道德及道德起源

知识点一 道德及道德起源

1. 道德的含义

道德是以善恶为评价方式，主要依靠社会舆论、传统习俗和内心信念来发挥作用的行为规范的总和。作为人类社会特有的一种社会现象，道德是人类社会发展到一定阶段的必然产物。

2. 道德起源

（1）非科学的道德起源说。

“天意神启论”：认为道德起源于上天的命令或者神的旨意。

“先天人性论”：把道德的起源或者归结为与生俱来的善性，或者归结为先天存在的良心、理念或精神。

“情感欲望论”：认为道德起源于人们的情感欲望，是人们为实现情感欲望而形成的行为要求。

“动物本能论”：认为道德观念是动物本能的延续，进而把动物基于本能的活动与人类有目的、有意识的活动画上等号。

（2）马克思主义关于道德起源的学说。

马克思主义道德观认为，人类社会的实际情况是，“物质生活的生产方式制约着整个社会生活、政治生活和精神生活的过程”。

① 劳动是道德起源的首要前提。

道德是人类社会的特有现象，动物的本能行为中不存在真正的道德。劳动将人与动物区分开来，创造了人、社会和社会关系，也创造了道德。劳动创造了道德主体。因此，劳动创造了人和人类社会，是道德起源的第一个历史前提。

② 社会关系是道德赖以产生的客观条件。

在生产生活的实践活动中，人类必然要发生各种各样的人际交往和社会关系。可以说，正是社会关系的形成和发展产生了调节各种关系特别是利益关系的需要，道德恰恰是适应社会关系调节的需要而产生的。

③ 人的自我意识是道德产生的主观条件。

意识是道德产生的思想认识前提。人只有在社会实践中，充分意识到自我作为社会成员与其他动物的根本区别，意识到自我在社会中的角色与地位，意识到自我与他人或集体不同的利益关系，并由此产生调节利益矛盾的迫切要求时，道德才得以产生。

马克思主义道德理论在人类思想史上第一次科学而全面地论述了道德的起源问题，为正确认识和理解道德的本质奠定了基础。

（二）道德的本质

知识点二 道德的本质

道德属于上层建筑的范畴，是一种特殊的社会意识形态。

1. 道德是反映社会经济关系的特殊意识形态

道德的产生、发展和变化，归根结底根源于社会经济关系。

其一，道德的性质和基本原则、规范反映了与之相应的社会经济关系的性质和内容。

其二，道德随着社会经济关系的变化而变化。

其三，道德作为一种社会意识，在阶级社会里总是反映着一定阶级的利益，因而不可避免地具有阶级性；同时，不同阶级之间的道德或多或少有一些共同之处，反映着道德的普遍性。

其四，作为社会意识的道德一经产生，便有相对独立性。这种相对独立性既表现为道德的历史继承性，也表现为道德对社会发展具有能动的反作用。

2. 道德是社会利益关系的特殊调节方式

道德是一种调整人与人、人与社会、人与自然以及人与自身之间关系的特殊的行为规范。这种行为规范与法律规范、政治规范的不同之处在于它是用善恶标准去评价，依靠社会舆论、传统习俗、内心信念来维持的，因此是一种非制度化的、柔性的规范。

3. 道德是一种实践精神

作为实践精神，道德是一种旨在通过把握世界的善恶现象而规范人们的行为并通过人们的实践活动体现出来的社会意识。

总之，道德作为一种实践精神，是特殊的意识信念、行为准则、评价选择等方面的总和，是调节社会关系、发展个人品质、提高精神境界等活动的动力。

二、道德的功能与作用

（一）道德的功能

知识点三 道德的功能

1. 道德的功能的含义

道德的功能一般是指道德作为社会意识的特殊形式对于社会发展所具有的功效与能力。道德的功能是多元的，同时也是多层次的。

2. 道德的功能

（1）道德的认识功能。

道德的认识功能是指道德反映社会关系特别是反映社会经济关系的功效与能力。道德往往运用善恶、荣辱、义务、良心等范畴，反映人类的道德实践活动和道德关系，从中揭示社会道德发展的趋势，为人们的行为选择提供指南。

（2）道德的规范功能。

道德的规范功能是指在正确善恶观的指引下，规范社会成员在社会公共领域、职业领域、家庭领域的行为，并规范个人品德的养成，引导并促进人们崇德向善。

（3）道德的调节功能。

道德的调节功能是指道德通过评价等方式，指导和纠正人们的行为和实践活动，协调社会关系和人际关系的功效与能力。道德评价是道德调节的主要形式，社会舆论、传统习俗和人们的内心信念是道德调节所赖以发挥作用的力量。

在道德的功能系统中，认识功能、规范功能、调节功能是最基本的功能，此外还有导向功能、激励功能等。

（二）道德的作用

知识点四　道德的作用

1. 道德的作用的含义

道德的作用是指道德的认识、规范、调节、激励、导向、教育等功能的发挥和实现所产生的社会影响及实际效果。

2. 道德的作用

① 道德为经济基础的形成、巩固和发展服务，是一种重要的精神力量；

② 道德对其他社会意识形态的存在有着重大的影响；

③ 道德通过调整人们之间的关系维护社会秩序和稳定；

④ 道德是提高人的精神境界、促进人的自我完善、推动人的全面发展的内在动力；

⑤ 在阶级社会中，道德是调节阶级矛盾和对立阶级之间开展阶级斗争的重要工具。

3. 反对“道德万能论”和“道德无用论”

（1）“道德万能论”。

①“道德万能论”观点概述：“道德万能论”片面夸大道德的作用，认为道德决定一切、高于一切、支配一切，只要道德水平高，一切社会问题都可以迎刃而解。

②“道德万能论”的根本错误在于：颠倒了社会存在和社会意识、经济基础同上层建筑之间的决定与被决定的关系，否定了物质资料的生产方式在社会发展中的决定作用。

（2）“道德无用论”。

①“道德无用论”观点概述：“道德无用论”根本否认道德的作用，或者通过强调非道德因素的作用来否定道德的积极作用，或者通过强调道德的消极因素来否定道德的积极作用。

②“道德无用论”的根本错误在于：忽视了道德作为上层建筑的重要组成部分，一方面由经济基础所决定，另一方面对经济基础和生产力发展有一定的反作用。

4. 正确认识道德的作用

① 在看到道德具有重大作用的同时，也必须看到道德发挥作用的性质并不都是一样的。

② 道德发挥作用的性质与社会发展的不同历史阶段相联系，由道德所反映的经济基础、代表的阶级利益所决定。

③ 只有反映先进生产力发展要求和进步阶级利益的道德，才会对社会的发展和人的素质的提高产生积极的推动作用，否则，就不利于甚至阻碍社会的发展和人的素质的提高。

三、道德的变化发展

知识点五　道德的变化发展

1. 已出现的道德类型

① 原始社会的道德；

② 奴隶社会的道德；

③ 封建社会的道德；

④ 资本主义社会的道德；

⑤ 社会主义社会的道德，在社会主义社会，有一部分先进分子，还身体力行共产主义道德。

2. 道德的历史发展规律

① 不管这个进程多么复杂，人类道德的发展是一个曲折上升的历史过程。

② 人类道德发展的历史过程与社会生产方式的发展进程大体一致，这是道德发展的基本规律。

③ 虽然在一定时期可能有某种停滞或倒退现象，但道德发展的总趋势是向上的、前进的，是沿着曲折的道路向前发展的，或者叫作螺旋式上升、波浪式前进。

④ 每一个社会都有与其经济基础相适应的占统治地位的道德；在同一社会形态中，不同的阶级或人群还会有不同的道德。

⑤ 在阶级社会中，占社会统治地位的道德是统治阶级的道德，而同时存在着的其他阶级的道德则处于从属地位。

3. 道德进步的主要表现

① 道德在社会生活中所起的作用越来越重要，对于促进社会和谐与人的全面自由发展的作用越来越突出；

② 道德调控的范围不断扩大，调控的手段或方式不断丰富，更加科学合理；

③ 道德的发展和进步也成为衡量社会文明程度的重要尺度。

4. 社会主义和共产主义道德

社会主义和共产主义道德，是人类道德合乎规律发展的必然产物，是人类道德发展史上的一种崭新类型的道德，是对人类道德传统的批判与继承，并必然随着社会的进步和实践的发展而与时俱进。

第二节　吸收借鉴优秀道德成果

思维导图

- 第二节　吸收借鉴优秀道德成果
  - 一、传承中华传统美德
    - （一）中华传统美德的基本精神
      - 重视整体利益，强调责任奉献
      - 推崇仁爱原则，注重以和为贵
      - 提倡人伦价值，重视道德义务
      - 追求精神境界，向往理想人格
      - 强调道德修养，注重道德践履
    - （二）中华传统美德的创造性转化和创新性发展
      - 1.中国传统道德的两重性
        - 中国传统道德是一个矛盾体，具有鲜明的两重性。属于精华的部分，表现出积极、革新、进步的一面；属于糟粕的部分，则表现出消极、保守、落后的一面
      - 2.如何实现中华传统美德的创造性转化和创新性发展
        - 加强对中华传统美德的挖掘和阐发
        - 用中华传统美德滋养社会主义道德建设
      - 3.反对两种错误思潮
        - 一种是复古论，认为道德建设的最终目标就是要恢复中国“固有文化”，形成以中国传统文化为主体的道德体系
        - 另一种是虚无论，认为中国传统道德从整体上来说在今天已经失去了价值和意义，必须从整体上予以全盘否定
  - 二、发扬中国革命道德（中国革命道德是对中华传统美德的延续和发展）
    - （一）中国革命道德的形成与发展
      - 1.中国革命道德的含义
        - 中国革命道德，是指中国共产党人、人民军队、一切先进分子和人民群众在中国革命、建设、改革中所形成的优秀道德，是马克思主义与中国革命、建设、改革的伟大实践相结合的产物，是中华民族极其宝贵的道德财富
      - 2.中国革命道德的形成与发展
        - 中国革命道德萌芽于五四运动前后，发端于中国共产党成立以后蓬勃发展的伟大工人运动和农民运动，经过土地革命战争、抗日战争、解放战争以及社会主义革命、建设、改革的长期发展，逐渐形成并不断发扬光大
        - 中国共产党始终高度重视继承和发扬革命道德传统
        - 中国革命道德作为一种精神力量，从它形成的时候起，就对中国的革命、建设、改革事业发挥着极其重要的作用
      - 3.中国革命道德与中华传统美德的关系
        - 中华传统美德是中国革命道德的渊源之一，从一定意义上来说，没有中华传统美德的长期发展和丰厚积淀，就不可能有中国革命道德的形成和发展
        - 中国革命道德继承了中国传统道德的精华，摒弃了传统道德的糟粕，是中国优良传统道德的延续和发展，是超越了中华传统美德的时代局限而形成的一种崭新的道德
    - （二）中国革命道德的主要内容
      - 1.为实现社会主义和共产主义理想而奋斗
      - 2.全心全意为人民服务
      - 3.始终把革命利益放在首位
      - 4.树立社会新风，建立新型人际关系
      - 5.修身自律，保持节操
    - （三）中国革命道德的当代价值
      - 有利于加强和巩固社会主义和共产主义的理想信念
      - 有利于培育和践行社会主义核心价值观
      - 有利于引导人们树立正确的价值观
      - 有利于培育良好的社会道德风尚
  - 三、借鉴人类文明优秀道德成果
    - 文明因交流而多彩，文明因互鉴而丰富。一个国家或民族的道德进步，既要注意在文明交流中坚守自身优秀道德传统，也要在文明互鉴中积极吸收其他有益道德成果
    - 每一个民族或国家都有自己优良的道德传统，都对促进道德的发展作出过不同程度的贡献
    - 借鉴和吸收人类文明优秀道德成果，必须秉承正确的态度和科学的方法
      - 要坚持马克思主义立场、观点、方法，在道德问题上把握好共性和个性、抽象和具体、一般和个别的关系
    - 要坚持以我为主、为我所用，批判继承其他国家的道德成果

知识要点

一、传承中华传统美德

知识点六　传承中华传统美德

传统道德是历史上不同时代人们的行为方式、风俗习惯、价值观念和文化心理的集中体现，是对道德实践经验的提炼总结。

（一）中华传统美德的基本精神

（1）重视整体利益，强调责任奉献。

（2）推崇“仁爱”原则，注重以和为贵。

（3）提倡人伦价值，重视道德义务。

（4）追求精神境界，向往理想人格。

（5）强调道德修养，注重道德践履。

在长期的历史发展中，中华传统美德已经深入到全民族的思维方式、价值观念、行为方式和风俗习惯之中，具有重要的当代价值。

（二）中华传统美德的创造性转化和创新性发展

1. 中国传统道德的两重性

中国传统道德是一个矛盾体，具有鲜明的两重性。属于精华的部分，表现出积极、革新、进步的一面；属于糟粕的部分，则表现出消极、保守、落后的一面。

2. 如何实现中华传统美德的创造性转化和创新性发展

（1）加强对中华传统美德的挖掘和阐发。

弘扬中华传统美德，必须通过科学的分析和鉴别，把其中带有阶级和时代局限性的成分剔除出去，把其中具有当代价值的道德精神发掘出来，总结传统美德中丰富的思想道德资源，对中华传统美德的德目、观点进行新的诠释和激活，结合现代生活赋予其新的时代内涵，努力推动中华传统美德的创造性转化和创新性发展。

（2）用中华传统美德滋养社会主义道德建设。

要结合时代要求，按照是否有利于推动中国特色社会主义事业，是否有利于建设社会主义道德体系，是否有利于培育和践行社会主义核心价值观的标准，坚持古为今用、推陈出新的原则，为社会主义道德建设提供丰厚的道德资源，赋予社会主义道德和共产主义道德以鲜明的民族特色。

（3）正确对待传统道德，反对两种错误思潮。

一种是复古论，认为道德建设的最终目标就是要恢复中国“固有文化”，形成以中国传统文化为主体的道德体系。

另一种是虚无论，认为中国传统道德从整体上来说在今天已经失去了价值和意义，必须从整体上予以全盘否定。

二、发扬中国革命道德

知识点七 **发扬中国革命道德**

（一）中国革命道德的形成与发展

1. 中国革命道德的含义

中国革命道德，是指中国共产党人、人民军队、一切先进分子和人民群众在中国革命、建设、改革中所形成的优秀道德，是马克思主义与中国革命、建设、改革的伟大实践相结合的产物，是中华民族极其宝贵的道德财富。

2. 中国革命道德的形成与发展

① 中国革命道德萌芽于五四运动前后，发端于中国共产党成立以后蓬勃发展的伟大工人运动和农民运动，经过土地革命战争、抗日战争、解放战争以及社会主义革命、建设、改革的长期发展，逐渐形成并不断发扬光大。

② 中国共产党始终高度重视继承和发扬革命道德传统。无论现在和将来，都要从革命的历史中汲取智慧和力量，把理想信念的火种、红色传统的基因一代代传下去，让革命事业薪火相传、血脉永续。

③ 中国革命道德作为一种精神力量，从它形成的时候起，就对中国的革命、建设、改革事业发挥着极其重要的作用。历史经验表明，革命传统特别是革命道德传统，是克服前进道路上一切困难的重要精神支柱，是战胜千难万险的重要力量源泉。

3. 中国革命道德与中华传统美德的关系

① 中华传统美德是中国革命道德的渊源之一，从一定意义上来说，没有中华传统美德的长期发展和丰厚积淀，就不可能有中国革命道德的形成和发展。

② 中国革命道德继承了中国传统道德的精华，摒弃了传统道德的糟粕，是中国优良传统道德的延续和发展，是超越了中华传统美德的时代局限而形成的一种崭新的道德。

（二）中国革命道德的主要内容

1. 为实现社会主义和共产主义理想而奋斗

坚持社会主义、共产主义理想和信念的不屈不挠的精神，是革命道德的灵魂。革命先烈之所以能够排除万难、坚持斗争、无私无畏、不怕牺牲，就是因为他们有坚定的社会主义、共产主义的理想和信念。

2. 全心全意为人民服务

全心全意为人民服务作为贯穿中国革命道德始终的一根红线，是中国共产党在中国革命实践中的一个伟大创造，对中国的革命、建设、改革事业，产生了极其重大的推动作用。

3. 始终把革命利益放在首位

始终把革命利益放在首位，极大地激发了革命者为集体而献身的斗志，使革命队伍形成了前所未有的向心力和凝聚力，也使革命事业不断蓬勃向前发展。

4. 树立社会新风，建立新型人际关系

树立社会新风，建立新型人际关系，体现了中国革命道德在社会生活层面上的重要意义。

5. 修身自律，保持节操

中国革命道德还体现在共产党人对自身道德修养的重视方面，把加强个人道德修养看成是能够影响革命成败的大事，因而践履中国革命道德的重要环节就是共产党人修身自律、保持节操。

（三）中国革命道德的当代价值

中国革命道德内容丰富、历久弥新。红船精神、井冈山精神、苏区精神、长征精神、延安精神、西柏坡精神等红色精神中蕴含的革命道德，都是中国共产党领导全体人民实现民族独立、人民解放的精神支撑和思想武器，对于我们走好新时代的长征路，实现中华民族伟大复兴仍然具有极其重要的现实意义。

1. 有利于加强和巩固社会主义和共产主义的理想信念

弘扬中国革命道德，有利于树立和培养人民群众的社会主义和共产主义的理想信念，有利于坚持和发展中国特色社会主义道路。

2. 有利于培育和践行社会主义核心价值观

继承和弘扬中国革命道德，对于帮助人们深刻理解社会主义核心价值观的科学内涵和历史底蕴，增强价值观认同，为中国特色社会主义事业提供攻坚克难的强大精神支撑，具有重要意义。

3. 有利于引导人们树立正确的道德观

发扬光大革命道德，能够引导人们正确对待个人利益和社会利益、国家利益，能够帮助人们在深刻把握历史、认识社会、审视人生的基础上，积极投入到决胜全面建成小康社会、夺取新时代中国特色社会主义伟大胜利的新征程。

4. 有利于培育良好的社会道德风尚

解决道德领域出现的突出问题，要充分发挥革命道德的精神力量，培育良好的社会道德风尚，净化社会人际关系，抵制各种腐朽思想，树立浩然正气，凝聚崇德向善的正能量。

三、借鉴人类文明优秀道德成果

知识点八 借鉴人类文明优秀道德成果

（1）文明因交流而多彩，文明因互鉴而丰富。一个国家或民族的道德进步，既要注意在文明交流中坚守自身优秀道德传统，也要在文明互鉴中积极吸收其他有益道德成果。

（2）每一个民族或国家都有自己优良的道德传统，都对促进道德的发展作出过不同程度的贡献。

（3）借鉴和吸收人类文明优秀道德成果，必须秉承正确的态度和科学的方法。要坚持马克思主义立场、观点、方法，在道德问题上把握好共性和个性、抽象和具体、一般和个别的关系。要坚持以我为主、为我所用，批判继承其他国家的道德成果。

第三节　遵守公民道德准则

思维导图

- 第三节 遵守公民道德准则
  - 一、社会主义道德的核心和原则
    - （一）为人民服务是社会主义道德的核心
      - 为什么人服务是道德的核心问题，决定并体现着道德建设的根本性质和发展方向，规定并制约着道德领域中的所有道德现象
      - 1.为人民服务是社会主义经济基础和人际关系的客观要求
      - 2.为人民服务是社会主义市场经济健康发展的要求
      - 3.为人民服务是先进性要求和广泛性要求的统一
    - （二）集体主义是社会主义道德的原则
      - 1.集体主义强调国家利益、社会整体利益和个人利益的辩证统一
      - 2.集体主义强调国家利益、社会整体利益高于个人利益
      - 3.集体主义重视和保障个人的正当利益
  - 二、社会公德
    - （一）公共生活与公共秩序
      - 1.公共生活的特征
        - 一是活动范围的广泛性
        - 二是活动内容的开放性
        - 三是交往对象的复杂性
        - 四是活动方式的多样性
      - 2.公共秩序的含义
        - 公共秩序是由一定规范维系的人们公共生活的一种有序化状态。如工作秩序、教学秩序、交通秩序、娱乐秩序、网络秩序等
      - 3.维护公共秩序的意义
        - 有序的公共生活是社会生产活动的重要基础，是提高社会成员生活质量的基本保障，更是社会文明的重要标志
    - （二）公共生活中的道德规范
      - 1.社会公德的含义
        - 公共生活中的道德规范，即社会公德，是指人们在社会交往和公共生活中应该遵守的行为准则，是维护公共利益、公共秩序、社会和谐稳定的起码的道德要求，涵盖了人与人、人与社会、人与自然之间的关系
      - 2.社会公德的主要内容
        - 文明礼貌：文明礼貌是调整和规范人际关系的行为准则，与我们每个人的日常生活密切相关。它反映着一个人的道德修养，体现着一个民族的整体素质
        - 助人为乐：把帮助他人视为自己应做之事，是每个社会成员应有的社会公德，是有爱心的表现
        - 爱护公务：对社会共同劳动成果的珍惜和爱护，是每个公民应该承担的社会责任和义务，它既显示出个人的道德修养水平，也是社会文明水平的重要标志
        - 保护环境：生态环境保护是功在当代、利在千秋的事业。人类发展活动必须尊重自然、顺应自然、保护自然，否则就会遭到大自然的报复
        - 遵纪守法：遵纪守法是全体公民都必须遵循的基本行为准则，是维护公共生活秩序的重要条件
    - （三）网络生活中的道德要求
      - 1.正确使用网络工具
      - 2.健康进行网络交往
      - 3.自觉避免沉迷网络
      - 4.加强网络道德自律
      - 5.积极引导网络舆论
  - 三、职业道德
  - 四、家庭美德
  - 五、个人品德

第三节 遵守公民道德准则

- 一、社会主义道德的核心和原则
- 二、社会公德
- 三、职业道德
  - （一）职业生活与劳动观念
    - 1.职业的含义
      - 职业是指人们由于社会分工所从事的具有专门业务和特定职责，并以此作为主要生活来源的社会活动
    - 2.劳动观念
      - 正确的劳动观念是维系人们职业活动和职业生活的思想观念保障。在职业生活中，必须牢固树立“劳动最光荣、劳动最崇高、劳动最伟大、劳动最美丽”的观念，通过劳动创造更加美好的生活
  - （二）职业生活中的道德规范
    - 1.职业道德的含义
      - 职业生活中的道德规范即职业道德，是指从事一定职业的人在职业生活中应当遵循的具有职业特征的道德要求和行为准则，涵盖了从业人员与服务对象、职业与职工、职业与职业之间的关系
    - 2.职业道德的主要内容
      - 爱岗敬业
        - 爱岗敬业反映的是从业人员对待自己职业的一种态度，也是一种内在的道德需要
        - 爱岗敬业就是要干一行爱一行，爱一行钻一行，精益求精，尽职尽责
      - 诚实守信
        - 诚实守信在我国思想道德建设中具有特殊重要的作用，它既是中华民族的传统美德，也是我国公民道德建设的重点，还是社会主义核心价值观的一条重要准则
        - 职业道德中的诚实守信，要求从业者在职业活动中诚实劳动、合法经营、信守承诺、讲求信誉
      - 办事公道
        - 以公道之心办事，是职业活动所必须遵守的道德要求
        - 办事公道，就是要求从业人员做到公平、公正，不损公肥私，不以权谋私，不假公济私
      - 服务群众
        - 为人民服务是社会主义道德的核心，各行各业的从业人员都要以服务群众为目标
      - 奉献社会
        - 奉献社会就是要求从业人员在自己的工作岗位上兢兢业业地为社会和他人作贡献
        - 这是社会主义职业道德中最高层次的要求，体现了社会主义职业道德的最高目标指向
        - 爱岗敬业、诚实守信、办事公道、服务群众，都体现了奉献社会的精神
  - （三）树立正确的择业观和创业观
    - 1.树立崇高的职业理想
      - 应当树立“最能为人类而工作的职业”的职业理想
    - 2.服从社会发展的需要
      - 积极响应国家号召，适应社会发展需求，面向基层、面向国家建设第一线去选择自己未来的职业，为经济社会发展贡献智慧和力量
    - 3.做好充分的择业准备
      - 素质是立身之基，技能是立业之本
    - 4.培养创业的勇气和能力
      - 大学生不仅要树立正确的择业观，还应当树立正确的创业观
  - （四）自觉遵守职业道德
    - 职业生活是否顺利、是否成功，既取决于个人的专业知识和技能，更取决于个人的职业道德素质
    - 1.学习职业道德规范
    - 2.提高职业道德的意识
    - 3.提高践行职业道德问题
- 四、家庭美德
- 五、个人品德

第三节 遵守公民道德准则

- 一、社会主义道德的核心和原则
- 二、社会公德
- 三、职业道德
- 四、家庭美德
  - （一）注重家庭、家教、家风
    - 1.注重家庭
      - 家庭和睦则社会安定，家庭幸福则社会祥和，家庭文明则社会文明
    - 2.注重家教
      - 家庭是人生的第一个课堂，父母是孩子的第一任老师。家庭教育涉及很多方面，但最重要的是品德教育
    - 3.注重家风
      - 家风是指一个家庭或家族的传统风尚或作风。良好的家风，对家庭成员的个人修养产生着重要的作用，也对整个社会道德风尚的形成产生着重要的影响
  - （二）恋爱、婚姻家庭中的道德规范
    - 1.恋爱中的道德规范
      - 尊重人格平等
      - 自觉承担责任
      - 文明相亲相爱
    - 2.婚姻家庭中的道德规范
      - （1）婚姻、家庭的含义及其关系
        - 婚姻
          - 婚姻是指由法律所确认的男女两性的结合以及由此而产生的夫妻关系
        - 家庭
          - 家庭是指在婚姻关系、血缘关系或收养关系基础上产生的亲属之间所构成的社会生活单位
        - 婚姻、家庭的关系
          - 婚姻是家庭产生的重要前提，家庭又是缔结婚姻的必然结果。婚姻的成功体现为家庭的幸福，家庭的美满又彰显出婚姻的意义
      - （2）家庭美德的主要内容
        - 尊老爱幼
          - 子女要孝敬、赡养父母及长辈，父母要抚育、爱护子女，这不仅是每个公民必须遵守的道德准则，也是应尽的社会责任和法律义务
        - 男女平等
          - 家庭生活中的男女平等既表现为夫妻权利和义务上的平等、人格地位上的平等，又表现为平等地对待自己的子女
        - 夫妻和睦
          - 夫妻关系是家庭关系的核心。夫妻和睦是在男女平等基础上的互敬互爱、互助互让
        - 勤俭持家
          - 勤俭是家庭兴旺的保证，也是社会富足的保证。勤俭持家既要勤劳致富，也要量入为出
        - 邻里团结
          - 邻里团结重要的是相互尊重，尊重对方的人格、民族习惯、生活方式、兴趣爱好等，做到互谅互让，互帮互助，宽以待人，团结友爱
  - （三）树立正确的恋爱观与婚姻观
    - 1.正确的恋爱观与婚姻观
      - 一是不能误把友谊当爱情
      - 二是不能错置爱情的地位
      - 三是不能片面或功利化地对待恋爱
      - 四是不能只重过程不顾后果
      - 五是不能因失恋而迷失人生方向
    - 2.树立正确的恋爱观，大学生还要处理好这样几种关系
      - 一是恋爱与学习的关系
      - 二是恋爱与关心集体的关系
      - 三是恋爱与关爱他人和社会的关系
- 五、个人品德

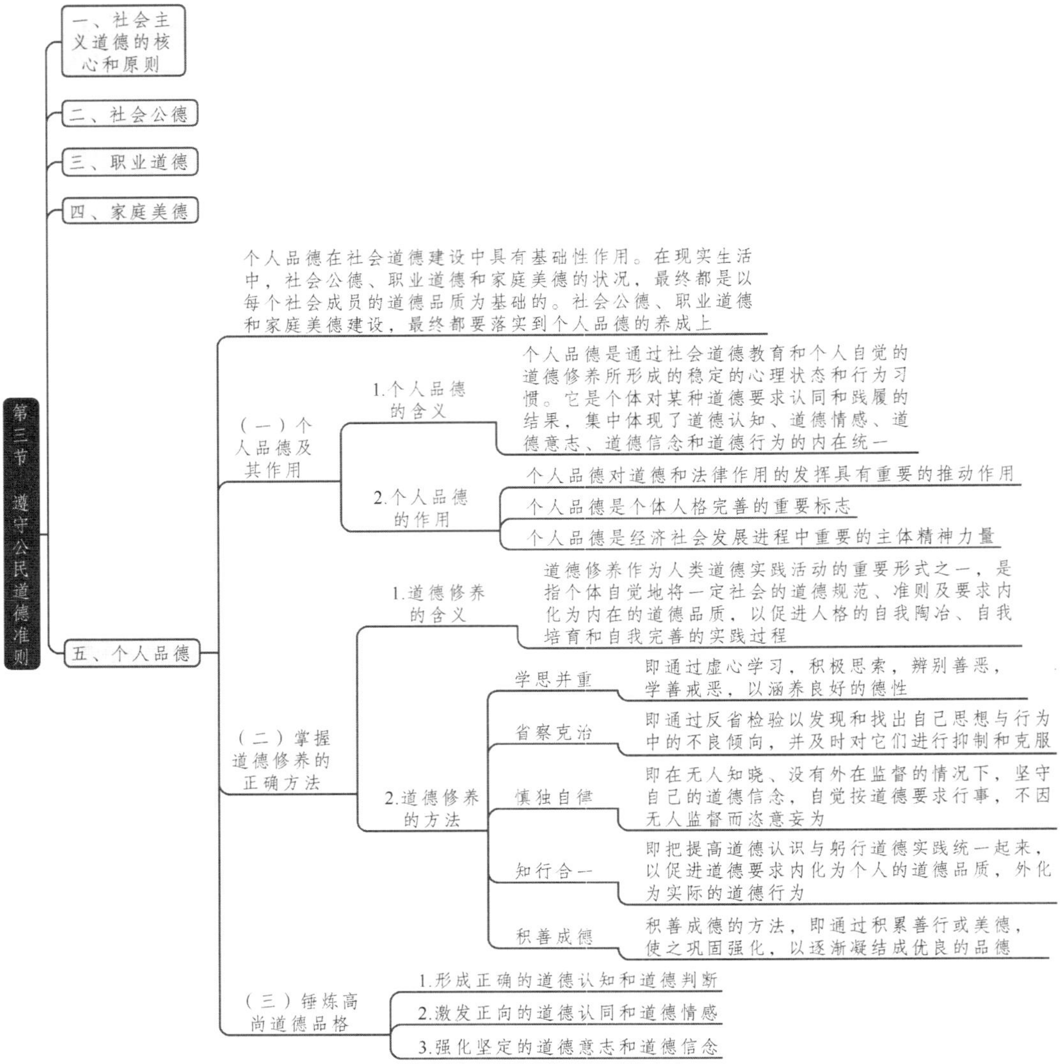

知识要点

一、社会主义道德的核心和原则

知识点九 社会主义道德的核心和原则

（一）为人民服务是社会主义道德的核心

为什么人服务是道德的核心问题，决定并体现着道德建设的根本性质和发展方向，规定并制约着道德领域中的所有道德现象。为人民服务是中国共产党人把马克思主义基本原理与中国革命、建设、改革的具体实践相结合的伟大创造。为人民服务，不仅是坚持历史唯物主义的必然要求，是中国共产党践行的根本宗旨，也是社会主义道德观的集中体现，是全体中国人民共同遵循的道德要求。

1. 为人民服务是社会主义经济基础和人际关系的客观要求

在社会主义社会，每个劳动者和建设者都在为社会、为他人同时也是为自己而劳动和工作。在我国，以公有制为主体和以按劳分配为主体，是为人民服务的根本制度保证，在此基础上逐步形成的团结互助、平等友爱、共同进步的人际关系，是为人民服务的基础。

2. 为人民服务是社会主义市场经济健康发展的要求

社会主义市场经济，不仅不排斥为社会和他人服务，而且需要通过服务甚至是优质服务，才能实现市场主体的利益。

3. 为人民服务是先进性要求和广泛性要求的统一

为人民服务，既伟大又平凡，既高尚又普通，它并非高不可攀、远不可及，而是可以通过不同层次、不同形式表现出来。只要一个人对社会、对他人尽了心、尽了力、尽了职，他的言行就具有道德价值。

为人民服务作为社会主义道德的核心，是社会主义道德区别和优越于其他社会形态道德的显著标志。大学生践行为人民服务，就是要弘扬为人民服务的精神，尊重人、理解人、关心人，为人民、为社会多做好事、多作贡献。

（二）集体主义是社会主义道德的原则

集体主义是社会主义道德的原则。长期以来，集体主义已经成为调节国家利益、社会整体利益和个人利益关系的基本原则。

1. 集体主义强调国家利益、社会整体利益和个人利益的辩证统一

在社会主义社会中，国家利益、社会整体利益和个人利益也是不能分割的。国家利益、社会整体利益体现着个人根本的、长远的利益，是所有社会成员共同利益的统一。同时，每个人的正当利益，又都是国家利益、社会整体利益不可分割的组成部分。

2. 集体主义强调国家利益、社会整体利益高于个人利益

集体主义强调，在个人利益与国家利益、社会整体利益发生矛盾冲突，尤其是发生激烈冲突的时候，必须坚持国家利益、社会整体利益高于个人利益的原则，即个人应当以大局为重，使个人利益服从国家利益、社会整体利益，在必要时作出牺牲。

3. 集体主义重视和保障个人的正当利益

集体主义促进和保障个人正当利益的实现，使个人的才能、价值得到充分的发挥。只有在国家、社会中个人才能获得全面发展，才可能有个人自由。正是集体主义为培养个人的健全人格、鲜明个性和创新精神提供了道义保障。只有个人的价值、尊严得到实现，个人的正当利益得到保证，集体才能有更强大的生命力和凝聚力。社会主义集体主义所重视和保障的是个人的正当利益，而不是任何性质的个人利益。

二、社会公德

知识点十 社会公德

（一）公共生活与公共秩序

1. 公共生活的特征

当今世界，公共生活的领域更为广阔，公共生活的重要性更加凸显。公共生活具有以下四个方面的特征。

一是活动范围的广泛性。

二是活动内容的开放性。

三是交往对象的复杂性。

四是活动方式的多样性。

2. 公共秩序的含义

公共秩序是由一定规范维系的人们公共生活的一种有序化状态，如工作秩序、教学秩序、交通秩序、娱乐秩序、网络秩序等。

3. 维护公共秩序的意义

有序的公共生活是社会生产活动的重要基础，是提高社会成员生活质量的基本保障，更是社会文明的重要标志。

（二）公共生活中的道德规范

1. 社会公德的含义

公共生活中的道德规范，即社会公德，是指人们在社会交往和公共生活中应该遵守的行为准则，是维护公共利益、公共秩序、社会和谐稳定的起码的道德要求，涵盖了人与人、人与社会、人与自然之间的关系。

2. 社会公德的主要内容

（1）文明礼貌。

文明礼貌是调整和规范人际关系的行为准则，与我们每个人的日常生活密切相关。它反映着一个人的道德修养，体现着一个民族的整体素质。

（2）助人为乐。

把帮助他人视为自己应做之事，是每个社会成员应有的社会公德，是有爱心的表现。

（3）爱护公物。

对社会共同劳动成果的珍惜和爱护，是每个公民应该承担的社会责任和义务，它既显示出个人的道德修养水平，也是社会文明水平的重要标志。

（4）保护环境。

生态环境保护是功在当代、利在千秋的事业。人类发展活动必须尊重自然、顺应自然、保护自然，否则就会遭到大自然的报复。

（5）遵纪守法。

遵纪守法是全体公民都必须遵循的基本行为准则，是维护公共生活秩序的重要条件。在社会生活中，每个社会成员既要遵守国家颁布的有关法律、法规，也要遵守特定公共场所和单位的有关纪律规定。

（三）网络生活中的道德要求

网络生活中的道德要求，是人们在网络生活中为了维护正常的网络公共秩序需要而共同遵守的基本道德准则，是社会公德在网络空间的运用和扩展。

1. 正确使用网络工具

大学生应当正确使用网络，提高信息的获取能力，加强信息的辨识能力，增进信息的应用能力，使网络成为开阔视野、提高能力的重要工具。

2. 健康进行网络交往

大学生应通过网络开展健康有益的人际交往，树立自我保护意识，不要轻易相信网友，避免受骗上当，避免给自己的人身和财产安全带来危害。同时，不能以网络交往代替现实交往。

3. 自觉避免沉迷网络

大学生应当合理安排上网时间，约束上网行为，避免沉迷网络。

4. 加强网络道德自律

大学生应当在网络生活中培养自律精神，在缺少外在监督的网络空间里，做到自律而“不逾矩”，促进网络生活的健康与和谐。

5. 积极引导网络舆论

作为新时代的大学生，应当带头引导网络舆论，对模糊认识要及时廓清，对怨气怨言要及时化解，对错误看法要及时引导和纠正，积极营造清朗网络空间。

三、职业道德

知识点十一　**职业道德**

（一）职业生活与劳动观念

1. 职业的含义

职业是指人们由于社会分工所从事的具有专门业务和特定职责，并以此作为主要生活来源的社会活动。

2. 劳动观念

人类是劳动创造的，社会是劳动创造的。劳动没有高低贵贱之分，任何一份职业都很光荣。正确的劳动观念是维系人们职业活动和职业生活的思想观念保障。在职业生活中，必须牢固树立“劳动最光荣、劳动最崇高、劳动最伟大、劳动最美丽”的观念，通过劳动创造更加美好的生活。

事实上，只要有志气有闯劲，普通劳动者都可以在宽广舞台上实现自己的人生价值。“爱岗敬业、争创一流，艰苦奋斗、勇于创新，淡泊名利、甘于奉献”的劳模精神，是我们极为宝贵的精神财富。

（二）职业生活中的道德规范

1. 职业道德的含义

职业生活中的道德规范即职业道德，是指从事一定职业的人在职业生活中应当遵循的具有职业特征的道德要求和行为准则，涵盖了从业人员与服务对象、职业与职工、职业与职业之间的关系。

2. 职业道德的主要内容

（1）爱岗敬业。

爱岗敬业反映的是从业人员对待自己职业的一种态度，也是一种内在的道德需要。爱岗敬业就是要干一行爱一行，爱一行钻一行，精益求精，尽职尽责。

（2）诚实守信。

诚实守信在我国思想道德建设中具有特殊重要的作用，它既是中华民族的传统美德，也是我国公民道德建设的重点，还是社会主义核心价值观的一条重要准则。职业道德中的诚实守信，要求从业者在职业活动中诚实劳动、合法经营、信守承诺、讲求信誉。

（3）办事公道。

以公道之心办事，是职业活动所必须遵守的道德要求。办事公道，就是要求从业人员做到公平、公正，不损公肥私，不以权谋私，不假公济私。

（4）服务群众。

为人民服务是社会主义道德的核心，各行各业的从业人员都要以服务群众为目标。

（5）奉献社会。

奉献社会就是要求从业人员在自己的工作岗位上兢兢业业地为社会和他人作贡献。这是社会主义职业道德中最高层次的要求，体现了社会主义职业道德的最高目标指向。爱岗敬业、诚实守信、办事公道、服务群众，都体现了奉献社会的精神。

（三）树立正确的择业观和创业观

1. 树立崇高的职业理想

职业活动不仅是人们谋生的手段，也是人们奉献社会、完善自身的必要条件。因此大学生择业和创业应当选择“最能为人类而工作的职业”。

2. 服从社会发展的需要

大学生应该积极响应国家号召，适应社会发展需求，面向基层、面向国家建设第一线去选择自己未来的职业，为经济社会发展贡献智慧和力量。

3. 做好充分的择业准备

素质是立身之基，技能是立业之本。大学生应认识到，任何一名劳动者，无论从事的劳动技术含量如何，只要兢兢业业、精益求精，就一定能够造就闪光的人生。

4. 培养创业的勇气和能力

大学生不仅要树立正确的择业观，还应当树立正确的创业观。要有积极创业的思想准备，积极关注经济社会发展的趋势，了解国家鼓励大学生自主创业的有关政策，为今后自主创业打下良好的基础。要有敢于创业的勇气，只有勇敢地接受创业的挑战，破除依赖心理和胆怯心理，才能敢于创业、善于创业，做一个真正的创业者。要充分考虑自身的条件、创业的环境等各种现实的因素，努力提高自主创业的能力。

（四）自觉遵守职业道德

职业生活是否顺利、是否成功，既取决于个人的专业知识和技能，又取决于个人的职业道德素质。

1. 学习职业道德规范

通过学习职业道德规范，明确职业活动的基本规范和目的，从而提高自己的职业认知能力、判断能力和树立正确的价值理念，对青年人来说尤为重要。

2. 提高职业道德意识

大学生要提高自己的职业道德素质，应当将其内化为自身的素质，提高到自觉意识的层面。大学生应当以职业道德模范为榜样，培养积极进取、甘于奉献、服务社会的良好职业道德意识，为未来的职业生活做准备。

3. 提高践行职业道德的能力

大学生应当积极利用各种机会开展社会实践，多参与社会志愿服务活动，使自己学到的知识在服务社会的过程中得到运用和升华。

四、家庭美德

知识点十二 家庭美德

（一）注重家庭、家教、家风

家庭是社会的基本细胞，是人生的第一所学校。不论时代发生多大变化，生活格局发生多大变化，都要重视家庭建设，注重家庭、家教、家风。

1. 注重家庭

家庭和睦则社会安定，家庭幸福则社会祥和，家庭文明则社会文明。历史和现实告诉我们，家庭的前途命运同国家和民族的前途命运紧密相连。我们要认识到，千家万户都好，国家才能好，民族才能好。同时，我们还要认识到，国家好，民族好，家庭才能好。

2. 注重家教

家庭是人生的第一个课堂，父母是孩子的第一任老师。家庭教育涉及很多方面，但最重要的是品德教育。注重家教，应该把美好的道德观念从小就传递给孩子，引导他们有做人的气节和骨气，帮助他们形成美好心灵，促使他们健康成长。

3. 注重家风

家风是指一个家庭或家族的传统风尚或作风。良好的家风，对家庭成员的个人修养产生着重要的作用，也对整个社会道德风尚的形成产生着重要的影响。

千千万万个家庭是国家发展、民族进步、社会和谐的重要基点，是人们梦想启航的地方。当代大学生应该积极参与家庭文明建设，推动形成爱国爱家、相亲相爱、向上向善、共建共享的社会主义家庭文明新风尚。

（二）恋爱、婚姻家庭中的道德规范

1. 恋爱中的道德规范

（1）尊重人格平等。

恋爱的双方在人格上都是独立的，如果把对方当作自己的附庸或依附对方而失去自我，都是对爱情实质的曲解。恋爱双方在相互关系上是平等的，都有给予爱、接受爱和拒绝爱的自由。

（2）自觉承担责任。

自愿地为对方承担责任，是爱情本质的体现。爱一个人或接受一个人的爱，就要自觉地为对方承担责任。

（3）文明相亲相爱。

文明的恋爱往往是恋爱双方既相互爱慕、亲近，又举止得体、相互尊重。恋人在公共场所出入，要遵守社会公德，不要对他人生活和公共生活造成不良影响。

2. 婚姻家庭中的道德规范

（1）婚姻、家庭的含义及其关系。

① 婚姻。

婚姻是指由法律所确认的男女两性的结合以及由此而产生的夫妻关系。

② 家庭。

家庭是指在婚姻关系、血缘关系或收养关系基础上产生的亲属之间所构成的社会生活单位。

③ 婚姻、家庭的关系。

婚姻是家庭产生的重要前提，家庭又是缔结婚姻的必然结果。婚姻的成功体现为家庭的幸福，家庭的美满又彰显出婚姻的意义。

（2）家庭美德的主要内容。

① 尊老爱幼。

我国自古以来就倡导“老有所终，幼有所养”，形成了尊老爱幼的良好家庭道德传统。子女要孝敬、赡养父母及长辈，父母要抚育、爱护子女，这不仅是每个公民必须遵守的道德准则，也是应尽的社会责任和法律义务。

② 男女平等。

家庭生活中的男女平等既表现为夫妻权利和义务上的平等、人格地位上的平等，又表现为平等地对待自己的子女。

③ 夫妻和睦。

夫妻关系是家庭关系的核心。夫妻和睦是在男女平等基础上的互敬互爱、互助互让。

④ 勤俭持家。

勤俭是家庭兴旺的保证，也是社会富足的保证。勤俭持家既要勤劳致富，也要量入为出。

⑤ 邻里团结。

邻里团结重要的是相互尊重，尊重对方的人格、民族习惯、生活方式、兴趣爱好等，做到互谅互让，互帮互助，宽以待人，团结友爱。

（三）树立正确的恋爱观与婚姻观

1. 正确的恋爱观与婚姻观

一是不能误把友谊当爱情。

二是不能错置爱情的地位。

三是不能片面或功利化地对待恋爱。

四是不能只重过程不顾后果。

五是不能因失恋而迷失人生方向。

2. 大学生树立正确的恋爱观要处理好的几种关系

一是恋爱与学习的关系。

二是恋爱与关心集体的关系。

三是恋爱与关爱他人和社会的关系。

五、个人品德

知识点十三　个人品德

个人品德在社会道德建设中具有基础性作用。在现实生活中，社会公德、职业道德和家庭美德的状况，最终都是以每个社会成员的道德品质为基础的。社会公德、职业道德和家庭美德建设，最终都要落实到个人品德的养成上。

（一）个人品德及其作用

1. 个人品德的含义

个人品德是通过社会道德教育和个人自觉的道德修养所形成的稳定的心理状态和行为习惯。它是个体对某种道德要求认同和践履的结果，集中体现了道德认知、道德情感、道德意志、道德信念和道德行为的内在统一。大学生要自觉践行爱国奉献、明礼守法、厚德仁爱、正直善良、勤劳勇敢等个人品德要求，不断提升个人的道德修养和境界。

2. 个人品德的作用

无论是社会的和谐有序，还是个人的人格健全，都有赖于个人品德的不断提升。

（1）个人品德对道德和法律作用的发挥具有重要的推动作用。

一方面，社会道德和法律要求只有内化为个人品德，才能成为现实的规范力量。

另一方面，个人品德提升的过程也是能动地作用于社会道德和法律的过程，它能够为社会道德和法律的发展进步创造条件、提供动力。

（2）个人品德是个体人格完善的重要标志。

一方面，个人品德决定着一个人在实际生活和社会实践中的行为选择，以及对各种关系的协调和处理，直接显示出个人境界和素质的高低；

另一方面，个人品德又为自我整体素质的修养、锻炼和完善规划目标指明方向，为个人成长提供指引和调控。

（3）个人品德是经济社会发展进程中重要的主体精神力量。

作为社会主义道德建设的落脚点，个人品德状况影响着社会主义市场经济制度的完善和社会主义民主政治的进程。社会成员的思想观念和道德素质普遍得到提高，是全面建成小康社会、实现中华民族伟大复兴中国梦的前提和保障。

（二）掌握道德修养的正确方法

1. 道德修养的含义

道德修养作为人类道德实践活动的重要形式之一，是指个体自觉地将一定社会的道德规范、准则及要求内化为内在的道德品质，以促进人格的自我陶冶、自我培育和自我完善的实践过程。

2. 道德修养的方法

加强道德修养，提升个人品德，应借鉴历史上思想家们所提出的各种积极有效的方法，并结合当今社会发展的需要身体力行。

（1）学思并重。

学思并重的方法，即通过虚心学习，积极思索，辨别善恶，学善戒恶，以涵养良好的德性。在提升个人品德的过程中，首先要善于学习各种道德理论和知识，尤其是社会主义道德理论和知识。同时要善于思考，并且把善于学习和善于思考有机地统一起来。

（2）省察克治。

省察克治的方法，即通过反省检验以发现和找出自己思想与行为中的不良倾向，并及时对它们进行抑制和克服；在日常生活中，我们要经常在自己内心深处用道德标准检查、反省，找出那些坏毛病、坏思想、坏念头并加以纠正。

（3）慎独自律。

慎独自律的方法，即在无人知晓、没有外在监督的情况下，坚守自己的道德信念，自觉按道德要求行事，不因无人监督而恣意妄为。慎独自律的道德修养方法，既是对中国传统道德修养方法的批判性传承，也是在现代社会条件下仍需坚持的道德修养方法。

（4）知行合一。

知行合一的方法，即把提高道德认识与躬行道德实践统一起来，以促进道德要求内化为个人的道德品质，外化为实际的道德行为。

（5）积善成德。

积善成德的方法，即通过积累善行或美德，使之巩固强化，以逐渐凝结成优良的品德。

（三）锤炼高尚道德品格

大学生锤炼高尚道德品格，就要在知情意信行等方面加强道德修养，提高道德实践能力，自觉讲道德尊道德守道德，自觉明大德、守公德、严私德。

1. 形成正确的道德认知和道德判断

面对世界的深刻复杂变化，大学生应注重增强道德判断能力，学会理性地辨析、讲求道德，形成正确的道德认知和道德观念。形成正确的道德认知和道德判断，最根本的就是要坚持以唯物史观的基本原理来看待道德。

2. 激发正向的道德认同和道德情感

大学生在道德修养中激发正向的情感认同，总体而言就是要亲近真善美，抵制假恶丑，体验道德的愉悦，追求高尚的快乐，具体而言就是要自觉涵育对家庭成员的亲亲之情，对他人、集体的关心关爱，增强社会责任感、国家认同感、民族归属感、时代使命感，在与祖国同呼吸、与民族同步伐、与人民心连心的高尚情怀中，陶冶道德情操。

3. 强化坚定的道德意志和道德信念

道德修养重在践行，在道德认知向道德行为转化的过程中，道德意志和道德信念是关键环节。新时代的大学生，要有为国家民族奋斗、为人类事业献身的情怀和担当，不懈追求共产主义的崇高道德信念和高尚道德境界。

第四节　向上向善、知行合一

思维导图

- 第四节 向上行善，知行合一
  - 一、向道德模范学习
    - 1.道德模范的含义
      - 道德模范主要是指思想和行为能够激励人们不断向善且为人们所崇敬、模仿的先进人物。道德模范既包括在一定社会道德实践中涌现的符合特定道德理想类型的人物，又包括人们日常生活中能够近距离感受的具有积极道德影响的人物
    - 2.向道德模范学习的意义
      - 学习道德模范的高尚品格和先进事迹，有利于提升全体社会成员的道德素质和社会整体道德水平。大学生要向道德模范学习，崇德向善、见贤思齐，弘扬真善美，传播正能量
    - 3.向道德模范学习的主要内容
      - 学习道德模范助人为乐、关爱他人的高尚情怀，在关心他人、帮助他人的过程中创造人生价值
      - 学习他们见义勇为、勇于担当的无畏精神，在危难和考验关头挺身而出
      - 学习他们以诚待人、守信践诺的崇高品格，老老实实做人、踏踏实实做事
      - 学习他们敬业奉献、勤勉做事的职业操守，干一行爱一行，钻一行精一行
      - 学习他们孝老爱亲、血脉相依的至美真情，常怀感恩之心、敬爱之情
    - 大学生应积极从道德模范身上获取前进的动力，做社会良知的守望者、积极传播者和践行者
  - 二、参与志愿服务活动
    - 1.志愿服务的含义
      - 志愿服务是指志愿贡献个人的时间及精力，在不求任何物质报酬的情况下，为改善社会、促进社会进步而提供的服务。志愿服务是培育和弘扬社会主义核心价值观的重要载体
    - 2.志愿服务的精神
      - 志愿服务的精神是奉献、友爱、互助、进步。其中，奉献精神是精髓
    - 3.参与志愿服务活动的目的
      - 一方面，帮助了他人、服务了社会，推动了社会道德水平的提高
      - 另一方面，也把为社会和他人的服务看作是自己应尽的义务和光荣的职责，从服务社会和帮助他人中获得成就感和幸福感
    - 4.大学生积极投身志愿服务活动的方法
      - 一是到最需要的地方去
      - 二是帮助弱势群体
      - 三是做力所能及的事
  - 三、引领社会风尚
    - 1.知荣辱
      - 荣辱观对个人的思想行为具有鲜明的动力、导向和调节作用
    - 2.讲正气
      - 讲正气，就是坚持真理、坚持原则，坚持同一切歪风邪气作斗争
    - 3.作奉献
      - 奉献精神是社会责任感的集中表现
    - 4.促和谐
      - 民主法治、公平正义、诚信友爱、充满活力、安定有序、人与自然和谐相处的社会，是国家富强、民族复兴、人民幸福的重要保证

知识要点

知识点十四 向上向善、知行合一

高尚道德品格的形成重在实践，贵在坚持。大学生投身崇德向善的道德实践，就要向道德模范学习，培养志愿服务精神，大力弘扬时代新风，强化社会责任意识、规则意识、奉献意识。

一、向道德模范学习

1. 道德模范的含义

道德模范主要是指思想和行为能够激励人们不断向善且为人们所崇敬、模仿的先进人物。道德模范既包括在一定社会道德实践中涌现的符合特定道德理想类型的人物，又包括人们日常生活中能够近距离感受的具有积极道德影响的人物。

2. 向道德模范学习的意义

学习道德模范的高尚品格和先进事迹，有利于提升全体社会成员的道德素质和社会整体道德水平。大学生要向道德模范学习，崇德向善、见贤思齐，弘扬真善美，传播正能量。

3. 向道德模范学习的主要内容

① 学习道德模范助人为乐、关爱他人的高尚情怀，在关心他人、帮助他人的过程中创造人生价值；

② 学习他们见义勇为、勇于担当的无畏精神，在危难和考验关头挺身而出；

③ 学习他们以诚待人、守信践诺的崇高品格，老老实实做人、踏踏实实做事；

④ 学习他们敬业奉献、勤勉做事的职业操守，干一行爱一行，钻一行精一行；

⑤ 学习他们孝老爱亲、血脉相依的至美真情，常怀感恩之心、敬爱之情。

道德模范不仅做了普通人愿意做和能够做的事，更为可贵的是，他们主动做了许多人不想做的事，而且把大多数人能够做的事做得更好。大学生应积极从道德模范身上获取前进的动力，做社会良知的守望者、积极传播者和践行者。

二、参与志愿服务活动

1. 志愿服务的含义

志愿服务是指志愿贡献个人的时间及精力，在不求任何物质报酬的情况下，为改善社会、促进社会进步而提供的服务。志愿服务是培育和弘扬社会主义核心价值观的重要载体。

2. 志愿服务的精神

志愿服务的精神是奉献、友爱、互助、进步。其中，奉献精神是精髓。

3. 参与志愿服务活动的目的

一方面，帮助了他人、服务了社会，推动了社会道德水平的提高。

另一方面，也把为社会和他人的服务看作是自己应尽的义务和光荣的职责，从服务社会和帮助他人中获得成就感和幸福感。

4. 大学生积极投身志愿服务活动的方法

一是到最需要的地方去。

二是帮助弱势群体。

三是做力所能及的事。

大学生应带头学雷锋，做雷锋精神的种子，把雷锋精神广播在祖国大地上；积极参加志愿服务活动，在深入社会、体察民情、关爱他人、奉献社会的道德实践中感受善的力量，以实际行动书写新时代的雷锋故事，为实现中国梦有一分热发一分光。

三、引领社会风尚

良好的社会风尚是人们在社会道德实践中逐渐形成起来的。大学生投身崇德向善的道德实践，要弘扬真善美、贬斥假恶丑，做社会主义道德的示范者和引领者，促成知荣辱、讲正气、作奉献、促和谐的社会风尚。

1. 知荣辱

（1）知荣辱的作用。

荣辱观对个人的思想行为具有鲜明的动力、导向和调节作用。

（2）大学如何做到知荣辱。

大学生应以正确的荣辱观为指导，坚定正确的行为导向，产生正确的价值激励，助推全社会形成知荣明辱的良好道德风尚。

2. 讲正气

（1）讲正气，就是坚持真理、坚持原则，坚持同一切歪风邪气作斗争。

（2）如何做到讲正气。

要做到讲正气，在日常生活中就要洁身自好、严于律已，自觉远离低级趣味；积极维护社会公共秩序，抵制歪风邪气，敢于伸张正义、见义勇为，坚决同践踏社会道德风尚的一切行为作斗争。

3. 作奉献

奉献精神是社会责任感的集中表现。有责任，就意味着要奉献。奉献精神传递社会温暖，能够拉近人与人之间的距离，建立和谐的人际关系和稳定的社会秩序，促进社会健康有序地发展。

4. 促和谐

民主法治、公平正义、诚信友爱、充满活力、安定有序、人与自然和谐相处的社会，是国家富强、民族复兴、人民幸福的重要保证。

对于大学生来说，促和谐就是要促进自我身心的和谐、个人与他人的和谐、个人与社会的和谐、人与自然的和谐等。

大学生要用和谐的态度对待人生实践，使崇尚和谐、维护和谐内化为自己的思想意识和行为习惯，推动人与人之间、人与社会之间融洽相处，实现人与自然之间友好共生。

知识案例

【案例一】 平凡的岗位书写不平凡的人生

把幸福给你："雷锋传人"郭明义 30 年的爱心之旅

辽宁鞍钢集团有一位普通工人，他只是一名铁矿管理人员，妻子是医院高级护士，本来家庭生活并不困难，但为了帮助别人，全家人过着清贫的生活。在他不到 40 平方米的家中，没有一件像样的家具，就连上大学放假回家的女儿也只能住在临时搭的床上。

他 15 年里每天提前 2 小时上班，16 年间为失学儿童、受灾群众捐款 12 万元，20 年来 55 次无偿献血，挽救数十人的生命。

他追求纯粹，做好事不求人知，矢志不渝地追求真善美。他坚信奉献使人快乐、助人使人幸福，数十年如一日地用自己的博大爱心、满腔热血铸就了人间大爱，被誉为"爱心使者""雷锋传人"。

他常对妻子说，同那些特困家庭相比我们还算富裕，尽我们所能去帮助他们，会活得充实而快乐！

他就是毛泽东同志所说的那类"一个高尚的人，一个纯粹的人，一个有道德的人，一个脱离了低级趣味的人，一个有益于人民的人"。

他叫郭明义，第三届全国道德模范。

（资料来源：中国文明网·道德模范频道，2011-09-21，略有删改，http：//www.wenming.cn/ddmf_296/tp_ddmf/201109/t20110921_331671.shtml）

坚守志愿者阵地的这群 90 后，在战"疫"一线书写最美好的青春

在新时代青年中，有这样一群人，他们岗位不同，但他们都有一个共同的名字：志愿者。在疫情防控中，哪里有需要，哪里就有他们的身影。他们的点点微光，汇聚力量，温暖人心。

"只要疫情没有结束，我们都要坚持下去"

"来，大家的手机放一放，我们加快速度往前走了。"在南京南站，殷学强和志愿者们正在为旅客测量体温。

随着国内疫情防控形势全面向好，人们的出行安排也慢慢开始恢复正常。为了应对这一变化，南京南站也将具有体温检测功能的出站口数量，从 4 个增加到 6 个。这天下午出现了一点小状况，东二和西二出站口的测温点供电出现了问题，车站的志愿者们需要将这边的旅客引导至其他 4 个出口。

1995 年出生的殷学强是南京一家培训机构的老师。今年 1 月 27 日，在河南老家过年的小殷看到了南京团市委发出的疫情防控动员令，就不假思索地订购了返程车票。2 月 1 日，小殷正式开始他在南京南站的防疫工作。这里的志愿者们分为早晚 2 个班次，每班工作 6 个小时，人手紧张的时候，很多人都是直接做满一整天 12 小时。

随着复工复产的全面启动，志愿者们也需要回到原本的工作岗位上，但是看到很多特殊场所的志愿者需求依然很大，小殷他们便开始更加严格地规划自己的时间。很多志愿者在下班之后还要赶到服务点工作几小时后才回家休息。

“从 3 月中旬以后我们手头上已经开始陆陆续续有一些工作了，我会在把我手头上工作处理好的情况下合理把握时间，开始我们的志愿服务。”殷学强说。

其实，疫情期间并不是殷学强第一次接触志愿者工作。从 2015 年开始，他参与公益活动已经有了 6 年的时间。小殷觉得，志愿者的工作并不宏大，但是贵在坚持。

“虽然说现在国内疫情趋势向好，但是我们还是不能松懈。只要疫情没有结束，我们都要坚持下去。”小殷说。

“我们做一些琐碎的事情，才能更好地保障市民安全”

广州市从化区的旺城西社区处于城乡结合地带，辖区中心有两家商场包围着一个市场，人员构成复杂，外地人口多，人口流动较大。对于这样的区域，扫健康码、追踪人员流动情况、关注隔离人员返家后的身体状况，类似的工作到了疫情防控常态化阶段依然十分重要。这天，接到社区方面提出的需求，从化区青年志愿者协会的志愿者们准备再次对几个重点区域进行排查。

疫情暴发后，从化区青年志愿者协会会长孙金光第一时间组织志愿者走上街头，宣传抗疫知识，辅助社区防疫工作。像这样的测温和排查工作，每当有社区提出需求，他们都会立即组织人手做出响应，已经不记得做过多少次了。

这样的工作很琐碎，很枯燥，甚至有时还会引起别人的不快。但是孙金光觉得，志愿者工作的延续，是巩固抗疫成果的重要保障。“我们做一些琐碎的事情，让更多的市民反复地学到这些知识，或者是知道这些防疫的措施，才能够更好地保障市民的安全。”

（资料来源：央视网，2020-05-08，略有删改，
http：//qclz.youth.cn/znl/202005/t20200508_12319107.htm）

思考

保持为民服务之初心，才能在平凡的岗位上为国家的建设做出一件件不平凡的事，书写不平凡的自己。“雷锋精神”无处不在，请根据案例阐释以为人民服务为核心的社会主义道德。

案例解析

保持为民服务之初心，才能在平凡的岗位上为国家的建设做出一件件不平凡的事，书写不平凡的自己。“雷锋精神”无处不在，请根据案例阐释以为人民服务为核心的社会主义道德？

解析：为失学儿童、受灾群众捐款，无偿献血，挽救数十人的生命的“当代雷锋”郭明义，坚守战“疫”阵地一线的 90 后志愿者，他们做好事是自觉而超越功利的，他把人性中至

善的一面提升为人生的境界，对社会、对他人充满无私的情感，并为之无私奉献自己的一切。“全心全意为人民服务”是对他们这种爱的奉献的高度概括，是对社会主义道德的完美诠释。

为人民服务是社会主义道德的核心，集体主义是社会主义道德的原则。

为什么人服务是道德的核心问题，决定并体现着道德建设的根本性质和发展方向，规定并制约着道德领域中的所有道德现象。为人民服务是社会主义经济基础和人际关系的客观要求。为人民服务是社会主义市场经济健康发展的要求，为人民服务是先进性要求和广泛性要求的统一。为人民服务作为社会主义道德的核心，是社会主义道德区别和优越于其他社会形态道德的显著标志。大学生践行为人民服务，就是要弘扬为人民服务的精神，尊重人、理解人、关心人，为人民、为社会多做好事、多作贡献。

集体主义是社会主义道德的原则。在我国，国家利益、社会整体利益和个人利益有根本上的一致性，使得集体主义应当而且能够在全社会范围内贯彻实施。长期以来，集体主义已经成为调节国家利益、社会整体利益和个人利益关系的基本原则。

【案例二】 张富清：95 岁战斗英雄 深藏功名 60 载

张富清，男，汉族，1924 年 12 月生，中共党员，中国建设银行来凤支行原副行长。张富清在新中国成立前入伍，出生入死、保家卫国，以赫赫战功为中国解放事业立下汗马功劳；复员转业后，主动到最艰苦的地方工作生活，克己奉公、为民造福。60 多年来，他深藏功名、尘封功绩，坚守初心、不改本色，用自己的朴实纯粹、淡泊名利书写了精彩人生。

1948 年 3 月，张富清光荣入伍，成为西北野战军 359 旅 718 团 2 营 6 连的一名战士。他先后参加了壶梯山、东马村、临皋、永丰等战役。每一次战斗，他都是突击队员，先后炸毁敌人四座碉堡，是董存瑞式的战斗英雄。在永丰战役中，他带领突击组与敌人近身混战，一颗子弹从头顶飞过，头皮受伤，继续作战，打退敌人数次反扑，孤军奋战持续到天明，夺取敌人碉堡两个，缴获机枪两挺。张富清在解放大西北战斗中立下了赫赫战功：西北野战军特等功一次、军一等功一次、师一二等功各一次、团一等功一次，被授予军“战斗英雄”称号、师“战斗英雄”称号和“人民功臣”奖章。

1955 年初，张富清面临复员转业。他打听到，湖北最艰苦的地方是恩施，恩施最偏远的地方是来凤，他二话没说，便把工作地选在了来凤，为贫困山区奉献一生。张富清刚到来凤城关粮油所工作时，几乎每天都不能按时回家吃饭，加班是经常的事。20 世纪 60 年代，张富清任三胡区副区长，国家开展精简退职工作，他首先动员妻子孙玉兰辞去三胡供销社公职，减轻国家负担。大儿子遇到一个到恩施市工作的报考机会，张富清动员儿子放弃，下乡到万亩林场当知青。1975 年，张富清调到来凤卯洞公社担任革委会副主任，主动下到最偏远的高洞片区，与社员同吃同住同劳动。80 年代初，张富清到建行工作后，白手起家，盖起了办公楼，开展“拨改贷”业务，由他经手放出的贷款，没有一笔呆账。

为了给国家节约开支，他在做白内障手术时选择最便宜的晶体。为了不给组织添麻烦，让子女们安心工作，88 岁时高位截肢后，张富清靠着假肢和支架重新站了起来。95 岁高龄的他，至今仍坚持每天读书看报、看新闻联播节目。

从复员转业的那天起，张富清就“封存”所有战功记忆，包括对子女也只字不提。60 多年深藏功名，淡泊名利。直到 2018 年年底，来凤县进行退役军人信息采集工作时，张富清才拿出尘封64年的勋章、报功书、立功证等军功证明。

张富清荣获“时代楷模”、湖北省“荆楚楷模”称号，荣登“中国好人榜”。

（资料来源：《人民日报》，2019-06-26，略有删改，http：//www.wenming.cn/specials/2019zthd/7thmd/sddmf/md/jyfx_43263/201909/t20190905_5244581.shtml）

思考

张富清作为一个战功赫赫的老党员，60多年深藏功名，淡泊名利，在他身上充分体现了始终把革命利益放在首位、为实现社会主义和共产主义理想而奋斗、全心全意为人民服务的无产阶级道德。作为新时代的大学生，我们应该发扬什么样的中国革命道德？

案例解析

张富清作为一个战功赫赫的老党员，60多年深藏功名，淡泊名利，在他身上充分体现了始终把革命利益放在首位、为实现社会主义和共产主义理想而奋斗、全心全意为人民服务的无产阶级道德。作为新时代的大学生，我们应该发扬什么样的中国革命道德？

解析：中国革命道德，是对中华传统美德的延续和发展。传承和发扬中国革命道德，是弘扬中华传统美德的应有之义，是加强社会主义道德建设的客观需要，也是激励大学生锤炼优良道德品质的必然要求。

一是为实现社会主义和共产主义理想而奋斗。

二是全心全意为人民服务。

三是始终把革命利益放在首位。

四是树立社会新风，建立新型人际关系。

五是修身自律，保持节操。

【案例三】 广安一男子乱涂小广告被抓 现场清理并接受教育

“精神的力量是无穷的，道德的力量也是无穷的”“在全社会形成崇德向善、见贤思齐、德行天下的浓厚氛围”……2020年6月9日上午，记者跟随广安市公安局广安区分局民警来到了广安城南望江公园，刚走进公园，映入眼帘的便是习近平关于德文化的叙述。据悉，望江公园是广安市最新打造的德文化主题公园，不仅能够更好地迎接全国文明城市复查总评，更为广安市增添了文化气息。

为进一步做好迎接第六届全国文明城市复查总评工作，广安市公安局、文明办等相关部门有关人员组成联合检查组，联合对城市不文明行为进行查处打击，在望江公园内张贴违法小广告的詹某就是其中之一。

2020年6月8日晚，民警在望江公园附近巡逻时发现，崭新的德文化宣传栏宣传标语上多了一排油墨笔书写的小广告，其位置醒目，颜色突兀。通过排查，民警很快挡获当事人詹某，调查发现詹某在公园的建设设施、厕所、建筑墙面上都涂有小广告。随后，联合检查组勒令詹某对其乱涂的违法小广告全部进行了清理。

据悉，为获取不正当利益，詹某在望江公园及其附近的凌云桥上乱涂违法小广告，其中包括健身器材、宣传画、厕所、墙面等共计30余处。在詹某清理完违法小广告后，联合检查组工作人员还对詹某进行了现场教育，并让其签下保证书。“我已经认识到自己的错误了，希望大家引以为戒，不要乱涂违法小广告，共同爱护环境。”詹某说。

“詹某的这种行为，是一种不文明行为，也是一种违法行为。”市公安局广安区分局治安管理大队中队长刘毅表示，对于詹某的这种违法行为，可以依照《中华人民共和国治安管理处罚法》第四十九条，因损坏公私财物，进行处罚，可以采取拘留或者并处以罚款进行处罚，如果是更严重的违法行为，可以追究其刑事责任……

与此同时，刘毅呼吁，广大市民要响应文明城市创建行动，自觉抵制不文明行为，遵守社会秩序，维护社会公德，共同爱护公共财物，向不文明行为说“不”。

（资料来源：广安在线，2020-06-10，略有删改，
http：//cpc.people.com.cn/n1/2020/0610/c367682-31741773.html）

网络生态要守住底线（云中漫笔）

《网络信息内容生态治理规定》（下称《规定》）日前正式施行。《规定》主体依托于2019年9月10日国家互联网信息办公室发布的《网络生态治理规定（征求意见稿）》，细化明确了互联网各主体必须恪守的底线。

当前，中国网民规模已超过8.5亿人。据调查，2019年上半年，中国网民人均每周上网时间达27.9小时，换算成日均达近4小时。人们在线上世界投入的精力和时间不断增加，互联网已经深深嵌入日常生活，虚拟与现实的界线日益模糊。然而，从有害信息到网络暴力，再到网络谣言与黑色产业链，诸多乱象孵化于虚拟世界，进而侵蚀威胁到人们的现实生活，这就使得网络生态治理更加必要与紧迫。

社会治理需依法，网络治理亦需明确规则。《规定》的出台填补了网络生态治理中的法律性空白，从处置不良信息的相关标准中，可以看到以下亮点：

一是对未成年人弱势群体的关怀保护。《2018年全国未成年人互联网使用情况研究报告》显示，截至2018年7月31日，中国未成年网民规模为1.69亿，未成年人的互联网普及率为93.7%，而未成年网民在上网过程中遭遇违法不良信息的比例达30.3%。针对这一高普及、易受害的网民群体，《规定》中明确了网络生产者应防范抵制可能引发未成年人模仿不安全行为和违反社会公德行为、诱导未成年人不良嗜好等不良信息，并鼓励各平台开发适合未成年人使用的模式，为未成年人网民打造安全屏障，也为今后出台《未成年人网络保护条例》和构建网络分级制度提供了契机。

二是致力于扯断互联网黑色产业链。不论是生产阶段文不对题、耸人听闻的“标题党”，还是运营阶段操纵账号、雇佣第三方甚至委托发布平台实施流量造假，都极大损害了产业合理健康发展，也拉低了互联网内容的总体质量。互联网消费者寻求的是快速、真实、有深度的讯息与服务，大量无意义乃至虚假的“符号爆炸”短期窃取的是人们直接或间接的付费投入，长期损害的则是互联网生产者整体的公信力。长此以往，互联网内容的土壤将劣化，产业之花亦会随之枯萎。目前网络内容生产的变现率逐渐提高，这是中国互联网产业走向成熟的重要标志。这个时候，更要严控不合理、不合法、不公平的经营方式，严防互联网产业发展变质。

网络信息内容生态治理是一场持久战、攻坚战，事关国家安全和公共利益，也关系到每一位网民的合法权益。新《规定》为构建“天朗气清、生态良好”的网络空间提供了有力保

障，如《规定》中细致的规则设定，让网络活动的合法边界更加清晰，有助于增强互联网活动主体的自我约束力，也为主管部门的基层执法提供了明确依据。人们期待，随着网络空间逐渐清朗，网络生态越来越积极健康，将推动中国互联网行业进一步向上跃升、向前发展。

（资料来源：《人民日报海外版》，2020-04-01，略有删改，http：//paper.people.com.cn/rmrbhwb/html/2020-04/01/content_1979480.htm）

思考

1. 社会公德是维护公共利益、公共秩序、社会和谐稳定的起码的道德要求，涵盖了人与人、人与社会、人与自然之间的关系。作为当代大学生，应该如何践行社会公德？

2.“网络社会”生活是一种特殊的社会生活，正是它的特殊性决定了“网络社会”生活中的道德具有不同于现实社会生活中的道德的新的特点与发展趋势。当代大学生应该怎样遵守网络生活中的道德？

案例解析

1. 社会公德是维护公共利益、公共秩序、社会和谐稳定的起码的道德要求，涵盖了人与人、人与社会、人与自然之间的关系。当代大学生应该如何践行社会公德？

解析：公共生活中的道德规范，即社会公德，是指人们在社会交往和公共生活中应该遵守的行为准则，是维护公共利益、公共秩序、社会和谐稳定的起码的道德要求，涵盖了人与人、人与社会、人与自然之间的关系。

① 文明礼貌。

文明礼貌是调整和规范人际关系的行为准则，与我们每个人的日常生活密切相关。它反映着一个人的道德修养，体现着一个民族的整体素质。

② 助人为乐。

把帮助他人视为自己应做之事，是每个社会成员应有的社会公德，是有爱心的表现。

③ 爱护公物。

对社会共同劳动成果的珍惜和爱护，是每个公民应该承担的社会责任和义务，它既显示出个人的道德修养水平，也是社会文明水平的重要标志。

④ 保护环境。

生态环境保护是功在当代、利在千秋的事业。人类发展活动必须尊重自然、顺应自然、保护自然，否则就会遭到大自然的报复。

⑤ 遵纪守法。

遵纪守法是全体公民都必须遵循的基本行为准则，是维护公共生活秩序的重要条件。在社会生活中，每个社会成员既要遵守国家颁布的有关法律、法规，也要遵守特定公共场所和单位的有关纪律规定。

2.“网络社会”生活是一种特殊的社会生活，正是它的特殊性决定了“网络社会”生活中的道德具有不同于现实社会生活中的道德的新的特点与发展趋势。当代大学生应该怎样遵守网络生活中的道德？

网络生活中的道德要求是人们在网络生活中为了维护正常的网络公共秩序需要共同遵守的基本道德准则，是社会公德在网络空间的运用和扩展。

一是要正确使用网络工具。大学生应当正确使用网络，提高信息的获取能力，加强信息的辨识能力，增进信息的应用能力，使网络成为开阔视野、提高能力的重要工具。

二是要健康进行网络交往。大学生应通过网络开展健康有益的人际交往，树立自我保护意识，不要轻易相信网友，避免上当受骗，避免给自己的人身和财产安全带来危害。同时，不能以网络交往代替现实交往。

三是要自觉避免沉迷网络。大学生应当合理安排上网时间，约束上网行为，避免沉迷网络。

四是要加强网络道德自律。大学生应当在网络生活中培养自律精神，在缺少外在监督的网络空间里，做到自律而“不逾矩”，促进网络生活的健康与和谐。

五是要积极引导网络舆论。新时代的大学生应当带头引导网络舆论，对模糊认识要及时廓清，对怨气怨言要及时化解，对错误看法要及时引导和纠正，积极营造清朗网络空间。

【案例四】 在生命最后一刻，这位广西司机拯救了全车人！

10月5日早上8时许，在从德保开往百色途中，驾驶员周加庆突发疾病猝死。在生命的最后几秒钟，他用尽了最后一丝力气踩下了刹车。

10月8日，亲历现场的当事人罗荣国回忆起当时的情景时，仍然情绪激动，“每次一想起来就惊慌，庆幸我们遇到一个好司机”。

他的选择救了一车人

10月5日清晨，像往常一样，周加庆开班车从德保县东凌镇朴圩村往百色行进。多年来，东凌镇村民罗荣国经常搭乘这趟车，上车的时候，他还笑着跟司机打招呼。

罗荣国回忆称，当天早上，他们20多名客人搭乘该车去百色。行驶途中，突然一个急刹车，全车乘客都晃了一下，车辆紧急停在了道路上。

罗荣国回过神来后发现，周加庆的身体歪倒在发动机上，一只脚仍踩着刹车，一只手还没来得及挂空挡，车因急刹已经熄了火。

罗荣国赶紧上前查看，此时周加庆两个眼睛瞪得很大，嘴巴微张，似乎有话要说，却已经发不出声音了。整个过程只有短短的几秒钟，全车乘客都注意到了这一现象。

“如果车没有停下，那车上20多人后果不堪设想”，罗荣国说，“一个老司机在生命最后几秒钟做出选择，用强烈的责任心守护了一车人的平安。我们不能为他做什么，但一定要向他鞠躬，愿他一路走好”。

事发时，周加庆的妻子也在车上负责收钱。周妻说，事发前一晚，周加庆曾称自己胸口痛，打算第二天就到百色检查身体，结果在途中就发病了。虽然乘客们积极协助救援，仍没能挽回周加庆的生命。

回忆往昔 他是豪爽敬业的司机

记者从德保相关部门了解到，周加庆今年51岁，18岁开始从事客运行业，1986年至1995年年底往返于东凌镇朴圩村和德保县城之间，1996年至今走朴圩村至百色市客运线路。33年来，周加庆敬业勤勉，坚持每天发最早一班车，驾车稳重，服务态度好。

沿途居民得知他离世的消息，纷纷在朋友圈等社交平台发文悼念。谭定华是周加庆的邻居，他说周加庆为人豪爽，热情开朗，平时开车时，只要不超员，沿途遇到学生，他都会停车免费搭一程，是一个口碑很好的司机。

黄星海跟周加庆算是老朋友了，他说，20 年前，他做照相生意，如果隔三岔五去百色冲洗胶卷，花费太大，收费就高。周加庆得知他的困惑后，主动免费帮他把胶卷带去冲洗店，并让他给乡亲们优惠就行了。

10 月 7 日上午 9 时，周司机的遗体运回老家多乐村出殡安葬。村里的乡亲、被救的乘客和素不相识的村民纷纷前来送行，表达了他们对周加庆的敬意。连日来，周加庆的事迹在网上被广泛转载后，不少网民称他为“英雄”。

生命最后关头，他紧握方向盘，把车停稳，把生的希望留给乘客。

（资料来源：北青网综合，2019-10-09，略有删改，hhttp：//news.ynet.com/2019/10/09/2125465t70.html）

思考

1. 你如何看待周加庆的职业道德?
2. 你觉得在你以后的职业生涯中，应该如何发扬职业道德?

案例解析

1. 你如何看待周加庆的职业道德?

解析：周加庆作为公交车司机，用自己的行动诠释了爱岗敬业、服务群众、奉献社会的职业道德要求。

爱岗敬业，干一行，爱一行。爱岗敬业指热爱本职工作，对本职工作尽心尽力，用一种恭敬严肃的态度来对待自己的职业。案例中的周加庆虽然只是一个普普通通的公交司机，身处一个普普通通的岗位，但在岗一天，就认真负责地工作一天，保障乘客的通行，负责乘客的安全，将这种作风贯穿于自己终身的事业。乘客至上，爱岗敬业，是他在生命最后一刻都要坚守的宗旨。

服务群众，乘客至上，人人平等。服务群众是为人民服务的道德要求在职业道德中的具体体现，是国家机关工作人员和各个服务行业工作人员必须遵守的道德规范。从案例中，我们可以看出公周加庆一直就树立着全心全意为人民服务的宗旨，热爱本职工作，行走于城市的交通命脉，甘愿充当人民的通行助手，一切为了交通，一切为了群众，服务群众，保证群众的安全。

奉献社会，坚持社会主义职业道德观。奉献社会是社会主义职业道德的最高要求，是为人民服务和集体主义精神的最好体现。每个公民无论在什么行业，什么岗位，从事什么工作，只要他爱岗敬业，努力工作，就是在为社会作贡献。如果在工作过程中不求名、不求利，只奉献、不索取，则体现出宝贵的无私奉献精神，这就是社会主义职业道德的最高境界。在本案例中，周加庆体现的突出特征有：热心为社会服务的责任感，充分发挥主动性，竭尽全力地为社会做贡献，无论是小到认真负责地开车行驶在城市的交通路线，还是大到在生命的最后一刻也要保护乘客的安全。他自觉自愿地为他人、为社会贡献力量，完全为了增进公共福利而积极劳动；不计报酬，完全出于自觉精神和奉献意识。所以，在社会主义精神文明建设中，我们要大力提倡和发扬这种奉献社会的职业道德。

周加庆的事迹告诉我们：要大力倡导以爱岗敬业、诚实守信、办事公道、服务群众、奉献社会为主要内容的职业道德，鼓励人们在工作中做一个好的建设者。

2. 你觉得在你以后的职业生涯中，应该如何发扬职业道德？

解析：职业生活是否顺利、是否成功，既取决于个人的专业知识和技能，更取决于个人的职业道德素质。

第一，学习职业道德规范。通过学习职业道德规范，明确职业活动的基本规范和目的，从而提高自己的职业认知能力、判断能力和树立正确的价值理念，对青年人来说尤为重要。

第二，提高职业道德意识。大学生要提高自己的职业道德素质，应当将其内化为自身的素质，提高到自觉意识的层面。大学生应当以职业道德模范为榜样，培养积极进取、甘于奉献、服务社会的良好职业道德意识，为未来的职业生活做准备。

第三，提高践行职业道德的能力。大学生应当积极利用各种机会开展社会实践，多参与社会志愿服务活动，使自己学到的知识在服务社会的过程中得到运用和升华。

知识题库

第五章　明大德守公德严私德

知识点一：道德及道德起源

【单选题】

1. 道德是以（　　）为评价方式，主要依靠社会舆论、传统习俗和内心信念来发挥作用的行为规范的总和。

A. 内心信念

B. 社会舆论

C. 传统习惯

D. 善恶

2. 把道德起源归结为上天的命令或者神的旨意，这种道德观是（　　）。

A. 先天人性论

B. 天意神启论

C. 情感欲望论

D. 动物本能论

3. 马克思主义道德观认为，（　　）是道德起源的首要前提。

A. 人的自我意识

B. 人的情感

C. 社会关系

D. 劳动

4. 马克思主义认为，道德起源于（　　）。

A. 人的情感、欲望

B. “天”的意志或启示

C. 人的良知和意志

D. 社会关系的形成及人类自我意识的形成与发展

5. （　　）是人类道德起源的第一个历史前提。

A. 原始宗教提供了最初的行为准则

B. 劳动创造了人和人类社会

C. 实践创造了物质文明和精神文明

D. 人类利益共同体的形成

6. 道德产生的客观条件是（　　）。

A. 生产关系

B. 劳动

C. 社会关系的形成

D. 人类自我意识的形成和发展

7. （　　）是道德产生的思想认识

前提。

A. 意识　　B. 意志

C. 情感　　D. 信念

【多选题】

8. 道德是以善恶为评价方式，主要依靠（　　）来发挥作用的行为规范的总和。

A. 社会舆论　　B. 传统习俗

C. 内心信念　　D. 国家强制力

9. 下列关于马克思主义道德的起源，叙述正确的是（　　）。

A. 劳动是道德起源的首要前提

B. 社会关系是道德赖以产生的客观条件

C. 它是人的情感欲望的产物

D. 人的自我意识是道德产生的主观条件

10. 劳动是道德起源的首要前提，这是因为（　　）。

A. 劳动创造了道德本身

B. 劳动将人与动物区分开来，创造了人、社会和社会关系，也创造了道德

C. 劳动是社会与自然界对立统一的基础

D. 劳动就是实践

【判断题】

11. 作为人类社会特有的一种社会现象，道德是人类社会发展到一定阶段的必然产物。（　　）

12. “动物本能论”则认为道德观念是动物本能的延续，进而把动物基于本能的活动与人类有目的、有意识的活动画上等号。（　　）

13. “情感欲望论”把道德的起源或者归结为与生俱来的情感，或者归结为先天存在的良心、理念或精神。（　　）

14. “先天人性论”认为道德起源于人们先天的情感欲望，是人们为实现情感欲望而形成的行为要求。（　　）

15. 道德不仅是人类社会的现象，动物的本能行为中也存在道德，比如动物间的相互救助行为。（　　）

16. 马克思主义道德理论在人类思想史上第一次科学而全面地论述了道德的起源问题，为正确认识和理解道德的本质奠定了基础。（　　）

知识点二：道德的本质

【单选题】

17. 道德属于上层建筑的范畴，是一种（　　）。

A. 特殊的社会意识形态

B. 心理现象

C. 经济现象

D. 政治现象

18. 道德的产生、发展和变化，归根结底根源于（　　）。

A. 全体人民的意志

B. 社会经济关系

C. 在法律上的反映

D. 统治阶级的意志

19. 在人类历史上，原始社会的经济关系产生了原始共产主义道德，封建社会的经济关系产生了封建主义道德，资本主义社会的经济关系产生了资本主义道德，社会主义社会的经济关系产生了社会主义道德。这说明（　　）。

A. 社会道德对社会经济关系具有决定作用

B. 有什么样的生产方式就有什么样的社会道德

C. 社会经济关系的性质并不决定社会道德体系的性质

D. 社会道德的发展变化必然引起社

会经济关系的发展变化

20. 道德规范是一种（　　）。

A. 强制性规范

B. 法律性规范

C. 非制度化规范

D. 外化性规范

21. 下列选项中，对于道德的理解，错误的有（　　）。

A. 道德通过社会舆论、传统习俗和人们的内心信念来维系

B. 道德属于上层建筑的范畴，是一种特殊的社会意识形态

C. 道德是阶级社会特有的社会意识形态，在原始社会就没有道德

D. 道德是对人们的行为进行善恶评价的心理意识、原则规范和行为活动的总和

【多选题】

22. 道德是反映社会经济关系的特殊意识形态，主要体现在（　　）。

A. 道德的性质和基本原则、规范反映了与之相应的社会经济关系的性质和内容

B. 道德随着社会经济关系的变化而变化

C. 道德作为一种社会意识，在阶级社会里总是反映着一定阶级的利益，因而不可避免地具有阶级性；同时，不同阶级之间的道德或多或少有一些共同之处，反映着道德的普遍性

D. 作为社会意识的道德一经产生，便有相对独立性。这种相对独立性既表现为道德的历史继承性，也表现为道德对社会发展具有能动的反作用

23. 关于道德，下列说法中正确的有（　　）。

A. 道德是人类特有的一种社会现象，是社会意识形态之一

B. 道德规定人们行为“必须怎样做”“不准怎样做”

C. 道德通过社会舆论、传统习俗和人们内心信念来维持

D. 道德是一种调整人与人，人与社会、人与自然以及人与自身之间关系的特殊的行为规范

24. 关于道德的本质，下列叙述正确的是（　　）。

A. 道德是反映社会经济关系的特殊意识形态

B. 道德决定经济基础

C. 道德是社会利益关系的特殊调节方式

D. 道德是一种实践精神

25. 道德是一种特殊的社会意识形态，主要通过（　　）来维系，是对人们的行为进行善恶评价的心理意识、原则规范和行为活动的总和。

A. 内心信念　　B. 社会舆论

C. 政治思想　　D. 传统习俗

【判断题】

26. 道德属于上层建筑的范畴，是一种特殊的社会意识形态。（　　）

27. 道德作为一种社会意识，在阶级社会里总是反映着一定阶级的利益，因而不可避免地具有阶级性。（　　）

28. 道德作为一种实践精神，是特殊的意识信念、行为准则、评价选择等方面的总和，是调节社会关系、发展个人品质、提高精神境界等活动的动力。（　　）

29. 道德的本质是统治阶级意识的体现。（　　）

知识点三：道德的功能

【单选题】

30. 道德往往运用善恶、荣辱、义务、

良心等范畴，反映人类的道德实践活动和道德关系，从中揭示社会道德发展的趋势，为人们的行为选择提供指南。这体现了道德的（　　）。

A. 认识功能

B. 调节功能

C. 沟通功能

D. 教育功能

31.（　　）是指在正确善恶观的指引下，规范社会成员在社会公共领域、职业领域、家庭领域的行为，并规范个人品德的养成，引导并促进人们崇德向善。

A. 道德的调节功能

B. 道德的规范功能

C. 道德的认识功能

D. 道德的沟通功能

32. 在正确善恶观的指引下，规范社会成员在职业领域、社会公共领域、家庭领域的行为，这体现了道德的（　　）。

A. 调节功能

B. 规范功能

C. 认识功能

D. 教育功能

33. 道德通过评价等方式，指导和纠正人们的行为和实际活动，协调人们之间的关系。这指的是道德的（　　）

A. 认识功能

B. 调节功能

C. 沟通功能

D. 教育功能

34.（　　）是道德调节的主要形式，社会舆论、传统习俗和人们的内心信念是道德调节所赖以发挥作用的力量。

A. 道德意志　　B. 道德情感

C. 道德认知　　D. 道德评价

【多选题】

35. 道德的功能，一般是指道德作为社会意识的特殊形式对于社会发展所具有的功效与能力。下列属于道德的功能的是（　　）。

A. 道德的认识功能

B. 道德的调节功能

C. 道德的规范功能

D. 道德的导向功能

E. 道德的激励功能

36. 下列关于道德认识功能的说法，正确的是（　　）。

A. 道德的认识功能是指道德反映社会关系特别是反映社会经济关系的功效与能力

B. 道德往往运用善恶、荣辱、义务、良心等范畴，反映人类的道德实践活动和道德关系

C. 道德的认识功能只能通过道德评价来完成

D. 日常生活中，人们正是借助道德认识自己对社会、他人、家庭的道德义务和责任

【判断题】

37. 道德的功能是多元的，同时也是多层次的。（　　）

38. 道德往往运用善恶、荣辱、义务、良心等范畴，反映人类的道德实践活动和道德关系，从中揭示社会道德发展的趋势，为人们的行为选择提供指南。这体现的是道德的规范功能。（　　）

知识点四：道德的作用

【单选题】

39. 下列关于道德对经济的作用的叙述，正确的是（　　）。

A. 它决定经济基础的发展变化

B. 它决定自己所服务的经济基础的

性质

C. 道德为经济基础的形成、巩固和发展服务

D. 道德决定经济基础的形成、巩固和发展

40. 道德是提高人的精神境界、促进人的自我完善、推动人的全面发展的（　　）。

A. 内在动力

B. 社会动力

C. 精神动力

D. 外部压力

41. 在道德的作用问题上，要反对“道德万能论”和“道德无用论”这两种极端的看法。下列关于“道德万能论”的根本错误，叙述正确的是（　　）。

A. 颠倒了社会存在和社会意识、经济基础同上层建筑之间的决定与被决定的关系，否定了物质资料的生产方式在社会发展中的决定作用

B. 忽视了道德作为上层建筑的重要组成部分，一方面由经济基础所决定，另一方面对经济基础和生产力发展有一定的反作用

C. 通过强调非道德因素的作用来否定道德的积极作用

D. 通过强调道德的消极因素来否定道德的积极作用

42. 在道德的作用问题上，要反对“道德万能论”和“道德无用论”这两种极端的看法。下列关于“道德无用论”的根本错误，叙述正确的是（　　）。

A. 道德决定一切、高于一切、支配一切，只要道德水平高，一切社会问题都可以迎刃而解

B. 颠倒了社会存在和社会意识、经济基础同上层建筑之间的决定与被决定的关系

C. 否定了物质资料的生产方式在社会发展中的决定作用

D. 忽视了道德作为上层建筑的重要组成部分，一方面由经济基础所决定，另一方面对经济基础和生产力发展有一定的反作用

【多选题】

43. 道德的社会作用是指道德功能的发挥和实现所产生的社会影响及其实际效果，其主要表现在（　　）。

A. 道德为经济基础的形成、巩固和发展服务，是一种重要的精神力量

B. 道德对其他社会意识形态的存在有着重大的影响

C. 道德通过调整人们之间的关系维护社会秩序和稳定

D. 道德是提高人的精神境界、促进人的自我完善、推动人的全面发展的内在动力

E. 在阶级社会中，道德是调节阶级矛盾和对立阶级之间开展阶级斗争的重要工具

44. 道德的作用是指道德的认识、规范、调节、激励、导向、教育等功能的发挥和实现所产生的社会影响及实际效果。我们必须正确认识道德的作用，要反对“道德万能论”和“道德无用论”这两种极端的看法。下列对道德的作用的认识，正确的是（　　）。

A. 在看到道德具有重大作用的同时，也必须看到道德发挥作用的性质并不都是一样的

B. 道德发挥作用的性质与社会发展的不同历史阶段相联系，由道德所反映的经济基础、代表的阶级利益所决定

C. 只有反映先进生产力发展要求和进步阶级利益的道德，才会对社会的发展

和人的素质的提高产生积极的推动作用，否则，就不利于甚至阻碍社会的发展和人的素质的提高

D. 道德决定一切、高于一切、支配一切，只要道德水平高，一切社会问题都可以迎刃而解

【判断题】

45. 在阶级社会中，道德是调节阶级矛盾和对立阶级之间开展阶级斗争的重要工具。(　　)

46. 道德作为一种社会意识形态，对其他社会意识形态无任何作用，因为他们都属于社会意识形态，都是由经济基础所决定的。(　　)

47. 道德决定一切、高于一切、支配一切，只要道德水平高，一切社会问题都可以迎刃而解。(　　)

48. 法律是成文的道德，道德是内心的法律。(　　)

知识点五：道德的变化发展

【单选题】

49. 道德的发展，是一个(　　)的历史过程。

A. 平直前进

B. 直线上升

C. 直线下降

D. 曲折上升

50. 人类道德的发展是一个曲折上升的历史过程。道德发展的规律(　　)。

A. 与社会生产方式的发展进程完全一致

B. 与社会生产方式的发展进程大体一致

C. 超前于社会生产方式的发展进程

D. 滞后于社会生产方式的发展进程

【多选题】

51. 道德不是千古不变的，同其他社会意识形态一样，道德也有自己的发生发展过程。已经出现的道德的历史类型有(　　)。

A. 原始社会的道德

B. 奴隶社会的道德

C. 封建社会的道德

D. 社会主义社会的道德

E. 资本主义社会的道德

52. 道德不是千古不变的，同其他社会意识形态一样，道德也有自己的发生发展过程。纵观道德发展历史，其呈现出以下规律(　　)。

A. 人类道德发展的历史过程与社会生产方式的发展进程大体一致，这是道德发展的基本规律

B. 虽然在一定时期可能有某种停滞或倒退现象，但道德发展的总趋势是向上的、前进的，是沿着曲折的道路向前发展的，或者叫作螺旋式上升、波浪式前进

C. 每一个社会都有与其经济基础相适应的占统治地位的道德；在同一社会形态中，不同的阶级或人群还会有不同的道德

D. 在阶级社会中，占社会统治地位的道德是统治阶级的道德，而同时存在着的其他阶级的道德则处于从属地位

53. 人类道德的发展是一个曲折上升的历史过程。人类道德进步的主要表现有(　　)。

A. 道德对于促进社会和谐与人的全面发展的作用越来越突出

B. 道德的发展和进步成为衡量社会文明程度的重要尺度

C. 道德的独立性越来越强，社会的进

步和实践的发展不再引起道德的变化

D. 道德调控的范围不断扩大，调控的手段或方式不断丰富、更加科学合理

54. 社会主义与共产主义道德是(　　)。

A. 人类道德发展合乎规律的必然产物

B. 人类道德发展史上的一种崭新类型的道德

C. 对人类道德传统的批判继承

D. 必然随着社会的进步和实践的发展而与时俱进

【判断题】

55. 共产主义社会是人类发展的最高阶段，法律道德将会全部消失。(　　)

56. 共产主义道德与社会主义道德在本质上不是同一类型的道德。(　　)

知识点六：传承中华传统美德

【单选题】

57. (　　)内容丰富、博大精深，是人类文明发展的重要精神财富，是社会主义道德建设的源头活水。

A. 中华传统美德

B. 中国革命道德

C. 传统文化

D. 中国精神

58.《诗经》中的“夙夜在公”，清代林则徐提出“苟利国家生死以，岂因祸福避趋之”，反映了中华民族传统美德中的(　　)的精神。

A. 重视整体利益，强调责任奉献

B. 推崇“仁爱”原则，注重以和为贵

C. 提倡人伦价值，重视道德义务

D. 追求精神境界，向往理想人格

E. 强调道德修养，注重道德践履

59. 孔子强调“己欲立而立人，己欲达而达人”，孟子强调“亲亲而仁民，仁民而爱物”，体现了中华民族传统美德中的(　　)的精神。

A. 重视整体利益，强调责任奉献

B. 推崇“仁爱”原则，注重以和为贵

C. 提倡人伦价值，重视道德义务

D. 追求精神境界，向往理想人格

E. 强调道德修养，注重道德践履

60.《尚书·舜典》中提出“五教”的思想；孟子提出影响深远的“五伦”；董仲舒提出“仁、义、礼、智、信”，这些体现了中华传统美德中的(　　)的精神。

A. 重视整体利益，强调责任奉献

B. 推崇“仁爱”原则，注重以和为贵

C. 提倡人伦价值，重视道德义务

D. 追求精神境界，向往理想人格

E. 强调道德修养，注重道德践履

61. 孟子云：“富贵不能淫，贫贱不能移，威武不能屈，此所谓大丈夫也。”其中的“大丈夫”说明中华传统美德(　　)。

A. 重视整体利益，强调责任奉献

B. 推崇“仁爱”原则，注重以和为贵

C. 提倡人伦价值，重视道德义务

D. 追求精神境界，向往理想人格

E. 强调道德修养，注重道德践履

62. 孔子提倡“修己”“克己”和“慎独”，提倡“见贤思齐焉，见不贤而内自省”；曾子提出“吾日三省吾身”；孟子更主张“善养吾浩然之气”。这体现了中华传统美德中的(　　)的精神。

A. 重视整体利益，强调责任奉献

B. 推崇“仁爱”原则，注重以和为贵

C. 提倡人伦价值，重视道德义务

D. 追求精神境界，向往理想人格

E. 强调道德修养，注重道德践履

63. 那些认为中国传统文化“是很贫乏的”“中国的一切都不如西方”“中国传统文化从整体上来说在今天已经失去了价

值和意义，必须从整体上予以全盘否定”的观点，属于（　　）。

A. 历史虚无主义

B. 狭隘民族主义

C. 民族沙文主义

D. 激进民族主义

64. 新文化运动时期，对待中国传统文化及道德有两种对立的观点：全盘否定与全盘肯定。今天，回顾历史，观照现实，对待中华传统文化与道德正确的态度应是（　　）。

A. 全盘复古

B. 全盘西化

C. 结合时代要求继承创新

D. 一半传统一半西方

65. 对待中国传统道德的正确态度是（　　）。

A. 全盘肯定　　B. 全盘否定

C. 辩证扬弃　　D. 任其自由

【多选题】

66. 传统道德是历史上不同时代人们的（　　）的集中体现，是对道德实践经验的提炼总结。

A. 行为方式　　B. 风俗习惯

C. 价值观念　　D. 文化心理

67. 中华传统美德是中华文化的精髓，蕴含着丰富的思想道德资源。下列属于中华传统美德的基本精神的有（　　）。

A. 重视整体利益，强调责任奉献

B. 推崇“仁爱”原则，注重以和为贵

C. 提倡人伦价值，重视道德义务

D. 追求精神境界，向往理想人格

E. 强调道德修养，注重道德践履

68. 社会主义思想道德体系不仅要与社会主义市场经济相适应、与社会主义法律规范相协调，而且要与中华民族传统美德相承接。下列选项中，表达了中华民族优良道德传统的有（　　）。

A.“先天下之忧而忧，后天下之乐而乐”

B.“人不为己，天诛地灭”

C.“己所不欲，勿施于人”

D.“见贤思齐焉，见不贤而内自省也”

69. 下列对于中华民族的道德传统，叙述正确的是（　　）。

A. 中华民族的道德传统是一个矛盾体

B. 中华民族的道德传统具有鲜明的两重性

C. 中华民族的道德传统有积极、革新、进步的一面

D. 中华民族的道德传统有消极、保守、落后的一面

70. 实现中华传统美德的创造性转化和创新性发展应（　　）。

A. 加强对中华传统美德的挖掘和阐发

B. 用中华传统美德滋养社会主义道德建设

C. 以是否有利于培育和践行社会主义核心价值观的标准，坚持古为今用、推陈出新的原则，为社会主义道德建设提供丰富的道德资源，赋予社会主义道德和共产主义道德以鲜明的民族特色

D. 反对两种错误思潮——复古论和虚无论

71. 中华传统美德须创造性转化和创新性发展，有效加强对中华传统美德的挖掘和阐发应（　　）。

A. 通过科学的分析和鉴别，把其中带有阶级性和时代局限性的成分剔除出去

B. 把其中具有当代价值的道德精神发掘出来，总结传统美德中丰富的思想道德资源

C. 对中华传统美德的德目、观点进行新的诠释和激活，结合现代生活赋予其新

的时代内涵

D. 用中华传统美德滋养社会主义道德建设

72. 用中华传统美德滋养社会主义道德建设，必须以（　　）为标准。

A. 是否有利于推动中国特色社会主义事业

B. 是否有利于建设社会主义道德体系

C. 是否有利于培育和践行社会主义核心价值观

D. 是否有利于恢复中国“固有文化”，形成以中国传统文化为主体的道德体系

【判断题】

73. 正是从国家利益和整体利益的原则出发，中国古代思想家强调在“义”和“利”发生矛盾时，应当义以为上、先义后利、见利思义、见义勇为。（　　）

74. 中国传统道德从整体上来说在今天已经失去了价值和意义，不能满足我国现代化建设的需要，必须从整体上予以全盘否定。（　　）

75. 在对待传统道德的问题上，“复古论”“历史虚无论”都是错误的，割断了道德的历史与发展的关系，都不利于社会的发展和道德的进步。（　　）

76. 中国传统道德对当代中国社会的发展具有重大价值。（　　）

知识点七：发扬中国革命道德

【单选题】

77. 中国革命道德萌芽于（　　）前后，发端于中国共产党成立以后蓬勃发展的伟大工人运动和农民运动，经过土地革命战争、抗日战争、解放战争以及社会主义革命、建设、改革的长期发展，逐渐形成并不断发扬光大。

A. 义和团运动

B. 太平天国运动

C. 五四运动

D. 一二·九运动

78. 我国近现代历史经验表明，（　　）是克服前进道路上一切困难的重要精神支柱，是战胜千难万险的重要力量源泉。

A. 中华民族道德传统

B. 革命道德传统

C. 社会主义道德体系

D. 理论与实践相结合

79. 坚持社会主义、共产主义理想和信念的不屈不挠的精神，是革命道德的（　　）。

A. 原则

B. 灵魂

C. 渊源

D. 要求

80. （　　）作为贯穿中国革命道德始终的一根红线，是中国共产党在中国革命实践中的一个伟大创造，对中国的革命、建设、改革事业，产生了极其重大的推动作用。

A. 全心全意为人民服务

B. 集体主义

C. 实事求是

D. 廉洁自律

81. 始终把（　　）放在首位，极大地激发了革命者为集体而献身的斗志，使革命队伍形成了前所未有的向心力和凝聚力，也使革命事业不断蓬勃向前发展。

A. 民族利益

B. 国家利益

C. 人民利益

D. 革命利益

82. （　　）体现了中国革命道德在社会生活层面上的重要意义。

A. 为实现社会主义和共产主义理想而奋斗

B. 全心全意为人民服务

C. 树立社会新风，建立新型人际关系

D. 修身自律，保持节操

83. 中国革命道德还体现在共产党人对自身道德修养的重视方面，把加强（　　）看成是能够影响革命成败的大事，因而践履中国革命道德的重要环节就是共产党人修身自律、保持节操。

A. 个人道德修养

B. 全心全意为人民服务

C. 人民利益

D. 革命利益

【多选题】

84. 中国革命道德，是指（　　）在中国革命、建设、改革中所形成的优秀道德，是马克思主义与中国革命、建设、改革的伟大实践相结合的产物，是中华民族极其宝贵的道德财富。

A. 人民群众

B. 一切先进分子

C. 中国共产党人

D. 人民军队

85. 中国革命道德与中华传统美德的关系是（　　）。

A. 中华传统美德是中国革命道德的渊源之一

B. 没有中华传统美德的长期发展和丰富，就不可能有中国革命道德的形成和发展

C. 中国革命道德继承了中国传统道德的精华，摒弃了传统道德的糟粕

D. 中国革命道德是中国优良传统道德的延续和发展，并超越了中华传统美德的时代局限

86. 中国革命道德具有丰富而独特的内涵，既包括革命道德的原则、要求、修养等方面，也包括革命理想、革命精神等方面，具有丰富的内容，主要内容有（　　）。

A. 为实现社会主义和共产主义理想而奋斗

B. 全心全意为人民服务

C. 始终把革命利益放在首位

D. 树立社会新风，建立新型人际关系

E. 修身自律，保持节操

87.（　　）、苏区精神、西柏坡精神等红色精神中蕴含的革命道德，都是中国共产党领导全体人民实现民族独立、人民解放的精神支撑和思想武器，对于我们走好新时代的长征路，实现中华民族伟大复兴仍然具有极其重要的现实意义。

A. 红船精神

B. 井冈山精神

C. 长征精神

D. 延安精神

88. 关于中国革命道德的当代价值，叙述正确的有（　　）。

A. 发扬中国革命道德有利于加强和巩固社会主义和共产主义的理想信念

B. 发扬中国革命道德有利于培育和践行社会主义核心价值观

C. 发扬中国革命道德有利于引导人们树立正确的道德观

D. 发扬中国革命道德有利于培育良好的社会道德风尚

89. 发扬光大革命道德，具有重要意义，下列叙述正确的是（　　）。

A. 弘扬中国革命道德，有利于树立和培养人民群众的社会主义和共产主义的理想信念，有利于坚持和发展中国特色社会主义道路

B. 继承和弘扬中国革命道德，对于帮助人们深刻理解社会主义核心价值观的科

学内涵和历史底蕴，增强价值观认同，为中国特色社会主义事业提供攻坚克难的强大精神支撑，具有重要意义

C. 发扬光大革命道德，能够引导人们正确对待个人利益和社会利益、国家利益，能够帮助人们在深刻把握历史、认识社会、审视人生的基础上，积极投入到决胜全面建成小康社会、夺取新时代中国特色社会主义伟大胜利的新征程

D. 解决道德领域出现的突出问题，要充分发挥革命道德的精神力量，培育良好的社会道德风尚，净化社会人际关系，抵制各种腐朽思想，树立浩然正气，凝聚崇德向善的正能量

【判断题】

90. 传承和发扬中国革命道德，是弘扬中华传统美德的应有之义，是加强社会主义道德建设的客观需要，也是激励大学生锤炼优良道德品质的必然要求。(　　)

91. 中国革命道德，是对中华传统美德的延续和发展。(　　)

92. 解决道德领域出现的突出问题，要充分发挥革命道德的精神力量，培育良好的社会道德风尚，净化社会人际关系，抵制各种腐朽思想，树立浩然正气，凝聚崇德向善的正能量。(　　)

93. 现在中国已进入全面建设小康社会阶段，已成为世界第二经济体，已经不需要革命道德了。(　　)

知识点八：借鉴人类文明优秀道德成果

【单选题】

94. 在借鉴吸收人类文化的有益道德成果时，应坚持(　　)原则。

A. 集体主义、为人民服务

B. 大胆吸收和借鉴人类道德文明的一切成果

C. 理论与实际相结合

D. 以我为主、为我所用

【多选题】

95. 借鉴和吸收人类文明优秀道德成果，要坚持马克思主义立场、观点、方法，在道德问题上把握好(　　)的关系。

A. 共性和个性

B. 集体和个人

C. 抽象和具体

D. 一般和个别

96. 有关怎么吸收借鉴人类文明优秀道德成果，下列叙述正确的是(　　)。

A. 要认识到每一个民族或国家都有自己优良的道德传统，都对促进道德的发展作出过不同程度的贡献

B. 借鉴和吸收人类文明优秀道德成果，必须秉承正确的态度和科学的方法

C. 要大胆吸收和借鉴人类道德文明的一切成果

D. 要坚持以我为主、为我所用，批判继承其他国家的道德成果

【判断题】

97. 一个国家或民族的道德进步，既要注意在文明交流中坚守自身优秀道德传统，也要在文明互鉴中积极吸收其他有益道德成果。(　　)

98. 一个国家或民族的文化发展和道德进步，除了要注意继承和弘扬本民族文化和道德优良传统之外，还必须积极吸收其他民族文明的优秀成果。(　　)

99. 在吸取人类优秀道德文明成果的问题上，要大胆吸收和借鉴人类道德文明的一切成果。(　　)

知识点九：社会主义道德的核心和原则

【单选题】

100. 道德建设的核心问题，实质是（　　）。

A.“为什么人服务”的问题

B.“人为什么活着”的问题

C.“人是什么”的问题

D.“人应当怎样做”的问题

101.（　　）不仅是坚持历史唯物主义的必然要求，是中国共产党践行的根本宗旨，也是社会主义道德观的集中体现，是全体中国人民共同遵循的道德要求。

A. 集体主义

B. 为人民服务

C. 诚实守信

D. 清正廉洁

102.（　　）是社会主义道德建设的核心。

A. 集体主义

B. 为人民服务

C. 诚实守信

D. 勤俭节约

103.（　　）是社会主义道德建设的原则。

A. 诚实守信

B. 为人民服务

C. 集体主义

D. 勤俭节约

104.（　　）已经成为我国当前调节国家利益、社会整体利益和个人利益关系的最重要的原则。

A. 爱国主义　　B. 社会主义

C. 集体主义　　D. 共产主义

105. 社会主义集体主义强调国家利益、社会整体利益和个人利益的（　　）。

A. 相互区别　　B. 个性彰显

C. 同步发展　　D. 辩证统一

106. 在社会主义社会中，国家利益、社会整体利益和个人利益是不能分割的。国家利益、社会整体利益体现着（　　），是所有社会成员共同利益的统一。

A. 个人根本的、长远的利益

B. 个人长远的、稳定的利益

C. 个人根本的、稳定的利益

D. 个人一时的、稳定的利益

107. 社会主义集体主义强调在集体利益和个人利益发生矛盾或冲突时（　　）。

A. 坚持集体利益服从个人利益

B. 坚持集体利益高于个人利益

C. 为集体利益任意牺牲个人利益

D. 为个人利益暂时放弃集体利益

108. 在社会主义市场经济条件下，集体应尽可能地保护和满足个人的正当利益，使个人的尊严、价值和权利得到最大的实现，为个人的全面发展创造条件。集体完成这个任务的大前提是（　　）。

A. 个人利益服从国家利益

B. 集体利益包含个人利益

C. 集体利益服从国家利益

D. 个人利益服从集体利益

109.（　　）是为人民服务的根本制度保证。

A. 以公有制为主体的经济制度和以按劳分配为主体的分配制度

B. 坚持共产党的领导和人民当家作主

C. 坚持无产阶级专政

D. 坚持各阶级联合专政

110. 下列选项中，对集体主义原则的理解错误的是（　　）。

A. 集体主义要求不论在什么情况下，都要无条件地牺牲个人利益

B. 集体主义强调国家利益和个人利益的辩证统一

C. 集体主义原则重视个人利益

D. 集体主义原则强调国家利益、集体利益高于个人利益

【多选题】

111. “为人民服务是社会主义道德建设的核心”意味着（　　）。

A. 为人民服务是社会主义经济基础和人际关系的客观要求

B. 为人民服务是中国共产党和中国人民社会主义革命和建设的法宝

C. 为人民服务是社会主义市场经济健康发展的要求

D. 为人民服务体现着社会主义道德建设的先进性要求和广泛性要求的统一

112. 在以公有制为主体和以按劳分配为主体基础上逐步形成的（　　）的人际关系，是为人民服务的基础。

A. 团结互助

B. 平等友爱

C. 共同进步

D. 诚实守信

113. 调节国家利益、社会整体利益和个人利益的关系时，集体主义的观点是（　　）。

A. 社会主义集体主义强调国家利益、社会整体利益和个人利益的辩证统一

B. 社会主义集体主义强调国家利益、社会整体利益高于个人利益

C. 社会主义集体主义强调重视和保障个人的正当利益

D. 社会主义集体主义强调个人利益应无条件服从国家利益、社会整体利益

114. 集体主义强调，在个人利益与国家利益、社会整体利益发生矛盾冲突，尤其是发生激烈冲突的时候应该（　　）。

A. 放弃国家利益、社会整体利益

B. 必须坚持国家利益、社会整体利益高于个人利益

C. 个人应当以大局为重

D. 个人利益服从国家利益、社会整体利益，在必要时作出牺牲

115. 集体主义强调重视和保障个人的正当利益，正确的理解是（　　）。

A. 只有个人的价值、尊严得到实现，个人的正当利益得到保证，集体才能有更强大的生命力和凝聚力

B. 只有在集体中，个人才能获得全面的发展，只有在集体中，才可能有个人自由

C. 集体主义是对个人的压制，是对个性的束缚

D. 集体主义为培养健全人格、鲜明个性和创造精神提供了道义保障

【判断题】

116. 为人民服务是中国共产党人把马克思主义基本原理与中国革命、建设、改革的具体实践相结合的伟大创造。（　　）

117. 为人民服务与社会主义市场经济是对立的。（　　）

118. 为人民服务要求所有人都要做到“毫不为己，专门利人”。（　　）

119. 只要一个人对社会、对他人尽了心、尽了力、尽了职，他的言行就具有道德价值。（　　）

120. 在我国，国家利益、社会整体利益和个人利益根本上的一致性，使得集体主义应当而且能够在全社会范围内贯彻实施。（　　）

121. 社会主义道德建设要以为人民服务为核心、以集体主义为原则。（　　）

122. 集体主义道德原则要求个人无条件服从集体利益。（　　）

123. 社会主义集体主义强调重视和保障个人的利益。（　　）

知识点十：社会公德

【单选题】

124. 由一定的规则维系的人们公共生活的一种有序化状态是（　　）。

A. 公共生活　　B. 公共秩序

C. 公共场所　　D. 公共领域

125. 公共生活是社会生活中最普遍最基本的公众生活，它能为社会全体成员所享有，不具有排他性，它涉及的内容是公开的，没有秘密可言。这种特征是（　　）。

A. 活动范围的广泛性

B. 活动内容的公开性

C. 交往过程的复杂性

D. 活动方式的多样性

126. 人们在社会交往和公共生活中形成和应当遵守的行为准则是（　　）。

A. 职业道德　　B. 家庭道德

C. 社会公德　　D. 公共秩序

127. 社会公德涵盖了（　　）之间的关系。

A. 人与人

B. 人与社会

C. 人与自然

D. 人与人、人与社会、人与自然

128. （　　）是社会交往中必然的道德要求，是调整和规范人际关系的行为准则，与我们每个人的日常生活密切相关。

A. 遵纪守法

B. 文明礼貌

C. 爱护公物

D. 助人为乐

129. （　　）反映着一个人的道德修养，体现着一个民族的整体素质。

A. 文明礼貌

B. 宗教信仰

C. 核心价值观

D. 精神文明

130. 在社会公共生活中，尊老爱幼，尊重妇女，对待老人、儿童、残疾人员，特别予以尊重、照顾、爱护和帮助；尊师敬贤，对待师长和贤者，示以尊重和钦佩亲敬。这是社会公德中（　　）。

A. 遵纪守法的要求

B. 保护环境的要求

C. 诚实守信的要求

D. 文明礼貌的要求

131. （　　）是每个社会成员所应有的社会公德，是爱心的表现，也是社会主义人道主义的反映，是一个有道德的、高尚的人的标志。

A. 助人为乐

B. 爱护公物

C. 文明礼貌

D. 保护环境

132. “赠人玫瑰，手留余香”属于社会公德主要内容中的（　　）。

A. 爱护公物的要求

B. 文明礼貌的要求

C. 助人为乐的要求

D. 保护环境的要求

133. 在公共场所人人都可能会遇到一些突发性灾祸，如车祸、溺水、意外病痛等，这就需要人们见义勇为，临危不惧，积极为他人排忧解难。这体现的是社会公德中（　　）。

A. 文明礼貌的要求

B. 保护环境的要求

C. 助人为乐的要求

D. 爱护公物的要求

134. （　　）是每个公民应该承担的社会责任和义务，它既显示出个人的道德修养水平，也是社会文明水平的重要标志。

A. 助人为乐　　B. 爱护公物

C. 文明礼貌　　D. 保护环境

135. 人们在公共生活中应该爱惜、保

护全民和集体所有的公共财物，这是社会公德中（　　）。

A. 爱护公物的要求

B. 助人为乐的要求

C. 文明礼貌的要求

D. 保护环境的要求

136.（　　）是全体公民都必须遵循的基本行为准则，是维护公共生活秩序的重要条件。

A. 文明礼貌　　B. 爱护公物

C. 保护环境　　D. 遵纪守法

137. 某公司的职工在三亚旅游时，主动把吃剩的瓜子壳、果皮等收拾干净，放到垃圾箱里。他们的这种行为是（　　）。

A. 可有可无的

B. 职业要求的

C. 多余的，因有专人打扫

D. 应该的，是自觉遵守社会公德的表现

138. 学生在课堂看手机、吃早饭不仅违反了课堂纪律，这属于（　　）。

A. 违法行为

B. 违反社会公德行为

C. 违反职业道德行为

D. 以上都不是，这是学生的权利

139. 一行人在过路口时迎面遇到红灯，看到近处没有车辆便径直通过。他这样做是（　　）

A. 节省时间之举

B. 聪明灵活之举

C. 可供学习之举

D. 不遵守交通规则，违反社会公德

140. 每个社会成员都应该爱护公共财物，如对公园里的花木、草地，街道两旁的电话、邮筒，影剧院里的座位、音响，马路上的井盖、路标等加以保护，不损坏、不滥用、不浪费、不私占。这是属于（　　）。

A. 职业道德的基本要求

B. 社会公德的基本要求

C. 家庭道德的基本要求

D. 环境保护的基本要求

141. 乘坐车船飞机的人应当做"文明乘客"，到影剧院看电影看演出的人应当做"文明观众"，在图书馆读书读报的人应当做"文明读者"。这是因为在现实生活中人们应当遵守（　　）。

A. 行政法规

B. 职业道德

C. 家庭美德

D. 社会公德

142. 网络生活中的道德要求，是人们在网络生活中为了维护正常的网络（　　）需要共同遵守的基本道德准则，是（　　）在网络空间的运用和扩展。（　　）

A. 公共秩序；社会公德

B. 公共生活；个人品德

C. 公共安全；职业道德

D. 公共利益；社会公德

143. 下列不违反网络生活道德的有（　　）。

A. 小王将前女友的大量私照擅自发到自己的微信朋友圈

B. 吴同学在百度贴吧散布自己情敌的谣言

C. 某大学生浏览淫秽网页

D. 某班同学积极参加思想政治课老师组织的网络课思想大讨论

144. 维护公共秩序的基本手段是（　　）。

A. 法律

B. 道德

C. 风俗

D. 法律、道德

【多选题】

145. 当代公共生活的特征表现为（　　）。

A. 活动范围的广泛性

B. 活动内容的开放性

C. 交往对象的复杂性

D. 活动方式的多样性

146. 下列选择中属于公共秩序的是(　　)。

A. 教学秩序

B. 家庭秩序

C. 交通秩序

D. 网络秩序

147. 当代社会，有序的公共生活对经济社会健康发展的重要意义主要有(　　)。

A. 有序的公共生活是社会生产活动的重要基础

B. 有序的公共生活是促进社会和谐的重要条件

C. 有序的公共生活是提高社会成员生活质量的基本保障

D. 有序的公共生活是社会文明的重要标志

148. 社会公德即公共生活中的道德规范，是指人们在社会交往和公共生活中应该遵守的行为准则，是维护(　　)的起码的道德要求。

A. 公共利益

B. 社会和谐

C. 公共秩序

D. 社会稳定

149. 社会公德是包括大学生在内的每一个社会成员，都应遵守的道德规范，下列属于社会公德的主要内容的是(　　)。

A. 文明礼貌

B. 助人为乐

C. 爱护公物

D. 保护环境

E. 遵纪守法

150. 生态环境保护是功在当代、利在千秋的事业。践行保护环境的道德规范，我们在生产发展活动必须做到(　　)，否则就会遭到大自然的报复。

A. 尊重自然

B. 战胜自然

C. 保护自然

D. 顺应自然

151. 网络生活中的道德要求包括(　　)。

A. 正确使用网络工具

B. 健康进行网络交往

C. 避免沉迷网络

D. 积极引导网络舆论

E. 加强网络道德自律

152. 大学生应当遵守网络生活中的道德要求，成为营造清朗网络空间的正能量，下列叙述正确的是(　　)。

A. 大学生应当正确使用网络，提高信息的获取能力，加强信息的辨识能力，增进信息的应用能力，使网络成为开阔视野、提高能力的重要工具

B. 大学生应通过网络开展健康有益的人际交往，树立自我保护意识，不要轻易相信网友，避免受骗上当，避免给自己的人身和财产安全带来危害

C. 大学生应当合理安排上网时间，约束上网行为，避免沉迷网络

D. 大学生应当在网络生活中培养自律精神，在缺少外在监督的网络空间里，做到自律而“不逾矩”，促进网络生活的健康与和谐

E. 作为新时代的大学生，应当带头引导网络舆论，对模糊认识要及时廓清，对怨气怨言要及时化解，对错误看法要及时引导和纠正，积极营造清朗网络空间

153. 下列行为符合社会公德要求的有(　　)。

A. 不随地吐痰

B. 不随地乱扔果皮纸屑

C. 捡到财物，占为己有

D. 爱护公园或路边的花草树木

【判断题】

154. 公共生活与私人生活互相独立，没有联系。(　　)

155. 文明礼貌是个人私德，与社会公德无关。(　　)

156. 在社会生活中倡导助人为乐精神，是社会主义道德建设的核心和原则在公共生活领域的体现，也是社会主义人道主义的基本要求。(　　)

157. 人们在公共生活中应该爱惜和保护全民和集体所有的公共财物。这是社会公德中的爱护公物的要求。(　　)

157. 在社会生活中，每个社会成员既要遵守国家颁布的有关法律、法规，也要遵守特定公共场所和单位的有关纪律规定。(　　)

159. 现在大多数人都用上了微信，可以通过微信来进行视频通话，因此可以用网络交往代替现实交往。(　　)

160. 在网络社会中根本不需要“道德”，因为“道德”和“网络交往自由”是对立的。(　　)

161. 网络是一个虚拟世界，因此网络无禁区，网上的行为都不受约束。(　　)

知识点十一：职业道德

【单选题】

162. 职业是指人们由于社会分工而从事具有专门业务和特定职责并以此作为主要生活来源的（　　）。

A. 工作

B. 岗位

C. 职务

D. 任务

163. 正确的劳动观念是维系人们职业活动和职业生活的思想观念保障。在职业生活中，必须牢固树立（　　）的观念，通过劳动创造更加美好的生活。

A. 劳动最光荣、劳动最崇高

B. 劳动最光荣、劳动最崇高、劳动最伟大、劳动最美丽

C. 劳动最光荣、劳动最伟大、劳动最美丽

D. 劳动最光荣、劳动最崇高、劳动最伟大

164. 长期以来，广大劳模以平凡的劳动创造了不平凡的业绩，铸就了劳模精神，丰富了民族精神和时代精神的内涵，是我们极为宝贵的精神财富。“劳模精神”不包括（　　）。

A. 爱岗敬业、争创一流

B. 艰苦奋斗、勇于创新

C. 淡泊名利、甘于奉献

D. 卧薪尝胆、发愤图强

165. （　　）反映的是从业人员对待自己职业的一种态度，也是一种内在的道德需要。

A. 爱岗敬业

B. 办事公道

C. 服务群众

D. 奉献社会

166. （　　）在我国思想道德建设中具有特殊重要的作用，它既是中华民族的传统美德，也是我国公民道德建设的重点，还是社会主义核心价值观的一条重要准则。

A. 诚实守信

B. 服务群众

C. 奉献社会

D. 公正法治

167. 遵守职业道德是对每个从业人员的要求。从业人员在职业工作中慎待诺言、表里如一、言行一致，这是职业道德

中（　　）。

A. 办事公道的基本要求

B. 爱岗敬业的基本要求

C. 诚实守信的基本要求

D. 服务群众的基本要求

168. 市场经济条件下，不违反职业道德规范中关于诚实守信要求的是（　　）。

A. 通过诚实合法劳动，实现利益最大化

B. 打进对手内部，增强竞争优势

C. 根据服务对象来决定是否遵守承诺

D. 凡是有利于增大企业利益的行为就做

169. 从业人员对待职业服务对象的态度不能有亲疏、贵贱之分，不管是领导还是群众、熟人还是生人、强者还是弱者，都应自觉遵守规章制度，一视同仁、周到服务。这是职业道德建设中（　　）。

A. 办事公道的要求

B. 爱国守法的要求

C. 尊老爱幼的要求

D. 助人为乐的要求

170. 教师平等地对待每个学生，没有智力差别和家庭贫富贵贱之分；售货员公平地对待每位顾客，服务热情，不以貌取人，欺叟骗童。这是（　　）。

A. 助人为乐的社会公德的要求

B. 办事公道的职业道德的要求

C. 尊老爱幼的家庭美德的要求

D. 完善自我的人际吸引的要求

171. 从业人员在职业活动中，对待顾客热情，尽心尽力为顾客办事。这是职业道德中（　　）。

A. 爱岗敬业的要求

B. 诚实守信的要求

C. 办事公道的要求

D. 服务群众的要求

172. 职业道德中体现社会主义道德建设的核心的是（　　）。

A. 奉献社会　　B. 服务群众

C. 诚实守信　　D. 爱岗敬业

173.（　　）是社会主义职业道德中最高层次的要求，体现了社会主义职业道德的最高目标指向。

A. 奉献社会

B. 服务群众

C. 诚实守信

D. 爱岗敬业

174. 爱岗敬业、诚实守信、办事公道、服务群众，都体现了（　　）的精神。

A. 奉献社会

B. 服务群众

C. 办事公道

D. 诚实守信

175. 青年马克思在谈到选择职业的理想和价值时曾经写道：“如果我们选择了最能为人类福利而劳动的职业，那么，重担就不能把我们压倒，因为这是为大家而献身；那时我们所感到的就不是可怜的、有限的、自私的乐趣，我们的幸福将属于千百万人，我们的事业将默默地、但是永恒发挥作用地存在下去，而面对我们的骨灰，高尚的人们将洒下热泪。”这说明我们青年大学生在选择职业时首先要（　　）。

A. 树立崇高的职业理想

B. 做好充分的职业准备

C. 要远离那些没有前途的地方

D. 要创业而不要就业

176. 树立正确的择业与创业观，对于大学生顺利走进职业生活具有重要的现实意义。下列属于正确择业与创业观的是（　　）。

A. 吴同学大学毕业不愿到西部农村支教

B. 王同学毕业宁愿失业，也不去中小企业工作

C. 夏同学只考虑自己的兴趣，不考虑社会的需要

D. 郝同学在大学四年努力学习，建立了合理的知识结构，练就了较高的专业素质与技能，以适应将来的职业需求

【多选题】

177. 职业道德是指从事一定职业的人在职业生活中，应当遵循的具有职业特征的（　　）。

A. 道德要求

B. 行为准则

C. 职业理想

D. 职业生活

178. 爱岗敬业的职业道德就是要求我们在工作中做到（　　）。

A. 干一行爱一行

B. 爱一行钻一行

C. 精益求精

D. 尽职尽责

179. 爱岗敬业是职业道德的核心和基础。从业人员的下列表现，体现了爱岗敬业要求的有（　　）。

A. 对本职工作马马虎虎，大错不犯，小错不断

B. 喜欢自己的工作，心情愉快，乐观向上地从事自己的职业

C. 用一种恭敬的态度对待工作，勤奋认真，不偷懒，不怠工

D. 对于被动选择的职业岗位敷衍了事，消极应付，争取早日调换工作

180. 诚实守信，既是做人的准则，也是对从业者的道德要求，它指的是从业者在职业活动中应该（　　）。

A. 诚实劳动　　B. 合法经营

C. 信守承诺　　D. 讲求信誉

181. 办事公道要求从业者（　　）。

A. 公平、公正

B. 不损公肥私

C. 公私兼顾

D. 不以权谋私

182. 遵守职业道德是对每个从业人员的要求。从业者在职业工作中的下列行为，符合职业道德要求的有（　　）。

A. 在不被领导发现的情况下，可以适当降低工作质量

B. 干一行爱一行，热爱自己的工作岗位

C. 尊重职业对象的利益，满足他们的需要

D. 遵守规章制度，秉公办事，不滥用职权

183. 大学生应当树立的正确择业观和创业观包括（　　）。

A. 培养创业的勇气和能力

B. 树立崇高的职业理想

C. 服从社会发展的需要

D. 做好充分的择业准备

184. 下列关于创业观，说法正确的是（　　）。

A. 大学生不仅要树立正确的择业观，还应当树立正确的创业观

B. 要有积极创业的思想准备，积极关注经济社会发展的趋势，了解国家鼓励大学生自主创业的有关政策，为今后自主创业打下良好的基础

C. 要有敢于创业的勇气，只有勇敢地接受创业的挑战，破除依赖心理和胆怯心理，才能敢于创业、善于创业，做一个真正的创业者

D. 要充分考虑自身的条件、创业的环境等各种现实的因素，努力提高自主创业的能力

185. 自觉遵守职业道德，应当（　　）。

A. 学习职业道德规范

B. 提高职业道德意识

C. 提高践行职业道德的能力

D. 提高专业技能

186. 遵守职业道德，首先要学习职业道德规范。通过学习职业道德规范，明确职业活动的基本规范和目的，从而提高自己的职业（　　）和树立正确的价值理念，这对青年人来说尤为重要。

A. 认知能力

B. 判断能力

C. 服务能力

D. 理解能力

187. 遵守职业，道德大学生应当以职业道德模范为榜样，培养（　　）的良好职业道德意识，为未来的职业生活做准备。

A. 积极进取

B. 甘于奉献

C. 办事公道

D. 服务社会

【判断题】

188. 人类是劳动创造的，社会也是劳动创造的。（　　）

189. 奉献社会要求从业人员在自己的工作岗位上兢兢业业地为社会和他人作贡献。（　　）

190. 素质是立身之基，技能是立业之本。大学生应认识到，任何一名劳动者，无论从事的劳动技术含量如何，只要兢兢业业、精益求精，就一定能够造就闪光的人生。（　　）

191. “以辛勤劳动为荣，以好逸恶劳为耻。”这是职业道德中的服务群众的要求。（　　）

192. 职业生活是否顺利、是否成功，取决于个人的专业知识和技能，跟职业道德无关。（　　）

193. 大学生要提高自己的职业道德素质，应当将其内化为自身的素质，提高到自觉意识的层面。（　　）

194. 大学生应当积极利用各种机会开展社会实践，多参与社会志愿服务活动，使自己学到的知识在服务社会的过程中得到运用和升华，以提高践行职业道德的能力。（　　）

知识点十二：家庭美德

【单选题】

195. 家庭教育涉及很多方面，但最重要的是（　　）。

A. 品德教育

B. 知识教育

C. 体能教育

D. 传统文化教育

196. 弗洛姆在《爱的艺术》一书中说：“尊重只能建立在自由的基础上，强权统治绝不会成就爱。”这句话意思是说（　　）。

A. 恋爱必须尊重对方的情感和人格

B. 恋爱是绝对自由的

C. 恋爱要有文明交往方式

D. 恋爱重在培养爱的过程

197. 所谓爱情是一对男女基于一定的社会基础和共同的生活理想。在各自内心形成的相互倾慕，并渴望对方成为自己终身伴侣的一种强烈、纯真、专一的感情。爱情本质的体现是（　　）。

A. 尊重人格平等

B. 文明相亲相爱

C. 自愿地为对方承担责任

D. 建立共同的生活理想

198. 马克思指出：“真正的爱情是表现在恋人对他的偶像采取含蓄、谦恭甚至羞涩的态度，而绝不是表现在随意流露热情和过早的亲昵。”他的意思是说，在恋爱过程中双方应（　　）。

A. 平等履行道德义务

B. 把个人纵欲作为爱情的目的

C. 有高尚的情趣和健康的交往方式

D. 追求脱离现实生活的“纯精神”关系

199. 由法律所确认的男女两性的结合以及由此而产生的夫妻关系是指(　　)。

A. 爱情

B. 友谊

C. 婚姻

D. 家庭

200. “老有所终，幼有所养”反映了中华民族的传统家庭美德，即(　　)。

A. 男女平等

B. 邻里团结

C. 尊老爱幼

D. 夫妻和睦

201. (　　)是家庭兴旺的保证，也是社会富足的保证。

A. 男女平等

B. 夫妻和睦

C. 勤俭持家

D. 尊老爱幼

202. 把爱情放在人生最高的地位，奉行爱情至上主义，沉湎于感情缠绵之中。这样的人(　　)。

A. 错置了爱情的地位

B. 误把友情当爱情

C. 只重过程不重结果

D. 功利化地对待爱情

203. 对大学生来说，下列恋爱观正确的是(　　)。

A. 学习诚可贵，爱情价更高

B. 不在乎天长地久，只在乎曾经拥有

C. 世界上最浪漫的事就是和你一起慢慢变老

D. 恋爱是大学的一门必修课，大学四年不谈一场恋爱，大学就没有毕业

204. 大学生应树立正确的恋爱观，下列选项中属于错误的恋爱观的是(　　)。

A. 不能把友谊当爱情

B. 不能错置爱情的位置

C. 功利化爱情

D. 失恋后不能失德

【多选题】

205. 历史和现实告诉我们，家庭的前途命运同国家和民族的前途命运紧密相连。下列关于家庭与国家、民族的关系，叙述正确的是(　　)。

A. 千家万户都好，国家才能好，民族才能好

B. 国家好，民族好，家庭才能好

C. 社会好，事业好，家庭才能好

D. 国家好，民族好，事业才能好

206. 下列关于良好的家风的意义的表述，正确的是(　　)。

A. 良好家风对家庭成员的个人修养、品德操守等产生重要而积极的作用

B. 家风不正，家庭成员的个人品行容易出问题

C. 良好的家风对整个社会道德风尚的形成产生着重要影响

D. 现实中的拜金主义、家庭暴力、溺爱子女、漠视老人等都是不良家风的表现

207. 我们要重视家庭文明建设，努力使千千万万个家庭成为(　　)的重要基点，成为人们梦想起航的地方。

A. 社会进步

B. 国家发展

C. 民族进步

D. 社会和谐

208. 当代大学生应该积极参与家庭文明建设，推动形成(　　)的社会主义家庭文明新风尚。

A. 爱国爱家

B. 相亲相爱

C. 向上向善

D. 共建共享

209. 恋爱作为一种人际交往，也必然要受到道德的约束，恋爱中的道德规范有（　　）。

A. 尊重人格平等

B. 自觉承担责任

C. 重视第一印象

D. 文明相亲相爱

210. 下列选项中，不符合恋爱中的道德规范的有（　　）。

A. 拒绝平淡，要么不爱，要么就爱得轰轰烈烈、不顾一切

B. 爱他（她）就要自愿地为他（她）承担责任

C. 在公共场所向恋人求婚，对方不答应就跪地不起

D. 只谈恋爱不结婚，认为婚姻是爱情的坟墓

211. 家庭是指在（　　）基础上产生的亲属之间所构成的社会生活单位。

A. 婚姻关系

B. 血缘关系

C. 收养关系

D. 结拜关系

212. 婚姻和家庭的关系是（　　）。

A. 婚姻是家庭产生的重要前提

B. 家庭是缔结婚姻的必然结果

C. 婚姻的成功体现为家庭的幸福

D. 家庭的美满彰显婚姻的意义

213. 我国所倡导的家庭美德的主要内容包括（　　）。

A. 尊老爱幼　　B. 男女平等

C. 勤俭持家　　D. 邻里团结

E. 夫妻和睦

214. 家庭生活中的男女平等表现为（　　）。

A. 夫妻权利和义务的平等

B. 经济地位的平等

C. 人格地位上的平等

D. 平等地对待自己的子女

215. 家庭美德要求邻里团结，邻里团结重要的是相互尊重，尊重对方的人格、民族习惯、生活方式、兴趣爱好等，做到（　　）。

A. 互谅互让

B. 互帮互助

C. 宽以待人

D. 团结友爱

216. 下列行为符合家庭美德要求的有（　　）。

A. 某父亲长年沉溺于打麻将，从不管教子女

B. 某对夫妻整天吵架怄气，丈夫甚至对妻子拳脚相加

C. 某丈夫不辞劳苦，20 多年精心侍候卧病在床的妻子

D. 某夫妇长年热情主动地照顾身边无子女的邻居大妈

217. 大学时代是人生美好的时光。爱情的艳丽花朵，要精心照料才会绽放得更加绚烂多彩。对大学生来说，如果在大学时代与爱情相逢，那就要用心呵护，倍加珍惜。下列恋爱观正确的是（　　）。

A. 不能误把友谊当爱情

B. 不能错置爱情的地位

C. 不能片面或功利化地对待恋爱

D. 不能只重过程不顾后果

E. 不能因失恋而迷失人生方向

218. 树立正确的恋爱观，大学生要处理好的（　　）关系。

A. 恋爱与学习

B. 恋爱与集体

C. 恋爱与关爱他人

D. 恋爱与关爱社会

【判断题】

219. 家庭是社会的基本细胞，是人生的第一所学校。不论时代发生多大变化，

生活格局发生多大变化，都要重视家庭建设，注重家庭、家教、家风。(　　)

220. 学校是人生的第一个课堂，学校教师是孩子的第一任老师。(　　)

221. 注重家教，应该把美好的道德观念传递给孩子，引导他们有做人的气节和骨气，帮助他们形成美好心灵，促使他们健康成长。(　　)

222. 恋爱中的男女双方应该始终忠诚于对方，任何一方不得向对方提出分手。这是恋爱道德的要求。(　　)

223. 恋爱中，一方可以以爱情的名义限制对方与异性交往。(　　)

224. 爱情是人类特有的现象，是人类高度文明的体现。爱情最本质的属性是满足人的生理需求的自然属性。(　　)

225. 夫妻和睦是在男女平等基础上的互敬互爱、互助互让。(　　)

226. 子女要孝敬、赡养父母及长辈，父母要抚育、爱护子女，这不仅是每个公民必须遵守的道德准则，也是应尽的社会责任和法律义务。(　　)

227. 勤俭是家庭兴旺的保证，也是社会富足的保证。勤俭持家既要勤劳致富，也要量入为出。(　　)

228. “不在乎天长地久，只在乎曾经拥有”是大学生应该树立的恋爱观。(　　)

229. 大学生应该正确对待失恋，做到失恋不失志，失恋不失德，不影响学业和生活，不丧失对爱的憧憬和追求。(　　)

知识点十三：个人品德

【单选题】

230. 个人品德在社会道德建设中具有（　　）作用。

A. 综合性

B. 保障性

C. 基础性

D. 核心

231. 在现实生活中，社会公德、职业道德和家庭美德的状况，最终都是以每个社会成员的（　　）为基础的。

A. 人文素养

B. 道德品质

C. 理想信念

D. 价值观

232. 社会公德、职业道德和家庭美德建设，最终都要落实到（　　）的养成上。

A. 家教

B. 行为习惯

C. 个人品德

D. 良好的社会风气

233. （　　）是通过社会道德教育和个人自觉的道德修养所形成的稳定的心理状态和行为习惯。

A. 个人性格

B. 个人品德

C. 个人道德

D. 个人心理

234. 社会道德和法律要求只有内化为（　　），才能成为现实的规范力量。

A. 社会公德

B. 职业道德

C. 家庭美德

D. 个人品德

235. 个人品德是社会主义道德建设的（　　）。

A. 落脚点

B. 核心

C. 基本原则

D. 基础

236. 社会成员的思想观念和道德素质普遍得到提高，是全面建成小康社会、实现中华民族伟大复兴中国梦的（　　）。

A. 出发点和落脚点

B. 根本

C. 前提和保障

D. 核心

237. (　　)是指个体自觉地将一定社会的道德规范、准则及要求内化为内在的道德品质，以促进人格的自我陶冶、自我培育和自我完善的实践过程。

A. 道德修养　　B. 道德境界

C. 道德认知　　D. 道德情感

238. 提升个人道德就要做到在道德上通过虚心学习、积极思索、辨别善恶、学善戒恶、来涵养良好的德性，这就用到(　　)的道德修养方法。

A. 学思并重　　B. 慎独自律

C. 积善成德　　D. 知行合一

E. 省察克治

239. “吾日三省吾身”，这属于中国传统道德修养方法中的(　　)。

A. 学思并重　　B. 慎独自律

C. 积善成德　　D. 知行合一

E. 省察克治

240. 通过反省检验以发现和找出自己思想与行为中的不良倾向、不良念头，并及时抑制和克服，这是加强道德修养中的(　　)方法。

A. 学思并重　　B. 省察克治

C. 慎独自律　　D. 积善成德

E. 知行合一

241. 在无人知晓、没有外在监督的情况下，坚守自己的道德信念，自觉按道德要求行事，不因为无人监督而恣意妄为。这种加强道德修养的方法是(　　)。

A. 知行统一的方法

B. 积善成德的方法

C. 慎独自律的方法

D. 省察克治的方法

242. 自觉地把道德理论知识与自身实际行为统一起来，并将其内化为个人的道德品质，外化为个人实际的道德行为的道德修养方法是(　　)。

A. 学思并重　　B. 慎独自律

C. 积善成德　　D. 知行统一

E. 省察克治

243. 《荀子·劝学》所说：“不积跬步，无以至千里；不积小流，无以成江海。骐骥一跃，不能十步；驽马十驾，功在不舍。锲而舍之，朽木不折；锲而不舍，金石可镂。”这是加强道德修养中的(　　)方法。

A. 学思并重　　B. 省察克治

C. 慎独自律　　D. 积善成德

E. 知行合一

244. 在道德认知向道德行为转化的过程中，(　　)是关键环节。

A. 道德认同和道德情感

B. 意志和道德信念

C. 道德认知和道德判断

D. 道德认同和道德认知

【多选题】

245. 个人品德是个体对某种道德要求认同和践履的结果，集中体现了(　　)的内在统一。

A. 道德认知　　B. 道德情感

C. 道德意志　　D. 道德信念

E. 道德行为

246. 大学生要自觉践行(　　)等个人品德要求，不断提升个人的道德修养和境界。

A. 爱国奉献　　B. 明礼守法

C. 厚德仁爱　　D. 正直善良

E. 勤劳勇敢

247. 个人品德的作用主要表现为(　　)。

A. 个人品德对道德和法律作用的发挥具有重要的推动作用

B. 个人品德是个体人格完善的重要标志

C. 个人品德是经济社会发展进程中重要的主体精神力量

D. 和谐人际关系

248. 个人品德提升的过程也是能动地作用于社会道德和法律的过程，它能够为社会道德和法律的发展进步（　　）。

A. 提供保障

B. 提供思修基础

C. 创造条件

D. 提供动力

249. 个人品德对道德和法律作用的发挥具有重要的推动作用，下列对于个人品德对道德的作用，叙述正确的是（　　）。

A. 道德、法律是个人品德的基础

B. 个人品德是对人们进行社会主义法律教育的有力保证和依靠

C. 社会道德和法律要求只有内化为个人品德，才能成为现实的规范力量

D. 个人品德提升的过程也是能动地作用于社会道德和法律的过程，它能够为社会道德和法律的发展进步创造条件、提供动力

250. 个人品德是个体人格完善的重要标志，下列关于个人品德与个体人格完善的关系，叙述正确的是（　　）。

A. 是约束自己和他人的最佳方式

B. 个人品德决定着一个人在实际生活和社会实践中的行为选择，以及对各种关系的协调和处理，直接显示出个人境界和素质的高低

C. 个人品德是个体维护自身权益的根本保障

D. 个人品德为自我整体素质的修养、锻炼和完善规划目标指明方向，为个人成长提供指引和调控

251. 个人加强道德修养，应借鉴历史上思想家们所提出的各种积极有效的道德修养方法。这些积极有效的道德修养方法有（　　）。

A. 学思并重　　B. 慎独自律

C. 积善成德　　D. 知行合一

E. 省察克治

252. 加强道德修养，提升个人品德，要学思并重，以涵养良好的德性。下列属于学思并重的方法的有（　　）。

A. 虚心学习　　B. 积极思索

C. 辨别善恶　　D. 学善戒恶

253. 下列关于锤炼高尚道德品格的说法，正确的是（　　）。

A. 大学生锤炼高尚道德品格，就要在知情意信行等方面加强道德修养，提高道德实践能力，自觉讲道德尊道德守道德，自觉明大德守公德严私德

B. 形成正确的道德认知和道德判断

C. 激发正向的道德认同和道德情感

D. 强化坚定的道德意志和道德信念

E. 大学生应尽量多地掌握道德知识，以后走入社会再积极践行

254. 大学生在道德修养中激发正向的情感认同，具体而言就是要自觉涵育对家庭成员的亲亲之情，对他人、集体的关心关爱，增强（　　），在与祖国同呼吸、与民族同步伐、与人民心连心的高尚情怀中，陶冶道德情操。

A. 社会责任感

B. 国家认同感

C. 民族归属感

D. 时代使命感

【判断题】

255. 无论是社会的和谐有序，还是个人的人格健全，都有赖于个人品德的不断提升。（　　）

256. 个人品德是社会发展进程中重要的主体精神力量。（　　）

257. 个人品德状况影响着社会主义市场经济制度的完善和社会主义民主政治

的进程。(　　)

258. 在提升个人品德的过程中，首先要学会思考。(　　)

259. 慎独自律的道德修养方法，既是对中国传统道德修养方法的批判性传承，也是在现代社会条件下仍需坚持的道德修养方法。(　　)

260. 形成正确的道德认知和道德判断，最根本的就是要坚持以唯物史观的基本原理来看待道德。(　　)

261. 面对世界的深刻复杂变化，大学生应注重增强道德判断能力，学会理性地辨析、讲求道德，形成正确的道德认知和道德观念。(　　)

262. 大学生在道德修养中激发正向的情感认同，总体而言就是要亲近真善美，抵制假恶丑，体验道德的愉悦，追求高尚的快乐。(　　)

263. 道德修养重在道德认知，因为不被认知的道德不是道德。(　　)

264. 新时代的大学生，要有为国家民族奋斗、为人类事业献身的情怀和担当，不懈追求共产主义的崇高道德信念和高尚道德境界。(　　)

知识点十四：向上向善、知行合一

【单选题】

265. 道德模范主要是指(　　)能够激励人们不断向善且为人们所崇敬、模仿的先进人物。

A. 思想

B. 思想和行为

C. 行为

D. 人格魅力

266. 志愿服务是培育和弘扬社会主义核心价值观的(　　)

A. 重要保障　　B. 根本

C. 重要载体　　D. 核心

267. (　　)志愿服务是精髓。

A. 奉献精神　　B. 友爱精神

C. 互助精神　　D. 团结精神

268. (　　)对个人的思想行为具有鲜明的动力、导向和调节作用。

A. 知荣辱　　B. 讲正气

C. 作奉献　　D. 促和谐

269. 大学生要用和谐的态度对待人生实践，使(　　)内化为自己的思想意识和行为习惯，推动人与人之间、人与社会之间融洽相处，实现人与自然之间的友好共生。

A. 践行和谐、发展和谐

B. 崇尚和谐、维护和谐

C. 践行和谐、维护和谐

D. 崇尚和谐、践行和谐

【多选题】

270. 高尚道德品格的形成重在实践，贵在坚持。大学生投身崇德向善的道德实践，就要(　　)，强化社会责任意识、规则意识、奉献意识。

A. 向道德模范学习

B. 培养志愿服务精神

C. 坚定道德意志和道德信念

D. 大力弘扬时代新风

271. 学习道德模范的高尚品格和先进事迹，有利于提升全体社会成员的道德素质和社会整体道德水平。大学生要向道德模范学习，(　　)，传播正能量。

A. 崇德向善

B. 见贤思齐

C. 弘扬真善美

D. 增强责任感

272. 学习道德模范的高尚品格和先进事迹，有利于提升全体社会成员的道德素质和社会整体道德水平。大学生向道德模范学习的主要内容有(　　)。

A. 道德模范助人为乐、关爱他人的高尚情怀，在关心他人、帮助他人的过程中创造人生价值

B. 见义勇为、勇于担当的无畏精神，在危难和考验关头挺身而出

C. 以诚待人、守信践诺的崇高品格，老老实实做人、踏踏实实做事

D. 敬业奉献、勤勉做事的职业操守，干一行爱一行，钻一行精一行

E. 学习他们孝老爱亲、血脉相依的至美真情，常怀感恩之心、敬爱之情

273. 道德模范不仅做了普通人愿意做和能够做的事，更为可贵的是，他们主动做了许多人不想做的事，而且把大多数人能够做的事做得更好。大学生应积极从道德模范身上获取前进的动力，做社会良知的（　　）。

A. 承担者

B. 守望者

C. 积极传播者

D. 践行者

274. 志愿服务的精神有（　　）。

A. 奉献精神　　B. 友爱精神

C. 互助精神　　D. 团结精神

275. 下列关于参与志愿服务活动的目的，说法正确的是（　　）。

A. 填补心灵空虚和寂寞

B. 帮助了他人、服务了社会，推动了社会道德水平的提高

C. 把为社会和他人的服务看作是自己应尽的义务和光荣的职责，从服务社会和帮助他人中获得成就感和幸福感

D. 对社会不满，想以行动尽力谋求改变

276. 志愿服务已经成为大学生参与社会实践、成长成才的重要舞台，成为大学生关爱他人、传播青春正能量的重要途径。大学生积极投身志愿服务活动应（　　）。

A. 到最需要的地方去

B. 帮助弱势群体

C. 做力所能及的事

D. 提供社会福利

277. 大学生应带头学雷锋，做雷锋精神的种子，把雷锋精神播撒在祖国大地上；积极参加志愿服务活动，在（　　）的道德实践中感受善的力量，以实际行动书写新时代的雷锋故事，为实现中国梦有一分热发一分光。

A. 深入社会

B. 体察民情

C. 关爱他人

D. 奉献社会

278. 大学生投身崇德向善的道德实践，要弘扬真善美、贬斥假恶丑，做社会主义道德的示范者和引领者，促成（　　）的社会风尚。

A. 知荣辱

B. 讲正气

C. 作奉献

D. 促和谐

279. 大学生要做到讲正气，就是要在日常生活中（　　）。

A. 洁身自好、严于律己，自觉远离低级趣味

B. 积极维护社会公共秩序

C. 抵制歪风邪气，敢于伸张正义、见义勇为

D. 坚决同践踏社会道德风尚的一切行为作斗争

280. （　　）、人与自然和谐相处的社会，是国家富强、民族复兴、人民幸福的重要保证。

A. 民主法治

B. 公平正义

C. 诚信友爱

D. 充满活力

E. 安定有序

281. 对于大学生来说，促和谐就是要促进（　　）、人与自然的和谐等。

A. 自我身心的和谐

B. 个人与他人的和谐

C. 个人与社会的和谐

D. 个人与集体的和谐

【判断题】

282. 道德模范既包括在一定社会道德实践中涌现的符合特定道德理想类型的人物，又包括人们日常生活中能够近距离感受的具有积极道德影响的人物。（　　）

283. 学习道德模范的高尚品格和先进事迹，有利于提升全体社会成员的道德素质和社会整体道德水平。（　　）

284. 志愿服务是培育和弘扬社会主义核心价值观的基础。（　　）

285. 良好的社会风尚是人们在社会道德规范的学习中逐步形成起来的。（　　）

286. 讲正气，就是坚持真理、坚持原则，坚持同一切歪风邪气作斗争。（　　）

287. 奉献精神是社会责任感的集中表现。（　　）

288. 奉献精神传递社会温暖，能够拉近人与人之间的距离，建立和谐的人际关系和稳定的社会秩序，促进社会健康有序地发展。（　　）

参考答案见二维码

第六章

尊法学法守法用法

知识结构图

- 第六章 尊法学法守法用法
  - 第一节 社会主义法律的特征和运行
    - 一、法律及其历史发展
    - 二、我国社会主义法律的本质特征
    - 三、我国社会主义法律的运行
  - 第二节 以宪法为核心的中国特色社会主义法律体系
    - 一、宪法是国家的根本法
    - 二、我国的实体法律部门
    - 三、我国的程序法律部门
  - 第三节 建设中国特色社会主义法治体系
    - 一、建设中国特色社会主义法治体系的重大意义
    - 二、建设中国特色社会主义法治体系的主要内容
    - 三、全面依法治国的基本格局
  - 第四节 坚持走中国特色社会主义法治道路
    - 一、坚持中国共产党的领导
    - 二、坚持人民主体地位
    - 三、坚持法律面前人人平等
    - 四、坚持依法治国和以德治国相结合
    - 五、坚持从中国实际出发
  - 第五节 培养法治思维
    - 一、法治思维及其内涵
    - 二、尊重和维护法律权威
    - 三、怎样培养法治思维
  - 第六节 依法行使权利和履行义务
    - 一、法律权利与法律义务
    - 二、依法行使法律权利
    - 三、依法履行法律义务

学习目标

1. 准确把握法律的含义、历史发展，全面了解社会主义法律的本质特征和运行机制；

2. 了解我国宪法的形成和发展，掌握我国宪法确立的基本原则和制度，了解各个法律部门的基本功能和原则，懂得遵循正确的程序实施法律行为，懂得通过法定程序解决法律纠纷；

3. 从整体上把握中国特色社会主义法律体系和法治体系，深刻理解中国特色社会主义法律体系和法治体系的主要内容，准确把握全面依法治国的基本格局，提升大学生法律素质，增强建设法治国家的使命感；

4. 牢固树立正确的法治观念，准确把握坚持走中国特色社会主义法治道路的“五个坚持”；

5. 培养社会主义法治思维方式，自觉维护社会主义法律权威；养成心中有法、自觉守法、遇事找法、解决问题用法、化解矛盾靠法的良好习惯，使学生成为具有较高法律素质的社会主义事业建设者和接班人；

6. 准确把握法律权利和法律义务的内涵，了解我国宪法规定的公民基本权利与义务，树立正确的权利义务观，妥善处理学习、生活中遇到的法律问题和各种矛盾，不断提高自己的法律素质。

学习重点

1. 法律的含义、历史发展；
2. 我国社会主义法律的本质特征和运行机制；
3. 宪法的地位、基本原则和制度；
4. 以宪法为统帅的中国特色社会主义法律体系的构成和功能；
5. 中国特色社会主义法治体系的重大意义和主要内容；
6. 全面依法治国的基本格局；
7. 走中国特色社会主义法治道路的“五个坚持”；
8. 法治思维的内涵和基本内容，培养法治思维；
9. 尊重和维护法律权威的重要意义和基本要求；
10. 法律权利和法律义务的含义及其关系；
11. 我国宪法和法律赋予公民的法律权利和法律义务。

学习难点

1. 宪法的地位、基本原则和制度；
2. 全面依法治国的基本格局；
3. 培养法治思维；
4. 走中国特色社会主义法治道路的“五个坚持”；
5. 我国宪法和法律赋予公民的法律权利和法律义务。

第六章整体知识结构图见二维码

第一节　社会主义法律的特征和运行

思维导图

- 第一节 社会主义法律的特征和运行
  - 一、法律及其历史发展
    - （一）法律的含义
      - 法律的概念
        - 法律是由国家制定或认可并以国家强制力保证实施的，反映由特定社会物质生活条件所决定的统治阶级意志的规范体系
      - 法律概念的内涵
        - 法律是由国家创制和实施的行为规范
        - 法律由一定的社会物质生活条件所决定
        - 法律是统治阶级意志的体现
    - （二）法律的历史发展
      - 剥削阶级类型法律
        - 奴隶制法律
        - 封建制法律
        - 资本主义法律
      - 社会主义法律（人类历史上唯一以公有制为基础的新型法律制度）
  - 二、我国社会主义法律的本质特征
    - 我国社会主义法律体现了党的主张和人民意志的统一
      - 一是我国社会主义法律既具有鲜明的阶级性，又具有广泛的人民性
      - 二是我国是中国共产党领导下的社会主义国家，人民是国家的主人，制定法律的权力属于人民
      - 三是我国社会主义法律维护人民的根本利益，巩固中国共产党的领导地位
      - 四是党领导人民制定宪法法律，党领导人民实施宪法法律，党自身必须在宪法法律范围内活动
    - 我国社会主义法律具有科学性和先进性
      - 一是我国社会主义法律反映全体人民共同利益，符合历史发展基本方向和规律
      - 二是我国社会主义法律更能尊重和反映社会发展规律
      - 三是我国社会主义法律坚持马克思主义世界观和方法论，并指导人们在法律实践中尊重和反映客观规律
      - 四是我国法律适应时代发展要求，改革创新立法体制、立法程序、立法技术，使立法的质量和水平不断提高
    - 我国社会主义法律是中国特色社会主义建设的重要保障
      - 一是经济建设方面
      - 二是政治建设方面
      - 三是文化建设方面
      - 四是社会建设方面
      - 五是生态文明建设方面
  - 三、我国社会主义法律的运行

第一节 社会主义法律的特征和运行

- 一、法律及其历史发展
- 二、我国社会主义法律的本质特征
- 三、我国社会主义法律的运行
  - 法律制定
    - 法律制定的含义
      - 法律制定是指有立法权的国家机关，依照法定职权和程序、制定规范性法律文件的活动，是法律运行的起始性和关键性环节
    - 法律制定机构及制定的法律
      - 全国人民代表大会及其常务委员会行使国家立法权——宪法和法律的制定、修改、废止和解释工作
      - 国务院——行政法规
      - 中央军委——军事法规
      - 国务院各部门——部门规章
      - 省、自治区、直辖市的人大及其常委会，设区的市的人大及其常委会——地方性法规
      - 省、自治区、直辖市、设区的市的人民政府——地方政府规章
    - 法律制定的程序
      - 立法活动必须遵循法定程序，就全国人民代表大会的立法程序而言，大体包括法律案的提出、法律案的审议、法律案的表决和法律的公布四个环节
  - 法律执行
    - 法律执行的含义
      - 在广义上，法律执行是指国家机关及其公职人员，在国家和公共事务管理中依照法定职权和程序，贯彻和实施法律的活动
      - 在狭义上，法律执行则是指国家行政机关执行法律的活动，也被称为行政执法
    - 行政执法的基本原则
      - 行政执法是法律实施和实现的重要环节，必须坚持合法性、合理性、信赖保护、效率等基本原则
    - 行政执法的主体
      - 一是中央和地方各级政府，包括国务院和地方各级人民政府
      - 二是各级政府中享有执法权的下属行政机构
      - 三是法律授权的社会组织、行政机关依法委托的社会组织可以在一定范围内执行法律
  - 法律适用
    - 法律适用的含义
      - 法律适用是指国家司法机关及其公职人员依照法定职权和程序适用法律处理案件的专门活动
    - 司法机关
      - 司法机关是指国家审判机关和检察机关
    - 司法原则
      - 司法公正
      - 公民在法律面前一律平等
      - 以事实为依据，以法律为准绳
      - 司法机关依法独立公正行使司法权
  - 法律遵守
    - 法律遵守是指国家机关、社会组织和公民个人依照法律规定行使权力和权利以及履行职责和义务的活动

知识要点

一、法律及其历史发展

知识点一 法律及其历史发展

（一）法律的含义

1. 法律的概念

法律是由国家制定或认可并以国家强制力保证实施的，反映由特定社会物质生活条件所决定的统治阶级意志的规范体系。

2. 法律概念的内涵

（1）法律是由国家创制和实施的行为规范。

国家创制法律规范的方式主要有两种：

一是国家机关在法定的职权范围内依照法律程序，制定、修改、废止规范性法律文件的活动；

二是国家机关赋予某些既存社会规范以法律效力，或者赋予先前的判例以法律效力的活动。

（2）由国家强制力保证实施。

法律具有国家强制性，既表现为国家对合法行为的肯定和保护，也表现为国家对违法行为的否定和制裁。

国家强制力并不是保证法律实施的唯一力量，法律意识、道德观念、价值观念、纪律观念等在保证法律实施中也发挥着重要作用。

（3）法律由一定的社会物质生活条件所决定。

法律作为上层建筑的重要组成部分，产生于特定社会物质生活条件基础之上。社会物质生活条件是指与人类生存相关的物质资料生产方式、地理环境和人口因素等。其中，物质资料的生产方式既是决定社会面貌、性质和发展的根本因素，也是决定法律本质、内容和发展方向的根本因素。

（4）法律是统治阶级意志的体现。

法律所体现的统治阶级意志具有整体性，不是统治阶级内部个别人的意志，也不是统治者个人意志的简单相加。法律所体现的统治阶级意志，并不是统治阶级意志的全部，仅仅是上升为国家意志的那部分意志。

（二）法律的历史发展

法律不是从来就有的，也不是永恒存在的。它随着私有制、阶级和国家的产生而产生，也将随着私有制、阶级和国家的消亡而消亡。

1. 剥削阶级类型法律

奴隶制法律、封建制法律、资本主义法律都是建立在私有制经济基础上的剥削阶级类型法律。

（1）奴隶制法律。

奴隶制法律通常采用最极端的经济剥削和政治压迫的方式，其主要特征有：

一是具有明显的原始习惯残留痕迹；

二是否认奴隶的法律人格；

三是存在严格的等级划分；

四是刑罚方式极其残酷。

（2）封建制法律。

封建制法律的基本特征有：

一是确立农民对封建地主的人身依附关系；

二是实行封建等级制度；

三是维护专制皇权；

四是刑罚严酷。

（3）资本主义法律。

资本主义法律的基本特征主要体现为四个原则：

一是与资本主义私有制相适应的私有财产神圣不可侵犯原则；

二是与资本主义市场经济相适应的契约自由原则；

三是与资本主义民主政治相适应的法律面前人人平等原则；

四是与资产阶级人道主义相适应的人权保障原则。

2. 社会主义法律——人类历史上唯一以公有制为基础的新型法律制度

社会主义法律以公有制为经济基础，保障全体劳动者共同占有生产资料，通过解放生产力和发展生产力来推动社会物质财富和精神财富的日益丰富，从而实现人的全面发展和全体社会成员的共同富裕。社会主义法律是最广大人民群众意志的集中体现，是实现人民当家作主、实行人民民主专政的重要保证。社会主义法律反映了社会主义生产关系的本质要求，为实现普遍意义的平等、自由奠定了坚实基础，开辟了广阔空间，实现了对历史上各种类型法律制度的超越。

二、我国社会主义法律的本质特征

知识点二　我国社会主义法律的本质特征

从本质上说，我国社会主义法律是中国特色社会主义制度的重要组成部分，是党领导人民当家作主的制度保障。

1. 我国社会主义法律体现了党的主张和人民意志的统一

一是我国社会主义法律既具有鲜明的阶级性，又具有广泛的人民性。

二是我国是中国共产党领导下的社会主义国家，人民是国家的主人，制定法律的权力属于人民。

三是我国社会主义法律维护人民的根本利益，巩固中国共产党的领导地位。

四是党领导人民制定宪法法律，党领导人民实施宪法法律，党自身必须在宪法法律范围内活动。

2. 我国社会主义法律具有科学性和先进性

一是我国社会主义法律反映全体人民共同利益，符合历史发展基本方向和规律。

二是我国社会主义法律更能尊重和反映社会发展规律。

三是我国社会主义法律坚持马克思主义世界观和方法论，并指导人们在法律实践中尊重和反映客观规律。

四是我国法律适应时代发展要求，改革创新立法体制、立法程序、立法技术，使立法的质量和水平不断提高。

3. 我国社会主义法律是中国特色社会主义建设的重要保障

我国法律的社会作用体现了社会主义的本质要求，经济发展、政治清明、文化昌盛、社会公正、生态良好，都离不开社会主义法律的引领、规范和保障。

一是经济建设方面；

二是政治建设方面；

三是文化建设方面；

四是社会建设方面；

五是生态文明建设方面。

三、我国社会主义法律的运行

知识点三　我国社会主义法律的运行

法律的运行是一个从创制、实施到实现的过程。这个过程主要包括法律制定、法律执行、法律适用、法律遵守等环节。法律制定是国家对权利和义务，即社会利益和负担进行的权威性分配；法律的执行、适用、遵守则是把法律规范转化为法律实践，把法定的权利和义务转化为现实的权利和义务。

1. 法律制定

（1）法律制定的含义。

法律制定是指有立法权的国家机关，依照法定职权和程序，制定规范性法律文件的活动，是法律运行的起始性和关键性环节。

（2）法律制定机构。

全国人民代表大会及其常务委员会行使国家立法权——宪法和法律的制定、修改、废止和解释工作；

国务院——行政法规；

中央军委——军事法规；

国务院各部门——部门规章；

省、自治区、直辖市的人大及其常委会，设区的市的人大及其常委会——地方性法规；

省、自治区、直辖市、设区的市的人民政府——地方政府规章。

（3）法律制定的程序。

立法活动必须遵循法定程序，就全国人民代表大会的立法程序而言，大体包括法律案的提出、法律案的审议、法律案的表决和法律的公布四个环节。

2. 法律执行

（1）法律执行的含义。

在广义上，法律执行是指国家机关及其公职人员，在国家和公共事务管理中依照法定职权和程序，贯彻和实施法律的活动。

在狭义上，法律执行则是指国家行政机关执行法律的活动，也被称为行政执法。

（2）行政执法的基本原则。

行政执法是法律实施和实现的重要环节，必须坚持合法性、合理性、信赖保护、效率等基本原则。

（3）行政执法的主体。

我国行政执法的主体大体分为两类：一是中央和地方各级政府，包括国务院和地方各级人民政府；二是各级政府中享有执法权的下属行政机构。此外，法律授权的社会组织、行政机关依法委托的社会组织可以在一定范围内执行法律。

3. 法律适用

（1）法律适用的含义。

法律适用是指国家司法机关及其公职人员依照法定职权和程序适用法律处理案件的专门活动。

（2）司法机关。

司法机关是指国家审判机关和检察机关。

（3）司法原则。

司法原则主要有：司法公正；公民在法律面前一律平等；以事实为依据，以法律为准绳；司法机关依法独立公正行使司法权；等等。

4. 法律遵守

法律遵守是指国家机关、社会组织和公民个人依照法律规定行使权力和权利以及履行职责和义务的活动。

守法是法律实施和实现的基本途径。一切组织和个人都必须遵守宪法和法律，任何公民都享有宪法和法律规定的权利，同时必须履行宪法和法律规定的义务。

第二节　以宪法为核心的中国特色社会主义法律体系

思维导图

- 第二节 以宪法为核心的中国特色社会主义法律体系
  - 一、宪法是国家的根本法
    - （一）我国宪法的形成和发展
      - 现行宪法可以追溯到1949年具有临时宪法作用的《中国人民政治协商会议共同纲领》和1954年一届全国人大一次会议通过的《中华人民共和国宪法》
      - 党的十一届三中全会开启了改革开放历史新时期，发展社会主义民主、健全社会主义法制成为党和国家坚定不移的方针。我国现行宪法即1982年宪法就是在这个历史背景下产生的
      - 1988年、1993年、1999年、2004年、2018年，全国人大分别对我国宪法个别条款和部分内容作出必要的也是十分重要的修正，使我国宪法在保持稳定性和权威性的基础上紧跟时代前进步伐，不断与时俱进
    - （二）我国宪法的地位
      - 我国宪法是国家的根本法，是治国安邦的总章程，是党和人民意志的集中体现
      - 我国宪法是国家各项制度和法律法规的总依据
      - 我国宪法规定了国家的根本制度
    - （三）我国宪法的基本原则
      - 党的领导原则
        - 中国共产党是中国特色社会主义事业的领导核心。党的领导是人民当家作主的根本保证，是中国特色社会主义最本质的特征，是中国特色社会主义制度最大优势
      - 人民主权原则
        - 主权是指国家的最高权力。在我国，人民当家作主是社会主义民主政治的本质和核心。我国宪法体现了人民主权原则，强调国家的一切权力属于人民
      - 尊重和保障人权原则
        - 我国宪法将“国家尊重和保障人权”规定为一项基本原则，对公民的基本权利和自由作出全面规定，依法保障公民的生存权和发展权
      - 社会主义法治原则
        - 我国宪法明确规定实行依法治国，建设社会主义法治国家。社会主义法治原则要求坚持宪法法律至上、法律面前人人平等，推进国家各项工作法治化，维护社会公平正义，维护社会主义法制的统一、尊严、权威
      - 民主集中制原则
        - 民主集中制是集中全党全国人民集体智慧，实现科学决策、民主决策的基本原则和主要途径。我国宪法规定，中华人民共和国的国家机构实行民主集中制原则
    - （四）我国宪法确立的制度
      - 国体和根本政治制度
        - 国体即国家性质，是国家的阶级本质，是指社会各阶级在国家生活中的地位和作用。人民民主专政是我国的国体
        - 人民代表大会制度
      - 基本政治制度
        - 中国共产党领导的多党合作和政治协商制度
        - 民族区域自治制度
        - 基层群众自治制度
      - 基本经济制度
        - 社会主义公有制是我国经济制度的基础
        - 个体、私营等各种形式的非公有制经济是社会主义市场经济的重要组成部分
  - 二、我国的实体法律部门
  - 三、我国的程序法律部门
    - 诉讼法
      - 刑事诉讼法
      - 民事诉讼法
      - 行政诉讼法
    - 非程序诉讼法
      - 仲裁法
      - 民调解法

- 第二节　以宪法为核心的中国特色社会主义法律体系
  - 一、宪法是国家的根本法
  - 二、我国的实体法律部门
    - 宪法相关法：宪法相关法是与宪法相配套、直接保障宪法实施和国家政权运作等方面的法律规范
    - 民法商法
      - 民法
        - 民法的含义：民法是调整平等主体的自然人、法人和非法人组织之间的人身关系和财产关系的法律规范
        - 民法的基本原则：民法遵循民事主体地位平等、自愿、公平、诚信、公序良俗、有利于节约资源和保护生态环境等基本原则
        - 民法主要法律：我国制定的民法总则是民法典的开篇之作，在民法典中起统领性作用。除此之外还制定了合同法、物权法、农村土地承包法、侵权责任法、婚姻法、收养法、继承法等民事法律
      - 商法
        - 商法的含义：商法是调整平等主体之间商事关系的法律规范，是与民法并列并互为补充的部门法
        - 商法的基本原则
        - 商法主要法律：公司法、合伙企业法、个人独资企业法、商业银行法、证券投资基金法、农民专业合作社法、证券法、海商法、票据法、保险法等法律
    - 行政法
      - 行政法的含义：行政法是关于行政权的授予、行政权的行使以及对行政权监督的法律规范。调整的是行政机关与行政管理相对人之间因行政管理活动发生的关系
      - 行政法的原则：遵循职权法定、程序法定、公正公开、有效监督等原则，既保障行政机关依法行使职权，又注重保障公民、法人和其他组织的权利
      - 行政法主要法律：行政处罚法、行政复议法、行政许可法、行政强制法、环境保护法、公务员法、居民身份证法、治安管理处罚法、教育法、义务教育法、高等教育法、科学技术进步法、文物保护法、药品管理法等法律
    - 经济法
      - 经济法的含义：经济法是国家从社会整体利益出发，对经济活动实行干预、管理或者调控的法律规范。经济法是国家对市场经济进行适度干预和宏观调控的法律手段和制度框架，旨在防止市场经济的自发性和盲目性所导致的弊端
      - 经济法主要法律：预算法、价格法、中国人民银行法、企业所得税法、个人所得税法、车船税法、税收征收管理法、农业法、种子法、农产品质量安全法等法律
    - 社会法
      - 社会法的含义：社会法是调整劳动关系、社会保障、社会福利和特殊群体权益保障等方面的法律规范
      - 社会法的原则及作用：遵循公平和谐与国家适度干预原则，通过国家和社会积极履行责任，对劳动者、失业者、丧失劳动能力的人以及其他需要扶助的特殊人群的权益提供必要的保障，维护社会公平正义
      - 社会法主要法律：劳动法、矿山安全法、职业病防治法、安全生产法、劳动合同法、就业促进法、劳动争议调解仲裁法、社会保险法等法律
    - 刑法
      - 刑法的含义：刑法是规定犯罪与刑罚的法律规范
      - 刑法的目的：通过规范国家刑罚权，惩罚犯罪，保护人民，维护社会秩序和公共安全，保障国家安全
      - 刑法的原则
        - 罪刑法定：指法律明文规定为犯罪行为的，依照法律定罪处刑，法律没有明文规定为犯罪行为的，不得定罪处刑
        - 法律面前人人平等：指对任何人犯罪，在适用法律上一律平等，不允许任何人有超越法律的特权
        - 罪刑相适应：指刑罚的轻重，应当与犯罪分子所犯罪行和承担的刑事责任相适应
      - 刑法规定概述
        - 刑法规定了犯罪的概念，明确了犯罪构成及其要件，规定了正当防卫、紧急避险等排除社会危害性的行为
        - 规定了刑罚的种类，包括管制、拘役、有期徒刑、无期徒刑、死刑五种主刑以及罚金、剥夺政治权利、没收财产三种附加刑，对于犯罪的外国人可以适用驱逐出境
        - 规定了自首、立功、缓刑、减刑、假释、社区矫正等刑罚制度
        - 规定了10类犯罪行为及其刑事责任，规定了背叛国家罪等460多个具体罪名
  - 三、我国的程序法律部门

知识要点

中国特色社会主义法律体系是由多个法律部门组成的有机统一整体，是中国特色社会主义永葆本色的法制根基，是中国特色社会主义创新实践的法制体现，是中国特色社会主义兴旺发达的保障。完善以宪法为核心的中国特色社会主义法律体系，是全面依法治国的重要内容，是建设中国特色社会主义法治体系的前提和基础。

一、宪法是国家的根本法

知识点四 宪法是国家的根本法

宪法是治国安邦的总章程，是党和人民意志的集中体现，是中国特色社会主义法律体系的核心，在全面依法治国中具有突出地位和重要作用。我国宪法确认了党领导人民长期奋斗取得的辉煌成果，规定了人民民主专政国家政权的性质和根本制度，明确了国家未来建设发展的根本任务和总的目标，是党的指导思想、中心工作、基本原则、重大方针、重要政策在国家法制上的最高体现。

（一）我国宪法的形成和发展

1. 我国宪法的形成和发展

① 我国现行宪法可以追溯到 1949 年具有临时宪法作用的《中国人民政治协商会议共同纲领》和 1954 年一届全国人大一次会议通过的《中华人民共和国宪法》，1954 年宪法是我国第一部社会主义性质的法律。

② 党的十一届三中全会开启了改革开放历史新时期，发展社会主义民主、健全社会主义法制成为党和国家坚定不移的方针。我国现行宪法即 1982 年宪法就是在这个历史背景下产生的。

③ 宪法只有不断适应新形势、吸纳新经验、确认新成果，才能具有持久生命力。1988 年、1993 年、1999 年、2004 年、2018 年，全国人大分别对我国宪法个别条款和部分内容作出必要的也是十分重要的修正，使我国宪法在保持稳定性和权威性的基础上紧跟时代前进步伐，不断与时俱进。

④ 2018 年 3 月，十三届全国人大一次会议根据党的十九届二中全会提出的建议，审议通过了《中华人民共和国宪法修正案》。本次宪法修改体现了党和国家事业发展的新成就新经验新要求，在总体保持我国宪法连续性、稳定性、权威性的基础上推动了宪法与时俱进、完善发展，为新时代坚持和发展中国特色社会主义、实现“两个一百年”奋斗目标和中华民族伟大复兴的中国梦提供了有力的宪法保障。

2. 我国宪法建设史结论

回顾党领导的宪法建设史，可以得出这样几点结论：

一是制定和实施宪法，推进依法治国，建设法治国家，是实现国家富强、民族振兴、社会进步、人民幸福的必然要求。

二是我国现行宪法是在深刻总结我国社会主义革命、建设、改革的成功经验基础上制定和不断完善的，是党领导人民长期奋斗的历史逻辑、理论逻辑、实践逻辑的必然结果。

三是只有中国共产党才能坚持立党为公、执政为民，充分发扬民主，领导人民制定出体现人民意志的宪法，领导人民实施宪法。

四是党高度重视发挥宪法在治国理政中的重要作用，坚定维护宪法尊严和权威，推动宪法完善和发展，这是我国宪法保持生机活力的根本原因所在。

（二）我国宪法的地位

（1）我国宪法是国家的根本法，是治国安邦的总章程，是党和人民意志的集中体现。

（2）我国宪法是国家各项制度和法律法规的总依据。

（3）我国宪法规定了国家的根本制度。

宪法的生命在于实施，宪法的权威也在于实施。维护宪法权威，就是维护党和人民共同意志的权威；捍卫宪法尊严，就是捍卫党和人民共同意志的尊严；保证宪法实施，就是保证人民根本利益的实现。

（三）我国宪法的基本原则

宪法的基本原则是贯穿于宪法规范始终，对宪法的制定、修改、实施、遵守等环节起指导作用的基本准则。

1. 党的领导原则

中国共产党是中国特色社会主义事业的领导核心。党的领导是人民当家作主的根本保证，是中国特色社会主义最本质的特征，是中国特色社会主义制度最大优势。我国宪法对中国共产党领导地位和执政地位的规定，既是对中国共产党领导人民在革命、建设、改革各个历史时期奋斗成果的确认，也是对国家性质和根本制度的确认，集中体现了党的主张和人民意志的高度统一。

2. 人民主权原则

主权是指国家的最高权力。在我国，人民当家作主是社会主义民主政治的本质和核心。我国宪法体现了人民主权原则，强调国家的一切权力属于人民。

3. 尊重和保障人权原则

我国宪法将“国家尊重和保障人权”规定为一项基本原则，对公民的基本权利和自由作出全面规定，依法保障公民的生存权和发展权。

4. 社会主义法治原则

我国宪法明确规定实行依法治国，建设社会主义法治国家。社会主义法治原则要求坚持宪法法律至上、法律面前人人平等，推进国家各项工作法治化，维护社会公平正义，维护社会主义法制的统一、尊严、权威。

5. 民主集中制原则

民主集中制是集中全党全国人民集体智慧，实现科学决策、民主决策的基本原则和主要途径。我国宪法规定，中华人民共和国的国家机构实行民主集中制原则。

（四）我国宪法确立的制度

1. 国体和根本政治制度

（1）国体。

国体即国家性质，是国家的阶级本质，是指社会各阶级在国家生活中的地位和作用。人民民主专政是我国的国体。我国宪法规定："中华人民共和国是工人阶级领导的、以工农联盟为基础的人民民主专政的社会主义国家。"

（2）根本政治制度——政体。

为了保证人民当家作主，我国宪法规定了人民代表大会制度这项根本政治制度。人民代表大会制度是中国社会主义民主政治最鲜明的特点，是人民当家作主的重要途径和最高实现形式，是社会主义政治文明的重要制度载体，是我国的根本政治制度。

人民代表大会制度的优越性：

一是能够有效保证人民享有更加广泛、更加充实的权利和自由，保证人民广泛参加国家治理和社会治理；

二是能够有效调节国家政治关系，发展充满活力的政党关系、民族关系、宗教关系、阶层关系、海内外同胞关系，增强民族凝聚力，形成安定团结的政治局面；

三是能够集中力量办大事，有效促进社会生产力解放和发展，促进现代化建设各项事业，促进人民生活质量和水平不断提高；

四是能够有效维护国家独立自主，有力维护国家主权、安全、发展，维护中国人民和中华民族的福祉。

2. 基本政治制度

我国宪法确立的基本政治制度，主要有中国共产党领导的多党合作和政治协商制度、民族区域自治制度和基层群众自治制度。

（1）中国共产党领导的多党合作和政治协商制度。

① 中国共产党领导的多党合作和政治协商制度。

共产党领导、多党派合作，共产党执政、多党派参政是中国共产党领导的政党制度的基本特色，也是我国政治制度的一大优势。

② 中国共产党领导的多党合作方针。

中国共产党同各民主党派长期共存、互相监督、肝胆相照、荣辱与共的合作方针。

③ 中国共产党领导的多党合作和政治协商机构。

中国人民政治协商会议是中国共产党领导的多党合作和政治协商的重要机构，是我国政治生活中发扬社会主义民主的重要形式。

（2）民族区域自治制度。

民族区域自治制度是中国共产党和各族人民的一个伟大创造。其优越性体现在：

一是它可以保证少数民族当家作主，更好地管理本民族的内部事务。

二是它可以促进少数民族地区尽快地发展，促进全国各民族的共同繁荣昌盛。

三是它可以促进民族团结，保证国家的统一，有利于加强边疆建设和巩固国防。

（3）基层群众自治制度。

基层群众自治制度是城乡基层群众在党的领导下，依法直接行使民主权利，管理基层公共事务和公益事业，实行自我管理、自我服务、自我教育、自我监督的一项基本政治制度。

3. 基本经济制度

（1）基本经济制度的含义。

基本经济制度是指一国通过宪法和法律调整以生产资料所有制为核心的各种基本经济关系的规则、原则和政策的总和。

（2）我国确定的基本经济制度。

① 社会主义公有制是我国经济制度的基础。

社会主义公有制的两种基本形式：全民所有制和劳动群众集体所有制。

全民所有制：全民所有制经济即国有经济，是国民经济中的主导力量，控制着国家的经济命脉，决定着国民经济的社会主义性质。我国宪法规定，国家保障国有经济的巩固和发展。

劳动群众集体所有制：国家保护城乡集体经济组织的合法的权利和利益，鼓励、指导和帮助集体经济的发展。

② 个体、私营等各种形式的非公有制经济是社会主义市场经济的重要组成部分。

国家保护个体经济、私营经济等非公有制经济的合法权利和利益。国家鼓励、支持和引导非公有制经济的发展，并对非公有制经济依法实行监督和管理。坚持平等保护物权，形成各种所有制经济平等竞争、相互促进的新格局。

二、我国的实体法律部门

知识点五 我国的实体法律部门

中国特色社会主义法律体系：中国特色社会主义法律体系是以宪法为统帅，以法律为主干，以行政法规、地方性法规为重要组成部分，由多个法律部门组成的有机统一整体。其中，实体法律部门包括宪法相关法、民法商法、行政法、经济法、社会法、刑法等。

（一）宪法相关法

宪法相关法是与宪法相配套、直接保障宪法实施和国家政权运作等方面的法律规范，主要包括国家机构的产生、组织、职权和基本工作原则方面的法律，民族区域自治制度、特别行政区制度、基层群众自治制度方面的法律，维护国家主权、领土完整、国家安全、国家标志象征方面的法律，保障公民基本政治权利方面的法律。

（二）民法商法

1. 民　法

（1）民法的含义。

民法是调整平等主体的自然人、法人和非法人组织之间的人身关系和财产关系的法律规范。

（2）民法的基本原则。

民法遵循民事主体地位平等、自愿、公平、诚信、公序良俗、有利于节约资源和保护生态环境等基本原则。

（3）民法主要法律。

我国制定的民法总则是民法典的开篇之作，在民法典中起统领性作用。除此之外还制定了合同法、物权法、农村土地承包法、侵权责任法、婚姻法、收养法、继承法等民事法律。

2. 商　法

（1）商法的含义。

商法是调整平等主体之间商事关系的法律规范，是与民法并列并互为补充的部门法。

（2）商法的基本原则。

商法遵循民事主体地位平等、自愿、公平、诚信、公序良俗、有利于节约资源和保护生态环境等民法的基本原则，同时秉承保障商事交易自由、等价有偿、便捷安全等原则。

（3）商法主要法律。

公司法、合伙企业法、个人独资企业法、商业银行法、证券投资基金法、农民专业合作社法、证券法、海商法、票据法、保险法等法律。

（三）行政法

1. 行政法的含义

行政法是关于行政权的授予、行政权的行使以及对行政权监督的法律规范。行政法调整的是行政机关与行政管理相对人之间因行政管理活动发生的关系。

2. 行政法的原则

遵循职权法定、程序法定、公正公开、有效监督等原则，既保障行政机关依法行使职权，又注重保障公民、法人和其他组织的权利。

3. 行政法主要法律

行政处罚法、行政许可法、行政强制法、行政复议法、环境保护法、治安管理处罚法、教育法等法律。

（四）经济法

1. 经济法的含义

经济法是国家从社会整体利益出发，对经济活动实行干预、管理或者调控的法律规范。

经济法是国家对市场经济进行适度干预和宏观调控的法律手段、制度框架，旨在防止市场经济的自发性和盲目性所导致的弊端。

2. 经济法主要法律

预算法、价格法、企业所得税法、个人所得税法、中国人民银行法、车船税法、税收征收管理法、农业法、农产品质量安全法等法律。

（五）社会法

1. 社会法的含义

社会法是调整劳动关系、社会保障、社会福利和特殊群体权益保障等方面的法律规范。

2. 社会法的原则及作用

遵循公平和谐与国家适度干预原则，通过国家和社会积极履行责任，对劳动者、失业者、丧失劳动能力的人以及其他需要扶助的特殊人群的权益提供必要的保障，维护社会公平正义。

3. 社会法主要法律

劳动法、劳动合同法、劳动争议调解仲裁法、职业病防治法、矿山安全法、安全生产法、就业促进法、社会保险法等法律。

（六）刑　法

1. 刑法的含义

刑法是规定犯罪与刑罚的法律规范。

2. 刑法的目的

它通过规范国家刑罚权，惩罚犯罪，保护人民，维护社会秩序和公共安全，保障国家安全。

3. 刑法的原则

我国刑法规定了罪刑法定、法律面前人人平等、罪刑相适应等基本原则。

（1）罪刑法定原则。

罪刑法定原则是指法律明文规定为犯罪行为的，依照法律定罪处刑，法律没有明文规定为犯罪行为的，不得定罪处刑。

（2）法律面前人人平等原则。

法律面前人人平等原则是指对任何人犯罪，在适用法律上一律平等，不允许任何人有超越法律的特权。

（3）罪刑相适应原则。

罪刑相适应原则是指刑罚的轻重，应当与犯罪分子所犯罪行和承担的刑事责任相适应。

4. 刑法规定概述

（1）我国刑法规定了犯罪的概念，明确了犯罪构成及其要件，规定了正当防卫、紧急避险等排除社会危害性的行为。

（2）规定了刑罚的种类，包括管制、拘役、有期徒刑、无期徒刑、死刑 5 种主刑以及罚金、剥夺政治权利、没收财产 3 种附加刑，对于犯罪的外国人可以适用驱逐出境。

（3）规定了自首、立功、缓刑、减刑、假释、社区矫正等刑罚制度。

（4）规定了危害国家安全罪、危害公共安全罪、破坏社会主义市场经济秩序罪、侵犯公民人身权利和民主权利罪、侵犯财产罪、妨害社会管理秩序罪、危害国防利益罪、贪污贿赂罪、渎职罪和军人违反职责罪 10 类犯罪行为及其刑事责任，规定了背叛国家罪等 460 多个具体罪名。

三、我国的程序法律部门

知识点六　我国的程序法律部门

我国的程序法律部门包括诉讼法与非诉讼程序法。诉讼与非诉讼程序法是规范解决社会纠纷的诉讼活动与非诉讼活动的法律规范。

（一）诉讼法

诉讼法律制度是规范国家司法活动解决社会纠纷的法律规范。

诉讼法律制度包括：

（1）刑事诉讼法；

（2）民事诉讼法；

（3）行政诉讼法。

（二）非诉讼程序法

非诉讼程序法律制度是规范仲裁机构或者人民调解组织解决社会纠纷的法律规范。

非诉讼程序法律制度包括：

（1）仲裁法；

（2）人民调解法。

我国还制定了引渡法、海事诉讼特别程序法、劳动争议调解仲裁法、农村土地承包经营纠纷调解仲裁法等法律，建立健全了非诉讼程序法律制度。

第三节　建设中国特色社会主义法治体系

思维导图

- 第三节　建设中国特色社会主义法治体系
  - 一、建设中国特色社会主义法治体系的重大意义
    - 中国特色社会主义的本质要求和重要保障
    - 推进国家治理体系和治理能力现代化的重要举措
    - 全面依法治国的总抓手
  - 二、建设中国特色社会主义法治体系的主要内容
    - 完备的法律规范体系
      - 完备的法律规范体系，是以宪法为核心，由部门齐全、结构严谨、内部协调、体例科学、调整有效的法律及其配套法规所构成的法律规范系统
    - 高效的法治实施体系
      - 高效的法治实施体系，是指执法、司法、守法等各个环节有效衔接、协调高效运转、持续共同发力，实现效果最大化的法治实施系统
    - 严密的法治监督体系
      - 它以有权必有责、用权受监督、违法必追究，坚决纠正有法不依、执法不严、违法不究行为等为主要任务，是宪法法律有效实施的重要保障，是加强对权力运行制约和监督的迫切要求
    - 有力的法治保障体系
      - 有力的法治保障体系，是指在法律制定、实施和监督过程中形成的结构完整、机制健全、资源充分、富有成效的保障系统，包括政治和组织保障、人才和物质条件保障、法治意识和法治精神保障等
    - 完善的党内法规体系
      - 完善的党内法规体系，是指科学、程序严密、配套完备、运行有效的党内制度及其运行、保障体系
  - 三、全面依法治国的基本格局
    - 科学立法
      - 要坚持以民为本、立法为民理念
      - 把公正、公平、公开贯穿立法全过程
      - 加强党对立法工作的领导
      - 深入推进科学立法、民主立法
      - 加强重点领域立法
      - 实现立法和改革决策相衔接
    - 严格执法
      - 依法全面履行政府职能
      - 健全依法决策机制
      - 深化行政执法体制改革
      - 严格规范公正文明执法
      - 强化对行政权力的制约和监督
      - 全面推进政务公开
    - 公正司法
      - 要完善确保依法独立公正行使审判权和检察权的制度
      - 要优化司法职权配置
      - 要坚持严格司法
      - 要保障人民群众参与司法
      - 加强人权司法保障
      - 加强对司法活动的监督，完善人民监督员制度
      - 规范媒体对案件的报道，防止舆论影响司法公正
    - 全民守法
      - 要弘扬社会主义法治精神
      - 推动全社会树立法治意识
      - 要推进多层次多领域依法治理
      - 要建设完备的法律服务体系
      - 健全依法维权和化解纠纷机制
      - 完善立体化社会治安防控体系

知识要点

一、建设中国特色社会主义法治体系的重大意义

知识点七 建设中国特色社会主义法治体系的重大意义

全面依法治国，是国家治理的一场深刻革命。全面依法治国的总目标就是建设中国特色社会主义法治体系、建设社会主义法治国家。

1. 中国特色社会主义的本质要求和重要保障

中国特色社会主义法治体系本质上是中国特色社会主义制度的法律表现形式。新时代中国特色社会主义的总任务是实现社会主义现代化和中华民族伟大复兴，在全面建成小康社会的基础上，分两步走在本世纪中叶建成富强民主文明和谐美丽的社会主义现代化强国。中国特色社会主义法治体系为这一总任务的实现提供了推动力量和制度保障。

2. 推进国家治理体系和治理能力现代化的重要举措

建设中国特色社会主义法治体系，能够有效推进党、国家、社会各项事务治理制度化、规范化、程序化，能够有效提高党科学执政、民主执政、依法执政水平。

3. 全面依法治国的总抓手

建设中国特色社会主义法治体系、建设社会主义法治国家明确了全面依法治国的性质和方向，也突出了全面依法治国的工作重点。建设中国特色社会主义法治体系是总揽全局、牵引各方的总抓手，必须从依法治国、依法执政、依法行政共同推进和法治国家、法治政府、法治社会一体建设方面，对法治中国建设作出战略部署和总体安排。

二、建设中国特色社会主义法治体系的主要内容

知识点八 建设中国特色社会主义法治体系的主要内容

建设中国特色社会主义法治体系，就是在中国共产党领导下，坚持中国特色社会主义制度，贯彻中国特色社会主义法治理论，形成完备的法律规范体系、高效的法治实施体系、严密的法治监督体系、有力的法治保障体系，形成完善的党内法规体系。

1. 完备的法律规范体系

（1）完备的法律规范体系的作用。

完备的法律规范体系，是中国特色社会主义法治体系的前提，是法治国家、法治政府、法治社会的制度基础。

（2）完备的法律规范体系的目标。

完备的法律规范体系，是以宪法为核心，由部门齐全、结构严谨、内部协调、体例科学、调整有效的法律及其配套法规所构成的法律规范系统。

2. 高效的法治实施体系

（1）高效的法治实施体系的作用。

建设高效的法治实施体系，是建设中国特色社会主义法治体系的重点。

（2）高效的法治实施体系的含义及目标。

高效的法治实施体系，是指执法、司法、守法等各个环节有效衔接、协调高效运转、持续共同发力，实现效果最大化的法治实施系统。

3. 严密的法治监督体系

（1）严密的法治监督体系的含义。

严密的法治监督体系，是指以规范和约束公权力为重点建立的有效的法治化权力监督网络。

（2）严密的法治监督体系。

严密的法治监督体系以有权必有责、用权受监督、违法必追究，坚决纠正有法不依、执法不严、违法不究行为等为主要任务，是宪法法律有效实施的重要保障，是加强对权力运行制约和监督的迫切要求。

4. 有力的法治保障体系

（1）有力的法治保障体系的作用。

有力的法治保障体系，是全面依法治国的重要依托。

（2）有力的法治保障体系的含义及内容。

有力的法治保障体系，是指在法律制定、实施和监督过程中形成的结构完整、机制健全、资源充分、富有成效的保障系统，包括政治和组织保障、人才和物质条件保障、法治意识和法治精神保障等。

5. 完善的党内法规体系

（1）完善的党内法规体系的作用。

建设完善的党内法规体系，是中国特色社会主义法治体系的本质要求和重要内容。

（2）完善的党内法规体系的含义。

完善的党内法规体系，是指科学、程序严密、配套完备、运行有效的党内制度及其运行、保障体系。

（3）完善的党内法规体系的目标。

完善党内法规体系的总目标是到建党 100 周年时形成比较完善的党内法规制度体系、高效的党内法规制度实施体系、有力的党内法规制度建设保障体系，党依据党内法规管党治党的能力和水平显著提高。

三、全面依法治国的基本格局

知识点九 建设中国特色社会主义法治体系的主要内容

“科学立法、严格执法、公正司法、全民守法”十六字方针，展现了全面依法治国的基本格局。推进全面依法治国，必须从立法、执法、司法、守法四个方面统筹推进。

1. 科学立法

（1）科学立法的目标。

科学立法以完善以宪法为核心的中国特色社会主义法律体系，加强宪法实施为目标。

（2）怎样做到科学立法。

① 要坚持以民为本、立法为民理念。

② 把公正、公平、公开贯穿立法全过程。

③ 加强党对立法工作领导。

④ 深入推进科学立法、民主立法。

⑤ 加强重点领域立法。

⑥ 实现立法和改革决策相衔接。

2. 严格执法

（1）严格执法的目标。

法律的生命力在于实施，法律的权威也在于实施。严格执法以深入推进依法行政，加快建设法治政府为目标。

（2）怎样做到严格执法。

深入推进依法行政，建设法治政府，主要任务包括依法全面履行政府职能、健全依法决策机制、深化行政执法体制改革、严格规范公正文明执法、强化对行政权力的制约和监督、全面推进政务公开。

3. 公正司法

（1）公正司法的重要意义。

公正是法治的生命线，是司法活动最高的价值追求。公正司法是维护社会公平正义的最后一道防线。

（2）怎样做到公正司法。

① 要完善确保依法独立公正行使审判权和检察权的制度。

② 要优化司法职权配置。

③ 要坚持严格司法。

④ 要保障人民群众参与司法。

⑤ 加强人权司法保障。

⑥ 加强对司法活动的监督，完善人民监督员制度。

⑦ 规范媒体对案件的报道，防止舆论影响司法公正。

4. 全民守法

（1）全民守法的目标。

法律的权威源自人民的内心拥护和真诚信仰。全民守法以增强全民法治观念，推进法治社会建设为目标。

（2）怎样做到全民守法。

① 要弘扬社会主义法治精神。

② 推动全社会树立法治意识。

③ 要推进多层次多领域依法治理。
④ 要建设完备的法律服务体系。
⑤ 健全依法维权和化解纠纷机制。
⑥ 完善立体化社会治安防控体系。

第四节　坚持走中国特色社会主义法治道路

思维导图

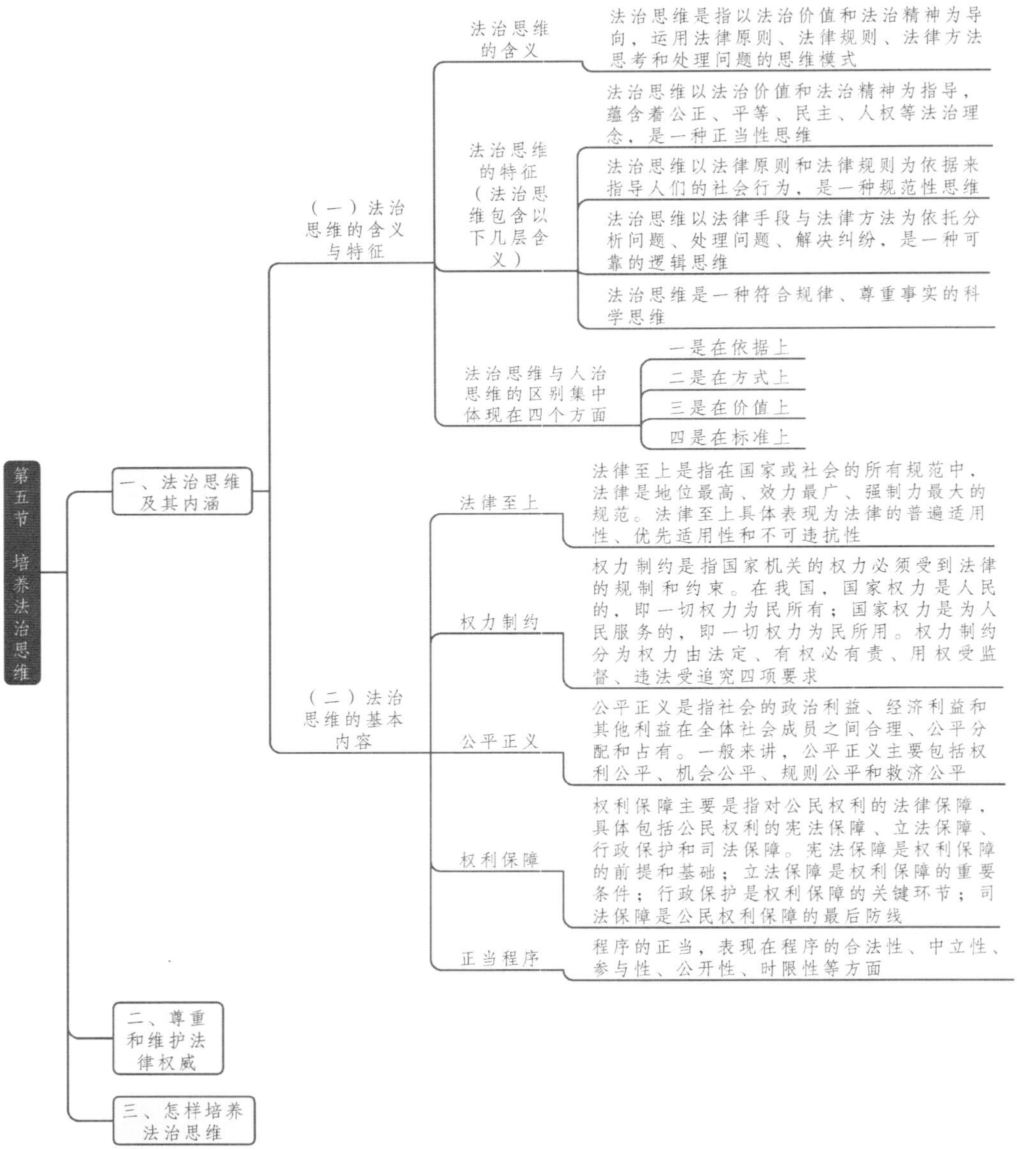

知识要点

知识点十　坚持走中国特色社会主义法治道路

走中国特色社会主义法治道路，必须坚持中国共产党的领导，坚持人民主体地位，坚持法律面前人人平等，坚持依法治国和以德治国相结合，坚持从中国实际出发。

一、坚持中国共产党的领导

1. 重要性

党的领导是中国特色社会主义最本质的特征，是社会主义法治最根本的保证。坚持党的领导，是社会主义法治的根本要求，是全面依法治国的题中应有之义。

2. 要　求

把党的领导贯彻到依法治国全过程和各方面，坚持党的领导、人民当家作主、依法治国有机统一。必须具体体现在党领导立法、保证执法、支持司法、带头守法上。

一是党领导立法，就是抓住提高立法质量这个关键，完善以宪法为核心的中国特色社会主义法律体系，坚持立法先行，发挥立法的引领和推动作用。

二是党保证执法，就是深入推进依法行政，建设职能科学、权责法定、执法严明、公开公正、廉洁高效、守法诚信的法治政府。

三是党支持司法，就是要保证公正司法，提高司法公信力。

四是党带头守法，就是要带头弘扬社会主义法治精神，建设社会主义法治文化，形成守法光荣、违法可耻的社会氛围，使全体人民都成为社会主义法治的忠实崇尚者、自觉遵守者、坚定捍卫者。

二、坚持人民主体地位

1. 重要性

在社会主义法治国家，人民是依法治国的主体和力量源泉，坚持人民主体地位是依法治国的基本原则。

2. 要　求

坚持人民主体地位，必须坚持法治建设为了人民、依靠人民、造福人民、保护人民，以保障人民根本权益为出发点和落脚点，保证人民依法享有广泛的权利和自由、承担应尽的义务，维护社会公平正义，促进共同富裕，为保证人民当家作主提供坚实的法治基础。

三、坚持法律面前人人平等

1. 重要性

平等是社会主义法律的基本属性，是社会主义法治的基本要求。坚持法律面前人人平等，对于坚持走社会主义法治道路具有十分重要的意义。

2. 要　求

坚持法律面前人人平等，要求公民不分民族、种族、性别、职业、家庭出身、宗教信仰、教育程度、财产状况、居住期限等，都应当平等享受公民权利、平等履行公民义务。坚持法律面前人人平等，要坚决反对特权思想和特权现象。

四、坚持依法治国和以德治国相结合

1. 重要性

法治和德治，是治国理政不可或缺的两种方式，只有让法治和德治共同发挥作用，才能使法律与道德相辅相成，法治与德治相得益彰，做到法安天下，德润人心。

2. 要　求

（1）正确认识法治和德治的地位。

法治是治国理政的基本方式，德治是治国理政的重要方式。

（2）正确认识法治和德治的作用。

法治发挥作用要以国家强制力为后盾，主要依靠法律的预测作用、惩罚作用、威慑作用和预防作用对公民和社会组织的行为进行约束，并对违反法律的行为追究法律责任。德治发挥作用主要通过人们的内心信念、传统习俗、社会舆论等进行道德教化，并对违反道德的行为进行道德谴责。

（3）正确认识法治和德治的实现途径。

法治和德治的实现方式和实施载体不同。法治主要依靠制定和实施法律规范的形式来推进和实施德治主要依靠培育和弘扬道德等途径来推进和实施。

（4）推动法治和德治的相互促进。

一是强化道德对法治的支撑作用。

二是把道德要求贯彻到法治建设中。以法治承载道德理念，道德才有可靠制度支撑。

三是运用法治手段解决道德领域突出问题。法律是底线的道德，也是道德的保障。

五、坚持从中国实际出发

1. 重要性

走什么样的法治道路、建设什么样的法治体系，是由一个国家的基本国情决定的。建设法治中国，必须从我国实际出发，同完善和发展中国特色社会主义制度、推进国家治理体系和治理能力现代化相适应，既不能罔顾国情、超越阶段，也不能因循守旧、墨守成规。

2. 要　求

坚持从实际出发，就是要突出法治道路的中国特色、实践特色、时代特色。从我国实际出发，不等于关起门来搞法治。坚持走中国特色社会主义法治道路，必须学习借鉴世界上优秀的法治文明成果。

第五节　培养法治思维

思维导图

- 第五节　培养法治思维
  - 一、法治思维及其内涵
    - （一）法治思维的含义与特征
      - 法治思维的含义
        - 法治思维是指以法治价值和法治精神为导向，运用法律原则、法律规则、法律方法思考和处理问题的思维模式
      - 法治思维的特征（法治思维包含以下几层含义）
        - 法治思维以法治价值和法治精神为指导，蕴含着公正、平等、民主、人权等法治理念，是一种正当性思维
        - 法治思维以法律原则和法律规则为依据来指导人们的社会行为，是一种规范性思维
        - 法治思维以法律手段与法律方法为依托分析问题、处理问题、解决纠纷，是一种可靠的逻辑思维
        - 法治思维是一种符合规律、尊重事实的科学思维
      - 法治思维与人治思维的区别集中体现在四个方面
        - 一是在依据上
        - 二是在方式上
        - 三是在价值上
        - 四是在标准上
    - （二）法治思维的基本内容
      - 法律至上
        - 法律至上是指在国家或社会的所有规范中，法律是地位最高、效力最广、强制力最大的规范。法律至上具体表现为法律的普遍适用性、优先适用性和不可违抗性
      - 权力制约
        - 权力制约是指国家机关的权力必须受到法律的规制和约束。在我国，国家权力是人民的，即一切权力为民所有；国家权力是为人民服务的，即一切权力为民所用。权力制约分为权力由法定、有权必有责、用权受监督、违法受追究四项要求
      - 公平正义
        - 公平正义是指社会的政治利益、经济利益和其他利益在全体社会成员之间合理、公平分配和占有。一般来讲，公平正义主要包括权利公平、机会公平、规则公平和救济公平
      - 权利保障
        - 权利保障主要是指对公民权利的法律保障，具体包括公民权利的宪法保障、立法保障、行政保护和司法保障。宪法保障是权利保障的前提和基础；立法保障是权利保障的重要条件；行政保护是权利保障的关键环节；司法保障是公民权利保障的最后防线
      - 正当程序
        - 程序的正当，表现在程序的合法性、中立性、参与性、公开性、时限性等方面
  - 二、尊重和维护法律权威
  - 三、怎样培养法治思维

第五节 培养法治思维

- 一、法治思维及其内涵
- 二、尊重和维护法律权威
  - （一）法律权威的含义
    - 法律权威的含义：法律权威是指法律在社会生活中的作用力、影响力和公信力，是法律应有的尊严和生命
    - 法律权威的取决要素
      - 一是法律在国家和社会治理体系中的地位和作用，只有法律占主导地位和起决定作用，法律才具有权威
      - 二是法律本身的科学程度，只有法律反映客观规律和人类理性，法律才具有权威
      - 三是法律在实践中的实施程度，只有法律在实践中得到严格实施和遵循，法律才具有权威
      - 四是法律被社会成员尊崇或信仰的程度，只有法律反映人民共同意愿且为人民真诚信仰，法律才具有权威
  - （二）尊重和维护法律权威的重要意义
    - 社会主义法治观念的核心要求和建设社会主义法治国家的前提条件
    - 对于推进国家治理体系和治理能力现代化、实现国家的长治久安极为重要
    - 实现人民意志、维护人民利益、保障人民权利的基本途径
    - 维护个人合法权益的根本保障
  - （三）尊重和维护法律权威的基本要求
    - 信仰法律：应当相信法律、信奉法律，树立崇尚法律、信仰法律的牢固观念，增强对法律的信任感、认同感
    - 遵守法律：要用实际行动捍卫法律尊严，保障法律实施。参与社会活动，实施个人行为，都要以法律为依据，不得违反法律规范
    - 服从法律：应当拥护法律的规定，接受法律的约束，履行法定的义务，服从依法进行的管理，承担相应的法律责任。对一切依据法律和事实作出的决定，真心接受与认可，自觉执行
    - 维护法律：争当法律权威的守望者、公平正义的守护者、具有良知的护法者
- 三、怎样培养法治思维
  - 学习法律知识：学习和掌握基本的法律知识，是培养法治思维的前提
  - 掌握法律方法：法律方法主要包括两个方面：一是正确理解法律的方法，包括理解法律条文的含义、内容和精神等。二是正确运用法律的方法
  - 参与法律实践：人们参与法律实践的方式和途径越来越多。一是参与立法讨论。二是依法行使监督权。三是旁听司法审判
  - 养成守法习惯：法治思维是一种习惯性思维，与长期自觉养成的生活习惯有很大关系。公民只有自觉遵守宪法和法律，坚持从具体事情做起，才能养成守法的习惯和法治思维
  - 守住法律底线：法律红线不可逾越、法律底线不可触碰。大学生应当坚持从我做起，从身边做起，形成底线思维，严守法律底线，带头遵守法律

知识要点

一、法治思维及其内涵

知识点十一　法治思维及其内涵

（一）法治思维的含义与特征

1. 法治思维的含义

法治思维是指以法治价值和法治精神为导向，运用法律原则、法律规则、法律方法思考和处理问题的思维模式。

2. 法治思维的特征（法治思维的含义）

第一，法治思维以法治价值和法治精神为指导，蕴含着公正、平等、民主、人权等法治理念，是一种正当性思维；

第二，法治思维以法律原则和法律规则为依据来指导人们的社会行为，是一种规范性思维；

第三，法治思维以法律手段与法律方法为依托分析问题、处理问题、解决纠纷，是一种可靠的逻辑思维；

第四，法治思维是一种符合规律、尊重事实的科学思维。

3. 法治思维与人治思维的区别

（1）依据不同。

① 法治思维认为国家的法律是治国理政的基本依据，处理法律问题要以事实为根据、以法律为准绳。

② 人治思维的本质是主张人高于法或权大于法，它片面强调依赖个人的魅力、德性和才智来治国平天下。

（2）方式不同。

① 法治思维以一般性、普遍性的平等对待方式调节社会关系，解决矛盾纠纷，坚持法律面前人人平等原则，具有稳定性和一贯性。

② 人治思维漠视规则的普遍适用性，按照个人意志和感情进行治理，治人者以言代法、言出法随、朝令夕改，具有极大的任意性和非理性。

（3）价值不同。

① 法治思维强调集中社会大众的意志来进行决策和判断，是一种“多数人之治”的思维，避免陷入无政府主义或以民主之名搞乱社会。

② 人治思维是个人说了算的专断思维。

（4）标准不同。

① 法治思维与人治思维的分水岭不在于有没有法律或者法律的多寡与好坏，而在于最高的权威究竟是法律还是个人。

② 法治思维以法律为最高权威，强调“必须使民主制度化、法律化，使这种制度和法律不因领导人的改变而改变，不因领导人的看法和注意力的改变而改变”；人治思维则奉个人的意志为最高权威，当法律的权威与个人的权威发生矛盾时，强调服从个人而非服从法律的权威。

（二）法治思维的基本内容

1. 法律至上

（1）法律至上的含义。

法律至上是指在国家或社会的所有规范中，法律是地位最高、效力最广、强制力最大的规范。

（2）法律至上的表现。

法律至上具体表现为法律的普遍适用性、优先适用性和不可违抗性。

2. 权力制约

（1）权力制约的含义。

权力制约是指国家机关的权力必须受到法律的规制和约束。在我国，国家权力是人民的，即一切权力为民所有；国家权力是为人民服务的，即一切权力为民所用。

（2）权力制约的要求。

权力制约分为权力由法定、有权必有责、用权受监督、违法受追究四项要求。

3. 公平正义

（1）公平正义的含义。

公平正义是指社会的政治利益、经济利益和其他利益在全体社会成员之间合理、公平分配和占有。

（2）公平正义的内容。

公平正义主要包括权利公平、机会公平、规则公平和救济公平。

4. 权利保障

权利保障主要是指对公民权利的法律保障，具体包括公民权利的宪法保障、立法保障、行政保护和司法保障。宪法保障是权利保障的前提和基础。立法保障是权利保障的重要条件；行政保护是权利保障的关键环节；司法保障是公民权利保障的最后防线。

5. 正当程序

做一件事情，往往需要按照一定的程序，只有按照程序做，才能防止主观任性、无序混乱。程序的正当，表现在程序的合法性、中立性、参与性、公开性、时限性等方面。

二、尊重和维护法律权威

知识点十二 尊重和维护法律权威

（一）法律权威

1. 法律权威的含义

法律权威是指法律在社会生活中的作用力、影响力和公信力，是法律应有的尊严和生命。

2. 法律权威的取决要素

法律是否具有权威，取决于四个基本要素：

一是法律在国家和社会治理体系中的地位和作用，只有法律占主导地位和起决定作用，法律才具有权威；

二是法律本身的科学程度，只有法律反映客观规律和人类理性，法律才具有权威；

三是法律在实践中的实施程度，只有法律在实践中得到严格实施和遵循，法律才具有权威；

四是法律被社会成员尊崇或信仰的程度，只有法律反映人民共同意愿且为人民真诚信仰，法律才具有权威。

（二）尊重和维护法律权威的重要意义

（1）尊重和维护法律权威是社会主义法治观念的核心要求和建设社会主义法治国家的前提条件。

（2）尊重和维护法律权威是对于推进国家治理体系和治理能力现代化、实现国家的长治久安极为重要。

（3）尊重和维护法律权威是实现人民意志、维护人民利益、保障人民权利的基本途径。

（4）尊重和维护法律权威是维护个人合法权益的根本保障。

（三）尊重和维护法律权威的基本要求

1. 信仰法律

应当相信法律、信奉法律，树立崇尚法律、信仰法律的牢固观念，增强对法律的信任感、认同感。

2. 遵守法律

要用实际行动捍卫法律尊严，保障法律实施。参与社会活动，实施个人行为，都要以法律为依据，不得违反法律规范。

3. 服从法律

应当拥护法律的规定，接受法律的约束，履行法定的义务，服从依法进行的管理，承担相应的法律责任。对一切依据法律和事实作出的决定，真心接受与认可，自觉执行。

4. 维护法律

争当法律权威的守望者、公平正义的守护者、具有良知的护法者。

三、怎样培养法治思维

知识点十三 怎样培养法治思维

1. 学习法律知识

学习和掌握基本的法律知识，是培养法治思维的前提。学习法律知识，就要求弄明白享有哪些权利和应当履行哪些义务，什么事能干、什么事不能干，心中高悬法律的明镜，手中紧握法律的戒尺。法律知识通常包括法律法规条文方面的知识和法律法治基本原理方面的知识，这两部分法律知识对于培养法治思维都很重要。

2. 掌握法律方法

法治思维的过程，就是运用法律方法思考、分析和解决法律问题的过程。法律方法主要包括两个方面：一是正确理解法律的方法，包括理解法律条文的含义、内容和精神等。二是正确运用法律的方法。

3. 参与法律实践

法治思维是在丰富的法律实践中训练、培养和应用的思维方式。现在，人们参与法律实践的方式和途径越来越多。一是参与立法讨论。二是依法行使监督权。三是旁听司法审判。

4. 养成守法习惯

法治思维是一种习惯性思维，与长期自觉养成的生活习惯有很大关系。公民只有自觉遵守宪法和法律，坚持从具体事情做起，才能养成守法的习惯和法治思维。

5. 守住法律底线

法律红线不可逾越、法律底线不可触碰。大学生应当坚持从我做起，从身边做起，形成底线思维，严守法律底线，带头遵守法律。

第六节　依法行使权利与履行义务

思维导图

- 第六节　依法行使权利和履行义务
  - 一、法律权利与法律义务
    - （一）法律权利的含义与特征
      - 法律权利的含义
        - 法律权利是指反映一定的社会物质生活条件所制约的行为自由，是法律所允许的权利人为了满足自己的利益而采取的、由其他人的法律义务所保证的法律手段
      - 法律权利的特征
        - 一是法律权利的内容、种类和实现程度受社会物质生活条件的制约
        - 二是法律权利的内容、分配和实现方式因社会制度和国家法律的不同而存在差异
        - 三是法律权利不仅由法律规定或认可，而且受法律维护或保障，具有不可侵犯性
        - 四是法律权利必须依法行使，不能不择手段地行使法律权利
    - （二）法律义务的含义与特征
      - 法律义务的含义
        - 法律义务是指反映一定的社会物质生活条件所制约的社会责任，是保障法律所规定的义务人应该按照权利人要求从事一定行为或不行为以满足权利人利益的法律手段
      - 法律义务的履行形式
        - 一是作为，是指义务人实施积极的行为
        - 二是不作为，是指义务人不得实施某种行为
      - 法律义务的特征
        - 第一，法律义务是历史的
        - 第二，法律义务源于现实需要
        - 第三，法律义务必须依法设定
        - 第四，法律义务可能发生变化
    - （三）法律权利与法律义务的关系
      - 法律权利与法律义务的关系
        - 首先，法律权利和法律义务是相互依存的关系，法律权利的实现必须以相应法律义务的履行为条件，同样，法律义务的设定和履行也必须以法律权利的行使为根据，不存在没有权利根据的法律义务
        - 其次，法律权利与法律义务是目的与手段的关系。离开了法律权利，法律义务就失去了履行的价值和动力；离开了法律义务，法律权利也形同虚设
        - 最后，有些法律权利和法律义务具有复合性的关系，即一个行为可以同时是权利行为和义务行为。如劳动的权利和义务，接受义务教育的权利和义务
      - 法律权利与法律义务平等
        - 首先，法律权利与法律义务平等表现为法律面前人人平等被确立为基本原则
        - 其次，在法律权利和法律义务的具体设定上要平等
        - 再次，权利与义务的实现要体现平等
  - 二、依法行使法律权利
  - 三、依法履行法律义务

第六节 依法行使权利和履行义务

- 一、法律权利与法律义务
- 二、依法行使法律权利
  - （一）我国宪法法律规定的基本权利
    - 政治权利
      - 政治权利是公民参与国家政治活动的权利和自由的统称。政治权利的行使主要表现为公民参与国家、社会组织与管理的活动
      - 政治权利主要包括：一是选举权利，即选举权与被选举权；二是表达权；三是民主管理权；四是监督权
    - 人身权利
      - 人身权利是指公民的人身不受非法侵犯的权利，是公民参加国家政治、经济与社会生活的基础，是公民权利的重要内容
      - 人身权利主要包括：一是生命健康权；二是人身自由权；三是人格尊严权；四是住宅安全权也称住宅不受侵犯权；五是通信自由权
    - 财产权利
      - 财产权利是指公民、法人或其他组织通过劳动或其他合法方式取得财产和占有、使用、收益、处分财产的权利
      - 财产权主要包括：一是私有财产权；二是继承权
    - 社会经济权利
      - 社会经济权利是指公民要求国家根据社会经济的发展状况，积极采取措施干预社会经济生活，加强社会建设，提供社会服务，以促进公民的自由和幸福，保障公民过上健康而有尊严的生活的权利
      - 社会经济权利主要包括：一是劳动权；二是休息权；三是社会保障权；四是物质帮助权
    - 宗教信仰及文化权利
      - 宗教信仰及文化权利是指公民依法享有的与宗教信仰活动和文化生活相关联的自由和权利的总称，主要包括宗教信仰自由、文化教育权等
  - （二）行使法律权利的界限
    - 权利行使的目的
    - 权利行使的限度
    - 权利行使的方式
    - 权力行使的程序
- 三、依法履行法律义务
  - （一）公民应履行的基本法律义务
    - 维护国家统一和民族团结
      - 维护国家统一是整个社会共同体存在和发展的基础，也是以宪法为核心的整个法律制度存在的基础。同时，国家统一也是公民实现法律权利与自由的前提
      - 宪法和相关法律规定,禁止对任何民族的歧视和压迫，禁止破坏民族团结和制造民族分裂的行为；一切破坏民族团结和制造民族分裂的行为都将受到法律的追究
    - 遵守宪法和法律
      - 我国宪法规定了公民遵守宪法和法律的义务，还规定了若干具体义务，包括：一是保守国家秘密；二是爱护公共财产；三是遵守劳动纪律；四是遵守公共秩序；五是尊重社会公德
    - 维护祖国安全、荣誉和利益
      - 祖国安全是指国家的领土完整和主权不受侵犯，国家政权不受威胁。祖国安全是国家政权稳定和公民依法行使权利与自由的根本保障
      - 维护祖国荣誉是指国家的声誉和尊严不受损害，对有辱祖国荣誉、损害祖国利益的行为给予法律制裁
      - 祖国利益通常分为对外和对内两个方面。对外主要是指民族的政治、经济、文化等方面的权利和利益；对内主要是指公共利益
    - 依法服兵役
      - 我国实行义务兵与志愿兵相结合、民兵与预备役相结合的兵役制度。我国公民都有义务依法服兵役
    - 依法纳税
      - 在现代社会中，税收是国家财政收入的主要来源，纳税是公民应该履行的一项基本义务
  - （二）违反法定义务应当承担的法律责任
    - 民事责任
      - 民事责任是指由于违反民事法律规定、违约或者由于民法规定所应承担的一种法律责任
    - 行政责任
      - 行政责任是指因违反行政法或因行政法规定而应承担的责任。对行政违法者的制裁包括行政处罚和行政处分
    - 刑事责任
      - 刑事责任是指行为人因其犯罪行为所必须承担的由国家司法机关代表国家依法所确定的否定性法律后果

知识要点

一、法律权利与法律义务

知识点十四　法律权利与法律义务

（一）法律权利的含义与特征

1. 法律权利的含义

法律权利是指反映一定的社会物质生活条件所制约的行为自由，是法律所允许的权利人为了满足自己的利益而采取的、由其他人的法律义务所保证的法律手段。强调社会的物质生活条件对权利的制约和决定作用，这是马克思主义权利观与其他权利观的根本区别。

2. 法律权利的特征

一是法律权利的内容、种类和实现程度受社会物质生活条件的制约。

二是法律权利的内容、分配和实现方式因社会制度和国家法律的不同而存在差异。

三是法律权利不仅由法律规定或认可，而且受法律维护或保障，具有不可侵犯性。

四是法律权利必须依法行使，不能不择手段地行使法律权利。

（二）法律义务的含义与特征

1. 法律义务的含义

法律义务是指反映一定的社会物质生活条件所制约的社会责任，是保障法律所规定的义务人应该按照权利人要求从事一定行为或不行为以满足权利人利益的法律手段。

2. 法律义务的履行形式

一是作为，是指义务人实施积极的行为；

二是不作为，是指义务人不得实施某种行为。

3. 法律义务的特征

第一，法律义务是历史的。

第二，法律义务源于现实需要。

第三，法律义务必须依法设定。

第四，法律义务可能发生变化。

（三）法律权利与法律义务的关系

1. 法律权利与法律义务的关系

在社会生活中，每个人既是享受法律权利的主体，又是承担法律义务的主体。在法治国家中，不存在只享受权利的主体，也不存在只承担义务的主体。

首先，法律权利和法律义务是相互依存的关系，法律权利的实现必须以相应法律义务的履行为条件，同样，法律义务的设定和履行也必须以法律权利的行使为根据，不存在没有权利根据的法律义务。

其次，法律权利与法律义务是目的与手段的关系。离开了法律权利，法律义务就失去了履行的价值和动力；离开了法律义务，法律权利也形同虚设。

最后，有些法律权利和法律义务具有复合性的关系，即一个行为可以同时是权利行为和义务行为。如劳动的权利和义务，接受义务教育的权利和义务。

2. 法律权利与法律义务平等

法律权利与法律义务平等，是现代法治的基本原则，是社会公平正义的重要方面。法律权利与法律义务平等主要体现在以下方面：

首先，法律权利与法律义务平等表现为法律面前人人平等被确立为基本原则。

其次，在法律权利和法律义务的具体设定上要平等。

再次，权利与义务的实现要体现平等。

二、依法行使法律权利

知识点十五　依法行使法律权利

依法行使法律权利，是体现权利正当性和保障权利实现的充分必要条件。

（一）我国宪法法律规定的基本权利

我国宪法法律规定了公民享有一系列权利，主要包括政治权利、人身权利、财产权利、社会经济权利、宗教信仰及文化权利等。

1. 政治权利

（1）政治权利的含义。

政治权利是公民参与国家政治活动的权利和自由的统称。政治权利的行使主要表现为公民参与国家、社会组织与管理的活动。

（2）政治权利的内容。

政治权利主要包括：一是选举权利，即选举权与被选举权；二是表达权；三是民主管理权；四是监督权。

2. 人身权利

（1）人身权利的含义。

人身权利是指公民的人身不受非法侵犯的权利，是公民参加国家政治、经济与社会生活的基础，是公民权利的重要内容。

（2）人身权利的内容。

人身权利主要包括：一是生命健康权；二是人身自由权；三是人格尊严权；四是住宅安

全权也称住宅不受侵犯权；五是通信自由权。

3. 财产权利

（1）财产权利的含义。

财产权利是指公民、法人或其他组织通过劳动或其他合法方式取得财产和占有、使用、收益、处分财产的权利。对个人而言，财产权是公民权利的重要内容，是公民在社会生活中获得自由与实现经济利益的必要途径。

（2）财产权的内容。

财产权主要包括：一是私有财产权；二是继承权，

4. 社会经济权利

（1）社会经济权利的含义。

社会经济权利是指公民要求国家根据社会经济的发展状况，积极采取措施干预社会经济生活，加强社会建设，提供社会服务，以促进公民的自由和幸福，保障公民过上健康而有尊严的生活的权利。

（2）社会经济权利的内容。

社会经济权利主要包括：一是劳动权；二是休息权；三是社会保障权；四是物质帮助权。

5. 宗教信仰及文化权利

（1）宗教信仰及文化权利的含义。

宗教信仰及文化权利是指公民依法享有的与宗教信仰活动和文化生活相关联的自由和权利的总称，主要包括宗教信仰自由、文化教育权等。

（2）保护宗教信仰及文化权利的意义。

依法保障宗教信仰和文化权利，是公民创造和享受精神文化财富、推动精神文化发展不可或缺的条件。同时，公民行使宗教信仰和文化权利也必须受宪法法律约束。

（二）行使法律权利的界限

1. 权利行使的目的

公民在行使法律权利时，不仅要在形式上符合相关法律的规定，也要符合立法意图和精神，不得违反宪法法律确定的基本原则，保障权利行使的正当性。此外，行使权利不得破坏公序良俗，妨碍法律的社会功能和法律价值的实现。

2. 权利行使的限度

任何权利的行使都不是绝对的，都有其相应的限度，必须依照法律规定的限度来行使权利。

3. 权利行使的方式

权利行使的方式分为口头方式、书面方式和行为方式，有时口头方式和书面方式可以兼用。

4. 权利行使的程序

由于一个人行使权利的过程可能就是另一个人履行义务的过程，所以程序正当原则同样适用于权利行使过程。

三、依法履行法律义务

知识点十六 依法履行法律义务

义务法定，一方面是说义务的设定必须有法律依据，另一方面是说法定的义务应当履行，否则会承担不利的法律后果。

（一）公民应履行的基本法律义务

除了在各个部门法中规定了公民的法律义务外，我国宪法特别规定了公民的基本义务。具体包括：

1. 维护国家统一和民族团结

（1）维护国家统一是整个社会共同体存在和发展的基础，也是以宪法为核心的整个法律制度存在的基础。同时，国家统一也是公民实现法律权利与自由的前提。

（2）宪法和相关法律规定，禁止对任何民族的歧视和压迫，禁止破坏民族团结和制造民族分裂的行为；一切破坏民族团结和制造民族分裂的行为都将受到法律的追究。

2. 遵守宪法和法律

我国宪法规定了公民遵守宪法和法律的义务，还规定了若干具体义务，包括：一是保守国家秘密；二是爱护公共财产；三是遵守劳动纪律；四是遵守公共秩序；五是尊重社会公德。

3. 维护祖国安全、荣誉和利益

（1）祖国安全是指国家的领土完整和主权不受侵犯，国家政权不受威胁。祖国安全是国家政权稳定和公民依法行使权利与自由的根本保障。

（2）维护祖国荣誉是指国家的声誉和尊严不受损害，对有辱祖国荣誉、损害祖国利益的行为给予法律制裁。

（3）祖国利益通常分为对外和对内两个方面。对外主要是指民族的政治、经济、文化等方面的权利和利益；对内主要是指公共利益。

4. 依法服兵役

我国实行义务兵与志愿兵相结合、民兵与预备役相结合的兵役制度。我国公民都有义务依法服兵役。

5. 依法纳税

在现代社会中，税收是国家财政收入的主要来源，纳税是公民应该履行的一项基本义务。

（二）违反法定义务应当承担的法律责任

公民未能依法履行义务，根据情节轻重，应当承担相应的法律责任。具体的法律责任主要包括民事责任、行政责任和刑事责任。

1.民事责任

民事责任是指由于违反民事法律规定、违约或者由于民法规定所应承担的一种法律责任。

2.行政责任

行政责任是指因违反行政法或因行政法规定而应承担的责任。对行政违法者的制裁包括行政处罚和行政处分。

3.刑事责任

刑事责任是指行为人因其犯罪行为所必须承担的由国家司法机关代表国家依法所确定的否定性法律后果。

知识案例

【案例一】 人民美好生活的法治保障

《中华人民共和国民法典》是新中国成立以来第一部以法典命名的法律，法典化，意味着它的基础性、集成性；这是新中国条文最多的一部法律，1260 个法条，对应着细致入微的民生关切；这是社会生活的百科全书，7 编和附则，构建起全方位的民事权利保护体系。2020 年 5 月 28 日，人民大会堂响起经久不息的掌声，十三届全国人大三次会议审议通过《中华人民共和国民法典》，中国的民事权利保障迎来了一个全新时代。2014 年 10 月，党的十八届四中全会决定，“编纂民法典”。这是以习近平同志为核心的党中央作出的重大法治建设部署。10 次通过中国人大网公开征求意见，累计收到 42.5 万人提出的 102 万条意见建议，“赞成 2879 票，反对 2 票，弃权 5 票。通过！”5 月 28 日，当《中华人民共和国民法典》高票通过的消息传来，北京中关村大街 59 号的一间办公室里，中国法学会民法学研究会会长王利明教授打开书柜，捧出了珍藏的新中国历次制定民法典的资料。有老一辈法学家参与立法讨论的笔记，有中生代法学专家撰写的多部专家建议稿，还有青年学者关于编纂民法典的课题报告……回想起 2014 年 10 月，党的十八届四中全会决定“编纂民法典”，王利明说，短短 5 个字，凝结的却是几代法律人半个多世纪的梦想。1954 年，当新中国第一部宪法通过后，党中央便指示制定民法、刑法等基础性法律。1954 年至 2001 年我国曾先后 4 次启动制定民法典，但由于当时所处条件的限制，这一任务没有完成。民法典编纂工作自 2015 年启动以来，始终在党中央的统一领导下进行。2016 年 6 月、2018 年 8 月、2019 年 12 月，习近平总书记 3 次主持中央政治局常委会会议，听取并原则同意全国人大常委会党组就民法典编纂工作所作的请示汇报，对民法典编纂工作作出重要指示，为民法典编纂工作提供了重要指导和基本遵循。

（资料来源：《人民日报》，2020-05-31，略有删改，

http：//tyzx.people.cn/n1/2020/0601/c372194-31730601.html）

思考

1. 制定民法典的意义何在？

2. 以上材料体现出我国社会主义法律的哪些特征？

案例解析

1. 制定民法典的意义何在？

解析：在全面建成小康社会的重要节点上，编纂一部符合中国国情、体现时代特色、反映人民意愿的民法典，是坚持和完善中国特色社会主义制度的现实需要，是推进全面依法治国、推进国家治理体系和治理能力现代化的重大举措，是坚持和完善社会主义基本经济制度、推动经济高质量发展的客观要求，是增进人民福祉、维护最广大人民根本利益的必然要求，为实现国家治理体系和治理能力现代化注入法治力量具有重大而深远的意义。中国特色社会主义进入新时代，需要一部与新时代国家发展、民族复兴相适应的伟大法典。历史必将证明，《中华人民共和国民法典》符合中国国情、体现时代特色、反映人民意愿，必将正确调整民事法律关系，更好地保护民事主体合法权益，维护社会经济秩序，保障人民美好生活，为新时代坚持和完善中国特色社会主义制度、实现“两个一百年”奋斗目标、实现中华民族伟大复兴的中国梦提供完备的民事法治保障。

2. 以上材料体现出我国社会主义法律的哪些特征？

解析：从本质上说，我国社会主义法律是中国特色社会主义制度的重要组成部分，是党领导人民当家作主的制度保障。

① 我国社会主义法律体现了党的主张和人民意志的统一。我国社会主义法律既有鲜明的阶级性，又具有广泛的人民性，体现了阶级性与人民性的统一。社会主义法律维护人民的根本利益，巩固中国共产党的领导地位，体现了党的主张和人民意志的统一。党领导人民制定宪法法律，党自身必须在宪法法律范围内活动，这就是党的领导力量的体现，也是我国社会主义法律最本质特征的具体表现。

② 我国社会主义法律具有科学性和先进性。从本质上说，我国社会主义法律更能尊重和反映社会发展规律，具有科学性和先进性。

③ 我国社会主义法律是中国特色社会主义建设的重要保障。我国法律的社会作用体现了社会主义的本质要求，经济发展、政治清明、文化昌盛、社会公正、生态良好，都离不开社会主义法律的引领、规范和保障。

【案例二】

德国威廉皇帝与小磨坊主的故事

19 世纪，德国皇帝威廉一世在距离柏林不远的波茨坦建造了一个行宫，但他有一天发现不远处有一个磨坊影响了该行宫的美观，他想以一种公道的方式来解决，于是派人前去与磨

房的主人协商，希望能够买下这座磨坊。不料，这个磨坊主很犟，偏说这祖上传下来的家业卖不得。威廉一世很生气，派出军队强行去拆除了那磨坊。

眼睁睁看着自己的家业毁于一旦却阻挡不了，那可怜的磨坊主只得站在一旁恨恨地怒吼：“你是一国皇帝我斗不过您，但德国尚有法律在！”之后，怒气冲冲的他果然一纸诉状就把皇帝告上了法庭。令人吃惊的是，地方法院的判决居然是威廉一世败诉，不但要把那磨坊“恢复原状”，还必须赔偿由于拆毁房子造成的磨坊主的一切损失。威廉一世最终还是服从了法院的判决。

“我爸是李某”案

“我爸是李某”2010 年 10 月 16 晚 21 时 40 分许，在河北大学新区超市前，一牌照为“冀 FWE420”的黑色轿车，将两名女生撞出数米远。被撞一陈姓女生于 17 日傍晚经抢救无效死亡，另一女生重伤，经紧急治疗后，方脱离生命危险，现已转院治疗。肇事者李某某口出狂言：“有本事你们告去，我爸是李某。”2011 年 1 月 30 日，河北保定李某某交通肇事案一审宣判，李某某被判 6 年。

（资料来源：人民网，法治专题，略有删改，
http：//legal.people.com.cn/GB/43027/213230/）

思考

1. 上述材料都体现了怎样的法治原则？
2. 资本主义的人人平等跟我国社会主义国家的法律面前人人平等有区别吗？

案例解析

1. 上述材料都体现了怎样的法治原则？

解析：法律面前人人平等，是指人人平等地享有法律规定的权利和承担法律义务，不允许任何人享有超越法律的特权。

2. 资本主义的人人平等跟我国社会主义国家的法律面前人人平等有区别吗？

解析：资产阶级的“法律面前人人平等”是建立在资本主义私有制基础上的，而私有制是产生一切不平等的社会根源。资产阶级法律的核心是确认资本主义的私有制神圣不可侵犯，因而资产阶级所谓的法律上平等，掩盖着实际存在的人们经济上和社会地位上的不平等。对于私有制造成的人们在经济生活和政治生活中的事实上的不平等，由于资本特权的存在，这一原则在资本主义社会不可能得到真正实现。在社会主义国家，由于实行社会主义公有制和社会主义的民主政治制度，这一原则才能得到真实地贯彻。公民在法律面前一律平等，是中国社会主义法治的一项基本原则。中国宪法明确规定：“中华人民共和国公民在法律面前一律平等。”这一规定真实地反映了中国社会主义经济制度和社会主义民主政治制度的客观要求。

【案例三】

贵州：4 名被告侮辱国旗被判刑

2018 年 2 月 6 日，龙里县湾滩河镇鱼洞村村民因诉求得不到满足，前往鱼洞村村委会闹事。被告人杨某某、吴某甲、吴某乙、唐某某 4 人爬上鱼洞村村委会办公室二楼，唐某某将

国旗旗杆拉向自己，与杨某某、吴某甲、吴某乙一起将国旗从旗杆上扯下后撕烂，扔到村委会院坝内。2 月 24 日，唐某某主动到公安机关投案自首，如实供述所犯罪行。

贵州省龙里县人民检察院对“侮辱国旗案”提起公诉，法院经审理认为，4 名被告人在公众场合故意以损毁的方式，侮辱中华人民共和国国旗，其行为均已触犯法律，构成侮辱国旗罪，一审分别判处杨某某、吴某甲、吴某乙有期徒刑 9 个月，判处唐某某有期徒刑 8 个月。

（资料来源：新华网，2018-10-13，略有删改，

http：//www.xinhuanet.com/legal/2018-10/13/c_1123553692.htm）

全国人大常委会通过废止有关收容教育法律规定和制度的决定

2019 年 12 月 28 日，十三届全国人大常委会第十五次会议通过了《全国人民代表大会常务委员会关于废止有关收容教育法律规定和制度的决定》，自 2019 年 12 月 29 日起施行。该决定废止了《全国人民代表大会常务委员会关于严禁卖淫嫖娼的决定》第四条第二款、第四款，以及据此实行的收容教育制度。同时决定还明确规定，在收容教育制度废止前，依法作出的收容教育决定有效；收容教育制度废止后，对正在被依法执行收容教育的人员，解除收容教育，剩余期限不再执行。

收容教育制度实施 20 多年来，对于教育挽救卖淫、嫖娼人员，维护良好的社会风气和社会治安秩序发挥了重要作用。随着全面依法治国的深入推进和法律体系的不断完善，以及治安管理处罚法与刑法的有效衔接，法律责任的进一步完备，收容教育措施在实践中已经较少适用，收容教育制度的历史作用已经完成，这是以法治思维和法治方式加强社会管理的重要体现。

需要明确的是，废止收容教育制度后，收容教育制度不再实施，但卖淫、嫖娼行为仍然是《治安管理处罚法》明确规定的违法行为。我国《治安管理处罚法》第六十六条规定：“卖淫、嫖娼的，处十日以上十五日以下拘留，可以并处五千元以下罚款；情节较轻的，处五日以下拘留或者五百元以下罚款。在公共场所拉客招嫖的，处五日以下拘留或者五百元以下罚款。”此外，《刑法》还规定了组织卖淫、强迫卖淫等罪名，并规定了明确的法定刑，《刑法》的规定也是遏制卖淫嫖娼行为的重要手段。有关方面应当继续依照《治安管理处罚法》的规定，对卖淫、嫖娼行为予以查处；对于组织、强迫卖淫，引诱、容留、介绍卖淫，故意传播性病等犯罪行为，应当依照《刑法》的规定追究刑事责任。

（资料来源：新华网，2019-12-28，略有删改，

http：//www.xinhuanet.com/2019-12/28/c_1125399152.htm）

全国人大常委会听取备案审查报告，对一百三十八件审查建议提出处理意见

2019 年 12 月 25 日，十三届全国人大常委会第十五次会议听取了全国人大常委会法工委关于 2019 年备案审查工作情况的报告。全国人大常委会法工委主任沈春耀在报告中表示，2019 年，国务院、最高法、最高检以及有地方立法权的地方人大及其常委会，按照规定报送全国人大常委会备案的行政法规、地方性法规、司法解释共 1485 件；法工委对公民、组织提出的 138 件审查建议进行了审查研究，提出了处理意见并向建议人做了反馈。

对行政法规、地方性法规、司法解释开展备案审查，是全国人大常委会一项重要职权。沈春耀说，2019 年，国务院、最高法、最高检等报送备案机关通过报送备案自觉接受全国人

大常委会监督，基本做到了报送及时、材料齐全、格式规范，报备工作实现了制度化、常态化。

沈春耀表示，报送备案工作也存在一些需要完善和改进的问题。比如有的地方人大常委会通过的决议决定中，规定了公民法人的权利义务，或者有关机关的职权职责，设定了法律责任，属于具有法规性质的规范性文件，但没有报送备案。2018 年以来，法工委着力推动地方人大常委会将地方政府规章和地方法院、检察院制定的涉及审判、检察工作的规范性文件纳入备案审查范围。目前，地方政府规章基本上纳入了地方人大常委会备案审查范围，14 个省区市将地方有关司法规范性文件纳入备案审查范围，两个省纳入依申请审查范围。

沈春耀介绍，在开展审查方面，法工委督促制定机关纠正与宪法法律规定有抵触、不符合的规范性文件，督促制定机关根据上位法变化对法规及时修改完善，推动对不适应现实情况的规定作出废止或者调整，同时，允许和鼓励制定机关根据实践需要和法治原则进行立法探索。

有的地方性法规规定，公安机关交通管理部门调查交通事故时可以查阅、复制当事人通信记录。法工委经审查认为，该规定不符合保护公民通信自由和通信秘密的原则和精神，有关地方性法规所作的规定已经超越了立法权限。经向制定机关指出后，有关规定已经修改。

有的地方性法规关于对饮酒、醉酒驾驶机动车予以处罚的种类和幅度的规定，未根据 2011 年修改后的道路交通安全法进行修改。有的地方性法规关于机动车环保检测机构出具虚假检测报告行为进行处罚的规定，未根据 2015 年修改后的大气污染防治法进行修改。有的地方性法规关于审批部门不得批准建设未依法进行环境影响评价的建设项目的规定，未根据修改后的环境影响评价法进行修改。这些未及时跟进的情况经指出后，有关规定已经修改，或者列入修改计划。

《深圳经济特区食品安全监督条例》规定，有关部门受理关于食品安全问题的投诉举报时，发现投诉人超出合理消费，或者以索取赔偿、奖励作为主要收入来源的，可以终止调查并将相关线索纳入食品安全风险监测范围。法工委审查后认为，该规定属于不违背上位法基本原则的前提下，根据具体情况和实际需要作出的规定，应当允许探索，建议制定机关立足于加强食品安全监管及时总结相关规定实施情况，适时研究完善。

2019 年全国人大常委会法工委还结合全国人大常委会监督工作部署和要求，有重点地开展规范性文件集中清理和专项审查工作。持续开展生态环保领域法规、司法解释等规范性文件集中清理工作，在 2018 年督促地方修改 514 件、废止 83 件地方性法规的基础上，2019 年又督促地方修改 300 件、废止 44 件。同时，推动制定机关对集中清理过程中发现的 37 件部门规章、456 件地方政府规章、两件司法解释以及 1.1 万余件各类规范性文件予以及时修改、废止或者重新制定。在开展食品药品安全领域地方性法规专项清理的工作中，重点解决地方性法规与新修改的有关法律不一致、不配套的问题，以更好发挥法律体系整体功效。

在谈到 2020 年备案审查工作的考虑时，沈春耀表示，法工委将切实贯彻“有件必备、有备必审、有错必纠”的工作总要求，进一步加强和改善备案审查工作，以备案全覆盖带动审查全覆盖，以审查全覆盖实现监督全覆盖，加强对涉及公民、法人权利义务的规范性文件的监督。同时，认真做好审查、研究、处理、反馈工作，努力做到审查建议件件有处理、有结果、有回复，加强对争议问题和实际情况的调研和论证，切实增强备案审查监督实效。

（资料来源：人民网-人民日报，2019-12-27，略有删改，
http：//npc.people.com.cn/n1/2019/1227/c14576-31524840.html）

思考

1. 从以上材料中谈谈我国宪法的地位。
2. 根据以上材料谈谈如何建设法治国家。
3. 根据以上材料请你谈谈如何科学立法。
4. 请你谈谈我国全面依法治国的基本格局。

案例解析

1. 从以上材料中谈谈我国宪法的地位。

解析：宪法是国家的根本大法，是治国安邦的总章程，具有最高的法律地位、法律权威、法律效力，任何法律行政法规都不能跟宪法相抵触，宪法具有根本性、全局性、稳定性、长期性。全国各族人民、一切国家机关、各政党和各社会团体、各企业事业组织，都必须以宪法为根本的活动准则，并且负有维护宪法尊严、保证宪法实施的职责。任何组织或者个人，都不得有超越宪法和法律的特权。一切违反宪法和法律的行为，都必须予以追究。

2. 根据以上材料谈谈如何建设法治国家。

解析：法治是一种治国的基本方略，是一种追求良好社会治理秩序的方式。法治应包含两重含义：已成立的法律获得普遍的服从，而大家所服从的法律又应该本身是制定得良好的法律。在当代中国，法治应该是一个系统完整的概念，它既应该是一种治国之道，也应该内含着对良好法律制度的追求，它既应该在观念上体现宪法和法律至上权威、制约权力和保障权利以及民主、自由、平等、人权等价值理念，又应该在国家和社会的治理过程中将这些价值理念付诸实施，转化为一种良好的法律秩序。

3. 根据以上材料请你谈谈如何科学立法。

解析：科学立法以完善以宪法为核心的中国特色社会主义法律体系，加强宪法实施为目标。

一是要坚持以民为本、立法为民理念，使每一项立法都符合宪法精神，反映人民意志，得到人民拥护。

二是要把公正、公平、公开原则贯穿立法全过程，完善立法体制机制，增强法律法规的及时性、系统性、针对性、有效性。

三是加强党对立法工作的领导，完善党对立法工作中重大问题决策的程序，健全有立法权的人大主导立法工作的体制机制，依法赋予设区的市以地方立法权。

四是深入推进科学立法、民主立法，完善立法项目征集和论证制度，健全立法机关主导、社会各方面有序参与立法的途径和方式，拓宽公民有序参与立法的途径。

五是加强重点领域立法，加快完善体现权利公平、机会公平、规则公平的法律制度，保障公民人身权、财产权、基本政治权利等各项权利不受侵犯，保障公民各方面权利得到落实。

六是实现立法和改革决策相衔接，做到重大改革于法有据、立法主动适应改革和经济社会发展需要。

4. 请你谈谈我国全面依法治国的基本格局。

解析："科学立法、严格执法、公正司法、全民守法"十六字方针，展现了全面依法治国的基本格局。推进全面依法治国，必须从立法、执法、司法、守法四个方面统筹推进。

一是科学立法。“立善法于天下，则天下治；立善法于一国，则一国治。”法律是治国之重器，立法是法治的龙头环节。科学立法以完善以宪法为核心的中国特色社会主义法律体系，加强宪法实施为目标。

二是严格执法。“天下之事，不难于立法，而难于法之必行。”法律的生命力在于实施，法律的权威也在于实施。

三是公正司法。“理国要道，在于公平正直。”公正是法治的生命线，是司法活动最高的价值追求。公正司法是维护社会公平正义的最后一道防线。

四是全民守法。“邦国虽有良法，要是人民不能全部遵循，仍然不能法治。”法律的权威源自人民的内心拥护和真诚信仰。

【案例四】 孙小果案

孙小果（曾用名陈果、李林宸），男，汉族，云南省昆明市人，1977 年 10 月 27 日出生，1992 年 12 月至 1994 年 10 月在武警云南边防总队新训大队、昆明市支队、武警昆明边防学校服役（因未达到入伍年龄，其继父李某利用担任某警务处副处长的职务便利，将其出生日期改为 1975 年 10 月 27 日）。服役期间，孙小果因犯强奸罪，被昆明市盘龙区人民法院于 1995 年 12 月一审判处有期徒刑三年，昆明市中级人民法院于 1996 年 4 月裁定驳回上诉，维持原判（因违法办理保外就医未收监执行）。1997 年 4 月至 11 月，孙小果在保外就医期间又多次犯罪。昆明市中级人民法院于 1998 年 2 月以强奸、强制侮辱妇女、故意伤害、寻衅滋事罪判处其死刑。云南省高级人民法院 1999 年 3 月二审改判其死刑，缓期二年执行，2007 年 9 月再审改判其有期徒刑二十年。2010 年 4 月 11 日，孙小果经多次减刑后刑满释放，实际服刑十二年零五个月。出狱后，孙小果先后担任云南咪兔投资管理有限公司、云南银合投资有限公司、昆明玺吉商贸有限公司等企业股东，以及原昆明昆都 M2 酒吧等多家酒吧股东或实际控制人。2018 年 7 月 21 日晚，孙小果受李某邀约，先后组织杨某光、冯某逸等 7 人赶到昆明市官渡区金汁路温莎 KTV，对王某涛等人进行殴打，致王某涛重伤二级，其他人不同程度受伤。案发后，昆明市公安局官渡分局于 2018 年 7 月 30 日对其立案侦查，于 8 月 30 日对其取保候审。案件于 2019 年 1 月 3 日移送至官渡区人民法院后，办案部门发现孙小果系 1998 年一审被判处死刑的罪犯，昆明市委遂及时向云南省委报告。省委高度重视，要求对该案深挖彻查，依法办理。官渡区人民法院于 2019 年 3 月 18 日决定对其逮捕，公安机关对孙小果 2010 年 4 月刑满释放后涉嫌违法犯罪全面开展侦查，发现孙小果及其团伙成员先后有组织地实施了聚众斗殴、开设赌场、寻衅滋事、非法拘禁等违法犯罪，涉嫌黑恶犯罪，公安机关已立案侦查。2019 年 4 月，中央扫黑除恶第 20 督导组进驻云南后，将该案作为重点案件进行督办；5 月，全国扫黑办又将该案列为挂牌督办案件，并派大要案督办组赴云南指导督促案件办理工作。云南省高级人民法院作出决定，依法对孙小果强奸、强制侮辱妇女、故意伤害、寻衅滋事案启动再审。2019 年 11 月 6 日至 7 日，玉溪市中级人民法院对孙小果一案公开开庭审理。一审获刑二十五年。12 月 17 日，云南省高级人民法院依法对孙小果组织、领导、参加黑社会性质组织等犯罪一案二审公开宣判，对上诉人孙小果驳回上诉，维持原判。12 月 23 日，云南高院依法公开宣判孙小果再审案，决定执行死刑。

思考

全体社会成员尊重社会主义法律权威，不仅是保证法律发挥作用的基本前提和要求，也是保障个人平安幸福的底线和红线。尊重和维护法律权威，对全面依法治国至关重要。根据以上案例谈谈如何维护法律权威。

案例解析

全体社会成员尊重社会主义法律权威，不仅是保证法律发挥作用的基本前提和要求，也是保障个人平安幸福的底线和红线。尊重和维护法律权威，对全面依法治国至关重要。根据以上案例谈谈如何维护法律权威。

解析：人民是国家的主人翁，是法治国家的建设者和捍卫者，尊重法律权威是其法定义务和必备素质。就大学生而言，作为一个公民，要在尊重法律权威方面加强砥砺，在学习和生活中积极作为，养成敬畏法律的良好品质，努力成为尊重法律权威、信仰法律的先锋。

一是要信仰法律。应当相信法律、信奉法律，树立崇尚法律、信仰法律的牢固观念，增强对法律的信任感、认同感。

二是要遵守法律。要用实际行动捍卫法律尊严，保障法律实施。参与社会活动，实施个人行为，都要以法律为依据，不得违反法律规范。

三是要服从法律。应当拥护法律的规定，接受法律的约束，履行法定的义务，服从依法进行的管理，承担相应的法律责任。对一切依据法律和事实作出的决定，真心接受与认可，自觉执行。

四是要维护法律。当法律权威的守望者、公平正义的守护者、具有良知的护法者。

知识题库

第六章　尊法学法守法用法

知识点一：法律及其历史发展

【单选题】

1. 法律是由国家制定或认可并以(　　)保证实施的，反映由特定社会物质生活条件所决定的统治阶级意志的规范体系。

A. 社会控制力

B. 民族凝聚力

C. 国家软实力

D. 国家强制力

2. 法律的国家强制性主要表现为(　　)。

A. 国家对违法行为的否定和制裁

B. 国家对合法行为的肯定和保护

C. 既表现为国家对违法行为的否定和制裁，也表现为国家对合法行为的肯定和保护

D. 国家强制公民在法律允许的范围内活动

3. 法律是由国家制定或认可并以国家强制力保证实施的，反映由特定社会物质生活条件所决定的(　　)意志的规范体系。

A. 工人阶级

B. 人民群众

C. 统治阶级

D. 劳动者

4. 法律是由国家制定或认可并以国家强制力保证实施的，反映由特定社会物质生活条件所决定的统治阶级意志的规范体系。关于“法律是统治阶级意志的体现”这句话理解正确的是（　　）。

A. 统治阶级的意志就是法

B. 统治阶级的规则就是法

C. 上升为国家意志的那部分统治阶级意志就是法

D. 统治阶级的行为就是法

5. 法律由一定的社会物质生活条件所决定，社会物质生活条件是指与人类生存相关的（　　）、地理环境和人口因素等。

A. 物质资料生产方式

B. 生产力

C. 生产方式

D. 生产关系

6. 法律由一定社会的物质生活条件所决定，其中决定法律本质、内容和发展方向的根本因素是（　　）。

A. 人口的素质和密度

B. 生产关系

C. 物质资料的生产方式

D. 地理环境

7. 社会主义法律是（　　）意志的集中体现，是实现人民当家作主、实行人民民主专政的重要保证。

A. 共产党

B. 人民群众

C. 中央领导

D. 工人阶级

【多选题】

8. 下列关于法律的含义表述正确的是（　　）。

A. 法律由社会物质生活条件所决定

B. 法律反映掌握国家政权的社会阶级的共同意志

C. 法律由国家制定或认可并由国家强制力保证实施

D. 法律是规定权利和义务的行为规范体系

9. 国家创制法律规范的方式主要有（　　）。

A. 国家机关在法定的职权范围内依照法律程序，制定、修改、废止规范性法律文件的活动

B. 国家机关赋予某些既存社会规范以法律效力，或者赋予先前的判例以法律效力的活动

C. 国家机关在法定的职权范围对法律进行汇编的活动

D. 国家机关赋予某些单位制定的章程的活动

10. 国家强制力并不是保证法律实施的唯一力量，（　　）等在保证法律实施中也发挥着重要作用。

A. 法律意识

B. 道德观念

C. 价值观念

D. 纪律观念

11. 法律作为上层建筑的重要组成部分，其基本内容和性质总是与所在社会的生产关系相适应的。现出现的法律类型有（　　）。

A. 奴隶制法律

B. 封建制法律

C. 资本主义法律

D. 社会主义法律

12. 奴隶制法律通常采用最极端的经济剥削和政治压迫的方式，其主要特征有（　　）。

A. 具有明显的原始习惯残留痕迹

B. 否认奴隶的法律人格

C. 存在严格的等级划分

D. 刑罚方式极其残酷

13. 封建制法律是封建地主阶级意志的体现，是统治农民阶级的工具，维护封建地主阶级的共同利益。封建制法律的基本特征有（　　）。

A. 确立农民对封建地主的人身依附关系

B. 实行封建等级制度

C. 维护专制皇权

D. 刑罚严酷

14. 资本主义法律规定的自由、民主、平等等价值原则是形式上的，归根结底是维护资产阶级根本利益，所以属于剥削阶级类型的法律。资本主义法律的基本特征主要体现为（　　）。

A. 与资本主义私有制相适应的私有财产神圣不可侵犯原则

B. 与资本主义市场经济相适应的契约自由原则

C. 与资本主义民主政治相适应的法律面前人人平等原则

D. 与资产阶级人道主义相适应的人权保障原则

【判断题】

15. 法律所体现的统治阶级意志具有整体性，不是统治阶级内部个别人的意志，所以统治阶级的成员也必须遵守法律。（　　）

16. 凡是具有强制力的行为规则就是法律。（　　）

17. 法律体现的是统治阶级中的最高统治者的意志。（　　）

18. 法律不是从来就有的，也不是永恒存在的。它随着私有制、阶级和国家的产生而产生，也将随着私有制、阶级和国家的消亡而消亡。（　　）

19. 社会主义法律是人类历史上唯一以公有制为基础的新型法律制度。（　　）

知识点二：我国社会主义法律的本质特征

【单选题】

20. 我国是中国共产党领导的人民民主专政的社会主义国家，制定法律的权力属于（　　）。

A. 中国共产党

B. 工人阶级

C. 人民

D. 国民

【多选题】

21. 下列对于我国社会主义法律的本质特征叙述，正确的是（　　）。

A. 我国社会主义法律体现了党的主张和人民意志的统一

B. 我国社会主义法律是强制性和惩罚性的统一

C. 我国社会主义法律具有科学性和先进性

D. 我国社会主义法律是中国特色社会主义建设的重要保障

22. 从法律所体现的意志来看，我国社会主义法律既具有鲜明的（　　）性，又具有广泛的（　　）性。

A. 科学

B. 阶级

C. 先进

D. 人民

23. 我国社会主义法律体现了党的主张和人民意志的统一，下列叙述体现了我国社会主义法律党的主张和人民意志统一的是（　　）。

A. 我国社会主义法律既具有鲜明的阶级性，又具有广泛的人民性

B. 我国是中国共产党领导下的社会主义国家，人民是国家的主人，制定法律的权力属于人民

C. 我国社会主义法律维护人民的根本利益，巩固中国共产党的领导地位

D. 党领导人民制定宪法法律，党领导人民实施宪法法律，党自身必须在宪法法律范围内活动

24. 下列选项体现了我国社会主义法律的科学性和先进性的有（　　）。

A. 我国社会主义法律反映全体人民共同利益，符合历史发展基本方向和规律

B. 我国社会主义法律更能尊重和反映社会发展规律

C. 我国社会主义法律坚持马克思主义世界观和方法论，并指导人们在法律实践中尊重和反映客观规律

D. 我国社会主义法律适应时代发展要求，改革创新立法体制、立法程序、立法技术，使立法的质量和水平不断提高

25. 我国社会主义法律对中国特色社会主义建设的保障体现在（　　）方面。

A. 经济建设

B. 政治建设

C. 文化建设

D. 社会建设

E. 生态文明建设

【判断题】

25. 从本质上说，我国社会主义法律是中国特色社会主义制度的重要组成部分，是党领导人民当家作主的制度保障。（　　）

26. 社会主义法律维护人民的根本利益，巩固中国共产党的领导地位，体现了党的主张和人民意志的统一。（　　）

知识点三：我国社会主义法律的运行

【单选题】

27. （　　）是一个从创制、实施，到实现的过程。

A. 法律的制定

B. 法律的执行

C. 法律的运行

D. 法律的适用

28. 国家对权利和义务，即社会利益和负担进行权威分配的法律运行环节是（　　）。

A. 法律制定

B. 法律执行

C. 法律遵守

D. 法律适用

29. 有立法权的国家机关依照法定职权和程序，制定规范性法律文件的活动是（　　）。

A. 法律适用

B. 法律制定

C. 法律遵守

D. 法律实施的监督

30. 法律运行的起始性和关键性环节是（　　）。

A. 法律执行

B. 法律适用

C. 法律制定

D. 法律遵守

31. 根据《宪法》规定，国家立法权的行使主体是（　　）。

A. 全国人民代表大会

B. 全国人民代表大会和全国人民代表大会常务委员会

C. 国务院

D. 司法部

32. 国务院有权根据宪法和法律制定（　　）。

A. 基本法律

B. 基本法律以外的法律

C. 行政法规

D. 行政规章

33. 国务院各部门可以根据宪法、法律和行政法规，在本部门的权限范围内，制定（　　）。

A. 行政法规

B. 部门规章

C. 地方性法规

D. 地方政府规章

34. 省、自治区、直辖市的人民代表大会及其常委会根据本行政区域的具体情况和实际需要，设区的市的人民代表大会及其常委会根据本市的具体情况和实际需要，在不与宪法、法律和行政法规相抵触的前提下，可以制定（　　）。

A. 行政法规

B. 部门规章

C. 地方性法规

D. 地方政府规章

35. 省、自治区、直辖市、设区的市的人民政府可以根据法律、行政法规和本省、自治区、直辖市的地方性法规，制定（　　）。

A. 行政法规

B. 部门规章

C. 地方性法规

D. 地方政府规章

36. 国家司法机关及其公职人员依照法定职权和程序适用法律处理案件的专门活动，称为（　　）。

A. 法律运行

B. 法律执行

C. 法律适用

D. 法律遵守

37. 在我国，司法机关是指（　　）。

A. 公安局

B. 人民政府

C. 监狱

D. 人民法院和人民检察院

38. 法律的运行是一个从创制、实施到实现的过程。这个过程主要包括法律制定（立法）、法律遵守（守法）、法律执行（执法）、法律适用（司法）等环节。其中，法律实施和实现的基本途径是（　　）。

A. 立法

B. 守法

C. 执法

D. 司法

【多选题】

39. 法律的运行是一个从创制、实施到实现的过程。这个过程主要包括的环节有（　　）。

A. 法律制定

B. 法律执行

C. 法律遵守

D. 法律适用

40. 在我国社会主义法律的运行环节中，把法定的权利和义务转化为现实的权利和义务，把文本上的法律转化为现实中的法律的法律运行环节有（　　）。

A. 法律制定

B. 法律执行

C. 法律遵守

D. 法律适用

41. 立法活动必须遵循法定程序，就人民代表大会的立法程序而言，立法活动包括四个环节，下列不属于这类环节的是（　　）。

A. 法律案的提出

B. 法律案的审议

C. 法律案的表决

D. 法律案的公布

E. 法律案的审查

42. 行政执法是法律实施和实现的重

要环节，必须坚持（　　）等基本原则。

A. 合法性　　B. 合理性

C. 信赖保护　　D. 效率

43. 在我国，能成为行政执法主体的有（　　）。

A. 中央和地方各级政府，包括国务院和地方各级人民政府

B. 各级政府中享有执法权的下属行政机构

C. 法律授权的社会组织、行政机关依法委托的社会组织

D. 国家司法机关

44. 司法原则主要有（　　）。

A. 司法公正

B. 公民在法律面前一律平等

C. 司法机关依法独立行使职权

D. 以事实为依据，以法律为准绳

【判断题】

45. 根据宪法规定，全国人民代表大会及其常务委员会负责宪法和法律的制定、修改、废止和解释工作。（　　）

46. 法律制定是法律运行的起始性和关键性环节。（　　）

47. 从狭义上讲，法律执行是指国家行政机关执行法律的活动，也被称为行政执法。（　　）

48. 守法就是履行法律义务。（　　）

49. 遵守法律主要是老百姓的事情，和国家机关及其工作人员无关。（　　）

50. 在我国司法机关是指国家检察机关和审判机关等。人民检察院代表国家行使法律监督权，人民法院代表国家行使审判权。此外，公安局、司法局也是属于司法机关。（　　）

51. 我国的立法权由全国人大及其常委会行使，行政权由国务院行使，司法权由法院和检察院行使，所以我国也实行三权分立制度。（　　）

知识点四：宪法是国家的根本法

【单选题】

52.（　　）是由多个法律部门组成的有机统一整体，是中国特色社会主义永葆本色的法制根基，是中国特色社会主义创新实践的法制体现，是中国特色社会主义兴旺发达的保障。

A. 中国特色社会主义法治道路

B. 中国特色社会主义法律制度

C. 中国特色社会主义法制道路

D. 中国特色社会主义法律体系

53. 完善以（　　）为核心的中国特色社会主义法律体系，是全面依法治国的重要内容，是建设中国特色社会主义法治体系的前提和基础。

A. 宪法

B. 法律

C. 行政法规

D. 地方性法规

54. 我国（　　）是治国安邦的总章程，是党和人民意志的集中体现，是中国特色社会主义法律体系的核心，在全面依法治国中具有突出地位和重要作用。

A. 宪法

B. 法律

C. 行政法规

D. 地方性法规

55. 确认了党领导人民长期奋斗取得的辉煌成果，规定了人民民主专政国家政权的性质和根本制度，明确了国家未来建设发展的根本任务和总的目标的法律是（　　）。

A. 民法　　B. 刑法

C. 行政法　　D. 宪法

56. 在我国历史上曾起过临时宪法作

用的是（　　）。

A. 1975 年宪法

B. 1949 年的《中国人民政治协商会议共同纲领》

C. 1941 年的《陕甘宁边区施政纲领》

D. 1954 年的《中华人民共和国宪法》

57. 我国的现行宪法是（　　）。

A. 1954 年宪法

B. 1975 年宪法

C. 1978 年宪法

D. 1982 年宪法

58. 1988 年、1993 年、1999 年、2004 年、2018 年，全国人大分别对我国宪法个别条款和部分内容作出必要的也是十分重要的修正，说明宪法只有不断适应新形势、吸纳新经验、确认新成果，才能具有（　　）。

A. 效力

B. 持久生命力

C. 宪法性

D. 作用

59. 2018 年 3 月，（　　）届全国人大一次会议根据党的十九届二中全会提出的建议，审议通过了《中华人民共和国宪法修正案》。

A. 十三　　B. 十四

C. 十五　　D. 十九

60. （　　）是贯穿于宪法规范始终，对宪法的制定、修改、实施、遵守等环节起指导作用的基本准则。

A. 宪法的基本原则

B. 宪法制度

C. 宪法规定

D. 宪法规范

61. 以下选项中不属于我国宪法的基本原则的是（　　）。

A. 党的领导原则

B. 人民主权原则

C. 人人平等

D. 社会主义法治原则

62. （　　）是人民当家作主的根本保证，是中国特色社会主义最本质的特征，是中国特色社会主义制度最大优势。

A. 人民当家作主

B. 依法治国

C. 党的领导

D. 公平正义

63. 我国宪法对中国共产党领导地位和执政地位的规定，既是对中国共产党领导人民在革命、建设、改革各个历史时期奋斗成果的确认，也是对国家性质和根本制度的确认，集中体现了（　　）的高度统一。

A. 科学性和先进性

B. 党的主张和人民意志

C. 规范和制约国家权力

D. 保障公民权利和国家权力制约

64. （　　）是指国家的最高权力。

A. 主权　　B. 人权

C. 立法权　　D. 制宪权

65. 在我国，（　　）是社会主义民主政治的本质和核心。

A. 人民当家作主

B. 党的领导

C. 民主集中制

D. 依法治国

66. 我国宪法体现了人民主权原则，强调国家的一切权力属于（　　）。

A. 全国人民代表大会

B. 人民

C. 无产阶级

D. 执政党

67. 我国宪法规定，中华人民共和国的国家机构实行（　　）。

A. 民主集中制原则

B. 依法治国原则

C. 为人民服务原则

D. 依法办事原则

68. 我国宪法规定：中华人民共和国

是工人阶级领导的，以工农联盟为基础的人民民主专政的社会主义国家，它表明（　　）。

A. 人民民主专政是我国的国体

B. 人民民主专政是我国的政体

C. 人民民主专政是我国的根本制度

D. 人民民主专政是我国的经济基础

69.（　　）是我国的政体。

A. 人民民主专政

B. 人民代表大会制度

C. 生产资料的社会主义公有制

D. 多党合作制

70. 为了保证人民当家作主，我国宪法规定了（　　）这项根本政治制度。

A. 基层群众自治制度

B. 中国共产党领导的多党合作和政治协商制度

C. 民族区域自治制度

D. 人民代表大会制度

71.（　　）是中国社会主义民主政治最鲜明的特点，是人民当家作主的重要途径和最高实现形式，是社会主义政治文明的重要制度载体，是我国的根本政治制度。

A. 人民代表大会制度

B. 中国共产党领导的多党合作和政治协商制度

C. 民族区域自治制度

D. 基层群众自治制度

72. 我国实行的政党制度是（　　）。

A. 多党制

B. 人民民主专政制度

C. 中国共产党一党执政

D. 中国共产党领导的多党合作和政治协商制度

73. 我国宪法确立的基本政治制度不包括（　　）。

A. 中国共产党领导的多党合作和政治协商制度

B. 民族区域自治制度

C. 基层群众自治制度

D. 劳动群众集体所有制

74.（　　）是中国共产党领导的多党合作和政治协商的重要机构，是我国政治生活中发扬社会主义民主的重要形式。

A. 中国人民政治协商会议

B. 统战部

C. 国务院

D. 组织部

75.（　　）是国民经济中的主导力量，控制着国家的经济命脉，决定着国民经济的社会主义性质。

A. 民营经济

B. 集体经济

C. 国有经济

D. 混合所有制经济

76. 我国宪法规定，国家保护城乡集体经济组织的合法的权利和利益，（　　）集体经济的发展。

A. 鼓励、指导和帮助

B. 领导、鼓励和指导

C. 监督、指导和帮助

D. 领导、控制和指导

77. 我国现行宪法规定，国家保护个体经济、私营经济等非公有制经济的合法的权利和利益。国家（　　）非公有制经济的发展，并对非公有制经济依法实行监督和管理。

A. 鼓励、支持和引导

B. 引导、监督和管理

C. 指导、帮助和监督

D. 保障、维护和发展

【多选题】

78. 回顾党领导的宪法建设史，可以得出的结论有（　　）。

A. 制定和实施宪法，推进依法治国，建设法治国家，是实现国家富强、民族振

兴、社会进步、人民幸福的必然要求

B. 我国现行宪法是在深刻总结我国社会主义革命、建设、改革的成功经验基础上制定和不断完善的，是党领导人民长期奋斗的历史逻辑、理论逻辑、实践逻辑的必然结果

C. 只有中国共产党才能坚持立党为公、执政为民，充分发扬民主，领导人民制定出体现人民意志的宪法，领导人民实施宪法

D. 党高度重视发挥宪法在治国理政中的重要作用，坚定维护宪法尊严和权威，推动宪法完善和发展，这是我国宪法保持生机活力的根本原因所在

79. 关于我国宪法的地位与作用，下列说法正确的是（　　）。

A. 我国宪法是国家的根本法，是治国安邦的总章程，是党和人民意志的集中体现

B. 我国宪法是国家各项制度和法律法规的总依据

C. 我国宪法规定了国家的根本制度

D. 宪法确立了完善的立法体制和具体的立法规划

80. 我国宪法的基本原则集中反映了规范权力运行、保障公民权利的基本精神，体现了社会主义法治的根本性质。我国宪法的基本原则有（　　）。

A. 党的领导原则

B. 人民主权原则

C. 尊重和保障人权原则

D. 社会主义法治原则

E. 民主集中制原则

81. 我国宪法将"国家尊重和保障人权"规定为一项基本原则，对公民的基本权利和自由作出全面规定，依法保障公民的（　　）和（　　）。

A. 生存权　　B. 人身权

C. 财产权　　D. 发展权

82. 社会主义法治原则要求坚持（　　），推进国家各项工作法治化，维护社会公平正义，维护社会主义法制的统一、尊严、权威。

A. 依法治国

B. 宪法法律至上

C. 法律面前人人平等

D. 依法执政

83. 民主集中制是集中全党全国人民集体智慧，实现（　　）的基本原则和主要途径。

A. 依法决策

B. 合理决策

C. 科学决策

D. 民主决策

84. 我国人民代表大会制度的优越性有（　　）。

A. 能够有效保证人民享有更加广泛、更加充实的权利和自由，保证人民广泛参加国家治理和社会治理

B. 能够有效调节国家政治关系，发展充满活力的政党关系、民族关系、宗教关系、阶层关系、海内外同胞关系，增强民族凝聚力，形成安定团结的政治局面

C. 能够集中力量办大事，有效促进社会生产力解放和发展，促进现代化建设各项事业，促进人民生活质量和水平不断提高

D. 能够有效维护国家独立自主，有力维护国家主权、安全、发展，维护中国人民和中华民族的福祉

85. 我国宪法确立的制度主要有（　　）。

A. 尊重和保障人权制度

B. 国体和根本政治制度

C. 基本政治制度

D. 基本经济制度

86. 我国宪法确立的基本政治制度，主要有（　　）。

A. 人民代表大会制度

B. 中国共产党领导的多党合作和政治协商制度

C. 民族区域自治制度

D. 基层群众自治制度

87. 我国社会主义政党制度的特点是(　　)。

A. 共产党领导

B. 多党派合作

C. 多党派参政

D. 共产党执政

88. 中国共产党同各民主党派合作方针是(　　)。

A. 长期共存

B. 互相监督

C. 肝胆相照

D. 荣辱与共

89. 我国民族区域自治制度的优越性有(　　)。

A. 可以保证少数民族当家作主，更好地管理本民族的内部事务

B. 能够有效调节国家政治关系，发展充满活力的政党关系、民族关系、宗教关系、阶层关系、海内外同胞关系，增强民族凝聚力，形成安定团结的政治局面

C. 它可以促进少数民族地区尽快地发展，促进全国各民族的共同繁荣昌盛

D. 它可以促进民族团结，保证国家的统一，有利于加强边疆建设和巩固国防

90. 基层群众自治制度是城乡基层群众在党的领导下，依法直接行使民主权利，管理基层公共事务和公益事业，实行(　　)的一项基本政治制度。

A. 自我管理

B. 自我服务

C. 自我教育

D. 自我监督

91. 社会主义公有制是我国经济制度的基础。我国社会主义公有制的基本形式是(　　)。

A. 个体经济

B. 私营经济

C. 全民所有制

D. 劳动群众集体所有制

【判断题】

92. 我国现行宪法可以追溯到1949年具有临时宪法作用的《中国人民政治协商会议共同纲领》和1954年一届全国人大一次会议通过的《中华人民共和国宪法》。(　　)

93. 我国第一部社会主义性质的宪法是1954年宪法。(　　)

94. 我国宪法实现了党的主张和人民意志的高度统一，具有显著优势、坚实基础、强大生命力。(　　)

95. 宪法、民法和刑法是我国的根本大法。(　　)

96. 宪法规定，一切法律、行政法规和地方性法规都不得同宪法相抵触。但少数民族自治地方除外。(　　)

97. 宪法的生命在于实施，宪法的权威也在于实施。维护宪法权威，就是维护党和人民共同意志的权威；捍卫宪法尊严，就是捍卫党和人民共同意志的尊严；保证宪法实施，就是保证人民根本利益的实现。(　　)

98. 我国的国家性质是人民代表大会制度。(　　)

99. 中国共产党领导的多党合作和政治协商制度是人民当家作主的重要途径和最高实现形式。(　　)

100. 我国国家的阶级本质是人民民主专政。(　　)

101. 基本经济制度是指一国通过宪法和法律调整以生产方式为核心的各种基本经济关系的规则、原则和政策的总和。(　　)

102. 我国宪法规定，国家保障国有经济合法的权利和利益，鼓励、指导和帮助国有经济的发展。(　　)

知识点五：我国的实体法律部门

【单选题】

103. 中国特色社会主义法律体系是由多个法律部门组成的有机统一整体，其中居于统帅地位的是(　　)。

A. 宪法

B. 民法商法

C. 刑法

D. 行政法

104. 中国特色社会主义法律体系是由多个法律部门、多个层次的法律规范构成的有机统一的整体，其中作为中国特色社会主义法律体系主干的是(　　)。

A. 宪法

B. 法律

C. 行政法规

D. 地方性法规

105. 中国特色社会主义法律体系主要由(　　)七个法律部门的法律规范构成。

A. 宪法、国家基本法、刑法、民法商法、行政法、经济法、社会法

B. 宪法及国家基本法、刑法、民法商法、行政法、经济法、社会法、诉讼与非诉讼程序法

C. 宪法及宪法相关法、民法商法、行政法、经济法、社会法、刑法、诉讼与非诉讼程序法

D. 宪法、宪法相关法、刑法、民法商法、行政法、经济法、社会法

106. (　　)是调整平等主体的自然人、法人和非法人组织之间的人身关系和财产关系的法律规范。

A. 刑法　　B. 商法

C. 民法　　D. 行政法

107. 民法调整(　　)的自然人、法人和非法人组织之间的财产关系和人身关系。

A. 平等主体

B. 社会主体

C. 民事主体

D. 法律主体

108. 下列原则中不属于民法的基本原则的是(　　)。

A. 公序良俗原则

B. 民事主体地位平等原则

C. 罪刑法定原则

D. 公平原则

109. 我国制定的(　　)是民法典的开篇之作，在民法典中起统领性作用。

A. 民法通则

B. 合同法

C. 婚姻法

D. 民法总则

110. 我国的实体法律部门由多个法律部门组成。《婚姻法》《继承法》属于其中的(　　)法律部门。

A. 民法商法

B. 经济法

C. 社会法

D. 行政法

111. 关于行政权的授予、行政权的行使以及对行政权的监督的法律规范是(　　)。

A. 刑法　　B. 民法

C. 行政法　　D. 经济法

112. 下列社会关系中属行政法调整范围的是(　　)。

A. 行政组织内部工作人员之间的关系

B. 行政机关缔结买卖合同而形成的关系

C. 行政机关与相对方当事人之间发

生的民事关系

D. 行政机关与行政管理相对人之间因行政管理活动发生的关系

113. 经济法是调整国家从（　　）出发，对经济活动实行干预、管理或者调控所产生的社会经济关系的法律规范。

A. 公民个人利益

B. 社会组织利益

C. 区域发展利益

D. 社会整体利益

114. 我国经济法的主要目的在于（　　）。

A. 对经济活动实行干预、管理或者调控

B. 对市场经济进行干预

C. 对市场经济进行宏观调控

D. 防止市场经济的自发性和盲目性所导致的弊端

115.（　　）是规定了犯罪与刑罚的法律规范。

A. 劳动法

B. 社会法

C. 刑法

D. 宪法

116. 罪刑法定原则讲的是（　　）。

A. 法律明文规定为犯罪行为的，依照法律定罪处刑；法律没有明文规定为犯罪行为的，不得定罪处刑

B. 严厉打击犯罪

C. 对任何人犯罪，在适用法律上一律平等

D. 刑罚的轻重，应当与犯罪分子所犯罪行和承担的刑事责任相适应

117.“法无明文规定不为罪，法无明文规定不处罚”体现的是刑法的（　　）原则。

A. 罪刑法定

B. 罪刑相适应

C. 刑法适用平等

D. 罪责自负

118. 刑事法律面前人人平等原则的准确含义是指，对任何人犯罪，在（　　）上一律平等，不允许任何人有超越法律的特权。

A. 定罪

B. 行刑

C. 适用法律

D. 量刑

119. 刑罚的轻重，应当与犯罪分子所犯罪行和承担的刑事责任相适应，这是刑法的（　　）。

A. 罪刑相适应原则

B. 平等原则

C. 宽严相济原则

D. 罪刑法定原则

120. “罪刑相称，罚当其罪”体现了我国刑法的（　　）。

A. 罪刑法定原则

B. 罪刑相适应原则

C. 法律适用一律平等原则

D. 公平公正原则

【多选题】

121. 下列选项中，属于实体法律部门的有（　　）。

A. 宪法相关法

B. 民法商法

C. 行政法

D. 刑法

E. 经济法

122. 宪法相关法是与宪法相配套、直接保障宪法实施和国家政权运作等方面的法律规范，主要包括（　　）。

A. 国家机构的产生、组织、职权和基本工作原则方面的法律

B. 民族区域自治制度、特别行政区制度、基层群众自治制度方面的法律

C. 维护国家主权、领土完整、国家安全、国家标志象征方面的法律

D. 保障公民基本政治权利方面的法律

123. 民法调整平等主体的自然人、法人和非法人组织之间的（　　）。

A. 人身关系　　B. 组织关系

C. 纪律关系　　D. 财产关系

124. 民法遵循的基本原则有（　　）。

A. 民事主体地位平等

B. 公平自愿

C. 诚信、公序良俗

D. 有利于节约资源和保护生态环境

125. 商法遵循的原则有（　　）。

A. 商事交易自由

B. 等价有偿

C. 便捷安全

D. 有利于节约资源和保护生态环境

E. 诚信、公序良俗

126. 我国行政法遵循（　　）等原则，既保障行政机关依法行使职权，又注重保障公民、法人和其他组织的权利。

A. 职权法定　　B. 程序法定

C. 公正公开　　D. 有效监督

127. 下列法律中，属于行政法部门法的有（　　）。

A. 行政处罚法

B. 行政复议法

C. 行政许可法

D. 行政强制法

E. 义务教育法

128. 社会法是调整（　　）特殊群体权益保障等方面的法律规范的总称。

A. 劳动关系

B. 社会保障

C. 经济关系

D. 商人及商事活动

E. 社会福利

129. 刑法通过规范国家刑罚权，（　　）维护社会秩序和公共安全，保障国家安全。

A. 惩罚犯罪　　B. 保护人民

C. 保障人权　　D. 消除犯罪

130. 我国刑法的原则有（　　）。

A. 罪刑相适应原则

B. 罪刑法定原则

C. 法律面前人人平等原则

D. 公序良俗原则

131. 刑事处罚包括主刑和附加刑两部分，其中主刑包括（　　）和死刑。

A. 有期徒刑　　B. 无期徒刑

C. 管制　　D. 拘役

132. 刑罚的附加刑包括（　　）。

A. 罚款

B. 罚金

C. 剥夺政治权利

D. 没收财产

【判断题】

133. 中国特色社会主义法律体系，是以宪法为统帅，以法律为主干，以行政法规、地方性法规为重要组成部分，由多个法律部门组成的有机统一整体。（　　）

134. 商法是调整平等主体之间商事关系的法律规范，是与民法并列并互为补充的部门法。（　　）

135. 实体法律部门包括宪法相关法、民法商法、行政法、诉讼与非诉讼程序法、经济法、社会法、刑法。（　　）

136. 经济法遵循公平和谐与国家适度干预原则，维护社会公平，促进社会和谐。（　　）

137. 社会法通过国家和社会积极履行责任，对劳动者、失业者、丧失劳动能力的人以及其他需要扶助的特殊人群的权益提供必要的保障，维护社会公平正义。（　　）

138. “法无明文规定不处罚”体现的是罪刑相适应原则。(　　)

139. 我国刑法规定了罪刑法定、法律面前人人平等、罪刑相适应等基本原则。(　　)

140. 所有的违法行为都叫犯罪。(　　)

141. 我国刑法规定了自首、立功、缓刑、减刑、假释、社区矫正等刑罚制度。(　　)

142. 我国刑法规定了 10 类犯罪行为及其刑事责任，规定了背叛国家罪等 460 多个具体罪名。(　　)

知识点六：我国的程序法律部门

【单选题】

143. 法律按照规定的内容不同，可以划分为实体法和程序法。下列选项中属于程序法的是(　　)。

A.《中华人民共和国刑法》

B.《中华人民共和国合同法》

C.《中华人民共和国著作权法》

D.《中华人民共和国民事诉讼法》

144. 下列选项中属于非诉讼法律制度的是(　　)。

A. 行政诉讼法

B. 仲裁法

C. 民事诉讼法

D. 刑事诉讼法

【多选题】

145. 诉讼与非诉讼程序法是规范解决社会纠纷的诉讼活动与非诉讼活动的法律规范，诉讼程序法包括(　　)。

A. 刑事诉讼法

B. 民事诉讼法

C. 行政诉讼法

D. 仲裁法

146. 诉讼与非诉讼程序法是规范解决社会纠纷的诉讼活动与非诉讼活动的法律规范，非诉讼程序法包括(　　)。

A. 仲裁法

B. 人民调解法

C. 引渡法、海事诉讼特别程序法

D. 劳动争议调解仲裁法

知识点七：建设中国特色社会主义法治体系的重大意义

【单选题】

147. 全面依法治国的总目标是(　　)。

A. 依法治国方略全面落实

B. 基本建成法治政府

C. 建设中国特色社会主义法治体系、建设社会主义法治国家

D. 人权得到切实尊重和保障

148. 中国特色社会主义法治体系为新时代中国特色社会主义的总任务实现提供了(　　)。

A. 政治基础

B. 推动力量和制度保障

C. 基本制度保障

D. 制度基础

149. 建设中国特色社会主义法治体系、建设社会主义法治国家明确了全面依法治国的(　　)，也突出了全面依法治国的工作重点。

A. 性质和方向

B. 目标任务

C. 总目标

D. 总抓手

150. 全面推进依法治国，涉及立法、执法、司法、守法等各个方面，涉及中国

特色社会主义事业“五位一体”总体布局的各个领域，必须加强顶层设计、统筹谋划，在实际工作中必须有一个总揽全局、牵引各方的总抓手。全面依法治国的总抓手是（　　）。

A. 依法治国和以德治国相结合

B. 建设中国特色社会主义法治体系

C. 坚持有法可依有法必依

D. 坚持科学立法严格执法

151. 建设中国特色社会主义法治体系是总揽全局、牵引各方的总抓手，必须从依法治国、依法执政、依法行政共同推进和（　　）一体建设方面，对法治中国建设作出战略部署和总体安排。

A. 法治国家、法治政府、法治社会

B. 法治国家、法治政治、法治群体

C. 法治国家、法治政府、法治群体

D. 法治国家、法治政治、法治社会

【多选题】

152. 建设中国特色社会主义法治体系的重大意义包括（　　）。

A. 中国特色社会主义的本质要求和重要保障

B. 推进国家治理体系和治理能力现代化的重要举措

C. 全面依法治国的总抓手

D. 是建立现代权力分立及权力制约体系的重要前提

【判断题】

153. 全面依法治国，是国家治理的一场深刻革命。（　　）

154. 全面依法治国，基本目标是建设中国特色社会主义法治体系，建设社会主义法治国家。（　　）

155. 中国特色社会主义法治体系本质上是中国特色社会主义制度的法律表现形式。（　　）

知识点八：建设中国特色社会主义法治体系的主要内容

【单选题】

156.（　　）是中国特色社会主义法治体系的前提，是法治国家、法治政府、法治社会的制度基础。

A. 完备的法律规范体系

B. 高效的法治实施体系

C. 严密的法治监督体系

D. 有力的法治保障体系

157. 完备的法律规范体系，是以（　　）为核心，由部门齐全、结构严谨、内部协调、体例科学、调整有效的法律及其配套法规所构成的法律规范系统。

A. 宪法　　B. 法律

C. 行政法规　　D. 部门规章

158. 建设（　　），是建设中国特色社会主义法治体系的重点。

A. 完备的法律规范体系

B. 高效的法治实施体系

C. 严密的法治监督体系

D. 有力的法治保障体系

159.（　　）是指以规范和约束公权力为重点建立的有效的法治化权力监督网络。

A. 完备的法律规范体系

B. 高效的法治实施体系

C. 严密的法治监督体系

D. 有力的法治保障体系

160.（　　）是宪法法律有效实施的重要保障，是加强对权力运行制约和监督的迫切要求。

A. 完备的法律规范体系

B. 高效的法治实施体系

C. 严密的法治监督体系

D. 有力的法治保障体系

161. 全面依法治国的重要依托是（　　）。

A. 完备的法律规范体系

B. 高效的法治实施体系

C. 严密的法治监督体系

D. 有力的法治保障体系

162. （　　）是中国特色社会主义法治体系的本质要求和重要内容。

A. 完备的法律规范体系

B. 高效的法治实施体系

C. 严密的法治监督体系

D. 有力的法治保障体系

E. 建设完善的党内法规体系

【多选题】

163. 在中国共产党领导下，坚持中国特色社会主义制度，贯彻中国特色社会主义法治理论，形成（　　），形成完善的党内法规体系。

A. 完备的法律规范体系

B. 高效的法治实施体系

C. 严密的法治监督体系

D. 有力的法治保障体系

164. 完备的法律规范体系，是以宪法为核心，由（　　）的法律及其配套法规所构成的法律规范系统。

A. 部门齐全　　B. 结构严谨

C. 内部协调　　D. 体例科学

E. 调整有效

165. 高效的法治实施体系，是指执法、司法、守法等各个环节（　　），实现效果最大化的法治实施系统。

A. 有效衔接

B. 协调高效运转

C. 持续共同发力

D. 共同发展

166. 严密的法治监督体系以（　　），坚决纠正有法不依、执法不严、违法不究行为等为主要任务。

A. 有权必有责

B. 用权受监督

C. 违法必追究

D. 法律面前一律平等

167. 有力的法治保障体系，是指在法律制定、实施和监督过程中形成的（　　）的保障系统。

A. 结构完整　　B. 机制健全

C. 资源充分　　D. 富有成效

168. 有力的法治保障体系，包括（　　）等。

A. 政治和组织保障

B. 人才和物质条件保障

C. 法治意识和法治精神保障

D. 法律保障

169. 完善党内法规体系的总目标是到建党100周年时形成（　　），党依据党内法规管党治党的能力和水平显著提高。

A. 比较完善的党内法规制度体系

B. 高效的党内法规制度实施体系

C. 有力的党内法规制度建设保障体系

D. 有效的党内惩罚体系

【判断题】

170. 严密的法治监督体系，是全面依法治国的重要依托。（　　）

171. 有力的法治保障体系，是指在法律制定、实施和监督过程中形成的结构完整、机制健全、资源充分、富有成效的保障系统。（　　）

172. 完善的党内法规体系，是指科学、程序严密、配套完备、运行有效的党内制度及其运行、保障体系。（　　）

知识点九：建设中国特色社会主义法治体系的主要内容

【单选题】

173. 严格执法以深入推进依法行政，加快建设（　　）为目标。

A. 法治政府

B. 阳光政府

C. 服务型政府

D. 依法决策机制

174. （　　）是法治的生命线，是司法活动最高的价值追求。

A. 公正

B. 平等

C. 自由

D. 法治

175. （　　）是维护社会公平正义的最后一道防线。

A. 科学立法

B. 严格执法

C. 全民守法

D. 公正司法

【多选题】

176. 全面依法治国的基本格局包括（　　）。

A. 科学立法

B. 严格执法

C. 公正司法

D. 全民守法

177. 完善以宪法为核心的中国特色社会主义法律体系，加强宪法实施，要做到（　　）。

A. 要坚持以民为本、立法为民理念

B. 把公正、公平、公开贯穿立法全过程

C. 加强党对立法工作领导

D. 深入推进科学立法、民主立法；加强重点领域立法

E. 实现立法和改革决策相衔接

178. 深入推进依法行政，建设法治政府，主要任务包括依法全面履行政府职能、健全依法决策机制、（　　）等。

A. 深化行政执法体制改革

B. 严格规范公正文明执法

C. 强化对行政权力的制约和监督

D. 全面推进政务公开

179. 要保证公正司法，提高司法公信力，努力让人民群众在每一个司法案件中都能感受到公平正义。要（　　）；加强对司法活动的监督，完善人民监督员制度；规范媒体对案件的报道，防止舆论影响司法公正。

A. 完善确保依法独立公正行使审判权和检察权的制度

B. 优化司法职权配置

C. 坚持严格司法

D. 保障人民群众参与司法

E. 加强人权司法保障

180. 增强全民法治观念，必须（　　）；完善立体化社会治安防控体系。

A. 弘扬社会主义法治精神

B. 推动全社会树立法治意识

C. 推进多层次多领域依法治理

D. 建设完备的法律服务体系

E. 健全依法维权和化解纠纷机制

【判断题】

181. 科学立法以完善以宪法为核心的中国特色社会主义法律体系，加强宪法实施为目标。（　　）

182. 法律的生命力在于实施，法律的权威也在于实施。（　　）

183. 法律的权威源自司法公正。（　　）

知识点十：坚持走中国特色社会主义法治道路

【单选题】

184.（　　）是中国特色社会主义最本质的特征，是社会主义法治最根本的保证。

A. 中国共产党的领导

B. 人民主体地位

C. 宪法为核心的法律体系

D. 坚持依法治国和以德治国相结合

185. 党领导立法，就是抓住（　　）这个关键，完善以宪法为核心的中国特色社会主义法律体系，坚持立法先行，发挥立法的引领和推动作用。

A. 提高立法质量

B. 科学立法

C. 民主立法

D. 人民立法

186. 在社会主义法治国家，（　　）是依法治国的主体和力量源泉，坚持人民主体地位是依法治国的基本原则。

A. 政党　　B. 人民

C. 无产阶级　　D. 政府

187. 坚持人民主体地位，必须坚持法治建设为了人民、依靠人民、造福人民、保护人民，以（　　）为出发点和落脚点，保证人民依法享有广泛的权利和自由、承担应尽的义务，维护社会公平正义，促进共同富裕，为保证人民当家作主提供坚实的法治基础。

A. 宪法

B. 法律

C. 全国人大

D. 保障人民根本权益

188.（　　）是法律的基本价值，是社会主义法律的基本属性，是社会主义法治的基本要求

A. 公正　　B. 法治

C. 平等　　D. 诚信

189. 我国宪法规定"中华人民共和国公民不分民族、种族、性别、职业、家庭、出身、宗教信仰、教育程度、财产状况、居住期限等，都平等地享受公民权利、履行公民义务"，该条规定体现了（　　）。

A. 人民主权原则

B. 基本人权原则

C. 法律面前人人平等

D. 法治原则

190.（　　）是治国理政的基本方式。

A. 法治　　B. 德治

C. 人治　　D. 法治和德治

191. 走什么样的法治道路、建设什么样的法治体系，是由一个国家的（　　）决定的。

A. 法治水平

B. 群众法治素养

C. 经济发展水平

D. 基本国情

192. 建设法治中国，必须从我国实际出发，同完善和发展（　　）、推进国家治理体系和治理能力现代化相适应，既不能罔顾国情、超越阶段，也不能因循守旧、墨守成规。

A. 中国特色社会主义法治道路

B. 中国特色社会主义制度

C. 中国特色社会主义政治制度

D. 中国特色社会主义法律体系

【多选题】

193. 坚定不移走中国特色社会主义法治道路应（　　）。

A. 坚持中国共产党的领导

B. 坚持人民主体地位

C. 坚持法律面前人人平等

D. 坚持依法治国和以德治国相结合

E. 坚持从中国实际出发

194. 坚持党的领导，不是一句空的口号，必须具体体现在党（　　）上。

A. 领导立法

B. 保证执法

C. 支持司法

D. 带头守法

195. 党保证执法，就是深入推进依法行政，建设职能科学、（　　）、守法诚信的法治政府。

A. 权责法定

B. 执法严明

C. 公开公正

D. 廉洁高效

196. 党带头守法，就是要带头弘扬社会主义法治精神，建设社会主义法治文化，形成守法光荣、违法可耻的社会氛围，使全体人民都成为社会主义法治的（　　）。

A. 坚实的践行者

B. 忠实崇尚者

C. 自觉遵守者

D. 坚定捍卫者

197. 法治发挥作用要以国家强制力为后盾，主要依靠法律的（　　）对公民和社会组织的行为进行约束，并对违反法律的行为追究法律责任。

A. 预测作用

B. 惩罚作用

C. 威慑作用

D. 预防作用

198. 坚持依法治国和以德治国相结合，需要推动法治和德治的相互促进。下列关于推动法治和德治相互促进的叙述，正确的是（　　）。

A. 强化道德对法治的支撑作用

B. 道德要求贯彻到法治建设中

C. 运用法治手段解决道德领域突出问题

D. 正确认识法治和德治的作用

199. 走中国特色社会主义法治道路，必须坚持从实际出发，就是要突出法治道路的（　　）。

A. 中国特色

B. 实践特色

C. 时代特色

D. 民族特色

【判断题】

200. 人民当家作主是中国特色社会主义最本质的特征，是社会主义法治最根本的保证。（　　）

201. 党支持司法，就是要保证公正司法，提高司法公信力。（　　）

202. 坚持人民主体地位，必须坚持法治建设为了人民、依靠人民、造福人民、保护人民的宗旨。（　　）

203. 坚持法律面前人人平等，就是要要坚决合理的特权现象。（　　）

204. 法治和德治，是治国理政不可或缺的两种方式，只有让法治和德治共同发挥作用，才能使法律与道德相辅相成，法治与德治相得益彰，做到法安天下，德润人心。（　　）

205. 法治是治国理政的重要方式，德治是治国理政的基本方式。（　　）

206. 德治发挥作用主要通过人们的内心信念、传统习俗、社会舆论等进行道德教化，并对违反道德的行为进行道德谴责。（　　）

207. 法治和德治的实现方式和实施载体是一样的。（　　）

208. 道德是底线的法律，也是法律的保障。（　　）

209. 全面推进依法治国必须从我国实际出发。但坚持从我国实际出发，不等于关起门来搞法治，必须学习借鉴世界上优秀的法治文明成果。（　　）

知识点十一：法治思维及其内涵

【单选题】

210. 法治思维是指以法治价值和法治精神为导向，运用法律原则、法律规则、法律方法思考和处理问题的（　　）。

A. 思维模式

B. 制度模式

C. 理论模式

D. 行为模式

211. 法治思维以（　　）为指导，蕴含着公正、平等、民主、人权等法治理念，是一种正当性思维。

A. 法治价值和法治精神

B. 法律原则和法律规则

C. 法律手段与法律方法

D. 法治理念和法治观念

212. 法治思维以（　　）为依据来指导人们的社会行为，是一种规范性思维。

A. 法治价值和法治精神

B. 法律原则和法律规则

C. 法律手段与法律方法

D. 法治理念和法治观念

213. 法治思维以（　　）为依托分析问题、处理问题、解决纠纷，是一种可靠的逻辑思维。

A. 法治价值和法治精神

B. 法律原则和法律规则

C. 法律手段与法律方法

D. 法治理念和法治观念

214. 法治思维与人治思维的区别，从（　　）方面来看，法治思维认为国家的法律是治国理政的基本依据；人治思维主张凭借个人尤其是掌权者、领导人的个人魅力、德性和才智来治国平天下。

A. 依据　　B. 方式

C. 价值　　D. 标准

215. 法治思维与人治思维的区别，从（　　）方面来看，法治思维以一般性、普遍性的平等对待方式调节社会关系，解决矛盾纠纷，坚持法律面前人人平等原则，具有稳定性和一贯性；而人治思维漠视规则的普遍适用性，按照个人意志和感情进行治理，治人者以言代法、言出法随、朝令夕改，具有极大的任意性和非理性。

A. 依据

B. 方式

C. 价值

D. 标准

216. 法治思维与人治思维的区别，从（　　）方面来看，法治思维以法律为最高权威，强调"必须使民主制度化、法律化，使这种制度和法律不因领导人的改变而改变，不因领导人的看法和注意力的改变而改变"；人治思维则奉个人的意志为最高权威，当法律的权威与个人的权威发生矛盾时，强调服从个人而非服从法律的权威。

A. 依据　　B. 方式

C. 价值　　D. 标准

217. 法治思维与人治思维的分水岭在于（　　）。

A. 有没有法律或者法律的多寡与好坏

B. 最高的权威究竟是法律还是个人

C. 是否强调集思广益

D. 是否注重领导人的个人魅力、德行和才智

218. 权利保障主要是指对公民权利的法律保障，具体包括公民权利的宪法保障、立法保障、行政保护和司法保障，（　　）是人权保障的前提和基础。

A. 宪法保障

B. 立法保障

C. 行政保护

D. 司法保护

219. 权利保障主要是指对公民权利的法律保障，具体包括公民权利的宪法保障、立法保障、行政保护和司法保障，

(　　)是公民权利保障的最后防线。

A. 宪法保障

B. 立法保障

C. 行政保护

D. 司法保护

220. 权利保障主要是指对公民权利的法律保障，具体包括公民权利的宪法保障、立法保障、行政保护和司法保障，(　　)是权利保障的关键环节。

A. 宪法保障

B. 立法保障

C. 行政保护

D. 司法保护

221. 做一件事情，往往需要按照一定的程序，只有按照程序做，才能防止主观任性、无序混乱。程序的正当，表现在程序的(　　)等方面。

A. 合法性、中立性、参与性、公开性、时限性

B. 合理性、强制性、保护性、正当性、时限性

C. 参与性、公开性、时限性、保护性、正当性

D. 合理性、公开性、时限性、保护性、独立性

【多选题】

222. 下列对法律思维的内涵理解正确的是(　　)。

A. 法治思维以法治价值和法治精神为指导，蕴含着公正、平等、民主、人权等法治理念，是一种正当性思维

B. 法治思维以法律原则和法律规则为依据来指导人们的社会行为，是一种规范性思维

C. 法治思维以法律手段与法律方法为依托分析问题、处理问题、解决纠纷，是一种可靠的逻辑思维

D. 法治思维是一种符合规律、尊重事实的科学思维

223. 法治思维与人治思维的区别集中体现在(　　)。

A. 依据方面

B. 方式方面

C. 价值方面

D. 标准方面

224. 法治思维是指以法治价值和法治精神为导向，运用法律原则、法律规则、法律方法思考和处理问题的思维模式。法治思维包括(　　)等内容。

A. 法律至上

B. 权力制约

C. 公平正义

D. 人权保障

E. 正当程序

225. 法律至上具体表现为法律的(　　)。

A. 普遍适用性

B. 优先适用性

C. 不可违抗性

D. 极大的任意性

226. 权力制约是指国家机关的权力必须受到法律的规制和约束。权力制约分为(　　)四项要求。

A. 权力由法定

B. 有权必有责

C. 用权受监督

D. 违法受追究

227. 公平正义是指社会的政治利益、经济利益和其他利益在全体社会成员之间合理、公平分配和占有。一般来讲，公平正义主要包括(　　)。

A. 权利公平

B. 机会公平

C. 规则公平

D. 救济公平

228. 权利保障主要是指对公民权利

的法律保障，具体包括公民权利的(　　)。

A. 立法保障

B. 宪法保障

C. 行政保护

D. 司法保障

【判断题】

229. 法治思维以法治价值和法治精神为指导，蕴含着公正、平等、民主、人权等法治理念，是一种正当性思维。(　　)

230. 价值上，法治思维强调集中社会大众的意志来进行决策和判断，是一种“多数人之治”的思维，避免陷入无政府主义或以民主之名搞乱社会；而人治思维是个人说了算的专断思维。(　　)

231. 法治思维和人治思维的区别仅在于思维方式不同，其在本质上是一致的。(　　)

232. 法律至上是指在国家或社会的所有规范中，法律是地位最高、效力最广、强制力最大的规范。(　　)

233. 公正司法是维护社会公平正义的最后一道防线。(　　)

知识点十二：尊重和维护法律权威

【单选题】

234. 尊重和维护法律权威，是社会主义法治观念的核心要求和建设社会主义法治国家的 (　　)。

A. 根本要求

B. 前提条件

C. 核心要求

D. 基本条件

235. 尊重和维护法律权威，是实现人民意志、维护人民利益、保障人民权利的(　　)。

A. 基本途径

B. 基本手段

C. 基本方式

D. 基本要求

236. 信仰法律，就是要相信法律、信奉法律，树立崇尚法律、信仰法律的牢固观念，增强对法律的 (　　)。

A. 信任感、责任感

B. 信任感、认同感

C. 安全感、认同感

D. 安全感、责任感

237. (　　)就是要争当法律权威的守望者、公平正义的守护者、具有良知的护法者。

A. 遵守法律

B. 服从法律

C. 信仰法律

D. 维护法律

【多选题】

238. 法律权威是法律在社会生活中的 (　　)，是法律应有的尊严和生命。

A. 作用力

B. 影响力

C. 公信力

D. 执行力

239. 决定法律权威的基本要素是(　　)。

A. 法律在国家和社会治理体系中的地位、作用

B. 法律本身的科学程度

C. 法律在实践中的实施程度

D. 法律被社会成员尊崇或信仰的程度

240. 尊重和维护法律权威的重要意义有 (　　)。

A. 社会主义法治观念的核心要求和建设社会主义法治国家的前提条件

B. 对于推进国家治理体系和治理能

力现代化、实现国家的长治久安极为重要

C. 实现人民意志、维护人民利益、保障人民权利的基本途径

D. 维护个人合法权益的根本保障

241. 尊重法律权威是公民法定义务和必备素质，尊重法律权威的基本要求包括（　　）。

A. 遵守法律

B. 服从法律

C. 信仰法律

D. 维护法律

【判断题】

242. 只要是法律，都具有权威性。（　　）

243. 遵守法律要用实际行动捍卫法律尊严，保障法律实施。参与社会活动，实施个人行为，都要以法律为依据，不得违反法律规范。（　　）

知识点十三：怎样培养法治思维

【单选题】

244.（　　）是培养法治思维的前提。

A. 学习和掌握基本的法律知识

B. 掌握法律方法

C. 参与法律实践

D. 养成守法习惯

E. 守住法律底线

245. 培养法治思维需要学习法律知识，法律知识通常包括（　　），这两部分法律知识对于培养法治思维都很重要。

A. 法律原则和法律责任

B. 法律法规条文方面的知识和法律法治基本原理方面的知识

C. 法律要求和法律保护

D. 法律原则和法律要求

246. 法治思维的过程是运用（　　）思考、分析和解决法律问题的过程。

A. 法律方法

B. 法律知识

C. 法律精神

D. 法律规范

247. 法治思维是在丰富的（　　）中训练、培养和应用的思维方式。

A. 法律认知

B. 法律信仰

C. 法律实践

D. 法律观念

【多选题】

248. 大学生可以通过以下哪些途径培养法治思维？（　　）。

A. 学习法律知识

B. 掌握法律方法

C. 参与法律实践

D. 养成守法习惯

E. 守住法律底线

249. 培养法治思维需要掌握法律方法，法律方法主要包括（　　）。

A. 正确理解法律的方法

B. 正确运用法律的方法

C. 正确的使用法律规范

D. 正确的运用司法程序

250. 人们参与法律实践的方式和途径越来越多，主要包括（　　）。

A. 参与立法讨论

B. 依法行使监督权

C. 旁听司法审判

D. 参与立法

【判断题】

251. 学习法律知识，就要求弄明白享有哪些权利和应当履行哪些义务，什么事

能干、什么事不能干，心中高悬法律的明镜，手中紧握法律的戒尺。(　　)

252. 法治思维是一种习惯性思维，与长期自觉养成的生活习惯有很大关系。公民只有自觉遵守宪法和法律，坚持从具体事情做起，才能养成守法的习惯和法治思维。(　　)

253. 法律红线不可逾越、法律底线不可触碰。大学生应当坚持从我做起，从身边做起，形成底线思维，严守法律底线，带头遵守法律。(　　)

知识点十四：法律权利与法律义务

【单选题】

254. 马克思主义权利观与其他权利观的根本区别在于(　　)。

A. 认为权利的产生、发展和实现，都必须以一定的社会经济条件为基础

B. 强调社会的物质生活条件对权利的制约和决定作用

C. 认为权利就是一定的社会物质生活条件所制约的行为自由

D. 认为权利是法律允许权利人为满足自己的利益而采取的由义务人所保证实现的法律手段

255. 离开了法律权利，法律义务就失去了履行的价值和动力；离开了法律义务，法律权利也形同虚设。法律权利与法律义务是(　　)。

A. 目的与手段的关系

B. 复合性关系

C. 效率和方向的关系

D. 作用和方式的关系

256. 下列既是权利又是义务的是(　　)。

A. 选举

B. 结社

C. 劳动

D. 出版

257. 接受义务教育既是权利也是义务，体现了权利、义务(　　)。

A. 目的与手段的关系

B. 复合性关系

C. 效率和方向的关系

D. 作用和方式的关系

258. (　　)是现代法治的基本原则，是社会公平正义的重要方面。

A. 法律权利

B. 法律义务

C. 法律面前人人平等

D. 法律权利与法律义务平等

【多选题】

259. 法律权利是指反映一定的社会物质生活条件所制约的行为自由，是法律所允许的权利人为了满足自己的利益而采取的、由其他人的法律义务所保证的法律手段。其特征有(　　)。

A. 法律权利的内容、种类和实现程度受社会物质生活条件的制约

B. 法律权利的内容、分配和实现方式因社会制度和国家法律的不同而存在差异

C. 法律权利不仅由法律规定或认可，而且受法律维护或保障，具有不可侵犯性

D. 法律权利必须依法行使，不能不择手段地行使法律权利

260. 法律义务履行的表现形式有(　　)。

A. 消极不作为

B. 不作为

C. 作为

D. 积极作为

261. 法律义务是指反映一定的社会物质生活条件所制约的社会责任，是保障法律所规定的义务人应该按照权利人要求

从事一定行为或不行为以满足权利人利益的法律手段。其特点有（　　）。

A. 法律义务是历史的

B. 法律义务源于现实需要

C. 法律义务必须依法设定

D. 法律义务可能发生变化

262. 以下关于法律权利和法律义务的关系，说法正确的是（　　）。

A. 任何一方都可以独立地存在与发展

B. 法律权利和法律义务是相互依存的关系

C. 法律权利与法律义务是目的与手段的关系

D. 有些法律权利和法律义务具有复合性的关系

263. 《宪法》规定既是权利又是义务的是（　　）。

A. 依法纳税

B. 接受义务教育

C. 依法服兵役

D. 劳动权

264. 法律权利与法律义务平等主要体现为（　　）。

A. 法律权利与法律义务平等表现为法律面前人人平等被确立为基本原则

B. 在法律权利和法律义务的具体设定上要平等

C. 权利与义务的实现要体现平等

D. 法律权利与法律义务不可能平等

【判断题】

265. 子女通过经常看望和提供财物等行为履行赡养父母的义务是不作为方式履行义务。（　　）

266. 公民的权利义务是统一的，但有时允许有的人只享受权利，不履行义务。（　　）

267. 在法治国家中，不存在只享受权利的主体，也不存在只承担义务的主体。（　　）

268. 劳动和接受义务教育都只是法律义务。（　　）

知识点十五：依法行使法律权利

【单选题】

269. 依法行使法律权利，是体现权利正当性和保障权利实现的（　　）。

A. 充分必要条件

B. 充分条件

C. 必要条件

D. 主要条件

270. （　　）是公民参与国家政治活动的权利和自由的统称。

A. 集体权利

B. 道德权利

C. 法律权利

D. 政治权利

271. （　　）的行使主要表现为公民参与国家、社会组织与管理的活动。

A. 集体权利

B. 社会经济权利

C. 法律权利

D. 政治权利

272. 我国宪法和法律规定了公民的权利和义务，其中，公民参加国家政治、经济和社会生活的基础是（　　）。

A. 财产权利

B. 人身权利

C. 社会经济权利

D. 言论自由权利

273. 下列选项中，属于人身权利的是（　　）。

A. 监督权

B. 住宅安全权

C. 休息权

D. 继承权

274. 财产权利是指公民、法人或其他组织通过劳动或其他合法方式取得财产和（　　）财产的权利。

A. 占有、使用、收益、处分

B. 占有、改造、收益、处分

C. 占有、使用、变卖、处分

D. 占有、使用、租赁、收益、处分

275. 对个人而言，财产权是公民权利的重要内容，是公民在社会生活中获得自由与实现经济利益的（　　）。

A. 必要途径　　B. 主要方式

C. 主要渠道　　D. 重要方法

276. 公民行使宗教信仰和文化权利必须受到（　　）约束。

A. 宪法法律　　B. 宗教习俗

C. 道德修养　　D. 党纪国法

277. 赋予公民言论自由权的目的在于保障思想自由，不能将该权利作为打击不同意见、钳制思想自由的手段。这体现权利行使必须符合（　　）。

A. 权利行使的目的

B. 权利行使的限度

C. 权利行使的方式

D. 权利行使的程序

278. 我国宪法规定，公民在行使自由和权利的时候，不得损害国家的、社会的、集体的利益和其他公民的合法的自由、权利。这体现权利行使必须符合（　　）。

A. 权利行使的目的

B. 权利行使的限度

C. 权利行使的方式

D. 权利行使的程序

279. 我国选举法规定，选民如果在选举期间外出，经选举委员会同意，可以书面委托其他选民代为投票。每一选民接受的委托不得超过三人，并应当按照委托人的意愿代为投票。这体现权利行使必须符合（　　）。

A. 权利行使的目的

B. 权利行使的限度

C. 权利行使的方式

D. 权利行使的程序

280. 我国选举法对选举程序作了规定，包括确定选民资格、选民登记、发放选民证、推荐候选人、选举投票、确定当选人等流程。这体现权利行使必须符合（　　）。

A. 权利行使的目的

B. 权利行使的限度

C. 权利行使的方式

D. 权利行使的程序

【多选题】

281. 我国宪法法律规定了公民享有一系列权利，主要包括（　　）、宗教信仰及文化权利等。

A. 政治权利

B. 人身权利

C. 财产权利

D. 社会经济权利

282. 我国公民依法享有的人身权利主要包括（　　）。

A. 生命健康权

B. 人身自由权

C. 人格尊严权

D. 住宅安全权

E. 通信自由权

283. 财产权是公民权利的重要内容，财产权主要包括（　　）。

A. 私有财产权　　B. 继承权

C. 物权　　D. 住宅权

284. 我国公民依法享有的社会经济权利主要包括（　　）。

A. 劳动权

B. 休息权

C. 社会保障权

D. 物质帮助权

285. 关于依法行使权利，以下说法正确的是（　　）。

A. 公民行使法律权利应在法律规定的限度内

B. 公民行使法律权利的方式有口头方式、书面方式和行为方式

C. 在有法定程序的情况下，公民行使法律权利应严格按照法定程序

D. 公民行使法律权利应符合立法目的，即符合立法的意图和精神

286. 权利行使的方式有（　　）方式。

A. 口头　　B. 书面

C. 思想　　D. 行为

【判断题】

287. 选举权利，即选举权与被选举权。（　　）

288. “言论自由”就是每个人可以随意发表个人的见解和意见。（　　）

289. 社会经济权利是指公民要求国家根据社会经济的发展状况，积极采取措施干预社会经济生活，加强社会建设，提供社会服务，以促进公民的自由和幸福，保障公民过上健康而有尊严的生活的权利。（　　）

290. 公民行使法律权利时，形式上要符合法律规定，同时也要符合立法意图和精神，确保权利行使的正当性。（　　）

知识点十六：依法履行法律义务

【单选题】

291. （　　）是整个社会共同体存在和发展的基础，也是以宪法为核心的整个法律制度存在的基础。

A. 遵守宪法和法律

B. 依法服兵役

C. 依法纳税

D. 维护国家统一

292. 宪法和相关法律规定，禁止对（　　）的歧视和压迫，禁止破坏民族团结和制造民族分裂的行为；一切破坏民族团结和制造民族分裂的行为都将受到法律的追究。

A. 少数民族

B. 任何民族

C. 直过民族

D. 汉族

293. （　　）是指国家领土完整和主权不受侵犯，国家政权不受威胁。

A. 祖国安全

B. 国家安全观

C. 国家利益

D. 国家统一

294. 祖国利益通常分为对外和对内两个方面。对外主要是指民族的政治、经济、文化等方面的权利和利益；对内主要是指（　　）。

A. 公共利益

B. 发展利益

C. 外交利益

D. 党的利益

295. 民事责任是指（　　）。

A. 由于违反民事法律、违约或者由于民法规定所应承担的一种法律责任

B. 民事责任分为侵权责任和违约责任两类

C. 建筑机械管理过程中所涉及的民事法律责任方式主要是财产责任，即人身伤害和财产损失的赔偿

D. 以上三者

296. （　　）是指因违反行政法律或因行政法规定的事由而应当承担的法定不利后果。

A. 民事法律责任

B. 行政法律责任

C. 刑事法律责任

D. 违宪责任

【多选题】

297. 我国宪法规定了公民遵守宪法和法律的义务，还规定了若干具体义务，包括（　　）。

A. 保守国家秘密

B. 爱护公共财产

C. 遵守劳动纪律

D. 遵守公共秩序

E. 尊重社会公德

298. 公民未能履行义务，应当承担相应的法律责任。具体的法律责任包括（　　）。

A. 民事责任

B. 行政责任

C. 刑事责任

D. 道德责任

【判断题】

299. 义务法定，一方面是说义务的设定必须有法律依据；另一方面是说法定的义务应当履行，否则会承担不利的法律后果。（　　）

300. 民族团结也是公民实现法律权利与自由的前提。（　　）

301. 维护祖国荣誉是指国家的声誉和尊严不受损害，对有辱祖国荣誉、损害祖国利益的行为给予法律制裁。（　　）

302. 目前，我国实行义务兵与志愿兵相结合、民兵与预备役相结合的兵役制度。（　　）

303. 刑事责任是指行为人因其犯罪行为所必须承担的由国家司法机关代表国家依法所确定的否定性法律后果。（　　）

参考答案见二维码